ALICE IN CHAINS

DAVID DE SOLA

ALICE IN CHAINS

A HISTÓRIA NÃO REVELADA

Título original: *Alice in Chains: the untold story*
Copyright © 2015, David de Sola
Copyright desta edição © 2016, Edições Ideal

Todos os direitos reservados. Nenhuma parte desta publicação pode ser reproduzida, armazenada em sistema de recuperação ou transmitida, em qualquer forma ou por quaisquer meios (eletrônico, mecânico, fotocópia, gravação ou outros), sem a permissão por escrito da editora.

Editor: **Marcelo Viegas**
Conselho Editorial: **Maria Maier e Frederico Indiani**
Capa, Projeto Gráfico e Diagramação: **Guilherme Theodoro**
Tradução: **Paulo Alves**
Revisão: **Ricardo Pereira**
Comercial: **Renato Malizia**
Marketing: **Aline Gïercis**
Foto da capa: **© Getty Images Brazil / Los Angeles Times - RM Editorial Images**
Supervisão Geral: **Felipe Gasnier**

Dados Internacionais de Catalogação na Publicação (CIP)
(eDOC BRASIL, Belo Horizonte/MG)

S684a

Sola, David de. Alice in Chains: a história não revelada / David de Sola ;
tradução Paulo Alves. – São Bernardo do Campo (SP): Ideal, 2016. 384 p. : 15,8 x 22,8 cm

Inclui bibliografia.
Título original: Alice in Chains: the untold story
ISBN 978-85-62885-62-4

1. Alice in Chains (Conjunto musical). 2. Músicos de rock – Estados Unidos - Biografia. I. Alves, Paulo. II. Título.

CDD-927.8166

27.04.2016

EDIÇÕES IDEAL

Site: www.edicoesideal.com
edicoesidealoficial@gmail.com

ID-37

PARA ÑAÑI E TITÍA

Nossa música é uma maneira de expressar coisas sobre as quais não falaríamos – coisas que são muito pesadas e muito obscuras. São sentimentos que todo mundo experimenta. É por isso que as pessoas se identificam.
— Jerry Cantrell

A tarefa do historiador não é perturbar simplesmente por perturbar, e sim contar uma história quase sempre incômoda e explicar por que esse incômodo é parte da verdade da qual precisamos para viver bem e viver como se deve. Uma sociedade bem organizada é aquela em que conhecemos coletivamente a verdade sobre nós mesmos, não uma em que contamos mentiras agradáveis sobre nós mesmos.
— Tony Judt

SUMÁRIO

CAPÍTULO 1

Você não canta porra nenhuma!
— Ken Elmer

Layne Rutherford Staley nasceu no dia 22 de agosto de 1967, uma terça-feira, no Overlake Hospital em Bellevue, Washington. Seus pais, Phillip Blair Staley e Nancy Elizabeth Layne, viviam na cidade de Kirkland, situada à margem leste do Lago Washington[1].

O nascimento de Layne foi anunciado na coluna "Nascidos Ontem" da edição do dia seguinte do *The Seattle Times*. Sob o subtítulo "Do Sr. e Sra.—", a coluna traz uma listagem alfabética de cada criança nascida no dia anterior em cada hospital da região da Grande Seattle. O último nascimento da lista do Overlake Hospital dizia: "Phillip B. Staley, 10146 N.E. 64th St., Kirkland, menino"[2].

Phil e Nancy, à época com vinte e nove e dezenove anos, respectivamente, tinham sido declarados marido e mulher por um pastor há quase seis meses, numa cerimônia testemunhada por Paul R. Staley, irmão do noivo, e Margaret Ann Layne, irmã da noiva. No verão anterior, Nancy competira no Concurso Miss Washington como Miss Bellevue. Quando o noivado de Phil e Nancy foi anunciado, em janeiro de 1967, Nancy estudava na Cornish School of Allied Arts[3]. Era a mais velha das três filhas de Robert L. Layne e Ann J. Becker. Seus pais eram ambos graduados na Universidade de Washington, onde eram envolvidos na cena de fraternidades e sororidades.

Phil era o mais velho dos quatro filhos de Earl R. e Audrey Staley. Estudou na Universidade de Denver, onde foi membro da fraternidade Sigma Chi. Vendedor de carros por profissão, Phil tinha o ramo automobilístico correndo nas veias há duas gerações[4]. Seu pai, Earl R. Staley, era envolvido na fabricação de trailers e em indústrias relacionadas desde 1935, quando tinha apenas vinte e um anos. O avô de Phil, Earl B. Staley, nasceu em 1884 no Kansas, de onde a família se mudou para Denver, segundo o Censo dos EUA de 1900. Earl, que trabalhou na indústria de automóveis e caminhões, começou sua carreira em 1903, atuando em funções diversas no ramo até se mudar para Seattle, em 1907, depois de aceitar um emprego como gerente de serviços na Pacific Coast Automobile Sales Company[5].

Em setembro de 1970, quando Layne tinha três anos, sua mãe deu à luz sua irmã, Elizabeth Audreyann Staley. Sua afinidade pela música apareceu bem cedo. Layne contou à *Rolling Stone* que sua primeira lembrança era a de ver um carrossel musical pendurado sobre seu berço[6].

Segundo sua irmã Jamie Elmer, Layne era tido como uma criança muito focada. "Ele ficava completamente concentrado em qualquer desenho ou trabalho de artes que estivesse fazendo. Lembro-me de [Nancy] dizendo que [quando] ele estava realmente concentrado em [...] desenhar algo ou brincar com Legos ou Tinkertoys[7] [e] ela colocava um sanduíche na frente dele [...], ele nem percebia. Estava totalmente compenetrado em qualquer desenho ou trabalho manual que estivesse fazendo no momento".

Ela ainda descreveu Layne como muito próximo de Liz. "Nem me lembro de ouvir relatos deles não sendo próximos. E por serem irmãos de mãe e pai, definitivamente havia uma proximidade entre eles que era muito aparente, especial e diferente da que havia entre os demais".

Depois de sete anos de casamento, Phil entrou com um pedido de divórcio em 30 de outubro de 1974. O pedido não informa uma causa específica e afirma apenas que o casamento estava "irreversivelmente desfeito". Por meio de seu advogado, Phil propôs um acordo e um plano de pensão. Como Nancy nunca foi ao tribunal e nem apresentou recurso para contestar os documentos apresentados pelo marido, o advogado conseguiu convencer a corte a emitir uma ordem aceitando a proposta de Phil[8].

James Kenneth Elmer era um avaliador a serviço de um banco onde Nancy estava trabalhando como parte de uma campanha de relações públicas. Jim foi a uma festa de Natal em dezembro de 1974, na qual Nancy também estava presente, e os dois foram apresentados por um amigo em comum. Jim não tem certeza se chamaria sua reação inicial de amor à primeira vista, mas disse que "certamente foi interessante. Certamente chamou minha atenção".

Foi uma paquera bem rápida – questão de poucos meses. Jim conheceu Layne e Liz na casa da mãe de Nancy. "Certa noite, íamos sair. As crianças estavam lá. Naquela idade, elas são realmente divertidas. Não aconteceu nada extraordinário, mas foi quando as conheci". Jim não acha que as crianças entendiam, naquela época, a ideia de que ele estava saindo com a mãe delas. Suas impressões de Layne: "Uma criança sensível e inteligente. Certamente amava a irmã e a mãe". Quando o relacionamento ficou sério, eles conversaram com Layne e Liz sobre isso.

Em 13 de junho de 1975, dois meses depois da conclusão do divórcio de Nancy e Phil, ela se casou com Jim Elmer. Nancy por fim tomaria o sobrenome do novo marido. Na época, Layne estava a dois meses de seu oitavo aniversário. Além de Layne e Liz, o filho de Jim de seu primeiro casamento, Ken, foi acrescido à família. Sobre o divórcio de seus pais e o segundo casamento da mãe, Layne diria anos depois: "Não há nenhum segredo obscuro e profundo aqui. Lembro-me de às vezes me perguntar onde meu pai estava, mas na maior parte do tempo eu estava ocupado correndo por aí e brincando"[9].

Os pais de Ken tinham se divorciado quando ele tinha três anos. Alguns anos depois, ambos se casaram novamente, num intervalo de uma ou duas semanas. De acordo com os termos de visita firmados por seus pais, Ken veria o pai todos os finais de semana, bem como em visitas estendidas durante as férias de verão e feriados. "Layne e eu nos demos bem muito rapidamente. Liz era um ano mais nova do que eu, então ela devia ter uns quatro anos, e ele provavelmente tinha sete, quase oito, e eu tinha cinco, quase seis. Então era uma idade boa. Lembro-me que pegávamos bastante no pé de Liz, mas é isso o que os irmãos mais velhos fazem", disse Ken.

As lembranças de Jim são semelhantes. "Acho que eles se tornaram consideravelmente próximos. São três crianças, sempre vai haver algum tipo de dinâmica e coisa e tal. Mas, de modo geral, nós sempre fazíamos as coisas com os três juntos e mantínhamos todo mundo envolvido".

"Layne sempre foi uma criança gentil e bondosa – inteligente à sua maneira. Não no sentido escolástico, mas certamente de uma inteligência incrível, como perceberíamos mais adiante", acrescentou Ken. Layne jogou T-ball[10] no ensino fundamental, segundo Jim, mas não mostrou muito interesse em esportes ao ficar mais velho. Ken se lembra de assistir jogos de futebol americano dos Seattle Seahawks na TV com o pai, durante os quais Layne ficava entediado e saía da sala. Academicamente, Jim descreveu Layne como "um aluno consideravelmente bom. Não acho que ele só tirava 10, mas ele parecia gostar da escola. Tinha sua turma". Jim também apontou não perceber "problema nenhum quanto à escola até ele ficar mais velho".

Embora o interesse sério de Layne pela música só viesse a se desenvolver alguns anos depois, algo digno de nota aconteceu em outubro de 1975, quando Elton John estava em turnê e com dois shows marcados no Seattle Center Coliseum. Jim queria ir; não se lembra muito bem de como isso aconteceu, mas ele levou Layne ao que seria seu primeiro show[11]. Quando as luzes se apagaram antes do show começar, as pessoas no local começaram a fumar maconha. Layne olhou em volta, olhou para Jim e perguntou: "Pai, você está sentindo esse cheiro?".

Quanto às impressões de Layne sobre o show, Jim disse: "Ele certamente não se entediou, certamente curtiu a música. O show estava esgotado. Havia muita gente, se comportando bem, e havia uma animação no ar. Ele simplesmente absorveu isso tudo naquela idade".

Nos primeiros dois anos de casamento de Nancy e Jim Elmer, Phil os visitava ocasionalmente para ver Layne e Liz. Por fim, Phil começou a passar cada vez menos tempo com eles, o que levou a uma decisão importante na família.

"No caso de Liz, ela chegou ao ponto em que queria um pai que ficasse em casa. Embora ela se desse bem com Phil, quando ele começou a meio que sumir, ela quis um pouco mais de estabilidade e saber que poderia contar com alguém. Conversamos com ela sobre adotá-la e ela gostou da ideia". Os Elmers procederam de modo que Jim pudesse adotar Liz legalmente como sua filha, decisão com a qual Phil – que se recusou a ser entrevistado para este livro – consentiu. Como resultado, seu sobrenome foi legalmente mudado para Elmer. Layne não respondeu da mesma forma à situação. Segundo Jim, "ele esperava que seu pai voltasse e não queria ser adotado". Layne usaria o sobrenome Elmer durante o ensino médio, mas nunca mudou seu nome legalmente assim como fez Liz.

Layne e Ken desenvolveram interesse por música durante o final dos anos 1970 e o começo dos anos 1980, segundo Ken. "Ambos pendemos fortemente para aquele rock and roll de *hair bands*: Twisted Sister, Ozzy, Scorpions – quero dizer, isso era tudo o que ouvíamos". Os gostos de Layne não eram limitados ao metal e ao hard rock da época. Em dado momento, Ken se lembra de Layne ser um grande fã do álbum *Glass Houses*, de Billy Joel. "Lembro-me que, por mais ou menos um ano, ele gostava tanto daquele disco que chegava a ser uma coisa maluca. E isso foi quando ele era bem novo". Jim se lembra que Layne gostava de *Rumours*, do Fleetwood Mac.

Quando Layne tinha entre dez e doze anos, Jim o levou, junto com alguns garotos da vizinhança, para um show do Van Halen. "Foi quando eles realmente começaram a gostar de música, creio eu. Estávamos na pista comum, que não tinha assentos, então era aquela área que o pessoal fazia *mosh*. Então, quando o show começou, fui para a beirada. Layne e os dois garotos vizinhos tinham mais ou menos a mesma idade, e eles ficaram lá". Ele acrescentou: "Fiquei lá com eles por um tempinho e, mesmo naquela época, eu era a pessoa mais velha ali. Uma garota veio até mim com o namorado e me disse: 'É muito legal da sua parte ficar por aqui'. Levei como um elogio, porque estava uma zona. Foi um ótimo show. Acho que os garotos ficaram o tempo todo na pista".

Anos depois, Layne contaria ao jornalista Jon Wiederhorn que percebeu que queria viver de música na quarta série. "Eu não sabia o que ia tocar. Comecei a tocar trompete, depois corneta, depois bateria. Eu ouvia minhas bandas de rock favoritas nos fones de ouvido e tentava imitá-las. Porém, quando eu tinha quinze anos, percebi que estava ficando bem melhor do que quando comecei, então decidi que queria cantar. Na época, eu tinha uma banda cover com amigos do colégio"[12].

Os pais de Jim tinham uma casa de veraneio em Long Beach, Washington, e todo verão Jim levava a família para passar uma semana lá. Ken tem muitas boas lembranças de Layne durante essas viagens. Recorda-se de passar o tempo nas dunas ou no Marsh's Free Museum. No último ano em que foram, Layne e Ken acabaram saindo em dupla a semana inteira com uma garota que trabalhava no museu e uma amiga dela.

Um acontecimento muito importante foi o nascimento da filha de Jim e Nancy, Jamie Brooke Elmer, em 20 de janeiro de 1978. Na época, Layne tinha dez anos, Ken tinha nove e Liz, sete[13]. Em termos de cuidados com os filhos, Jim dá crédito a Nancy por entrar num grupo de apoio com outras mães donas-de-casa, com foco em como auxiliar ou melhorar o processo de cuidar dos filhos. "Aquilo foi extremamente importante", disse Jim. "Acho que aquilo fomentou muitas coisas boas no estado e certamente em nossa família, enquanto as meninas cresciam". Nancy começou a frequentar o grupo cerca de um ano depois do nascimento de Jamie.

Segundo a *Rolling Stone*, Layne começou a tocar bateria aos doze anos. "Um amigo nosso tinha uma bateria e a ofereceu emprestada para Layne", recordaria Nancy[14]. Segundo Ken, "ele começou a tocar bateria e era um bateristazinho muito bom. Mas ele só não tinha muitos contatos ou um grupo muito grande de amigos com quem formar bandas. Existem uns grupos de caras que são assim, e Layne simplesmente não era desse jeito".

A decisão de passar da bateria para os vocais foi uma das mais importantes da vida de Layne. Anos depois, ele explicou como isso aconteceu. "Eu tocava bateria e queria cantar uma música, e o vocalista disse: 'Não, você é baterista. Bateristas não cantam'. Então começamos a brigar, eu guardei minha bateria, entrei na van e dirigi direto para o centro da cidade, onde troquei a bateria por um delay, um microfone e um cabo, e fui para casa e comecei a praticar. Eu era horrível no início, mas tinha encontrado meu instrumento"[15].

Ken Elmer estava no carro com Layne quando ele mencionou quase sem cerimônia: "Ah, então, eu vendi tudo e comprei um microfone". Layne e Ken dividiam um quarto grande no andar térreo da casa, cada um com sua cama d'água. Até aquele dia, as camas dividiam o espaço com a bateria de Layne, que foi então substituída por microfones e um PA. "A bateria foi uma parte da família por anos, e Layne sempre foi baterista. E aí um dia eu cheguei para uma visita, e a bateria tinha ido embora. E lá estavam aquelas caixas de som grandes, um amplificador e uns dois microfones. Eu falei: 'Cara, o que você fez?'".

"Ah, eu vendi tudo. Vou ser cantor".

Ken ficou estupefato. "Eu fiquei tipo: 'Você não sabe cantar coisa nenhuma!'", relembrou ele anos depois, rindo muito. "Tipo: 'Você é uma merda!'".

"Não, é isso o que vamos fazer agora".

Ken não fazia a mínima de onde tinha saído a ideia de Layne cantar. Durante as visitas seguintes, Layne e Ken passaram a transcrever letras do Twisted Sister, dos Scorpions e do Van Halen, para depois cantar junto com as músicas. Isso durou, no máximo, um ano. "A parte engraçada é que eu realmente não achava que ele tinha uma boa voz".

Embora frequentassem escolas em distritos diferentes, Ken se lembra que Layne, naquela idade, tinha pouco interesse nos estudos. "Ele era um cara muito inteligente. Só não tinha tempo para certas estruturas das quais a sociedade dizia a ele para fazer parte. Ele dizia: 'Que se dane. Por quê?'. E, mais adiante na vida, eu meio que o respeitei por isso".

A respeito de seus anos no ensino fundamental, Layne disse: "Eu detestava a escola. Eu não era muito popular e não me ligava muito em esportes. Gostava de marcenaria e de andar de skate"[16].

Segundo Jim, Layne começou a experimentar drogas e álcool em algum momento da adolescência. "Ele estava andando com uma turma errada e chegando mais tarde em casa da escola. Estava aprontando alguma coisa. Sabíamos disso; sentíamos o cheiro". Ele não se lembra de sentir cheiro de maconha nas roupas de Layne, mas de álcool, sim. Nunca encontrou resquícios ou apetrechos de drogas no período em que Layne viveu com ele.

Durante uma das visitas de Ken, ele e Layne – que tinha entre doze e quatorze anos na época – foram à casa de um vizinho certa noite para assistir *Sexta-Feira 13* na HBO. Alguém levou maconha e todos ali fumaram, exceto Ken.

Certa vez, Layne experimentou Dexatrim, um medicamento para perda de peso que, na época, era vendido sem a necessidade de receita médica. Segundo Ken, "ele acelera o metabolismo de forma potente. Acho que o que rolava quando éramos garotos era que diziam que, se você tomasse um punhado de comprimidos daquele negócio, bateria como se fosse *speed*. Quer dizer, você ficaria muito louco. Só me lembro dele experimentar uma vez, que eu saiba". Ken não sabe a extensão do uso de drogas de Layne naquele período, mas não acha que a vez do *Sexta-Feira 13* significasse que ele estava fumando maconha regularmente. Nancy disse ao *The Seattle Times*: "Ele arrumava encrenca fazendo o que moleques fazem. Experimentou drogas por volta dos treze ou quatorze anos. Então, no ensino médio, ficou longe das drogas, e foi o período em que ele foi mais feliz"[17]. Ken não se recorda de Layne usando drogas pesadas a essa altura, mas disse que ele bebia.

Layne começou seu primeiro ano do ensino médio na Meadowlake High School, em Lynnwood, no dia 8 de setembro de 1981, segundo registros fornecidos por uma fonte da escola. Nessa época, era um dos garotos mais baixos da classe. "No terceiro ano, ele já tinha basicamente perdido o interesse na escola – zombava dele por ser baixo, então ele realmente estava farto", disse Nancy. Ela deu a Layne a opção de largar a escola. Por volta da mesma época, ele teve um surto de crescimento e passou de um dos mais baixos para 1,82 m – a altura que sempre quis. Disse à mãe: "As garotas têm de começar a me notar", e decidiu permanecer na escola[18].

Segundo Jim, "zombaram, sim, dele quando mais novo por causa de sua altura. Ele decerto começou a ficar disperso. Levou um tempo até ele crescer, mas quando cresceu, cresceu bastante. Aí as coisas começaram a mudar".

"Consigo me lembrar dele em situações em que era zombado na escola. Umas duas vezes, acabou de maneira mais dramática do que apenas a zombaria. Ele chegou a entrar em brigas e por aí vai. Ele começou a mudar e ficou mais interessado na cultura de drogas e em música, e assim por diante. Definitivamente teve algumas opções".

Segundo Ken, "não vou dizer que ele sempre detestou ter pessoas ao redor, mas não era dos mais sociáveis. Então não acho que era apenas o fato de ele ser baixo, havia um pouco de sua natureza, sua personalidade, também". Também nota, com um riso discreto, que "Layne não era um grande garanhão com as mulheres. Passava muito tempo sozinho. Não teve muitas namoradas na adolescência".

Quando Layne tinha cerca de quinze anos, ele e Nancy entraram numa discussão. O carro estava carregado para uma viagem de final de semana em família e Layne não queria ir. Jim se recorda: "Eles estavam batendo boca e as coisas começaram a esquentar. Nancy tinha me dito: 'Por que você não faz alguma coisa?'. Eu estava preparado para apenas ir embora e deixar as coisas esfriarem. Ela diz: 'Você não está me protegendo'. Ele estava xingando a mãe, esse tipo de coisa – e eu fui pego bem no meio disso, dela sendo verbalmente abusada e tal".

"Saí do carro e fui ver Layne, que estava nos degraus na frente da casa. Levei-o até o quintal e lhe dei uma surra". Foi a primeira e única vez que Jim fez isso. "Ele não cedia. Isso mostra a determinação daquele garoto. Eu cheguei a empurrá-lo contra a parede da casa, e mesmo assim ele não demonstrou derrota, nem nada disso. É claro que me senti mal, e acho que ele se sentiu mal". Jim e Layne conversaram sobre o incidente alguns anos depois e se desculparam um com o outro.

A família partiu para o final de semana, deixando Layne sozinho na casa. Quando voltaram, havia um cheiro de desinfetante. "Não foi como deixamos a casa. Estava limpa, mas não impecável. Quando chegamos, estava impecável", recordou-se Jim. "Nancy e eu nos entreolhamos e dissemos: 'Vamos ficar calmos, ver o que aconteceu e o que ele vai nos dizer'".

Layne os abordou visivelmente abalado e chorando. Ele e seus amigos que moravam ali perto tinham ido a um 7-Eleven para comprar comida. Alguém comentou que os pais de Layne estavam viajando, e se espalhou a notícia de que a casa estava liberada, então uma festa foi organizada. Um dos vizinhos chamou a polícia. Jim depois descobriu que, quando a polícia chegou, havia pelo menos cem pessoas na casa.

"Layne veio até nós e confessou. Ele estava muito arrependido de as coisas terem saído tanto do controle. Foi sério, porque ele e os dois garotos vizinhos foram de cômodo em cômodo, constantemente tirando gente de guarda-roupas, procurando por drogas e coisa e tal. Quando a polícia chegou e assustou todo mundo, os garotos passaram os dois dias seguintes limpando a casa. Foi um momento revelador na vida dele, que o assustou quanto às coisas estarem fora de controle. Ele mencionou isso porque havia muita, muita gente, e ele não podia fazer nada a respeito".

"Não o castigamos nem nada disso. Ele aprendeu a lição sozinho. Mas foi revelador para todos nós".

Por volta da mesma idade, Layne fugiu de casa pela primeira vez. Estava há alguns dias hospedado com um amigo a duas casas de distância quando a mãe do amigo ligou para os pais de Layne e pediu: "Vocês poderiam vir buscar seu filho?". Recusaram-se a buscá-lo e pediram a ela que mandasse Layne para casa.

O segundo incidente aconteceu cerca de seis meses depois. Layne sumiu por um dia. Naquela noite, estava escuro e chovia, e seus pais receberam uma ligação da Delegacia de Lynnwood, informando-lhes que Layne estava lá e pedindo que fossem buscá-lo. Segundo Jim, ele não foi preso ou detido por nada.

"Nancy e eu meio que nos entreolhamos. Temos de traçar um limite, por responsabilidade". Jim estava inclinado a ir buscá-lo. Depois de conversarem, ele e Nancy decidiram ensinar uma lição a Layne.

"Bem, ele andou até aí. Ele pode andar até em casa", disseram ao policial.

"Ele pode não querer fazer isso".

"Bem, você pode trazê-lo ou dizer isso a ele. Já deixamos bem claro, ele sabe onde mora. Apenas diga a ele que o jantar está pronto e a cama está feita".

Layne caminhou até em casa, jantou e foi para a cama. Nunca mais fugiu. "Lá estávamos nós discutindo de novo, agora sobre um filho fujão. Acho que eu e Nancy concordamos que era a melhor coisa a se fazer", Jim disse a ele. "O ponto da discussão foi que você não pode simplesmente fazer o que quiser na família, fugir, e ter tudo de volta no sentido de irmos buscá-lo e cuidar de você. Depende de você, Layne. É questão de traçar alguns limites – você tem de ter responsabilidades".

A lembrança mais antiga que Jamie tem de Layne, datada provavelmente desse período, quando ela tinha cerca de cinco anos, é dele fazendo batata frita na cozinha. Ela também se lembra dele praticando trompete e bateria.

Em algum ponto desse mesmo período, ele trabalhou como faxineiro e lavador de pratos num restaurante italiano perto de casa. Segundo Jim, Layne faria qualquer trabalho que dessem a ele, mas não acha que ele tinha habilidade ou foco, na época, para ser garçom ou cozinheiro.

Quando Ken vinha visitá-los, aos finais de semana, ele e Layne iam para o quarto e cantavam acompanhando músicas o dia todo. Para Ken, era só diversão. Para Layne, disse Ken, "era como se fosse: 'Estou treinando para o que quero fazer'. E acho que foi por causa disso que ele endireitou um pouco a cabeça".

"Porque ele tinha um foco. Um objetivo. Tinha algo que lhe dava certo ímpeto. A escola não dava isso a ele. Ele nunca foi demasiadamente interessado em garotas de certa maneira quando mais novo, e isso meio que lhe deu um incentivo. Acho que foi tão importante quanto ele ter 1,82 m de altura". Ao trocar a bateria pelos vocais, Layne pode ter encontrado algo pelo qual ele tinha paixão e que podia desenvolver, mas foi um encontro e uma sugestão ao acaso de Ken que enfim mudariam o rumo da vida dele.

CAPÍTULO 2

Porra, sim! Esse é o visual que um vocalista deve ter!
— Johnny Bacolas

Certo dia, em 1984, James Bergstrom estava indo de uma sala para outra na Shorewood High School quando encontrou Ken Elmer, um amigo da banda marcial. Ken sabia que a banda de Bergstrom, Sleze, estava à procura de um vocalista, e ele tinha alguém em mente para o posto.

"Ei, meu meio-irmão Layne toca bateria, mas ele quer ser cantor. Você devia ligar para ele", Elmer disse a Bergstrom. Depois da propaganda inicial, Elmer disse, mais contido: "Acho que ele é meio ruim, então não é culpa minha – se não der, tudo bem".

Pouco tempo depois, Ken foi até a casa de Jim e Nancy e disse a Layne sobre o cargo. A mãe de Layne relembrou a conversa para o jornalista Greg Prato:

"Layne, tem uns caras na Shorewood High School à procura de um vocalista", Ken disse a ele.

"Bom, eu não sou cantor", retrucou Layne.

"Por que você não tenta, mesmo assim?"[1].

Um teste foi marcado, enfim. Bergstrom contou ao guitarrista do Sleze, Johnny Bacolas, sobre o novo cantor que iam testar. Bacolas gostou do que ele estava usando – e dele ser magro e descolorir o cabelo. A primeira pessoa que vinha à mente era o vocalista do Mötley Crüe, Vince Neil, banda da qual Bacolas e os outros membros do Sleze eram grandes fãs.

O teste aconteceu na casa dos pais de Bergstrom, em Richmond Beach, onde o Sleze fazia do porão sua sala de ensaios. Eram jovens – ainda estavam no início do ensino médio e ainda estavam aprendendo a tocar seus instrumentos e a tocar covers. Tim Branom – um músico que posteriormente produziria uma das demos do Sleze – descreveu a banda: "Eles tinham uma influência de Mötley Crüe, mas punk, algo que hoje só poderia ser descrito como uma *vibe* raivosa de Seattle, mas numa banda glam, com batom e esmalte pretos. Isso era bastante radical para eles, especialmente porque seus pais eram pessoas muito certinhas e frequentavam a igreja".

Os membros do Sleze não tinham expectativas antes do teste. "Não sabíamos o que esperar. Só sabíamos que ele estava bem empolgado para cantar e que tinha o cabelo descolorido, e isso era bom o bastante", recordou-se Bacolas. Quando Layne chegou, os demais notaram sua alta estatura, comportamento calmo, e que ele estava bem vestido para o papel.

"Ele entrou na nossa sala de ensaios e estava muito, muito tímido", disse Bacolas. "E, assim como esperávamos, foi tipo: 'Porra, sim! Esse é o visual que um vocalista deve ter!'".

Ed Semanate, o outro guitarrista fundador do Sleze, recorda-se de que sua lembrança mais vívida de Layne durante esse primeiro contato era a de que ele tinha nomes de bandas, como "Ozzy" ou "Mötley Crüe", escritos nas calças.

Os quatro membros sobreviventes da banda estão todos bem certos de que a primeira música que tocaram com Layne foi um cover de "Looks That Kill", do Mötley Crüe, embora Bacolas e Bergstrom não descartem a possibilidade de que tenha sido "L.O.V.E. Machine", do W.A.S.P.

"O Mötley Crüe com certeza estava no topo da nossa lista. Era a banda que queríamos ser", disse Byron Hansen. Os outros membros imediatamente perceberam que algo estava acontecendo ali.

"Posso afirmar que foi com 'Looks That Kill' que ele conseguiu o posto. *'Now she's a cool cool black'*, ele conseguia alcançar aquelas notas, de verdade. Ficamos tipo: 'Meu Deus! Isso é incrível!'", recordou-se Bergstrom, rindo. "Então você tem aquela sensação: 'Aqui está esse cara. A voz dele soa ótima. Ele é maneiro. Ele consegue cantar no tom. E ele ainda tem um bom alcance e é emotivo, embora ainda fosse um iniciante, em estado bruto'. Então sabíamos que tínhamos algo especial, e dali em diante estávamos no paraíso. Nos tornamos uma banda".

Hansen concordou. "A gente ficou tipo: 'Uau! Esse cara consegue cantar como o Vince Neil! É tipo um pequeno Vince Neil!'. Achamos que era demais".

Embora a voz de Layne ainda estivesse por desenvolver e a essa altura ele só cantasse covers, era impossível comparar sua sonoridade com a de cantores do passado ou contemporâneos seus.

"Ele não me pareceu um aspirante a Jim Morrison, ou a Robert Plant, ou a Ozzy. Layne tinha seu próprio estilo, e acho que isso é o que era o mais interessante nele", disse Bacolas. "Tinha uma voz muito distinta. Eu não queria outro

Morrison ou outro Rob Halford. Não era isso o que a gente procurava. Não sei o que a gente procurava. A gente só meio que... a gente achou".

Em dado momento, Layne pediu a Bergstrom para tocar sua bateria. Bergstrom concordou, e Layne começou a tocar o início de "Red Hot", do Mötley Crüe. Bergstrom ficou impressionado. "Cara, você precisa me mostrar como tocar isso!".

A banda não pensou duas vezes – Layne conseguiu o posto no ato. Ken Elmer encontrou Bergstrom pouco tempo depois. "Ele veio correndo no corredor: 'Cara, seu irmão é foda!'. Digo, ele chegou falando palavrão e gritando, tipo: 'É perfeito!'. E eu: 'Ah, eu pensei que vocês iam detestar ele. Acho que ele é meio que uma merda'", recordou-se.

A banda ensaiava várias vezes por semana, expandindo gradualmente o repertório e a habilidade nos instrumentos. A certa altura, Semanate disse a Layne que ele precisava de um delay digital – equipamento que cria um efeito de eco nos vocais. Layne e Semanate foram a uma loja de música local e compraram um. O delay se tornaria parte do estilo de cantar de Layne.

Bergstrom frequentemente saía com Layne ou passava a noite em sua casa. Lembra-se de ficarem acordados até tarde assistindo O Exorcista, ou de ligarem o PA para que Layne praticasse canto ou experimentasse com o equipamento. "Ele ligava tudo e treinava. Treinava cantando junto com músicas como 'Metal Thrashing Mad', do Anthrax, ou 'Rod of Iron', do Lizzy Borden, todas essas músicas diferentes. De cara, ficou fascinado com o delay digital".

Layne começou seu último ano do ensino médio na Meadowlake High School no outono de 1984. Uma folheada nos anuários escolares de 1981 a 1985 revela apenas três fotos dele: um retrato do segundo ano, em 1982-83, uma foto em grupo da turma de marcenaria industrial, de 1984-85, e a foto em grupo do último ano. Nas duas últimas, seu cabelo loiro platinado o destaca. Não há retratos dele durante o primeiro, terceiro e último anos.

Era o primeiro ano de Rick Throm lecionando no curso de marcenaria industrial. "Ele não parecia ter muitos amigos na turma. Era um tipo solitário, mas prestava atenção no que eu dizia, fazia o que eu dizia e parecia gostar muito". Essa foi a primeira impressão que Throm teve de Layne. O professor gostou dele o bastante para contratá-lo para trabalhar em sua oficina depois da escola, por um salário mínimo.

"Ele era realmente disposto a aprender, mas às vezes se sentia como se estivesse em desvantagem no acordo em que firmamos na oficina, por estar na posição mais baixa".

Um exemplo: Throm pediu a Layne que pintasse um galpão de armazenamento na oficina. Depois de passar várias horas nesse serviço, ao longo de dois dias, Layne abordou Throm e disse: "Sr. Throm, acho que eu gostaria mais de estar construindo armários do que pintando esse galpão".

"Bem, todo mundo tem de começar em algum lugar, Layne, e todos nós pintamos, todos nós já fizemos todo tipo de coisa, e é isso o que você tem de fazer agora", respondeu Throm. Como consequência, Layne escreveu em seu relatório, em protesto: "Pintei a porra de um galpão de armazenamento".

Num outro momento, Throm perguntou a ele: "Layne, o que você acha que quer fazer da vida?".

"Ser um astro do rock", respondeu ele.

"Um astro do rock? Eu gostaria de estar pescando, mas olha só, estou aqui trabalhando. Como você acha que será um astro do rock?".

"Vou ganhar a Batalha de Bandas e o prêmio é um contrato de gravação".

"Então você acha que consegue ganhar a Batalha de Bandas?".

"Ah, sim. Somos bons o bastante para ganhar".

"OK, bom, que tipo de música você toca, Layne?".

"Você não conhece".

"Ligue o rádio e vamos ouvir uma estação que toque um pouco desse tipo de música".

"Não toca na rádio".

"Meu Deus, Layne! Você quer ser um astro do rock; você quer tocar música que não está no rádio. Talvez fosse bom você repensar isso aí".

Em retrospecto, Throm se arrepende de ter desencorajado Layne a perseguir seu sonho e está contente que ele não tenha ouvido seu conselho. Foi uma em um punhado de vezes que um aluno seu lhe deu uma lição. "Layne me ensinou a nunca esmagar o sonho de alguém. Sonhe, e sonhe com força, mas tenha um plano B". Depois que Layne alcançou o sucesso, Throm pensou que talvez ele voltasse à oficina e fizesse o professor pintar o galpão como troco, mas isso nunca aconteceu.

Os pais de Layne apoiavam seus objetivos e o nunca o desencorajaram da profissão que ele escolheu. "Naquela época, Nancy e eu sabíamos o que era o pop rock, mas não entendíamos muito bem as coisas novas que estavam aparecendo. Mas com certeza nós o apoiávamos e o lembrávamos de que queríamos que ele ficasse longe das drogas e tal, mas não ligamos as duas coisas", explicou Jim. Quando Layne tinha dezessete ou dezoito anos, seus pais lhe deram seu primeiro carro: um VW Dasher. "Àquela altura, sabíamos que ele entraria no meio da música, era o seu sonho, e ele precisava de transporte, então quisemos ajudá-lo", disse.

Jamie Elmer se lembra de fazer companhia a Layne enquanto ele mexia no Dasher. Ele esvaziou o compartimento que continha o fluido do limpador de para-brisa, encheu de suco de laranja e desviou a mangueira de modo que ela soltasse o líquido do lado de dentro do carro, pelo painel. Layne transformou o sistema de limpeza de para-brisa numa máquina de bebidas no painel e serviu um copo de suco de laranja para a irmã. Ele também era capaz de modificar o carro para fins mais questionáveis.

"A maior encrenca que eu e Layne causamos juntos... Houve uma época em que ele tinha um carrinho, e nós modificamos os limpadores de para-brisa para esguichar para fora e saímos molhando as pessoas. Passávamos dirigindo e as encharcávamos", recordou-se James Bergstrom, rindo. "Vimos um policial entrando no estacionamento, então cruzamos a rua até um Arby's, e o policial seguiu a gente. 'Ah, merda! Isso não é bom!'".

O policial mandou Layne encostar. "Ei, vocês dois estão dirigindo por aí molhando as pessoas?".

"Não, senhor", respondeu Layne.

"Onde é o acionador do limpador de para-brisa?".

Depois que Layne mostrou o dispositivo, o policial estendeu o braço dentro do carro e acionou, o que o encharcou do rosto até o meio do peito. Bergstrom começou a rir e Layne lhe deu um tapa na perna, dizendo-lhe para ficar quieto. O policial deixou-lhes ir embora, com uma advertência.

Numa outra ocasião, Bergstrom e alguns outros membros da banda estavam passando a noite na casa de Layne. Saíram escondidos para ir a uma festa, caminhando pela Aurora Avenue até Richmond Beach, a vários quilômetros de distância. A mãe de Layne acordou no meio da noite e viu que os garotos tinham saído. Na época não havia celulares, então ela ligou para a mãe de Bergstrom e saiu atrás deles. Layne, Bergstrom e os demais estavam caminhando de volta para casa, quase chegando, quando viram Nancy passar por eles de van, às duas da manhã.

No início de 1985, os membros do Sleze sentiram-se prontos para tocar ao vivo. Numa cena que parecia tirada diretamente de *De Volta Para o Futuro*, o Sleze fez um teste para o show de talentos da Shorewood High School e não passou. "Tentamos entrar no show de talentos da escola e fracassamos. Eles não nos deixaram participar", disse Semanate, rindo. "Trouxemos todas as nossas coisas para o auditório. Tocamos alto pra caralho e eles disseram, tipo: 'De jeito nenhum'".

O Sleze enfim conseguiu tocar um set de quarenta e cinco minutos, no dia 4 de fevereiro de 1985, durante a hora do almoço no Student Activites Center – coloquialmente conhecido como SAC – na Shorewood High School. Hansen se lembra que Semanate desenhou à mão um pôster para divulgar o show, e, de brincadeira, fez uma versão diferente para mostrar para Hansen primeiro – que dizia "Satanic Sleze" e contava com pentagramas e cruzes invertidas. No dia do show, os membros da banda foram à casa dos pais de Bergstrom para se preparar para a apresentação. Abarrotaram-se no banheiro, vestiram o figurino e colocaram maquiagem e spray de cabelo.

"Basicamente, aparecemos na escola como se fosse Halloween. Era hora do almoço e todo mundo estava zoando a gente", disse Bacolas, rindo. Estavam com medo do palco, já que aquele era seu primeiro show. Bacolas estimou que o público era de duzentos a quatrocentos estudantes. O setlist consistia, em sua maioria, em covers: "L.O.V.E. Machine", "Looks That Kill", "False Alarm", do Armored Saint, "Stakk Attakk", do Wrathchild, "Countess Bathory", do Venom, e "Black Magic", do Slayer.

Layne estava nervoso, segundo Bacolas. Mal olhou para o público e andou para frente e para trás no palco quase o tempo todo, olhando para baixo ao cantar, ou então ficou de costas para a plateia, voltado para o baterista. Apesar dos nervos a mil e da inexperiência, Layne conseguiu se apresentar. Os quatro membros sobreviventes da banda não acham que ele esqueceu alguma letra, nem cantou alguma nota desafinada.

Depois do show, sentiram-se muito bem. "Estávamos chapados de vida! Pensamos: 'É isso, cara. Estamos no caminho certo!'", disse Bergstrom. Aquela foi a primeira e única apresentação a contar com essa formação da banda.

Não muito tempo depois do show, Semanate foi para uma festa com os companheiros de banda. "Fomos a essa festa e estávamos bebendo; nos divertindo. Tinha tipo um barril. Entramos numa sala e perguntamos: 'Cadê o bong?'", recordou-se. "Foi a primeira vez que fumei maconha com eles. Consegui deixar até o James chapado, o que me deixou de cara. Foi muito divertido. Meio que uma firmação de laços".

Pouco depois disso, segundo Semanate, a mãe de Bergstrom convocou uma reunião da banda, na qual os membros e os pais se encontrariam numa pizzaria local. A preocupação era que Semanate estava sendo uma má influência para os demais.

"Eu era o filho bastardo naquela banda", disse Semanate. "Eu fumava maconha e bebia, merdas comuns que faço hoje em dia". Assim que a comida foi servida, contou Semanate, as mães de Bergstrom e Hansen começaram a expor suas preocupações quanto a ele. "Ficaram só me espinafrando. Eu sou a influência negativa na banda, elas não queriam que os filhos fossem como eu, que acabassem como eu... Então eu e minha mãe simplesmente fomos embora, dissemos: 'Foda-se. Vamos nessa'".

Bergstrom não se lembra de muitos detalhes daquele jantar. "Eu realmente não me lembro do que se tratou aquilo. 'O cabelo dele é comprido demais e ele é uma má influência!'. Alguma coisa boba". Bacolas tem uma lembrança semelhante.

Layne estava no jantar, acompanhado da mãe e possivelmente do padrasto, mas ninguém se lembra do que eles falaram, se falaram. "A Nancy foi bem legal. Ela só relaxou e ficou de lado", recordou-se Semanate. No dia seguinte, ele foi até a casa de Bergstrom buscar seu equipamento no porão, ainda ressentido quanto ao jantar.

"Foi estranho, cara, porque, na época, eu era obstinado", disse. "Eu morreria pela minha banda. Eu acreditava tanto assim no rock and roll. Era só um moleque que... era como se fosse um super-herói. Era tudo o que eu tinha". Além disso, Semanate foi quem inventou o nome da banda.

Layne ligou para Semanate no dia seguinte, para lhe dizer que também ia sair. Os dois conversaram sobre começar uma nova banda, que se chamaria Fairfax. Um dia depois, Semanate recebeu um convite para entrar numa banda de punk rock, com insinuações de um possível contrato de gravação, e aceitou a oferta. Layne voltou para o Sleze, onde Semanate seria substituído por Chris Markham.

Bergstrom e Hansen se lembra de um outro show, em 1985 no Lynnwood Rollerway, em que competiram numa batalha de bandas local – presumivelmente, a mesma sobre a qual Layne comentou com Rick Throm. Layne estava sem voz e fez o set com muita dificuldade.

"Ele tinha perdido a voz, estava meio rouco e com dor. Estava com um spray de analgésico ou algo do tipo, e espirrava na garganta o tempo todo, na tentativa de conseguir cantar", disse Hansen. Segundo Bergstrom, Layne estava com uma infecção na garganta.

O Sleze fez outro show no SAC naquele ano, e tocou no show de talentos da Lakeside School, onde Markham estudava. Também se apresentaram na Shorecrest High School, onde tocaram um cover de "Louie Louie", do The Kingsmen, e o público, na descrição de Bergstrom, parecia forçado a estar ali.

Vários membros da banda completaram dezesseis anos em 1985, o que significava que podiam tirar carteiras de habilitação, e com isso ter maior liberdade e mobilidade. O Sleze não fazia turnês em uma van – só tocavam na região de Seattle e iam e vinham dos shows em seus próprios carros. Bacolas estima que a banda ganhava algumas centenas de dólares por show dos produtores locais. Não tinham empresário, então agendavam os próprios shows, responsabilidade gerida por Bacolas do telefone da casa de seus pais, ou por meio dos contatos com outras bandas.

No final do ano letivo de 1984-85 na Meadowdale, a turma de marcenaria industrial teve um banquete de premiação, no qual certos alunos receberam reconhecimento por seu trabalho. Layne recebeu um prêmio como o aluno que mais evoluiu, porque, segundo Rick Throm, "ele realmente amadureceu".

Layne deveria se formar no verão de 1985, mas acabou que ainda faltava um curso ou um crédito para que ele pudesse se formar. Segundo registros escolares, há uma anotação dizendo que Layne "não se formou", datada de 5 de junho de 1985 – muito provavelmente a data de formatura daquele ano. O histórico escolar de Layne foi enviado para a Chrysalis School, em Woodinville, onde duas irmãs estudavam, em 4 de dezembro do mesmo ano. "Foi uma tentativa de manter Layne envolvido com alguma atividade intelectual, porque ele estava crescendo e coisa e tal", explicou Jim Elmer. "Foi uma ideia que não deu frutos, porque não me lembro de Layne jamais ter ido lá". A educação formal de Layne terminou quando ele deixou a Meadowdale[2].

Quando Nancy foi à reunião de vinte anos da turma do ensino médio de Layne, conversou com várias pessoas, muitas das quais ficaram surpresas ao descobrir que seu antigo colega de sala se tornaria o cantor do Alice in Chains. "Eles diziam: 'O Layne Staley era o Layne Elmer? Ele era o garoto mais quieto da sala!'. Ficavam chocados", disse ela ao *The Seattle Times*[3].

Hansen começou seu terceiro ano do ensino médio no outono de 1985. A essa altura, estava conhecendo pessoas novas e se interessando por diferentes tipos de música e por skate. Naquele outono, o Sleze estava agendado para tocar no Rock Theater, casa voltada ao heavy metal no centro de Seattle, importante na época. Hansen mudou de ideia e disse aos companheiros que queria sair da banda depois do show. O único ponto de discordância era que ele queria ser reembolsado pela parte que investiu na compra do PA e do equipamento de áudio, adquiridos em grupo. Foi substituído por Jim Sheppard.

Naquela época, boa parte das atenções dos músicos estava voltada para o Parents Music Resource Center. Co-fundado por Tipper Gore, o PMRC foi criado para promover a conscientização quanto a conteúdo violento, sexual ou ocultista na música popular, o que, segundo o grupo, poderia ter um impacto negativo nas crianças. O PMRC fazia lobby para a criação de um sistema de classificação voluntário para conteúdo explícito. Esses esforços culminaram na famosa audiência perante o Comitê de Comércio, Ciência e Transporte do Senado, em 19 de setembro de 1985, que contou com depoimentos do PMRC, de um lado, e, como contraponto, dos músicos Frank Zappa, John Denver e Dee Snider. Em retrospecto, dois anos depois, Tipper Gore disse ao *New York Times* que as audiências foram um erro. "Elas levaram à interpretação equivocada de que havia censura envolvida"[4].

Algumas semanas depois da audiência, o talk show *Town Metting*, do canal KOMO, exibiu um episódio sobre a polêmica. Layne e Bacolas estavam na plateia. O *Seattle Times* fez uma matéria sobre o episódio e destacou os comentários de Layne: "Layne Staley, um adolescente de Lynnwood que toca num grupo de heavy metal chamado 'Sleze', diz: 'Nossas letras são todas positivas – não usamos palavrões, nem cantamos sobre drogas e sexo –, mas só quero a liberdade de escrever sobre o que quiser'". Essa foi provavelmente a primeira vez que ele apareceu na televisão, e a primeira vez que foi citado em um jornal[5].

Em algum momento durante esse período, o Sleze fez um show em Alki Beach. A importância desse show não estava na performance em si, mas em quem estava no público – um baterista de dezenove anos, de Renton, chamado Sean Kinney.

Sobre sua infância, Sean disse: "Meu pai é policial, minha mãe trabalha na prefeitura. Eles se divorciaram à maneira típica suburbana na criação de um filho hiperativo. Me meti em encrenca, mas não tanta. Ambos trabalhavam, então fui basicamente criado pela minha irmã. Eles estavam o tempo todo fora de casa".

Sean mostrou interesse em música por causa de seu avô, que era membro de uma banda chamada Cross Cats, e o deixou tocar com a banda quando ele tinha nove anos. "Eles tocavam country, swing e umas coisas assim, e eu sempre estava na casa deles. Quando faziam uma pausa, eu tocava. Ia até lá e tentava tocar bateria".

"Os Cross Cats foram a única outra banda em que toquei. Aos nove anos! Eu usava gravata borboleta. Dos nove anos em diante, assumi o posto de um tal Bob Holler. Ele saiu da banda. Eles eram todos mais velhos, é claro, meu avô e tal. Eu assumi e toquei com eles por anos, até meus doze ou treze. Rodei um pouco pela estrada, fiz minha primeira turnê. Foi a única outra banda da qual fiz parte. Toquei com eles, e então no Alice in Chains"[6].

"Conheci Layne por volta de 1985, quando a banda dele tocou em Alki Beach. Eu disse a ele que o achava maneiro, mas que a banda era uma merda. Disse, ainda, que ele precisava de outro baterista – eu", foi como Sean relembrou o primeiro contato dos dois, num artigo publicado na revista *Guitar Legends*. Sean – que na época não tinha telefone – deu a Layne um pedaço de papel com o telefone de sua namorada[7]. Layne guardou o bilhete, sem suspeitar do impacto que isso teria na vida dos dois, dois anos depois.

No final de 1985, Nick Pollock estava no último ano do ensino médio na Lindbergh High School quando Layne e Bergstrom estavam à procura de um guitarrista para substituir Chris Markham. Segundo Pollock, "James e Layne ouviram de alguém que eu tinha um cabelo legal e tocava guitarra". Marcaram um encontro, no qual se deram bem, e Layne e Bergstrom convidaram Pollock para um ensaio.

"Me lembro de quando conheci Layne. Achei que ele era um cara bem convencido e se adequava muito bem à *persona* de vocalista. Era um cara bem legal", disse Pollock sobre sua impressão inicial. "Me lembro de ouvi-lo cantar nas fitas demo que James me deu, e pensar: 'Puta merda! Esse cara canta muito!'".

"Ele tinha uma aspereza na voz que era inacreditável. Totalmente natural. Dava pra perceber que ele tinha o potencial de um astro bem ali, só era novo, ainda". Pollock conseguiu o posto. Layne e ele ficaram amigos, um servindo de copiloto para o outro quando saíam para encontrar garotas. "Eu diria que fui totalmente promíscuo, e Layne era meu parceiro no crime nisso. Calhamos de estar numa banda popular e fomos capazes de inspirar algumas garotinhas muito adoráveis a fazer o que quer que quiséssemos. Então funcionou muito bem!".

Em relação às garotas que iam aos shows, Bergstrom brincou: "Os benefícios do rock and roll – nada a ver com assistência médica e odontológica". Bacolas – que em dado momento saiu do Sleze e depois voltou como baixista – forneceu relato semelhante. "Nos divertíamos muito com muitas garotas, naquela época", diz, abrindo um sorriso largo. "De repente, havia centenas de garotas nos shows, e acontecia o que quiséssemos, com quem quiséssemos".

Pollock conseguiu ver um lado de Layne que a maioria das pessoas não via. "Ele era uma pessoa muito carinhosa e emotiva. Se preocupava com as pessoas a seu redor, seus amigos e tal, mas, ao mesmo tempo, era esse cara rock and roll, irreverente e convencido, que mandava as pessoas se danarem, era anarquista, esse tipo de coisa".

Pollock disse que Layne nunca teve nada de ruim a dizer sobre o padrasto. "Ele poderia fazer brincadeiras irreverentes sobre o padrasto, pois era um pai e nós tínhamos dezessete anos, e todos os adultos são estúpidos quando se tem essa idade". Disse, ainda, que Layne tinha bons relacionamentos com as irmãs. Ele e Pollock às vezes provocavam Jamie, que na época tinha sete ou oito anos. "A gente a chamava de Chewbacca, porque o cabelo dela era meio redondo no alto. Era só para provocá-la, e ela ficava bem irritada".

Inevitavelmente, os dois amigos provocavam um ao outro. Pollock diz que Layne fazia graça com seu sobrenome, chamando-o de Polack. Certa vez, ele chamou Layne aleatoriamente de "Lance Rutherford Elmer", e pôs um dedo na ferida. "Ele ficava bravo pra caralho. Ficava tão raivoso comigo que se preparava para sair do carro em movimento", recordou-se. "Sempre que ele era escroto comigo e me irritava, eu entrava nessas e ele calava a boca".

Pollock tinha se esquecido o que o nome Rutherford significava até ser entrevistado para este livro. James Bergstrom não se lembra de como eles descobriram. "Acho que Layne confidenciou isso a nós quando estávamos tendo uma de nossas conversas de banda. Não sei se estávamos só nós dois, porque acho que não contei para ninguém, porque ele me pediu". Bergstrom confirmou o relato de Pollock de que o nome do meio de Layne era um assunto muito delicado. "Ele detestava. Basicamente nos fez jurar, 'não contem para NINGUÉM'". Layne fez dezoito anos em 22 de agosto de 1985. Em algum momento, ele foi ao tribunal e mudou seu nome legalmente para Layne Thomas Staley – e assim ficaria conhecido pelo resto da vida –, para se livrar do nome do meio do qual tanto desgostava, Rutherford.

A essa altura, havia tensões entre Layne e sua mãe. Pollock presenciou algumas discussões quando estava na casa deles. "A mãe dele é muito obstinada e tem suas próprias opiniões bem definidas, e estas conflitavam muito com Layne, que se rebelava contra isso".

Contra o que Layne se rebelava?

"Eu diria que era algo centrado basicamente no senso de moralidade dela e em como isso se relacionava com religião. Creio que ela era da Ciência Cristã, na época".

"Tenho na cabeça imagens de estar sentado na cozinha da casa deles, testemunhando uma briga esquentar entre eles, e de como Layne era sarcástico com ela, ao que ela revidava. Acho que tive uma relação muito boa com meu pai, mas ela me lembrava dele, no sentido de que havia um ímpeto nela que era como o de um homem, e ela não levava desaforo para casa. Quanto mais Layne se exaltava no que dizia, mais ela tentava derrubá-lo".

"Eu achava, e ainda acho, que ela era muito dura com ele e o repelia em muitos aspectos, de maneira que o alienou". Essas tensões resultaram na saída de Layne de casa. Pollock não se lembra das circunstâncias específicas. "Não creio, da maneira como entendi da parte dele, que tenha sido necessariamente uma escolha dele. E, pelo menos no momento, ele estava bem feliz em sair. Mas me lembro dele conversar sobre isso".

Houve a impressão de que um ultimato foi dado e Layne acatou?

"Algo nesse sentido, sim, creio que sim".

"Era parte da vida dele, e parte da vida de Nancy. Ela tem seu ponto de vista sobre o que aconteceu, e Layne tinha o dele. Eu tenho o meu, porque estive na casa deles naquelas ocasiões, e acho que minha descrição foi boa o bastante. Também tenho minhas lembranças a respeito de como aquilo o afetou, e o que aconteceu exatamente".

Pollock tentou convencer os pais a hospedar Layne, mas não havia essa possibilidade, pois a irmã de Pollock era deficiente e precisava de cuidados especiais, de modo que não poderia haver mais uma pessoa vivendo na casa.

Jim Elmer concordou com a leitura de Pollock de que um ultimato foi dado, dizendo que isso foi a culminação de discussões e brigas entre Layne e seus pais quanto a seu uso de drogas. "Tivemos várias conversas", recordou-se Elmer. "'Não queremos drogas em casa. Você tem duas irmãs menores aqui, então esta será uma casa sem drogas, e se você quer continuar usando, então não pode ficar aqui'. Assim, não foi algo que aconteceu num só dia, mas Layne definitivamente sabia o que esperávamos dele quanto à questão das drogas, e nós não íamos fazer vista grossa".

Por volta dessa mesma época, o Sleze saiu do porão da família Bergstrom. Segundo James Bergstrom, foi ideia de Layne que a banda conseguisse uma sala num novo estúdio de ensaios em Ballard. A ideia era ter um espaço privado com maior liberdade para praticar e para estar em contato com as outras bandas. Nick Pollock concordou com esse relato e explicou a razão: Layne não gostava do fato de a mãe de Bergstrom não estar contente quanto à música que tocavam. A senhora Bergstrom é descrita pelo filho e pelos demais como uma mulher muito religiosa. Segundo Bergstrom, "minha mãe rezava por todos nós", disse ele, rindo. "Ela amava a todos". Um exemplo: Layne tinha uma jaqueta com um pentagrama estampado, que ele tirava e escondia quando ia até a casa[8].

Assim começou o envolvimento de Layne com o Music Bank.

PARTE II
1984–1989

Basicamente, você encontra seu som quando todos na banda estão curtindo qualquer merda que vocês estiverem tocando.
— **Jerry Cantrell**

Sou um astro. Só que ninguém sabe, ainda.
— **Layne Staley**

Entre as bandas daquela época, ninguém tinha muita identidade ainda. Todo mundo estava procurando.
— **Dave Hillis**

CAPÍTULO 3

A cidade estava totalmente sedenta por uma ideia como essa.
— Scott Hunt

Scott Hunt frequentava a Idaho State University como atleta bolsista, jogava futebol. O regulamento da NCAA[1] proibia os alunos-atletas de ter um emprego registrado, então, para contornar isso, Hunt viajava e se apresentava com sua banda, Mirrors, na qual era baterista. "Viajávamos durante o verão e eu ganhava um punhado de dinheiro – dinheiro não declarado, como músico, de forma que meu pai economizava muito", disse ele.

Por volta de 1983, o Mirrors fez uma apresentação em Twin Falls, Idaho, e parou em um restaurante depois do show. Lá, havia uma cópia da *The Rocket*. "Era a grande revista de música de Seattle – a única, na época – e, para mim, era como a *Rolling Stone*". Hunt rasgou e guardou a página de "Procura-se Músicos" e, mais tarde, colocou um anúncio seu ali. Recebeu um telefonema de Paul Bostic, empresário de uma banda local chamada Brat. Apesar de estar em Idaho, Hunt convenceu Bostic a enviar a ele a demo da banda, de modo que ele pudesse praticar. O cargo foi oferecido a Hunt, que então se fez a pergunta óbvia: "E agora?".

Se aceitasse o trabalho, teria de sair da banda, largar a faculdade e se mudar para Seattle. Passou o verão na região de Seattle, ensaiando com o Brat num depósito que tinha fios soltos pendurados do teto, estava infestado de ratos e não tinha aquecedor. Hunt tinha uma bateria de dez peças, mais nove pratos. Todos os dias, ele tinha de tirar a bateria da van, subir dois lances de escada com ela, montá-la, tocar, e então desmontá-la, carregá-la de volta para baixo e guardá-la na van. Em tamanho estado de frustração, pensou consigo mesmo: "Isso é uma grande merda. Essa é uma cidade importante. Por que temos de aguentar isso?".

Hunt aceitou o convite do Brat, conseguiu um emprego no ramo de construção e começou a procurar um espaço de ensaio. Ele e seu chefe, o dono de uma empresa de *drywall* chamado Jake Bostic, irmão do empresário do Brat, estavam trabalhando para dois empreiteiros suíços, Bengt Von Haartman e Gabriel Marian. Hunt encontrou um depósito de 3.700 m² em Ballard, e bolou uma ideia para vender para Von Haartman e Marian. Guardou dinheiro para publicar um anúncio do Round the Sound Studios na edição de setembro de 1984 da *The Roc-*

ket. O anúncio dizia "salas para ensaio 24 horas" e disponibilizava um número de telefone para agendamento.

Depois que o anúncio foi publicado, havia de quinze a vinte mensagens na secretária eletrônica de Hunt a cada noite, ao ponto de encher a fita. "A cidade estava totalmente sedenta por uma ideia como essa", disse ele. Anotou os nomes de todos que estavam dispostos a contribuir de trezentos a quinhentos dólares, fez os cálculos e rascunhou uma proposta de negócios. Estimou que alugar o depósito de um proprietário particular por vinte e um centavos o metro quadrado e depois relocar por US$ 1,60 traria um lucro de doze mil dólares ao mês. Ofereceu dividir os lucros com Von Haartman e Marian, meio a meio, mas precisava que eles assinassem o contrato de aluguel da propriedade e providenciassem uma pequena equipe de empregados para construir e manter o lugar. Von Haartman e Marian pensaram com cautela e, por fim, concordaram.

Hunt teve de investir seu próprio dinheiro para dar início ao projeto. Seu pai falecera em janeiro de 1984, e sua mãe ficou com algum dinheiro do seguro de vida. Ela decidiu que cada filho receberia US$ 20 mil para investir numa casa ou terminar a faculdade. Hunt lançou a ideia a ela, e ela lhe emprestou o dinheiro, que Hunt usou imediatamente para comprar as portas, paredes, vigas, fiação e carpetes. Ele também fez Jake Bostic, Von Haartman e Marian assinarem uma promissória concordando em pagar US$ 750 mensalmente à mãe dele, para quitar o empréstimo.

Em 25 de setembro de 1984, Von Haartman, Marian e a esposa de Marian assinaram um contrato de aluguel de cinco anos pela propriedade, que começaria no dia 1º de outubro. Sob os termos do contrato, eles pagariam US$ 2.700 mensais de aluguel à Rosen Investment Company. As instalações seriam "usadas e ocupadas apenas por estúdios de gravação e audiovisual"[2]. O nome teve de ser mudado de Round the Sound Studios para Music Bank cerca de um ano e meio depois, quando Hunt, Marian e Von Haartman decidiram se livrar de Bostic. Por causa disso e do fato de eles terem de reescrever a promissória, tiveram de mudar o nome da sociedade também. Hunt sugeriu o nome Music Bank.

Hunt e Bostic, junto a uma equipe de construção, um eletricista e um pedreiro, trabalharam para deixar o Round the Sound Studios pronto e funcionando – com a meta de construir uma sala por dia. Chegaram muito perto desse objetivo. Pelos cálculos de Hunt, construíram cinquenta e cinco salas em sessenta dias. No dia da inauguração, todas as salas estavam alugadas e Hunt tinha uma lista de espera de vinte e cinco bandas aguardando para entrar.

Além dele próprio, Hunt dá crédito a Bostic como cofundador do Music Bank. "Foi uma ideia completamente minha e de Jake. Os outros caras eram só sócios silenciosos que estavam dispostos a colocar seu nome num pedaço de terra".

Certo dia, no final de 1985, um garoto de dezoito anos, de cabelos longos espetados e com uma mecha azul, usando jeans cor-de-rosa, entrou na sala de Hunt. "Sou o Layne, do Sleze, e estou procurando emprego".

"Bem, Layne, não estou contratando", retrucou Hunt.

Layne prosseguiu: "Eu estive aqui outro dia e notei que tinha um cara varrendo um corredor nos fundos, entre a sala 36 e a 42. Dá pra alugar ali?".

"Ali é a porra do nosso depósito de vassouras".

"Não me importo", disse Layne. "Eu poderia montar uma bateriazinha ali?".

Hunt pensou sobre a proposta de Layne. A pequena sala não tinha sido feita para o propósito que Layne tinha em mente. Hunt a descreveu como "pouco maior do que uma bateria pequena". Ele vinha procurando por mais espaço e descobriu que, se levasse os produtos de limpeza para o escritório dos fundos e alugasse aquele closet, teria mais US$ 150 de lucro mensal.

"Mal cabíamos nós quatro ali. Éramos eu, Nick, James e Layne. A sala era simplesmente pequena demais. Ia nos matar durante o verão", disse Johnny Bacolas sobre essa primeira sala de ensaio.

No primeiro dia em que ensaiaram nela, deixaram a porta um pouquinho entreaberta. Um membro da banda punk The Accüsed colocou a mão dentro da sala e mostrou o dedo do meio para eles. Layne ficou fulo e decidiu que aquilo não ficaria sem troco. Achou merda de cachorro e colocou na frente da porta da sala do The Accüsed enquanto eles ensaiavam. Mais tarde, descobriram que um dos membros da banda pisou na merda.

O Sleze ensaiou no closet até que uma sala maior foi liberada. Hunt colocou Layne no topo da lista de espera, dessa forma eles conseguiram esse *upgrade* assim que possível. Layne continuou a infernizar Hunt sobre o emprego, mas ele só viria a trabalhar no estúdio cerca de um ano depois.

Depois de terem quitado pouco mais da metade dos vinte mil dólares que Hunt emprestou de sua mãe, Von Haartman e Marian pararam de pagar. Segundo Hunt, a razão disso foi que "o negócio estava começando a deixar de ser lucrativo. Nosso aluguel tinha subido. Tínhamos sido classificados como zona comercial".

"Estávamos consumindo muita energia elétrica. Nossa conta de luz subiu. Muita coisa mudou em termos financeiros e eles me disseram: 'Essa é uma nota promissória, cara. Por que você não começa a pagar a sua mãe com seu próprio dinheiro – da sua parte na sociedade?'". Hunt, Von Hartmaan e Marian acabaram chutando Bostic, mas, como ele era o nome principal na papelada, Von Haartman e Marian tentaram jogar a responsabilidade do empréstimo de Hunt em Bostic. Porém, Hunt se recusou a renegociar o acordo original. Para complicar, Von Haartman e Marian é quem tinham assinado o contrato de aluguel. "Eles decidiram entrar em guerra comigo, porque não queriam mais pagar".

Nessa altura, Hunt abordou David Ballenger para que ele assumisse as operações cotidianas do Music Bank. "Eu disse: 'Estou em guerra com meus sócios agora, porque eles não querem mais pagar o dinheiro à minha família. Então, preciso que você me ajude a tocar as coisas. A coisa pode ficar bem feia por aqui'".

Ballenger estava morando secretamente em uma das salas, pagando aluguel com seu seguro desemprego. Hunt não se importava com isso e começou a dar-lhe algumas horas de trabalho. Ballenger enfim se mudou para a antiga sala da banda de Hunt e passou a cuidar de alguns afazeres.

A essa altura, as coisas tinham ficado feias entre a família Hunt e Von Haartman e Marian, a ponto de os Hunts abrirem um processo contra eles pela quantia que faltava. "Um dia, eles chegaram e jogaram Scott para fora. Scott pensou que estaria de volta em duas semanas. Foi uma experiência violenta. Eles o apertaram contra a parede, levantaram-no do chão", disse Ballenger. "Ele achou que voltaria em alguns dias, tipo: 'Cara, vou voltar e nós vamos ser os únicos donos em duas semanas'. Não aconteceu. O processo seguiu, então alguém tinha que tomar conta do lugar".

Além da questão do empréstimo, Hunt disse que havia outros motivos pelos quais eles o queriam fora. Hunt desejava expandir o Music Bank para o restante do Ballard Building, que estava sendo locado para dois outros negócios. Hunt alegou que seus sócios queriam tirá-lo para que pudessem montar uma enorme operação de cultivo de maconha.

No fim das contas, o Music Bank foi uma incubadora para a cena musical de Seattle, com dezenas de bandas tendo passado por lá ao longo de seus anos de funcionamento. Durante esse período, o Sleze fez planos de entrar em estúdio.

CAPÍTULO 4

Somos a maior banda de hair metal em Seattle!

— James Bergstrom

No final de 1985 ou início de 1986, o Sleze se sentiu confiante o bastante para gravar uma demo. Segundo Tim Branom, James Bergstrom o abordou para pedir ajuda. "Eu era mais velho e, na época, um pouco mais experiente, era meio que um produtor novato na área". Branom e o Sleze começaram a trabalhar na pré-produção do material em janeiro de 1986.

Branom diz que essa etapa durou cerca de três meses, "até que as músicas estivessem prontas". Sobre o processo criativo geral da banda, Bergstrom disse: "Variava. Daquelas demos, eu escrevi 'Lip Lock Rock' inteira – letra e música. Nick escreveu 'Over the Edge' inteira – letra e música. 'Fat Girls' – eu escrevi a música, e acho que talvez Jim Sheppard tenha escrito a letra. Mas eu diria que todas as outras canções foram colaborações, nas quais eu aparecia com um riff original e Layne escrevia muito das letras".

Quando começaram a gravar, na primavera de 1986, trabalharam "Fat Girls" e "Lip Lock Rock" com Mike Mitchell no baixo. As bases instrumentais foram gravadas no Music Bank, ao passo que os vocais de Layne foram gravados na casa de Branom, em Richmond Beach.

"Trabalhei com Layne em seus vocais por meses. Eu conseguia pagar aulas com o maestro David Kyle, mas Layne não, então ele ia à minha casa algumas vezes por semana e nós repassávamos as fitas cassete dos meus exercícios vocais, e eu me certificava de que ele estava praticando. Eu sabia que a única maneira de ele fazer isso era se eu estivesse bem na frente dele".

"Fiz cópias das fitas para que ele pudesse treinar em casa. Depois de fazer isso por seis meses, as notas dele fluíam facilmente". Além de desenvolver os vocais, havia um incentivo financeiro para que Layne praticasse: "Economizava dinheiro de estúdio".

Posteriormente, Layne chegou a estudar de fato com David Kyle, cujo rol impressionante de ex-alunos inclui Geoff Tate, do Queensrÿche, Chris Cornell, do Soundgarden, Ann Wilson, do Heart, e Ronny Munroe, do Metal Church. Robert Lunte, aluno e protegido de Kyle que hoje é dono do Vocalist Studio, em Seattle, se lembra de ver um retrato promocional de Layne "com toda a indumentária glam" quando estudava no estúdio de Kyle, onde o professor mantinha retratos de todos os estudantes. Kyle, que faleceu em 2004, disse a Lunte que Layne fora um de seus alunos[1].

Thad Byrd, que posteriormente dirigiria o Sleze para uma cena de seu filme *Father Rock* e que às vezes saía com a banda, disse que "Layne tinha muito orgulho do fato de seu professor de canto ser o mesmo do Geoff Tate".

"Tenho a lembrança de estar no Music Bank matando tempo com aqueles caras. Eles tinham acabado de ensaiar, e Layne estava me contando umas coisas. Ele estava bem animado naquele dia, porque tinha vindo de uma aula de canto... naquele dia mesmo ou no dia anterior".

"Ele disse: 'Sabe o que aconteceu? Hoje, ele [David Kyle] colocou a foto do Geoff Tate bem na minha frente, apontou e me disse que um dia seria eu ali. Layne estava bem animado por causa disso. É o tipo de coisa que acaba comigo quando penso no que aconteceu com Layne. Eu nunca tinha visto alguém querer tão intensamente uma coisa. Mas ele estava sempre sorridente, sempre feliz, sempre animado, pra cima, e sempre empolgado de verdade". Byrd acredita que essa conversa aconteceu em 1987.

Não se sabe como Layne começou a estudar com David Kyle, nem como ele pagava pelas aulas. Jim Elmer nunca tinha ouvido falar de Kyle, nem pagou pelas aulas de Layne. Todo esse estudo compensaria, a longo prazo. Mais tarde na carreira, Layne foi consistentemente descrito por produtores e engenheiros de som que trabalharam com ele como um cantor muito eficiente durante as sessões de gravação, geralmente acertando na mosca suas partes em um ou dois *takes*.

Todos os quatro membros da banda estavam bem preparados quando entraram em estúdio, depois de meses trabalhando as músicas e tocando-as ao vivo. A demo foi gravada no London Bridge Studios, um lugar que Layne viria a conhecer bem nos anos seguintes. Durante uma sessão, Layne e Nick Pollock estavam no lobby, conversando sobre o quão dedicados eram à sua arte e sobre como se tornariam grandes astros do rock. Em dado momento, Layne olhou Pollock nos olhos e disse: "Sabe de uma coisa? Eu sou um astro. Só que ninguém sabe, ainda".

"Ele era muito convencido, e tinha essa pose roqueira muito bem incorporada", disse Pollock. "Exalava essa coisa". Em algum momento daquele período, alguém – presumivelmente o próprio Layne – inventou o apelido "Layne, a Lenda". Segundo Pollock, "ele não levava isso muito a sério. Era mais uma coisa de bravata que caiu nas graças das pessoas, dentro e fora da banda".

Apesar da arrogância, um incidente durante as primeiras experiências de Layne num estúdio demonstra sua insegurança. Segundo Branom, Layne estava se preparando para gravar os vocais, quando pediu um tempo para "ajeitar" a voz. Ele ficara acordado até tarde bebendo e farreando na noite anterior. Branom achou que tivesse colocado o microfone dele no mudo na técnica, mas, infelizmente para Layne, não era o caso. "Podíamos ouvi-lo ajeitando a voz no refrão, e a voz dele desafinava e tudo. Morremos de rir", disse Branom.

Desconfiando de algo, Layne ficava perguntando: "Vocês conseguem me ouvir?", ao que Branom e os demais na técnica respondiam negativamente. "Estávamos chorando de tanto rir", explicou Branom, e Layne não fazia ideia do porquê. Isso seguiu por cerca de vinte minutos. Quando Layne percebeu, já era tarde demais.

Segundo Branom, "quando se é cantor, qualquer coisa afeta seu corpo – a comida que você come, os tipos de emoções pelos quais você passa, o quão saudável você está naquele momento, o quanto você dormiu ou deixou de dormir, o quanto você bebeu na noite anterior, a hora que você acordou. Todos esses fatores desempenham um papel quando você está lá diante do microfone, a trezentos dólares a hora, sabe – é meio constrangedor". Produtores e engenheiros de som que trabalharam com Layne posteriormente o descreveram como muito preocupado quanto a pessoas estarem presentes ou o observarem ao trabalhar os vocais. Quando questionado a respeito disso, Branom disse: "Nós podemos tê-lo traumatizado ao fazer aquilo".

Em 4 de junho de 1986, o Sleze fez uma festa de aniversário para Branom. Layne foi até uma confeitaria erótica no bairro de University District e comprou um bolo no formato de uma mulher, com os seios feitos de cobertura de laranja.

Thad Byrd era um roteirista e diretor de dezenove anos que, em maio de 1986, trabalhava em seu primeiro longa-metragem, *Father Rock*. Byrd estava à procura de uma banda para aparecer no filme e abordou James Bergstrom, que disse a ele que o Sleze estava gravando duas músicas para uma demo. Segundo Byrd, o argumento de Bergstrom para vender a banda para participar do filme foi: "'Nós somos a maior banda de hair metal de Seattle!', mas do jeito que ele disse era como se fosse: 'Meu Deus, preciso tê-los no meu filme porque eles são a maior banda de hair metal de Seattle. Como eu poderia pensar em qualquer outra banda?'". Byrd deu a Bergstrom um cheque no valor de trezentos dólares em troca da participação da banda no filme e da permissão para Byrd usar uma de suas músicas. O dinheiro foi usado no pagamento da produção da demo.

No verão de 1986, Layne e Nick Pollock, recém-formado, trabalhavam na Lanks Industries, uma fábrica localizada em Kirkland que fazia aparatos e equipamentos de contenção de radiação. Nas palavras de Pollock, "tínhamos de bater cartão a cada hora. Era um lance meio que de exploração. Eles contratavam todo tipo de gente, presidiários que vinham trabalhar e voltavam para a cadeia à noite, e gente que não falava nada de inglês, [provavelmente] imigrantes ilegais".

Não era a ideia de Layne, nem de Pollock, trabalhar na Lanks a longo prazo. No outono, Pollock estava matriculado para começar a estudar na Cornish College of the Arts, numa graduação dupla em composição e guitarra. Nenhum dos dois levava o trabalho muito a sério. "Passávamos o tempo do nosso horário de almoço matando um engradado de cerveja. Fumávamos maconha. Não éramos lá muito responsáveis".

"Se não fomos despedidos daquela porcaria de lugar, nós certamente pedimos demissão".

Layne tinha conseguido o emprego através do baixista do Sleze, Morgen Gallagher. Segundo Gallagher, Layne tomava ácido no trabalho todos os dias, por cerca de seis semanas, até que fugiu.

Ken Elmer foi convidado a participar do naipe de sopros para a canção "Lip Lock Rock". Bergstrom disse a ele: "Nós temos essa música. É meio que uma música de glam rock, então queremos um negocinho de trompete e tal, no final, para encerrar a música, e queríamos que você fizesse alguma coisa no saxofone – algo bem doido e selvagem".

Elmer, exímio saxofonista, aceitou e ainda trouxe três trompetistas ao London Bridge Studios para gravar. Quando chegaram, Bergstrom puxou Elmer de lado.

"É um verdadeiro privilégio tocar num álbum de rock and roll", disse.

"Quê?" – Elmer não entendeu o que ele quis dizer.

"Temos que pagar pelo tempo em estúdio".

Elmer pagou oitenta dólares do próprio bolso a Bergstrom para tocar na demo. "Nem sei como ele conseguiu me convencer", disse, rindo. "Eu deveria ter criado mais coragem na vida".

O naipe de sopros se reuniria para um show no Kane Hall da Universidade de Washington, onde, pela primeira e única vez, tocariam os arranjos ao vivo com a banda. Chegaram cedo ao campus para se preparar. Alguém encontrou uma carteira de motorista com uma foto que parecia de Elmer, então foram até uma loja de bebidas e fizeram Elmer comprar cerveja, já que todos eram menores. Ele mesmo não bebia, mas disse que os trompetistas ficaram "um pouco mamados".

"Lembro que [um dos trompetistas] apareceu só de cueca para tocar, com uma garrafa de cerveja na cueca. Entramos no palco, e ele só tocou aquela música, já era no final do show. Foi muito bom, mas eles estavam chamando a atenção. Tocamos num auditório com capacidade para mil pessoas e soava bem pra caramba".

Em agosto de 1986, o Sleze e Branom terminaram as gravações da demo. Pouco depois, a situação pessoal e profissional com o baixista Mike Mitchell começou a se deteriorar. Mitchell, então com vinte e tantos anos e um pouco mais velho do que os colegas de banda, vivia num apartamento, parte de uma casa tríplex no University District, com sua namorada Lisa Ahern-Rammell, que na época usava o apelido de Leigh. Durante um dos muitos términos de Mike e Leigh, Layne tinha se mudado para um closet no apartamento, e quando o casal reatou, ele ainda estava morando lá. O closet era grande o bastante para comportar uma cama de solteiro e uma cômoda, e tinha uma janela.

Esse acordo com Layne virou fonte de piada, por causa de um certo duplo sentido. "Zoávamos muito com ele com essa coisa de 'sair do armário' de manhã. Ele aparecia esfregando os olhos ainda e nós dizíamos: 'Ah, o Layne está saindo do armário de novo'", recordou-se Ahern-Rammell. Na época, ela tinha um Pontiac GTO Judge 1969. Quando Layne queria parecer descolado, pegava o carro emprestado. Ela já tinha andado muito no carro de Layne e visto quando ele esguichava nas pessoas com o limpador de para-brisa, tal como James Bergstrom.

Morgen Gallagher se recorda que se mudou para o apartamento de Mitchell depois que Layne já estava morando lá há alguns meses. Moravam perto de uma rampa de acesso à rodovia e apostavam corrida de triciclo ali, quando havia pouco ou nenhum tráfego, de madrugada.

"Certa noite, eles ficaram muito bêbados e pensaram que seria uma grande ideia sair para uma caminhada. Voltaram ensanguentados e ralados", recordou-se Ahern-Rammell. "Estavam rachando de rir, e eu tive que fazê-los sentar como criancinhas para colocar Band-Aids nos cotovelos e limpar as bundas deles. Eles tinham roubado uns triciclos e subido a rampa com eles, depois desciam correndo pela estrada até capotarem. A última descida foi tão feia que eles decidiram que era o bastante".

Por fim, Mitchell foi dispensado da banda e Gallagher entrou como seu substituto. A saída de Mitchell forçou Layne e Gallagher a se mudarem da casa dele. Marianne Condiff, que queria empresariar o Sleze, os deixou ficar em seu apartamento studio em West Seattle por vários meses.

O *timing* da saída de Mitchell foi especialmente ruim, pois isso aconteceu um ou dois dias antes da data marcada para o Sleze gravar a cena de *Father Rock*. Gallagher participou do filme no lugar dele. Durante uma sexta-feira e um sábado em setembro de 1986, Byrd filmou as cenas de *Father Rock* com o Sleze na Igreja Congregacional de Richmond Beach. A banda levou cerca de cinquenta figurantes para as filmagens. O ator que interpretava o personagem principal teve de se ausentar por algumas horas porque trabalhava como stripper e fora contratado para sair de dentro de um bolo.

Byrd ficou incomodado quando descobriu que Layne estava bebendo no banheiro da igreja antes da performance. O diretor filmou a banda tocando na igreja, o que durou cerca de três horas. Layne dublou enquanto a banda tocou duas músicas: "Fat Girls" e "Over the Edge". Byrd encerrou as filmagens e pediu a todos que retornassem no dia seguinte.

Layne tinha uma pequena ponta no filme, com algumas falas. Segundo Byrd, ele disse à atriz com quem contracenaria para chamá-lo de Candy, o que não estava no script original. Havia uma garota atraente sentada na primeira fila. Byrd depois descobriu que Layne foi para casa com ela naquela noite. Houve problemas com os figurantes: alguns deles depredaram a *vending machine* da igreja e danificaram os tubos do órgão, causando um prejuízo de dezenas de milhares de dólares. Os pais de Byrd tinham seguro, que pagou pelos danos num ato caridoso.

A intenção original de Byrd era usar "Fat Girls", mas ele mudou de ideia e optou por "In for Trouble", canção da banda Gypsy Rose, de Tim Branom, cujo playback foi executado sobre as imagens do Sleze tocando "Over the Edge" no corte final. O filme, que foi exibido em TV a cabo local em Seattle, só foi lançado em 1989. A essa altura, o Sleze já tinha se separado e Layne estava no Alice in Chains. A última vez que Byrd o viu foi em meados dos anos 1990, no backstage depois de um show do Second Coming – a banda de Johnny Bacolas e James Bergstrom com a qual Byrd estava trabalhando na época.

"Eu não o via havia anos. Foi muito legal sentar e conversar com ele. Lembro que ele tinha um aperto de mão firme e parecia musculoso. Estava malhando e parecia bem", recordou-se. Uma das primeiras coisas que Layne disse a ele foi: "Ei, eu vi *Father Rock*...".

"Meu Deus! Onde você assistiu aquilo?".

"Alguém tinha uma cópia".

"O que você achou?".

"Eu gostei, mas era brega".

Em algum momento naquela época das filmagens, Layne e Chrissy Chacos foram apresentados pela irmã de Chrissy e começaram a namorar. Tanto Layne quanto a mãe dele disseram a Chacos que ela era sua primeira namorada séria. Natural de Seattle, ela tinha se mudado para Minneapolis, onde fez parte da cena musical local quando Prince fez o filme *Purple Rain*, e estava de volta à cidade natal. Enquanto em Minnesota, era fã de Apollonia Kotero, a protagonista feminina do filme. De algum modo, ela conseguiu duas calças e um traje completo de Prince – calças e paletó roxos e uma camisa branca bufante –, semelhante ao que ele usou na capa do disco e no pôster do filme.

A primeira impressão que ela teve de Layne foi: "Ele era incrível. Era um completo comediante. Estava sempre de bom humor". Eles saíam para ver shows de bandas locais ou matavam tempo no Music Bank.

Depois de vários meses morando na casa de Marianne Condiff, Layne e Gallagher já não eram mais tão bem-vindos. Ela começou a se incomodar com o fato de eles não ajudarem no aluguel. Segundo Gallagher, "dizíamos a Marianne que estávamos saindo para procurar emprego, quando na verdade íamos para a Rainier Brewery, sentávamos na sala de degustação e passávamos metade do dia bebendo".

Eles faziam o tour gratuito da cervejaria, que terminava na sala de degustação, onde era possível provar até três cervejas. Layne e Gallagher saíam e voltavam, fazendo o tour duas ou três vezes ao dia. Como eles se viravam, a essa altura? "Basicamente, as pessoas cuidavam de nós. Queriam que a gente andasse com elas. Pagavam por praticamente tudo", disse Gallagher. "Estávamos nos comportando como astros do rock, e sendo pagos para fazer isso, então só continuamos".

Em outras palavras, eles não tinham incentivo algum para conseguir um emprego de verdade. Os dois foram morar na sala de ensaios no Music Bank. Finalmente, Johnny Bacolas voltou para banda como baixista e substituiu Gallagher.

Outro marco pessoal e profissional aconteceu em algum momento da segunda metade de 1986, quando Layne coescreveu "Queen of the Rodeo" com o músico Jet Silver. Tim Branom se lembra de estar com Layne e Silver enquanto eles escreviam a música. "Estavam sentados ao piano, e eu estava lá no Music Bank com eles. Eram duas ou três da manhã e eles estavam acabando a música, foi bem engraçado", disse ele.

Morgen Gallagher tem uma lembrança um pouco diferente da concepção da música e de como Layne chegou nela. "Foi um presente do Jet Silver para o aniversário do Layne. E era só a primeira estrofe e então o refrão. Aí, eu e Layne escrevemos a segunda estrofe. É uma boa música, que nós pegamos e concluímos".

"Jet a tocou primeiro para Layne, e então a deu para ele. Foi um presente de aniversário, e aconteceu na casa do Jet em West Seattle, quando estávamos morando com a Marianne, a uns quatro ou cinco quarteirões dali, então nós o encontrávamos com bastante frequência".

Sempre que estávamos na casa dele, tocávamos alguma coisa, e Layne ouviu essa música e ficou encantado, não parava de elogiar. Então o Jet disse: 'Tá legal, é sua, então'".

Sobre essa música, Nick Pollock disse: "Nós a tocamos muito no velho Alice 'N Chains. Agradava demais ao público, porque era uma música tão ridícula".

"Eu diria que já tocávamos ela, sei lá, no início de 87. Parece que era uma parte importante da banda, não importa o ponto de vista. Acho que eu me identifiquei com ela a partir do momento em que mudamos de nome. Não me lembro muito bem. Mas era um sucesso muito grande nos shows, lembro de tocá-la em todos os shows".

Um dos elementos mais curiosos da história do Alice in Chains é que nenhum dos membros, seja da primeira ou da segunda versão da banda, foi responsável pelo nome. O crédito vai para Russ Klatt, *frontman* da banda Slaughter Haus 5.

No outono ou inverno de 1986, Johnny Bacolas encontrou Klatt numa festa. Os dois começaram a conversar sobre uma possível mudança de nome do Sleze. Layne e Bacolas tinham desenhado credenciais de backstage, e um deles dizia algo como: "Sleze: Welcome to Wonderland Tour"[2]. A conversa passou para Alice in Wonderland, o que evoluiu para Alice in Bondage. Por fim, Klatt disse três palavras fatídicas: Alice in Chains.

"Pelo que me lembro, devo dar os créditos basicamente a Russ, porque me lembro dele dizendo o nome e de ter pensado que soava muito bem", disse Bacolas. Só havia um problema: as mães dos membros da banda.

"Eu achava o nome Sleze engraçado. Mas quando ele chegou em casa e disse que mudariam o nome para Alice in Chains, *não fiquei nada contente*", disse a mãe de Layne a Greg Prato, anos depois. Nancy e Layne entraram em conflito quanto a isso, cada um com pontos de vista muito fortes. Não conversaram muito nas duas semanas seguintes. "Nancy explica: "Eu estava preocupada e também ofendida. Como é que meu filho poderia escolher um nome como 'Alice in Chains'?"[3].

As mães de Bacolas e Bergstrom tampouco gostaram do nome. "Se elas pensassem que havia alguma conotação a sadomasoquismo ou a uma mulher acorrentada, teríamos sérios problemas", disse Bacolas, apontando que seus pais pagaram pelo espaço de ensaios e pelos custos de estúdio. "Ao invés de tirar nossos carros, eles tirariam nossa sala de ensaios, ou o dinheiro para as gravações".

A solução foi passar o nome da banda para "Alice 'N Chains", o que soava mais como "Alice and Chains". Embora o Guns N' Roses tivesse lançado o *Appetite for Destruction* em 21 de julho de 1987, a decisão de usar a combinação apóstrofe + a letra N no nome não teve nada a ver com o quinteto que despontava em Los Angeles. A mudança de nome aconteceu bem antes do Guns N' Roses se tornar uma banda bem conhecida. "Não acho que estávamos com o Guns N' Roses na cabeça. Creio que só estávamos sendo espertos", disse Bacolas.

Porém, a possibilidade não pode ser totalmente descartada. Havia uma gravação de má qualidade do Guns N' Roses circulando pelo Music Bank em algum momento antes do lançamento de *Appetite for Destruction*. "A gente pensava: 'Quem diabos são esses caras?'", disse o baterista do Hit and Run, Dean Noble. "Estávamos tentando sacar como é que eles sequer podiam ser considerados uma grande banda, porque soava uma merda". Mas assim que *Appetite for Destruction* saiu, Layne se tornou um fã, recorda-se David Ballenger.

A mudança de nome aconteceu em algum momento no final de 1986 e foi brevemente mencionada na seção Metal Rap da edição de junho de 1987 da *The Rocket*, que diz: "Os *glam popsters* SLEZE mudaram seu nome para ALICE N' CHAINS"[4]. Esta é possivelmente a primeira referência impressa ao novo nome da banda, ou a qualquer versão do nome Alice in Chains.

Johnny Bacolas e Nick Pollock não sabiam que haviam sido mencionados na *The Rocket* até serem entrevistados para este livro, vinte e quatro anos depois, e ambos dizem não ter contatado a publicação. É possível que Layne o tenha feito. Porém, James Bergstrom diz que ele pode ter sido o responsável. "Me lembro de pensar: 'Não sei se quero mudar o nome'. Mas pensávamos que era um nome que soava legal. Na verdade, me lembro de ligar para a *The Rocket* e pedir a opinião deles".

Qual foi a resposta da garota da redação que atendeu o telefonema?

"Odeio. Não gosto".

CAPÍTULO 5

Jerry sabia exatamente o que queria fazer.
— Bobby Nesbitt

A mixagem final da demo do Sleze foi feita no Triad Studios em janeiro de 1987. Embora os membros da banda tenham dito que a demo custou aproximadamente US$ 1.600, Branom disse que os custos reais foram mais altos, apontando que ele e Thad Byrd investiram dinheiro no projeto. A demo foi lançada naquele mesmo mês. Foram feitas apenas cerca de cem cópias em cassete, que a banda distribuiu principalmente para os amigos e família. Tim Branom deu uma cópia a Jeff Gilbert, que a tocou na KCMU. Branom não ficou com uma cópia para si mesmo, na época – ele acabaria comprando uma no eBay, muitos anos depois.

Gilbert teve uma impressão muito boa da banda ao ouvir a demo e vê-los ao vivo, considerando-os "de um talento incomum para uma banda tão nova. Tinham um certo polimento, ao passo que as demais bandas ainda não estavam maduras", recordou-se. "O que me chamou a atenção foi o quão bons eles eram, mesmo para uma banda nova. Tipo, onde foi que esses caras conseguiram essa habilidade? Não era só a habilidade técnica que era consistente pra caramba, mas o talento deles em arranjar e de fato compor uma canção".

Dave Hillis, guitarrista do Mace, viu a banda se apresentar na Ballard High School. "Havia provavelmente umas cem pessoas, talvez um pouco mais, talvez um pouco menos. Só lembro que definitivamente havia garotas, 75% do público era de garotas, todas produzidas", disse ele. "O que me atraía a andar com eles era que as garotas os seguiam – havia garotas até mesmo nos estúdios de ensaio. Conheci uma das minhas namoradas indo para um ensaio do Alice 'N Chains".

"Eles estavam meio que seguindo o caminho do Poison, antes do Poison ficar famoso, mas todos tínhamos ouvido falar sobre L.A., a Sunset Strip, sobre como o Poison estava realmente fazendo tudo o que podiam, de distribuir flyers massivamente a botar truques no palco, confete. Era a atmosfera de uma festa divertida. E eles estavam seguindo nessa direção, essa coisa da Sunset Strip – confete, luzes, acho que talvez tivesse uma pistola d'água para atirar nas pessoas, qualquer tipo de truquezinho que conseguissem para trazer essa atmosfera de uma grande festa. O completo oposto do que eles se tornaram – o Alice posterior, quando ficaram mais sinistros. Posso dizer que, entre as bandas daquela época, ninguém tinha muita identidade ainda. Todo mundo estava procurando".

Nos shows, eles entravam ao som do tema do filme *The Stripper* (no Brasil, *Vênus à Venda*), atirando rosas para as garotas na plateia. Os truques de palco eram geralmente interpretações ou paródias de coisas que eles tinham visto em outro lugar. Entre as músicas, depois de uma determinada deixa, um amigo entrava no palco segurando um espelho para um dos membros da banda se arrumar. Esta era uma paródia de uma cena de *Purple Rain* em que Morris Day contava com um membro de sua equipe para fazer a mesma coisa. Às vezes, Layne saía do palco e voltava montado num triciclo com uma folha de papel colada na frente, com os dizeres THE LAYNEMOBILE – uma sátira ao *frontman* do Judas Priest, Rob Halford, que pilotava uma moto no palco. Lisa Ahern-Rammell se lembra de ver Layne fazendo isso e de rir "até passar mal", por conta do episódio da corrida de triciclos. O Laynemobile foi parar na garagem da avó de Tim Branom e, depois, foi doado para a instituição de caridade Goodwill.

O guarda-roupa de Layne consistia quase sempre de itens emprestados de Lisa Ahern-Rammell, que também fornecia dicas de moda. "Eles usavam minhas calças de lycra cor-de-rosa e pretas. Eu tinha uma coleção enorme de cintos, luvas de renda, tops, colares e echarpes. E era cabeleireira, então eu fazia o cabelo deles, ensinava-os a fazer maquiagem. Eles pareciam o Poison, um bando de meninos lindos com o cabelo lá em cima, e isso aos poucos se metamorfoseou naquela coisa grunge", recordou-se. Para se ter uma ideia do quão magro Layne era, no período em que ele usava as calças de Lisa, a cintura dela media 60 cm. Chrissy Chacos emprestou a Layne o traje roxo de Prince que ela adquirira em Minnesota. Segundo Chrissy, ele o usou no palco durante o último show com o Sleze, mas ela nunca o obteve de volta.

Segundo James Bergstrom, as reuniões da banda aconteciam no restaurante Denny's, em Ballard, onde, durante o café da manhã, eles planejavam os movimentos de palco. Johnny Bacolas comparou esse planejamento a uma produção digna de Las Vegas[1].

Durante o dia, Jeff Gilbert trabalhava numa loja de impressões chamada Silver Screen Graphics, onde conseguiu uma estampa para uma camiseta do Alice 'N Chains, que consistia no logo da banda e uma foto dos quatro integrantes. "Parecia a capa do primeiro disco do Poison – quatro caras com cabelo de poodle. Eles tinham um logo maneiro que meio que os envolvia". Gilbert fez as camisetas, que voltariam para assombrar Layne alguns anos depois.

Segundo David Ballenger, foi em algum ponto de 1987 que ele começou a assumir a gerência diária do Music Bank de Scott Hunt. Nick Pollock trabalhava lá como zelador e porteiro, mas Ballenger decidiu demiti-lo depois de vê-lo bebendo em serviço. Pollock disse que, na verdade, nunca teve um emprego lá, e que só dava uma mão ocasionalmente. Layne, por fim, convenceu Ballenger a dar a ele o cargo de Pollock, cujo pagamento, segundo Tim Branom, era de quatro dólares por hora em créditos para o aluguel de salas. "Nenhum dinheiro vivo foi dado", disse Ballenger.

Layne e ele se tornaram amigos. Em dado momento, durante conversas sobre seu pai biológico, Layne disse a ele: "Gostaria que você fosse meu pai". "Tínhamos longas conversas sobre o pai dele, e não é que ele não gostasse do pai, mas achava que o pai nunca estava lá para ele", disse Ballenger. Layne o convidou para visitar e conhecer sua família.

"O Layne está se comportando bem?", sua mãe perguntou a Ballenger.

"Ah, sim. O Layne tem se comportado muito bem".

Quando ela já não podia mais ouvir, Ballenger disse a Layne: "Você me deve essa".

Darrell Vernon chegou ao Music Bank em algum momento de 1986 como o guitarrista de uma banda chamada De Oppresso Liber – que depois se chamaria Triathlon. Embora não devesse, estava morando numa sala de ensaios no Music Bank e, por fim, conseguiu um emprego de porteiro lá. Sobre Layne, Vernon disse: "Ele definitivamente era uma grande presença lá". Disse que, na época da gerência anterior, o pessoal costumava ser muito "esnobe e meio que rude, a princípio", e que até mesmo Layne agia dessa forma.

A amizade entre eles começou quando os dois estavam morando no Music Bank. Vernon conheceu Layne porque também morava lá e tinha alguns suprimentos necessários – spray de cabelo e um secador – que Layne pegava emprestado ocasionalmente. Os dois passaram muitas noites acordados até tarde no escritório. Havia uma TV e um videocassete, e se nada de bom estivesse passando, assistiam a *O Exterminador do Futuro* ou *Purple Rain* em VHS.

"Uma das minhas principais [lembranças] de Layne é a de que, toda vez que eu chegava no Music Bank, ele estava no escritório, com os pés em cima da mesa, assistindo *Purple Rain*, tipo, um milhão de vezes", recordou-se Dave Hillis. "Podia ser uma semana depois: eu chegava e ele ainda estava assistindo *Purple Rain*".

Segundo Vernon, "eles tinham uma cópia pirata velha do *Exterminador do Futuro*. Era tipo uma piada. 'Não temos nada melhor pra fazer. Coloca o *Exterminador do Futuro* de novo'. E a fita ficou tão gasta que quase já não dava mais para assistir, mas nos colocávamos mesmo assim".

Layne também ensaiava. Ele colocava "You Spin Me Round (Like a Record)", do Dead or Alive, para tocar no PA e cantava junto até que estivesse perfeito – até que acertasse na mosca cada nota no grito agudo ao final da música. Certa vez, ele estava no escritório e começou a cantar uma música da banda Mistrust, cujo cantor, Jeff L'Heureux, tinha uma voz algo operística, que Layne imitava com perfeição. Àquela altura, o pessoal do escritório viu o próprio L'Heureux se aproximando, depois de ter ouvido Layne. Ele observou pela janela do escritório, dizendo: "Que diabos está acontecendo?". Segundo David Ballenger, "Todo mundo [estava] rindo feito doido".

Pegadinhas faziam parte da vida no Music Bank, embora elas às vezes passassem um pouco dos limites. Layne colocou um rato morto dentro do bumbo da bateria da banda Sex. Como troco, alguém do Sex apoiou um copo grande cheio de farinha sobre uma porta e amarrou à maçaneta. Segundo James Bergstrom, Layne tinha um grande encontro naquela noite, para o qual ele tinha se preparado por um bom tempo. E ele passou pela porta com a armadilha e acabou coberto de farinha. Bergstrom não tem certeza, mas acha que os membros do Sex podem tê-lo ensopado com água imediatamente após a farinha. Layne ficou furioso e suspeitou que Bergstrom pudesse estar por trás disso, porque ele estava lá na hora, acusação que Bergstrom negou.

Numa outra vez, Tim Branom estava responsável pelas chaves do estúdio certa noite, quando Layne trouxe uma garota até seu quarto. Branom e um grupo de cerca de uma dúzia de pessoas estavam do lado de fora. Eles abriram a porta com tudo e separaram os dois. "Lembro que a camisinha saiu voando e todos nós rimos, mas o Layne nunca quis me dar o troco, nem nada assim. Fazia parte da nossa amizade. A garota estava gritando, é claro, mas não tão feio assim. Era quase como se já soubéssemos que isso ia acontecer".

Certa noite, no Music Bank, Layne, o baterista do Dehumanizers, Infra Red, Barry Oswald, que trabalhava no estúdio, e o designer gráfico Steve Alley estavam assistindo *This Is Spinal Tap* (no Brasil, *Isto É Spinal Tap*) – "num estado alterado", segundo Alley – e, depois do filme, decidiram que eram capazes de fazer algo melhor. Formaram uma banda chamada Penis NV – pronuncia-se *"penis envy"* ("inveja do pênis") –, para a qual Alley desenhou um logo. Agendaram um show num clube sob a Aurora Bridge, que esgotou. Antes do show, Layne e Ed beberam uma garrafa de Jack Daniel's sozinhos. Quando subiram no palco, Ed tropeçou e chutou a bateria para a plateia. Depois disso, Layne foi até o microfone, disse "obrigado" e saiu do palco. A apresentação durou cerca de dois minutos e eles não tocaram nenhuma música. "Estávamos lá com um bando de pessoas putas da vida, que tinham pago cinco dólares para entrar", disse Alley. "Mas eles tiveram o que procuraram". Saíram de lá o mais rápido possível.

O uso de drogas também era parte da vida no Music Bank, geralmente maconha, cocaína e ácido. Fontes diversas dizem com propriedade que heroína não fazia parte daquela cena. "Não sei de ninguém que usava heroína naquela época, mas praticamente todo mundo usava coca. Era padrão", disse Tim Branom. "Eram os anos oitenta – todo mundo usava. Não era considerado algo tão ruim, porque as pessoas não estavam usando descontroladamente. Da mesma forma que se tomava uma cerveja, se cheirava algumas carreiras".

"Nem sei quando essa coisa da heroína começou para eles. Sei que havia um pouco de pó rolando ali em dado momento, e todos nós usávamos como se ninguém se importasse", disse o cofundador do Music Bank, Scott Hunt. "[A heroína] ainda não tinha chegado a Seattle. Se... fosse chegar a algum lugar, [você pensaria] que chegaria até nós. Nunca vimos".

David Ballenger tem uma lembrança semelhante, com uma pequena ressalva. "Havia um problema com cocaína, mas não vou dizer que não havia heroína por ali. A cocaína era uma verdadeira praga no Music Bank. Tenho algumas histórias infernais quanto a isso, envolvendo gente psicótica com uma arma na mão".

Há algumas evidências do uso de heroína no estúdio. Layne e o baterista do Hit and Run, Dean Noble, foram até a sala ocupada pela banda Broken Toyz, que tinha um espaço maior e cujo cantor, Rob Brustad, sempre estava a fim de ficar chapado. "Estávamos fumando maconha, até que Rob sacou um pouco de heroína e nos ofereceu. Eu e Layne nos entreolhamos e dissemos: 'Não, valeu. Pode usar – nós vamos ficar só na maconha. Estamos de boa'. Foi basicamente isso. Não foi algo que foi pressionado, nem nada assim. Na época, o Layne não estava interessado naquilo". Duane Lance Bodenheimer, vocalista dos Derelicts, que teve sua própria batalha com a heroína, concorda com o relato de Nolan. "Um viciado em heroína não recusaria".

Darrell Vernon deu um relato surpreendente sobre o ponto de vista de Layne na época. "Ele era, então, bastante contra a heroína. Eles usavam basicamente todas as outras drogas. Havia muita cocaína, LSD e coisas do tipo, todo mundo fumava maconha e tal, mas é irônico que ele tenha se tornado um viciado em heroína, porque ele era tão avesso a ela naquele momento".

"Havia meio que um ponto no qual os *junkies* não eram mais *cool*", acrescentou ele. "Em geral, havia uma espécie de consenso no grupo de que heroína definitivamente não era legal. Ser *junkie* era ruim, mas todos os outros tipos de drogas eram legais, só heroína que não era". Brustad morreria de uma aparente overdose em 1996. Ele tinha trinta e um anos[2].

Apesar da oposição à heroína, Layne estava desenvolvendo um apetite crescente e uma tolerância ao uso de drogas, o bastante para seus colegas de banda ficarem preocupados. Certa noite em que saíram por Seattle, Layne e Pollock – "loucos de cogumelo" – caminhavam a esmo e conversavam sobre o filme *Laranja Mecânica*. "Saímos por aí decadentes, quebrando coisas e tal. Nós corremos – Layne foi pego", disse Pollock. Layne decidiu ser durão com a policial. De acordo com o relato que Pollock ouviu dele depois, "ele foi espertinho com ela, e ela mandou o cachorro contra Layne, e o cachorro mordeu as pernas dele. Nos encontramos com ele um pouco mais tarde naquela noite. Os policiais o trancaram numa viatura numa loja de conveniência. Nós só o vimos e ele meio que olhou pra cima e assentiu pra nós. Acho que ele ainda estava com as mãos para trás, algemadas". Por fim, alguém conseguiu tirar Layne da cadeia.

Em outra ocasião, Nick Pollock foi até a casa dos pais de Layne para buscá-lo para ensaiar. Dirigia pela ponte 520 quando notou que os olhos de Layne estavam extremamente dilatados. "Os olhos dele estavam completamente malucos, mas ele estava com uma expressão bem tranquila no rosto".

"Que porra está acontecendo com você?", perguntou Pollock.

"Tomei ácido".

"Quanto?".

"Uma cartela".

"O cara tinha uma tolerância e tanto para drogas", Pollock recordaria depois.

"Ele tomava tanta coisa e não ficava acabado. Uma noite, saímos com uma garrafa de tequila que ele tinha conseguido de alguma forma. Lembro que bebi o suficiente pra ficar bem mamado. Mas ele bebeu todo o resto". Pollock estimou que Layne bebeu mais da metade da garrafa sozinho. "Eu sempre me lembro que ele conseguia consumir muito. Conseguia beber muito, usar muitas drogas, e nada disso parecia derrubá-lo".

Em outra ocasião, Layne levou Pollock até uma sala no Music Bank. Pollock não sabia suas intenções até que chegaram às vias de fato: fumaram cocaína.

Pollock ficou abalado porque gostou tanto que isso o assustou. "Fiquei longe daquilo e disse: 'Nunca, jamais vou fazer isso de novo', porque foi bom demais", disse. "Me lembro de me sentir como se estivesse na beira de um abismo, e então dei meia volta e fui embora". Layne e Pollock conversaram sobre isso depois, e ambos concordaram que não fariam de novo. Pollock não sabe se Layne chegou a fazer.

O uso de drogas de Layne chegou a um ponto em que Pollock, Bergstrom e Bacolas organizaram uma reunião da banda no Music Bank para confrontá-lo, em algum momento em 1987, pouco depois da banda ter acabado. "Ele começou a usar cada vez mais, e começamos a notar isso na banda, do tipo, *estamos ficando assustados*, porque nos preocupamos com nosso amigo. Meio que fizemos uma intervenção com ele. Houve lágrimas", disse Pollock.

"Eu vou resolver isso. Vou melhorar. Vou parar", Layne disse a eles.

Bergstrom tem um relato semelhante. "Lembro-me de um momento naquela época do Music Bank em que ele começou a usar um pouco de cocaína, acho. Lembro que fizemos uma reunião da banda em relação a isso, porque nós não sabíamos e achávamos que ele não estava cantando tão bem, e então descobrimos. Lembro que marcamos a reunião e nos sentamos com ele e todos nós falamos a respeito. Lembro que ele chorou e disse que não ia mais fazer aquilo".

Quando questionado se concordava com a descrição de Pollock da reunião como uma intervenção, Bergstrom disse: "De uma maneira inocente, foi [uma intervenção]. Sem dúvida".

"Tínhamos provavelmente dezessete ou dezoito anos, na época. Era tipo: 'Cara, nós te amamos. Não queremos te ver envolvido com isso e arruinar sua vida, afetando o grande talento que você tem'. Lembro que isso bateu forte para Layne". A intervenção consistiu em uma reunião privada da banda, só entre os quatro – não houve familiares ou conselheiros envolvidos. Isso só aconteceria alguns anos depois.

No dia 1º de maio de 1987, o Alice 'N Chains era a primeira a tocar num show com mais duas bandas no Tacoma Little Theatre[3]. "A próxima música é meio bizarra", disse Layne ao apresentar "Glamorous Girls". "Tem uma historinha, na real. Nós éramos meio bregas, em especial Johnny e eu – nós éramos meio bregas. Tínhamos um fetiche de, tipo, andar com garotas e pegar as roupas delas, sabe? E ficar com as roupas e usá-las. Era tipo uma obsessão estranha, sabe? Escrevemos essa música, 'Glamorous Girls', que era sobre isso".

Antes que a banda começasse a música, pôde-se ouvir claramente alguém berrando: "Vai se foder, Layne!".

"Sabe quem foi? Foi aquele cara, que o rosto parece com a lua", respondeu Layne, enquanto o público rugia de tanto rir. "De verdade, você deveria pensar seriamente em investir em Stridex[4], não só comprar um pouco".

O mais importante daquele show não teve nada a ver com algo que a banda disse ou fez durante a apresentação. Na verdade, a consequência imprevisível e, enfim, decisiva do show dizia respeito a uma pessoa que estava na plateia: um guitarrista de Spanaway de vinte e um anos chamado Jerry Cantrell, que soube imediatamente que queria ter uma banda com Layne[5].

O pai de Jerry, Jerry Cantrell Sr., era um soldado que serviu por três anos no Vietnã; sua mãe, Gloria Jean Krumpos, criou Jerry e seus dois irmãos sozinha por vários anos[6].

"Uma das minhas primeiras lembranças é a de meu pai voltando do Vietnã, de farda, quando eu tinha três anos", contou Jerry à *Rolling Stone*. "E da minha mãe me dizendo que ele era meu pai"[7]. Depois da guerra, o pai de Jerry foi enviado para diversas bases militares nos EUA. Seus pais se divorciaram quando ele tinha sete anos. Jerry se mudava bastante e viveu no Texas, na Pensilvânia e em Washington. Desenvolveu um interesse pela música ainda bem novo. Pouco depois que aprendeu a escrever, ganhou um exemplar de My Book About Me, do Dr. Seuss. Completou a sentença "Quando crescer quero ser…" com as palavras "*rock star*"[8].

Por volta de 1980, aos quatorze anos, Jerry se inspirou a tocar guitarra ao ouvir os discos *Caribou* e *Captain Fantastic and the Brown Dirt Cowboy*, de Elton John.

Jerry e seus amigos tocavam junto com as músicas do Def Leppard, embora não tivessem nenhum instrumento. "Tocávamos com latões de leite, baldes e coisas do tipo, e eu tinha uma guitarra que funcionava pelo aparelho de som", disse ele à *Rockline*. "Não tínhamos instrumentos, então fizemos nossos próprios, e tentávamos tocar junto com *On Through the Night*"[9].

Jerry enfim voltou a morar com a mãe, que vivia em Spanaway, a poucos quilômetros de Tacoma. A família passava por tempos difíceis, em que sobreviviam de assistência social e vales-refeições distribuídos pelo governo. Jerry fazia um som com os amigos e atuava em peças de teatro na escola. Também se engajava em peripécias típicas de adolescente – jogar ovos em carros e quebrar caixas de correio com tacos de baseball. Aos dezessete anos, foi preso por tentar receber sexo oral num parque. O que mais o preocupava era que sua avó pudesse descobrir pela rádio da polícia, que ouvia todos os dias e, depois, dizia a ele cada vez que um amigo seu era preso. Por sorte, o rádio não funcionou direito naquela noite, então ela não ouviu nada a respeito[10].

Quando Jerry estudava na Spanaway High School, em 1982, uma professora chamada Joanne Becker convidou a ele e seus amigos para um teste para o coral. Jerry falou muito bem de sua experiência com Becker. "Ela era uma das poucas professoras com quem eu de fato me divertia", disse ao *The Seattle Times* em 1991. "Cantávamos de tudo, de pop moderno a música clássica muito boa. Era realmente um acontecimento". Becker leva o crédito por amenizar o medo de Jerry de se apresentar no palco – uma habilidade crucial para sua futura profissão. Ela chegou a colocá-lo para cantar música do século XV *a cappella*.

"Não havia intimidação", disse Jerry. "É algo que realmente se destaca na minha mente. Eu gostava muito de rock'n'roll na época, e estava formando bandas e fazendo um som, e essa era minha única forma de expressão musical. Eu tinha visto professores de outras escolas que tinham currículos de música, mas a postura deles nunca me impressionava. E se tem algo que procuro em qualquer pessoa com quem trabalho, é alguém que não se acha superior a você"[11].

No último ano do ensino médio, Jerry era o líder do coral, que contou com um quarteto que cantou o hino nacional em jogos de basquete e venceu competições, conseguindo votos nº 1 dos juízes – a nota mais alta. Anos depois, Jerry disse que seus professores de canto e teatro o impulsionaram bem cedo em sua busca por uma carreira musical. Depois que *Facelift* extrapolou a marca de mais de 500 mil cópias vendidas, ele enviou discos de ouro para ambos professores[12].

Jerry se formou em 1984. Um ano depois, se mudou para a região de Dallas para se juntar a uma banda com dois amigos e trabalhou na Arnold and Morgan Music Company[13]. Em algum ponto de 1985 ou no início de 1986, Jerry mudou-se de volta para a região de Tacoma. Bobby Nesbitt e Scott Nutter eram, respectivamente, vocalista e baterista de uma banda chamada Phoenix, cujo espaço de ensaios era num depósito, dividido com várias outras bandas locais. Nesbitt e Nutter estavam conferindo as outras bandas quando entraram na sala onde o Raze – a banda de Jerry na época – ensaiava. O Raze não tinha vocalista – era, então, um trio com Jerry na guitarra, o futuro baixista do Pretty Boy Floyd, Vinnie Chas (cujo nome verdadeiro era Vincent Charles Pusateri), e um baterista. Eles reconheceram de imediato o talento de Jerry[14].

"Nosso guitarrista ia ser mandado embora, mas ouvimos dizer que tinha outra banda no recinto. Era a do Jerry", recordou-se Nutter. Nesbitt acrescentou: "Nós basicamente acabamos meio que roubando o Jerry daquela banda, porque o vimos tocar e pensamos, '*Uau, esse é o cara, definitivamente*', e deu certo".

Pouco depois de Jerry entrar na banda, eles mudaram o nome para Diamond Lie. "Ele não gostou do nome [Phoenix] logo de cara, e inventou o nome Diamond Lie. Preciso dizer que ele disse que tirou isso da letra de uma música que ouviu no rádio", contou Nesbitt, que não conseguiu se lembrar qual era a música ou a banda.

O baixista original do Diamond Lie saiu algum tempo depois. Pouco depois disso, a irmã de Matt Muasau encontrou Jerry e disse a ele: "Meu irmão é um baixista muito bom. Por que você não conversa com ele?". Marcaram um encontro, os dois se deram bem e começaram a escrever músicas, e Muasau conseguiu o posto, no qual usava o nome artístico de Matt Mustapha.

A banda passou para um novo espaço de ensaio, no porão alugado numa casa em Spanaway. O dono da casa, que Muasau disse chamarem de Big Mike, era o empresário não oficial da banda e cuidava da agenda de shows. Nutter descreveu a imagem e o som da banda como os de "qualquer banda glam que fazia sucesso na época: Poison. Não tanto o Mötley Crüe – éramos mais pop, rock de menina, esse tipo de coisa". O set da banda incluía covers de "Fox on the Run", do Sweet, e "Rock and Roll All Nite", do KISS. Na época, Jerry já estava compondo. Segundo Nutter, "eu diria que [Jerry] compunha músicas pelo menos até a metade, e então as trazia para a banda, que trabalhava na composição, e depois eu colocava os vocais em cima".

Nesbitt disse que Jerry se tornou o líder da banda. "Eu gostava muito do Jerry. Não estava acostumado com a audácia dele. Ele definitivamente era o líder, e deixava suas opiniões muito claras, mas não era babaca. Não era o tipo de cara que berrava. Mas, de seu jeito particular, era meio intimidador, por ser tão seguro de si".

"Jerry sabia exatamente o que queria fazer", disse Nesbitt. "Basicamente, ele compunha todo o repertório. Ele assumiu todo o processo de composição. Isso não era uma coisa ruim, porque ele era um excelente compositor. Compunha de uma forma muito natural. A cada ensaio ele chegava com músicas novas".

"Estar no Diamond Lie era como estar no exército. Ralávamos muito. Era regrado; tínhamos um objetivo. Ralávamos para ser os melhores. Eu diria que Jerry era como um general. Ele sabia exatamente o que era preciso para chegar até tal ponto". Jerry instalou espelhos grandes na sala de ensaio para que a banda pudesse se ver tocando e fazer as melhorias necessárias. "Eu fiquei horrorizado com as caras que eu fazia tocando bateria e nunca soube", disse Nesbitt.

Segundo Muasau, "Jerry sempre foi profissional, e queria se certificar de que o show fosse profissional. Então, quando subíamos no palco, não era só mais uma banda ali fazendo um som. Era uma banda ali apresentando um show. Éramos artistas tanto quanto éramos músicos e compositores". Jerry também fazia a banda trabalhar em coreografias de palco. Ele e Muasau elaboraram um movimento em que atiravam suas palhetas um para o outro, a cerca de três metros de distância, no meio de uma música, para então pegarem-nas e continuarem a tocar.

As coisas nem sempre aconteciam como o planejado. Durante uma apresentação, Muasau e Jerry estavam fazendo a coreografia do KISS em que todo mundo balança para trás e para frente em sincronia. Os dois saíram do ritmo e acabaram fazendo o movimento oposto um do outro, a meio metro de distância. Muasau sentiu o *headstock* de seu baixo atingir algo sólido, sensação que ele comparou a atingir uma bola de baseball.

Era a cabeça de Jerry, que ganhou um corte bem acima da sobrancelha e começou a sangrar. Segundo Muasau, "a plateia estava tipo: '*Yeah, isso aí, cara, se mate pela gente!*'". Alguém colocou um curativo no corte e parou o sangramento, e Jerry conseguiu terminar o set.

Em outro show, a banda foi avisada de que haveria pirotecnia. Antes do show começar, disseram para prestar atenção nas marcações no palco, frisando que Nutter, Muasau e Jerry teriam de estar sobre as marcações em momentos específicos durante a apresentação. No início do show, a pirotecnia começou e Muasau não estava no lugar marcado.

"A plateia simplesmente... Os olhos estavam todos arregalados, e eu pensei: '*Uau, o que eu fiz?*'. Então, de súbito, umas faíscas começaram a cair feito neve ao meu redor. Eu estava com tanto spray no cabelo, e tinha tanto cabelo na época, que poderia ter explodido", disse Muasau. Ele, porém, foi capaz de evitar desastres, ao passo que outros – Michael Jackson e James Hetfield, do Metallica – sofreram queimaduras sérias e tiveram de ser hospitalizados.

Tipicamente, o Diamond Lie ensaiava cinco noites por semana, e os ensaios duravam até três horas. Começaram a fazer shows em Tacoma e em Seattle, com o objetivo de conseguir um contrato de gravação. Chegaram ao ponto de fazer shows semanalmente. Em algum momento desse período, fizeram amizade com um sujeito chamado Steve Frost, que ia com frequência aos ensaios. Recentemente, Frost tinha recebido dinheiro de uma herança, e deu dois mil dólares para o Diamond Lie gravar uma demo.

A banda entrou no London Bridge Studios e gravou uma demo de quatro faixas. "Ficou muito boa. Eu fiquei bem animado. Chamamos o guitarrista de uma banda chamada Perennial, Schuyler Duryee, e ele meio que nos produziu, junto com Rick e Raj Parashar", recordou-se Nesbitt. "O Perennial era uma banda grande. Tinham uma música no Top 10 da rádio KISW [de Seattle]. Aquela foi provavelmente minha primeira experiência num estúdio de gravação".

Jerry já estava pensando nas relações públicas. "Quando eu andava com ele, era um cara carismático, e as pessoas são atraídas naturalmente a falar com ele, andar com ele, e ele sabe o que está fazendo", recordou-se Nesbitt. "Nunca, em um milhão de anos, eu pensaria que caminharia pelo shopping Tacoma Mall vestindo calças de lycra cortadas de forma a deixar minha bunda à mostra, distribuindo fitas cassete e flyers, sem levar uma surra. Isso foi exatamente o que fizemos. Andamos pelo shopping. Ele só disse: 'Demonstre confiança; faça o que eu faço', e eu fiz. E estou falando de maquiagem completa e cabelo de três quilômetros de altura".

Muasau se recorda de um show em que estava vestindo um traje de couro preto e Jerry, um de couro branco, muito justo. "Caramba, cara, você não tá desconfortável nisso aí? Está calor", perguntou. "Sim, mas estou bonito", foi a resposta de Jerry. Foi aí que ele soube que Jerry chegaria lá e faria sucesso como músico.

Ambos Nesbitt e Nutter descreveram Jerry como extremamente próximo da mãe, e se lembram dela incentivá-lo bastante. "Era uma mãe muito legal. Ela realmente apoiava o que Jerry queria fazer", disse Nutter.

"Eu me lembro da mãe dele, e sei que ele queria mostrar a ela que era capaz de fazer isso. Ele era realmente categórico. Lembro dele dizendo a ela, certo dia: 'Vou me tornar o melhor compositor, e o melhor isso e o melhor aquilo, e você vai ver isso acontecer'", recordou-se Nesbitt. "Ela era uma pessoa muito legal, e perto dele parecia resplandecer".

Quando completou vinte e um anos, Jerry já tinha sido atingido por duas tragédias na família num intervalo de seis meses. Primeiro, sua avó, Dorothy Krumpos, secretária aposentada e moradora da região de Tacoma e Eatonville a vida inteira, morreu de câncer em 9 de outubro de 1986. Pouco depois disso, sua mãe disse que tinha seis meses de vida, após ser diagnosticada com câncer terminal no pâncreas. "Tanto ela quanto minha avó passaram a maior parte do tempo em casa, numa maca, dopadas de morfina e definhando a cada dia", disse Jerry sobre esse período doloroso. Ele lidava com a situação tocando guitarra de dez a doze horas por noite[15].

Segundo Nesbitt, Jerry guardava para si essas turbulências familiares pessoais. "Descobri que a mãe dele estava doente logo antes dela falecer". Esse relato corrobora com as recordações de Matt Muasau. Jerry começou a frequentar a casa dele, onde matavam tempo e compunham. Por fim, Muasau perguntou a ele: "Ei, cara, por que você não vai pra casa?".

"Nah, esta é a minha casa agora", respondeu Jerry. Muasau passou a buscá-lo em casa e o ajudou a tirar algumas de suas coisas de lá. Como Jerry estava passando mais tempo na casa de Muasau, sua irmã Cheri ia até lá buscá-lo para que ele visse a mãe. Jerry contou à *Rolling Stone* que, depois que a tensão começou a fervilhar entre ele e seus parentes enquanto a saúde da mãe se deteriorava, ele foi mandado embora de casa. Ele se mudou em algum momento antes da morte dela.

"Eu e minha mãe já nos despedimos há algum tempo", disse ele a Muasau.

"Bem, mas você não quer estar lá ao lado dela?".

"Não, nós já nos despedimos".

Em 11 de abril de 1987, Gloria Jean Cantrell faleceu de complicações do câncer de pâncreas. Tinha quarenta e três anos. Segundo seu obituário no *Tacoma News Tribune*, era assistente administrativa no Distrito Escolar de Clover Park e "ativa em vários esportes... adorava música e era exímia costureira"[16]. Os companheiros de banda de Jerry compareceram à cerimônia de homenagem póstuma para apoiá-lo. "Me senti muito mal por ele. Sei o quanto foi duro demais para ele. Me senti muito honrado por ele nos ter convidado como amigos, porque sei que significava muito para ele, e significou muito para nós estarmos lá para abraçá-lo, deixá-lo saber que ficaria tudo bem. Foi um momento muito profundo para todos nós", disse Nesbitt.

Cerca de três semanas depois, Jerry foi ver o Alice 'N Chains tocar no Tacoma Little Theatre, show que Nick Pollock crê ter sido um dos últimos da banda. Depois do show, Pollock saiu para falar com as pessoas ali e tentar convidar garotas para uma *after party*. Ele desempenharia um papel crucial em apresentar Layne a Jerry posteriormente naquele verão.

"Conheci o Jerry no backstage. Ele veio até mim e se apresentou. Trocamos telefones. Ele foi muito educado, gentil e elogioso", recordou-se Pollock, que descreveu Jerry como "um sujeito de muito bons modos, educado, de cabelos loiros esbranquiçados e bem armados, que era como usávamos o cabelo naquela época, todo glam. Um cara legal, com botas de cowboy, jeans justos, um sobretudo longo que era de um estilo meio militar, camiseta – se vestia como todo mundo na época, eu acho. E era um cara bacana".

Segundo Nutter, a morte da mãe de Jerry foi o início do fim do Diamond Lie, devido ao profundo impacto na personalidade e na música dele. "A avó dele morreu, e depois a mãe, e ele basicamente entrou num tipo de depressão, como aconteceria com qualquer um. Ele se transformou numa pessoa completamente diferente depois disso", explicou Nutter. "O que ele fazia era compor as músicas, e depois passá-las para nós numa fita, dizendo: 'Estas são as músicas; aprendam'". Nutter tinha empatia por ele. "Acho que, se algo como aquilo acontecesse, você iria querer ser capaz de controlar algo em sua vida".

Jerry também tinha um senso visionário muito forte, em termos da paisagem musical. "Ele dizia o que achava que seria a próxima onda musical. Eu diria que essa era a genialidade dele", explicou Nutter. "Ele vinha até nós e dizia: 'Sabe o que está rolando, essa banda nova, Poison, que está aparecendo, blá blá blá'. Isso foi bem antes deles estourarem, então começamos a fazer a mesma coisa. E depois, bem na época da morte da mãe dele, ele disse: 'Ei, essa banda, Guns N' Roses. Estão vindo com tudo'. Ninguém os conhecia ainda, mas o Jerry, sim. Ele dizia que as pessoas estavam usando roupas urbanas, tipo jeans e camiseta, ou qualquer coisa assim, ao contrário dos trajes glam. Nós ficávamos, tipo, 'Isso é loucura. Não tem nada a ver. Temos que dar um show, usar fantasias tipo KISS e tal'".

"Acho que era o visual. Ele dizia: 'O cantor do Guns N' Roses soa como uma Janis Joplin homem'. E dizia que curtia mais o visual deles do que o som, embora achasse o som interessante, também".

Nesbitt disse que também houve uma mudança na música de Jerry. "Acho que, quando a mãe dele faleceu, isso mudou completamente seu jeito de compor. Ele foi para uma direção totalmente diferente. Não era mais 'vamos festejar, beber, foder'. Acho que se poderia dizer que era algo mais voltado à realidade. Mudou. E foi quando o visual e tudo mais dele mudou".

O Diamond Lie fez pelo menos mais um show com Jerry depois da morte da mãe dele, pouco antes dele se mudar para Seattle. De acordo com um anúncio da Ticketmaster na edição de junho de 1987 da *The Rocket*, o Diamond Lie estava entre os concorrentes do concurso Capital Rock-Off, que aconteceria no St. Martin's Pavilion, em Lacey, no dia 4 de julho, e seria um show beneficente para a Crisis Clinic of Thurston and Mason Counties[17]. Tocariam também Heir Apparent, Hammerhead e Slaughter Haus 5. Este também seria mais um encontro ao acaso que anteveria o futuro de Jerry, já que sua banda competiria contra a banda de Russ Klatt, que inventara o nome Alice in Chains alguns meses antes.

A pequena biografia do Diamond Lie no anúncio, que traz o nome de Jerry errado, diz: "O Diamond Lie é um dínamo de rock and roll empolgante, com *licks* incendiários e melodias pegajosas. No palco, apresentam um show afiado, encabeçado pela voz poderosa e presença fluida do vocalista Scott Damon. Terry Contrell (guitarra), Matt Mustapha (baixo) e Randy Nesbitt (bateria) completam a banda. O EP do grupo, com quatro músicas, gerou forte interesse da Atlantic e da CBS. 'Chain Love', um exemplo de seu estilo intenso de composição, lembra o Dokken do início, e 'Get It Straight' é uma canção pesada que certamente vai fazer o público balançar. Prestem atenção nestes caras... estão aí para se divertir e nada vai pará-los"[18].

Segundo Nesbitt, o Slaughter Haus 5 era o favorito para vencer. Ele não achou que foi o melhor show do Diamond Lie, apontando que cometeu alguns erros. Porém, a banda conseguiu virar o jogo e venceu. O prêmio era uma quantia em dinheiro e algumas horas de gravação num estúdio local, o que era discutível, já que a banda estava se desfazendo. Além das questões de Jerry, pouco antes de entrarem no palco Muasau disse a eles que uma banda de amigos dele estava se mudando para a região e queria contratá-lo para trabalhos em estúdio. Nesbitt e Nutter não ficaram felizes com isso, mas não se chatearam. Esse acabou sendo o último show do Diamond Lie, que se separou alguns dias depois. Algum tempo depois de se mudar para Seattle, Jerry tentou reunir a banda para um show. Segundo Nutter, "nós simplesmente dissemos não. Estávamos meio que fartos, porque, na época, queríamos ter um pouco mais de envolvimento nas músicas. Queríamos fazer parte do processo de composição, ao invés de simplesmente aprender uma música pronta atrás da outra. Então ele disse: 'OK'. E bum, o Alice in Chains estourou, fez um supersucesso, e nós não. Então foi meio que como uma bifurcação na estrada, na qual ele foi para a direita e nós, para a esquerda".

Jerry fez o seguinte relato dos acontecimentos que levaram à formação do Alice in Chains: "Conheci Layne quando ele tocou no Tacoma Little Theatre. Então o conheci antes, mas na verdade toquei primeiro com Mike Starr numa banda muito ruim chamada Gypsy Rose, em Burien. Minha mãe tinha acabado de morrer, eu não tinha de fato um lugar onde morar, e eu meio que estava farto de Tacoma, de qualquer modo, então conheci um cara, Tim Branom. Ele me convidou para morar com ele, e eu vivi no porão dele por cerca de uma semana. Mike Starr ia até lá e nós fazíamos um som, e então fomos expulsos depois de uma semana"[19].

O período dos dois no Gypsy Rose tem um pouco mais de nuances do que Jerry relata. No verão de 1987, Tim Branom e Mike Gersema, respectivamente vocalista e baterista do Gypsy Rose, estavam à procura de um baixista, e Mike Starr calhou de estar por perto e disponível. O guitarrista, Brock Graue, conhecia Mike do colégio e tivera uma banda com ele.

Michael Christopher Starr nasceu no dia 4 de abril de 1966 em Honolulu, Havaí – o primeiro filho de John e Gayle Starr –, e sua irmã Melinda nasceu exatos três anos depois, nos mesmos dia e mês. Depois da separação dos pais, Mike viveu com o pai até se mudar para Seattle quando tinha cerca de nove anos. Seu pai lhe deu seu primeiro baixo. Mike formou sua primeira banda com seu melhor amigo, Paul Parkinson, e a batizou de Cyprus. Jim Hacker, outro amigo de infância com quem ele ouvia Jimi Hendrix e Van Halen, se lembraria de Mike dizendo a ele: "'Quando eu crescer, vou ser um astro do rock como eles!'. Nunca era piloto, astronauta, médico. Mike sabia exatamente o que queria ser. Nunca houve dúvida na cabeça dele"[20].

"Tudo o que eu queria fazer, 24 horas por dia, era tocar música", disse Mike a Mark Yarm[21]. Segundo seu amigo Aaron Woodruff, o Van Halen foi provavelmente uma grande inspiração na decisão de Mike em se tornar músico. Woodruff, que conheceu Mike quando ambos frequentavam a Highline High School, o descreveu como "maior que a vida". Mike ainda estava no segundo ou terceiro ano, mas já era uma espécie de celebridade na escola, porque era o baixista do SATO. Mesmo nesse estágio inicial da carreira, ele já tinha uma reputação de conquistador. Seu uso de drogas, na época, era limitado a maconha e álcool, disse Woodruff, embora, algum tempo depois, tenha tomado alguns comprimidos e então entrado na casa de Woodruff e roubado sua guitarra. Mais tarde, já sóbrio, se deu conta do que aconteceu e devolveu a guitarra ao amigo.

Segundo Ken Kramer, guitarrista do SATO, "fazíamos um som na garagem da mãe de Danny e Dave [Jensen], a uns dois quarteirões de onde Gayle morava, e esse moleque ia constantemente até lá e ficava do lado de fora. 'Eu toco baixo. Sei tocar. Vou ser um astro do rock um dia'. Depois de uns dois ou três meses, eu me convenci".

Em 1982, Mike, Kramer e o guitarrista Terry Hildebrand formaram o SATO – nome inspirado na música de Ozzy Osbourne – e começaram a tocar na região de Seattle. Um dos flyers da banda trazia o bordão "Don't Say No... SATO", ideia atribuída a John Starr. Seus membros tinham entre dezesseis e vinte e um anos na época, mas se comportavam como músicos profissionais, ensaiando quatro ou cinco noites por semana, segundo um artigo sobre a banda publicado no *The Profile*. A banda tocou seu primeiro show em 20 de novembro de 1982 – uma Batalha de Bandas realizada no Crossroads Skating Centre, em Bellevue – e venceu, como noticiado na edição de 1º de dezembro de 1982 do *Hit Line Times*. O prêmio era um vale presente no valor de US$ 1.000 e uma sessão de fotos de US$ 500 para promover a banda. Neste primeiro ano, o SATO tocou na Seattle Arena, no Spokane Convention Center e no Showbox, e venceu a Batalha de Bandas do Estado de Washington, que aconteceu no Moore Theatre, em Seattle, no dia 3 de dezembro de 1982. A banda usava luzes, pirotecnia e máquinas de fumaça nos shows e, como muitas outras daquele período, vestia calças de lycra e tinha coreografias de palco bem ensaiadas. Gravaram a música autoral "Halloween" no Entertainment Plus Studio em 21 de abril de 1983. "Leather Warrior" foi gravada no Triad Studios em janeiro de 1984[22].

Em algum momento de 1983 ou 1984, Jeff Gilbert trabalhava na Penny Lane Records quando lançou uma chamada para bandas locais enviarem uma música para uma coletânea que ele estava produzindo, chamada *Northwest Metalfest*. O SATO era uma das centenas de fitas que ele recebeu. "Ouvi e escolhi as dez bandas, porque eu queria representar uma gama vasta com todos os diferentes estilos de hard rock e metal. Eu era bem jovem, na época, e gostava de qualquer coisa que soasse polida ou profissional", disse Gilbert. "Leather Warrior" entrou na seleção. Segundo Gilbert, "Eles eram só garotos. Só estavam tentando invocar as palavras e as imagens mais potentes. Nem sabiam o que estavam dizendo ou fazendo. Só dava pra dar risada. Eles eram muito populares – quero dizer, tinham garotas por todos os lados. Então pensei: *'Se colocá-los na coletânea, vou vender muitos discos'*". O álbum *Northwest Metalfest* foi lançado em 1984. Algum tempo depois de Mike sair do SATO, ele entrou no Gypsy Rose. Quando se juntou ao Alice in Chains, já era provavelmente o músico mais experiente entre os quatro membros fundadores[23].

Três dos empresários do Gypsy Rose chegaram à conclusão que Graue não era o guitarrista certo para a banda, por razões as quais Branom ainda desconhece. Em retrospecto, ele diz que a decisão de demitir Graue foi um erro. O Gypsy Rose estava, então, à procura de um novo guitarrista.

Branom foi a uma festa na casa de Vinnie Chas, em Tacoma, onde conheceu Jerry, que estava hospedado lá e pediu a Branom que ouvisse algumas demos que ele tinha gravado. Branom achou que as gravações soavam como o Boston, devido às harmonias de guitarra. Falou com Gersema sobre Jerry e marcou um teste em julho de 1987. Jerry conseguiu a vaga. Por um breve período, a banda contou com metade do futuro Alice in Chains. Branom descreveu o som da banda como o Dokken com vocais no estilo de Ronnie James Dio. Depois de conseguir a vaga, Jerry se mudou para o porão da casa da mãe de Gersema em Des Moines, na região de Seattle.

Ele não durou muito tempo no Gypsy Rose – cerca de três ou quatro semanas. Branom disse que nem ele, nem Mike Starr estavam envolvidos na decisão de dispensar Jerry. Por eliminação, isso significa que a decisão foi de Gersema. Para piorar a situação, Jerry também perdeu o lugar onde morava.

Embora Branom conteste as explicações de Jerry do porquê dele ter sido dispensado da banda, ele reconhece que Jerry tinha um motivo legítimo para ficar chateado. Ele também contesta os comentários de Jerry que colocam todo o episódio com o Gypsy Rose nas costas dele. "As pessoas acham que, por eu ser o cantor, sou o chefe da banda, mas na verdade não é assim", explicou Branom. "Eu fui chutado [do Gypsy Rose] – e digo, chutado fisicamente, como se eu pudesse morrer por conta disso".

Mike Starr não se deu muito melhor. Ele estava saindo com uma garota que tinha chamado a atenção de Mike Gersema. Segundo Branom, os dois Mikes, Tony Avalon – o substituto de Jerry – e a garota tinham ido a um clube, onde aconteceu um grande bate-boca entre os dois Mikes, que culminou com Mike Starr saindo da banda. "Ambos os Mikes estavam brigando por essa garota. Ela era basicamente a namorada de Mike Starr, mas Mike Gersema a queria, então ela começou a sair com ele. Então, infelizmente, esse foi o fim. Eu não tive nada a ver com isso. Simplesmente acabou", explicou Branom. Jerry nunca fez nenhum show, nem gravou nenhum material com o Gypsy Rose, e Mike tocou baixo em cerca de vinte gravações e fez um show antes de sair da banda. O acontecimento mais relevante desse período breve, porém turbulento, foi Jerry ter conhecido Mike.

Segundo Jerry, ele conheceu Layne no verão de 1987, depois do show no Tacoma Little Theatre e depois do Gypsy Rose. O *timing* dos acontecimentos na vida de Jerry naquela época sugere que é provável que ele tenha conhecido Layne em agosto daquele ano. Segundo Nick Pollock, "lembro que nos falamos por telefone e ele queria andar conosco. Então falei para ele vir até em casa e ele passou a noite na casa dos meus pais, que era onde eu ainda morava".

"Nós fomos a uma festa e encontramos Layne lá – algo assim. Eu cheguei e disse: 'Ei, Layne, esse é o Jerry. Jerry, esse é o Layne Staley', e foi assim que eles se conheceram".

"Eu conheci o Jerry numa festa, do nada", diria Layne anos depois. "Não que eu tenha o considerado o cara mais legal do mundo, nem nada assim. Ele não tinha familiares na região, então ele estava meio que batalhando, não tinha dinheiro, nem lugar para ficar, nem nada. E como eu estava completamente bêbado, simplesmente ofereci um lugar para ficar, roupas, comida e instrumentos musicais a um completo estranho. Acho que dois dias depois ele levou todas as suas coisas para a sala onde eu ensaiava"[24].

Jerry, enfim, se mudou para o Music Bank a convite de Layne, embora seus colegas de banda não tenham ficado muito empolgados com isso. Segundo Johnny Bacolas, "Layne trouxe a ideia até nós e nós ficamos, tipo, 'bom...'. Acho que todos nós ficamos um pouco hesitantes, de início. Ele não era um completo estranho; nós o conhecíamos. Mas, na real, não queríamos alguém lotando nosso espaço de ensaios com malas, meias e sapatos, no lugar onde fazíamos nosso som".

Por volta da mesma época, o Alice 'N Chains estava começando a se desfazer. Pollock descreveu o fim da banda como amigável. "Nunca foi por causa de algo que nós teríamos um contra o outro, nada disso. Não houve brigas, nem nada assim", recordou-se. "De minha parte, posso dizer que eu sabia aonde as coisas iam parar com o Layne, e sabia que ele não ia parar [de usar drogas], e sabia que eu não poderia segui-lo com isso e que eu precisava me distanciar. Parte de mim ficou muito triste em ter de fazer isso, porque éramos amigos muito próximos".

Perto do fim do Alice 'N Chains, Johnny Bacolas e James Bergstrom convidaram um músico de Seattle chamado Ron Holt para conferir a banda. Holt os conhecia há vários anos. Ele tinha se mudado para Los Angeles, mas voltou cerca de um ano depois.

"Quando os conheci, as músicas eram horríveis, de verdade. O Layne não sabia nada sobre como construir uma canção. Não sabia nada sobre dinâmica. Ele só estava berrando em cima da música. As canções tinham certa estrutura, mas eles não tinham nenhuma canção de verdade ainda".

Holt achou que "Party People", uma de suas primeiras composições, poderia combinar bem com a banda. Tocou a música e eles gostaram. Holt ficou grato por eles quererem tocar uma música sua. Explicou as partes de guitarra, baixo e bateria para Pollock, Bacolas e Bergstrom. Quando chegou a hora dos vocais de Layne, Holt o levou para o corredor, porque não conseguia ouvi-lo na sala de ensaio. Segundo Holt, naquele momento Layne ainda "estava verde" e ele não queria envergonhá-lo.

Do corredor, Holt disse aos demais que começassem a tocar, ao que Layne começou a gritar em cima da música. Holt o interrompeu e o ensinou passo a passo. Layne cantou de novo, e Holt percebeu que ele tinha entendido. Ficou impressionado com o talento vocal de Layne.

"Na época, eles ainda eram só energia. Eles queriam fazer algo – tinham todo o entusiasmo e toda a energia, mas só não sabiam ainda exatamente como fazê-lo. Não estou dizendo que 'Party People' ou qualquer outra música que dei para eles era ótima, mas eram músicas estruturadas, mais do que o que eles estavam fazendo na época, e eles curtiram. Quando a toquei para eles, a reação foi muito boa", recordou-se Holt.

Por um breve período, segundo Bergstrom, falou-se na possibilidade de Jerry entrar na banda como segundo guitarrista. O mais perto disso que aconteceu foi quando Jerry juntou-se a eles no palco para tocar "Party People" durante um show no Backstage, em Ballard, no final do verão ou no outono de 1987, a única vez em que isso aconteceu. Esse show foi um dos últimos da banda.

Com o fim do Alice 'N Chains, Layne e Bergstrom ficaram atraídos pela música de Holt. Bergstrom descreveu a banda como "bem à frente do seu tempo, semi-industrial, uma combinação de hard funk e rock mais pesado". Holt apontou como a música deles se desviava das normas do hard rock da época. "Sintetizadores e elementos eletrônicos não eram coisas com as quais uma banda de heavy metal teria algo a ver. Era visto como papo furado afetado de new wave". Holt comparou o material ao Ministry, que àquela altura poderia já ter lançado *Stigmata*.

No final de 1987, Jerry tinha decidido formar uma nova banda. Layne, se lembrando do encontro com Sean em Alki Beach alguns anos antes, ainda tinha o pedaço de papel no qual Sean tinha anotado o telefone de sua namorada. Jerry ligou para o número, falou com Melinda Starr e enfim marcou de se encontrar com Sean. Sean e Melinda foram ao Music Bank e ouviram as demos de Jerry. Nesse momento, Jerry mencionou que eles precisariam de um baixista com quem tocar e que tinha alguém em mente. "Há mais ou menos um ano eu toquei com um cara chamado Mike Starr, e ele parecia legal".

"Isso é bizarro, porque ele é irmão dela", disse Sean, apontando para Melinda, "e eu já tive bandas com ele aqui e ali desde que tínhamos onze ou doze anos". Sean ligou para Mike, e em um ou dois dias ele foi ao Music Bank, pegou equipamento emprestado e tocou com Sean e Jerry pela primeira vez.

Layne fazia um som ocasional com a nova banda de Jerry. No segundo ou terceiro ensaio, tocavam um cover de "Hanky Panky", de Tommy James and the Shondells – ideia atribuída a Mike – quando um produtor de shows local que andava pelos corredores do Music Bank ouviu. Estava à procura de bandas para um show que estava organizando no Kane Hall.

"Ei, qual é o nome dessa banda? Vocês podem tocar?", perguntou o produtor.

"Não tínhamos uma banda de verdade ainda, mas respondemos tipo: 'Yeah, claro'", recordou-se Sean.

"Vocês conseguem tocar uns quarenta minutos?".

"Claro, temos várias músicas". Na verdade, Sean explicaria depois, "não tínhamos nenhuma música, nem nada, então mentimos e dissemos que podíamos, e conseguimos o show".

Eles gostaram de Layne e queriam que ele entrasse integralmente na banda. Havia um problema – Layne não queria se comprometer porque já estava trabalhando com Bergstrom e Holt. Por fim, disse Jerry, eles chegaram a uma solução a curto prazo: Layne cantaria com a banda de Jerry e, em troca, Jerry tocaria guitarra na banda de Layne[25]. Este é o começo do Alice in Chains.

CAPÍTULO 6

Ha! Nós não somos rock stars! Nós estamos em Seattle!
— Sean Kinney

Layne convidou Jerry para passar o Natal de 1987 – o primeiro desde a morte de sua mãe – com ele e sua família. Layne abordou os pais a respeito, falando-lhes sobre seu amigo que estava "meio sem teto" e não tinha família. "Nos certificamos que Jerry ganhasse alguns presentes e algumas roupas, porque ele não tinha muito", recordou-se Jim Elmer. "Compramos para ele um casaco militar e alguns outros itens que estavam na moda na época, e Layne ganhou, também".

Foi nesta ocasião que a família de Layne conheceu Jerry. As impressões iniciais de Jim Elmer, na época, foram: "Dava para dizer que aqueles rapazes eram amigos, e Jerry foi muito respeitoso – ele não falava alto, nem era espaçoso ou muito cheio de si. Era agradável e certamente gostou – no fim das contas, ele gostava de verdade de estar ali, então não foi descomedido, nem nada disso".

No início de 1988, Jerry e Layne exerciam funções duplas, entre o então nascente Alice in Chains e o 40 Years of Hate – com Layne cantando e Jerry tocando guitarra em ambas as bandas. Por um breve período, o Alice in Chains usou os nomes Mothra e Fuck. Jerry atribuiu a ideia do nome Fuck a Sean. "Não estávamos conseguindo trabalho de qualquer forma, então pensamos que mal não ia fazer", disse Layne[1].

Fizeram adesivos com os dizeres FUCK (THE BAND)[2], que colaram em camisinhas e saíram distribuindo por aí para chamar a atenção. A brincadeira e o valor de choque do nome foram minados pelo efeito negativo no âmbito da publicidade, problemático para qualquer banda nova quando a mídia impressa ou radiotelevisiva não pode imprimir ou dizer seu nome[3]. Anos depois, o adesivo FUCK (THE BAND) ainda pode ser visto em uma das guitarras de Jerry, mas a letra F foi desgastada ou removida deliberadamente. Mas o nome não funcionou, e a banda se tornou Diamond Lie depois que Jerry conseguiu a permissão de seus ex-colegas de banda para usar o nome.

A formação do 40 Years of Hate consistia em Layne nos vocais, Jerry nas guitarras, James Bergstrom na bateria, Dave Martin na bateria eletrônica e Ron Holt no baixo. Tinham cerca de uma dúzia de músicas que tocavam nos ensaios, mas só existem gravações de apenas sete ou oito delas. Holt, que ia e voltava entre Seattle e Los Angeles, gravou várias músicas durante uma série de sessões no Music Bank e em sua casa em Edmonds, Washington. A master de quatro faixas mais antiga, que Holt acredita ter gravado no outono de 1987, era intitulada "1988 Full of Pain, Full of Hate".

Por volta dessa época, outra composição de Holt, intitulada "It's Coming After", foi gravada. A canção tinha muito significado para Layne. Bergstrom disse que era "uma música pela qual Layne era louco", acrescentando que "ele adorava. Tinha algo de David Bowie... Era a música mais industrial do grupo. Não é necessariamente industrial, mas tinha alguns elementos desse estilo, então". Naquela época, Holt estava em uma banda em Los Angeles com o vocalista do Faster Pussycat, Taime Downe. Ele escreveu "It's Coming After" originalmente com a voz de Downe em mente. "[O Faster Pussycat] tinha acabado de assinar um contrato, e eu pensei: 'Isso ficaria bom tocado por eles'", disse Holt. Certo dia, Holt leu para Layne o verso "I'm gonna stretch your skin across her frame and paint it..."[4].

"E aí, como continua essa parte?", perguntou Layne.

"Não sei, mas é para onde eu queria ir".

Depois de alguns dias, Layne decidiu que queria a música para si. Quando se encontrou com Holt novamente, disse a ele: "Já saquei".

"Mas tem algumas coisas...", cortou Holt.

"Já saquei".

"Foi estranho ele ser tão seguro assim comigo. Bater o martelo assim", recordou-se Holt, rindo. "Ele me explicou o que fizera, e eu fiquei, tipo: 'Meu Deus, puta merda'. Tinha certa bravata", disse ele, se referindo ao desempenho vocal de Layne na música.

"Pena que não foi lançado na época, porque teria sido um sucesso enorme. Se tivesse saído em 1987, quando Layne e eu gravamos pela primeira vez, teria sido um sucesso enorme, por causa da arrogância e do senso de obscuridade que ele dá a ela. Essa era a genialidade particular dele, e foi a partir daí que comecei a pensar que talvez precisasse dar a ele mais liberdade e não me fazer tão presente". A música foi lançada no álbum L.O.V.Evil, do Second Coming, de 1994. Vários anos depois, Layne disse a Holt, em uma das últimas conversas que tiveram, que essa era uma das músicas que ele mais gostava de cantar, de todos os tempos.

"I Don't Care" é outra canção desse período, conduzida por uma linha de metais à la James Brown e uma linha de baixo funkeada. O vocal de Layne soa, de certo modo, parecido com o de Steven Tyler, do Aerosmith. "The Things You Do" é muito diferente, mais para o estilo do Depeche Mode, com uma pegada mais soturna. Layne regravaria os vocais dessa música vários anos depois para o projeto Despisley Brothers, com o irmão de Ron, Jesse Holt.

Além de "It's Coming After", a gravação mais significativa é a de uma música composta por Holt chamada "Tribute". Segundo ele, o *riff* de guitarra de introdução e a melodia são muito similares aos de "Man in the Box". Bergstrom confirma isso, descrevendo "Man in the Box" como "muito influenciada por 'Tribute', e digo isso no bom sentido". Holt nunca processou a banda por créditos de composição ou royalties quando *Facelift* foi lançado, nem tentou explorar sua ligação com Layne para o benefício próprio. Ele também nunca tinha falado publicamente sobre sua interação com a banda até ser entrevistado para este livro. Vale notar, ainda, que a letra de "Man in the Box" eram de completa autoria de Layne e que a canção foi creditada a todos os quatro membros da banda. Até o momento, Holt está em negociação para vender essas gravações antigas ao espólio de Layne.

Em algum momento no início de 1988, Holt foi de volta para Los Angeles e não retornou por cerca de nove meses, embora sua intenção não tenha sido ficar longe por tanto tempo. Depois que ele foi embora, Layne o telefonou, perguntando: "O que aconteceu com você? Por que você vazou?". Por volta da mesma época, Jerry, Mike e Sean queriam que Layne se comprometesse integralmente com o Alice in Chains. Acreditavam que era apenas questão de tempo até ele concordar. Quando essa espera não funcionou, eles recorreram à psicologia reversa: disseram a Layne que estavam arrumando um novo cantor e tinham começado a fazer testes com os possíveis substitutos na sala de ensaios no Music Bank.

"Nós trazíamos os caras mais merda que conseguíamos encontrar", recordou-se Jerry, anos depois. Um deles era um stripper ruivo.

"Os piores cantores que conseguimos encontrar... Nós os trazíamos e os colocávamos pra cantar, e o Layne aparecia e fazia uma careta: 'Meu Deus. O que vocês estão fazendo, caras?'", explanou Sean. "'Ah, nada. Ele não foi tão mal assim'". Os demais continuavam a fingir.

Jerry: "'Ele não foi tão mal. Acho que gostei do cara'".

Sean: "'É, ele foi bem legal'. Continuávamos fazendo isso de propósito, e depois de uns quatro caras que eram simplesmente horríveis, o Layne entrou e disse: 'OK, foda-se. Vou entrar. Vamos fazer isso, e eu vou sair das outras bandas'"[5].

Não é claro qual destas duas coisas aconteceu primeiro: Holt ir embora de Seattle ou Jerry, Sean e Mike fazerem os testes falsos para um novo vocalista. De qualquer modo, no início de 1988, a formação fundadora do Alice in Chains – ainda conhecido como Diamond Lie – estava a postos.

O próximo passo era elaborar um repertório autoral. Eles tinham tempo, espaço físico e incentivo para afiar o talento no Music Bank. Em algum momento pouco depois da banda ter sido formada, tomaram emprestada uma van de propriedade da banda Coffin Break para levar os instrumentos e equipamentos até Issaquah, onde gravaram uma demo num estúdio de oito pistas numa casa na árvore, que pertencia ao produtor PC Ring. Nela, há composições originais iniciais ("I Can't Have You Blues", "Social Parasite" e "Watcha Gonna Do"), além de covers de "Queen of the Rodeo", que era de Layne, e "Suffragette City", de David Bowie. Batizada posteriormente de "Treehouse Tape", teria um papel crucial na história inicial da banda[6].

O novo Diamond Lie fez seu primeiro show no Kane Hall, em 15 de janeiro de 1988[7]. Pouco depois disso, saiu uma matéria sobre a banda na revista *City Heat*, de autoria da jornalista Jenny Bendel, que tinha visto o show no Kane Hall. Essa foi provavelmente a primeira vez que a banda recebeu cobertura da imprensa. Bendel escreveu: "A atitude do Diamond Lie é revigorante. A maioria das outras bandas anda por aí com uma atitude 'somos rock stars'. Sean resume a banda da seguinte forma: 'Ha! Nós não somos rock stars! Nós estamos em Seattle!'".

"Me sinto muito sortudo por poder trabalhar com músicos da qualidade deles, porque eu adoro todos eles! Estamos juntos", disse Jerry.

Sean acrescentou: "Contanto que eu possa tocar bateria com uma cerveja na cabeça, estaremos juntos!".

"Nosso som representa! Tenho as guitarras mais sujas da cidade!", disse Jerry. "Nosso lema é: 'Até os surdos agitam!'. Nossa música vem por instinto; tocamos as primeiras coisas que batem forte. Se não nos divertimos tocando, ninguém vai se divertir nos ouvindo".

"Estamos nessa por dinheiro e fama", acrescentou Sean. "E qualquer um que diz o contrário está mentindo".

Mike disse que estava nessa pelas mulheres.

Além da entrevista, o artigo inclui um relato detalhado daquele primeiro show no Kane Hall. O set list incluía composições originais iniciais como "Can't Have You Blues", "Killing Yourself", "King of the Cats" e "Some Girls", durante a qual a calça de Jerry rasgou.

Tocaram um cover do Hanoi Rocks, "Taxi Driver", que Layne dedicou a Razzle – o baterista desta banda que morreu num acidente de carro em 1984. Nick Pollock se juntou a eles para tocar "Queen of the Rodeo". Também tocaram "Suffragette City", durante a qual mais de vinte pessoas subiram no palco.

A ideia para o cover de "Suffragette City" pode ser remontada aos últimos momentos do Diamond Lie original, em Tacoma. "Eu disse que precisávamos fazer aquele cover", recordou-se o vocalista Scott Nutter. "Acabamos nunca tocando. Terminamos antes que tirássemos a música". Nutter, depois, viu o Alice in Chains tocá-la na Grand Central Tavern, no centro de Seattle[8].

Alguns meses depois, Bendel ajudou a montar o material de apresentação para a banda enviar para gravadoras. Esse material – que incluiu uma fotografia fotocopiada da banda, biografia e uma carta de Bendel para a Columbia Records – é, hoje, parte da coleção do Experience Music Project[9]. A carta, datada de 17 de maio de 1988 e endereçada a Brett Hartman, representante de artistas & repertório da Columbia Records em Los Angeles, diz, em parte:

Seguem inclusos, por fim, a fita demo, uma foto e a biografia do Diamond Lie. Se desejar, podemos enviar fotos de melhor qualidade, mas, por ora, a banda está sem dinheiro e uma fotocópia é o melhor que podemos fazer. Esperamos que goste da fita. Por favor, veja o que pode fazer, para que a gente consiga tirar esses rapazes de Seattle!

A biografia da banda diz:

Do coração de Seattle e do Music Bank, de Ballard, chega uma nova banda a ser reconhecida: DIAMOND LIE. A banda se formou em Seattle há cerca de seis meses e deixou uma impressão favorável entre a maioria dos fãs de música da cidade. Seu rock n' roll sujo, bluesy, direto e durão é impossível de ser equiparado por qualquer outra banda de Seattle. Eles injetam vida nova nos covers e novas esperanças na cena musical local com as músicas autorais. Os shows do DIAMOND LIE são arrasadores, com a música eletrizante e o apelo visceral da banda. Eles já tomaram Seattle de assalto e cativaram um público devoto; fique de ouvidos abertos na SUA cidade para o DIAMOND LIE![10]

Randy Hauser estava envolvido na cena musical do noroeste americano nas áreas de empresariamento, promoção e produção, aqui e ali, desde o ensino médio. Segundo documentos apresentados por Hauser e seu advogado ao tribunal em 1991, ele foi preso e acusado em corte federal por distribuição de cocaína em 1977. Além de traficar, ele era viciado na droga. No verão de 1979, ele apareceu na negociação de outra pessoa e foi preso. Declarou-se culpado por conspiração para a distribuição de cocaína e foi sentenciado a quinze anos de prisão, a serem cumpridos paralelamente à condenação de 1977. Ele saiu em liberdade condicional em 1985[11].

Em 1986, voltou a Seattle e decidiu se matricular numa escola de maquiagem local. Enquanto estudava lá, conheceu Melinda Starr, com quem fez amizade. Depois de terminar o curso, Hauser manteve contato com ela e a encontrava ocasionalmente.

"Ela era incrível, e eu me cansei um pouco de ouvi-la falar da banda do namorado", recordou-se ele a respeito de uma conversa que aconteceu no início de 1988 (seu namorado então era Sean). Na época, Hauser estava envolvido com festas de censura livre e empresariava ou agendava trinta artistas, em sua maioria bandas locais que nunca chegariam a lugar algum. Ele conseguia shows para as bandas em pequenas casas na região de Seattle: Patterson's West, Federal Way Skate King, Kent Skate King. Os donos das casas o deixavam marcar os shows porque Hauser assumia a responsabilidade pela segurança e pelo seguro dos estabelecimentos.

Hauser estima que assistia de três a seis bandas ao vivo por noite e, com frequência, recebia duas ou três fitas. Certo dia, no salão de beleza de Melinda Starr, ela entregou a ele uma fita da banda do namorado e pediu que ele ouvisse. Hauser levou a fita para casa e a jogou numa caixa com tantas outras.

Cerca de um mês depois, Nick Loft – que na época trabalhava com artistas & repertório para a Atlantic Records – estava hospedado na casa de Hauser. Ele deu uma passada nas fitas naquela caixa, para sentir o potencial de cada banda. Ouvia os primeiros quatro compassos de uma música e, quando não gostava, fazia um barulho de buzina de *game show* e ejetava a fita. Hauser saiu da sala enquanto Loft conferia as fitas. Por fim, ele percebeu que Loft tinha ouvido a primeira música inteira de uma das fitas, e estava começando a ouvir a segunda.

"Quem são esses caras?", perguntou Loft.

Hauser checou a fita e viu que não havia informação alguma – nenhuma etiqueta com o nome da banda ou algum contato. "Eu não saberia dizer de onde aquela fita tinha vindo nem se a minha vida dependesse disso", recordou-se. Loft fez uma cópia da demo anônima e voltou para Los Angeles. Em poucos dias, ligou para Hauser perguntando a respeito da fita.

"Jesus", disse ele, "fui ao escritório e coloquei a fita no sistema de comunicação interna. Todo mundo está ligando para a minha sala e perguntando que banda é essa e que tipo de música é esse".

Hauser ainda não fazia ideia de que banda era, e estava tentando descobrir. "Eu estava próximo de descobrir. Sabia que tinha potencial", disse.

Alguns dias ou, talvez, algumas semanas depois, Hauser foi se encontrar com Melinda Starr. Quando chegou ao salão, ela perguntou a ele: "Você ouviu a fita do meu namorado?".

Hauser ligou os pontos e a fita anônima à banda do namorado de Melinda. Ele mencionou algumas das canções na fita, que ela confirmou serem da banda.

"OK, onde eu encontro esses caras?", perguntou ele.

"Eles ensaiam no Music Bank".

Hauser marcou uma reunião com a banda, durante a qual eles se apresentariam para ele. Quando chegou, sua impressão foi: "Mais quatro pés-rapados que eu nunca tinha visto na vida". Ele disse que eles haviam sido banidos de várias casas, incluindo o OK Hotel, o Vogue e a Grand Central Tavern. Durante uma apresentação numa associação de veteranos de guerra, Layne jogou um milk shake no público, com efeito colocando a banda numa lista negra. Sean tinha supostamente dado um soco no dono de outro clube. Hauser conseguiu reverter as proibições nessas casas ao assinar um termo de responsabilidade.

Ele sentou-se num sofá e assistiu a banda tocar o set de cinco músicas. "Pensei exatamente o seguinte: '*Que porra eu faço agora?*'", disse Hauser. "Estava sentado diante de uma banda que eu sabia que era o que havia de melhor, e eu não tinha ideia do que fazer. Nunca tinha chegado nesse ponto".

Hauser e a banda saíram do estúdio, se sentaram sob a Ballard Bridge e começaram a conversar sobre o futuro. Hauser foi direto: "Caras, eu adoraria trabalhar com vocês. Adoraria ser seu empresário". Eles ficaram animados, mas um membro demonstrou ceticismo. "Bem, quais são seus planos para nós?", perguntou Layne. "O que você faz?".

"Você meio que me pegou, porque eu nunca fiz isso", respondeu Hauser. "O que posso fazer é promover vocês o máximo que puder, conseguir a gravação de uma demo, e quando vocês estiverem grandes o suficiente, passo o bastão para uma das grandes agências de L.A., que sabem o que fazer".

A resposta foi boa o bastante para Layne, e Hauser se tornou empresário da banda. "Sinceramente, aquela foi a única coisa que eu consegui pensar em dizer, que provavelmente é o que eu teria de fazer", recordou-se Hauser. Ele reconheceu que não sabia o que estava fazendo – nas palavras dele, estava "sentindo o caminho" – e, em retrospecto, a ideia pode ter sido ingênua. Hauser disse que, na época, a banda estava com dois meses de aluguel atrasado pela sala de ensaios e prestes a ser despejada. Ele pagou os setecentos dólares devidos (David Ballenger diz que Hauser nunca o pagou, mas reconhece que é possível que ele tenha pagado a um de seus empregados).

A primeira coisa que Hauser fez como empresário da banda foi ligar para Nick Loft, em Los Angeles, e dizer a ele que tinha encontrado a banda. Loft retornou a Seattle, foi ao Music Bank se encontrar com a banda e os viu tocar. Voltou para Los Angeles para elogiar entusiasmado a banda que tinha descoberto. Em sua visita seguinte, segundo Hauser, Loft queria assinar um contrato com a banda, mas não pôde, porque já tinha assinado com outras duas. Hauser decidiu ir até duas figuras da cena musical local com experiência e contatos entre os empresários e na indústria da música.

Kelly Curtis era um veterano da cena musical de Seattle, tendo abandonado a escola no ensino médio, nos anos 1970, para trabalhar como roadie para o Heart[12]. Em meados dos anos 1980, ele e seu parceiro de negócios Ken Deans já trabalhavam como empresários e promoters há vários anos. A parceria começou quando ambos se mudaram para Los Angeles em 1984 e começaram a agenciar uma banda chamada Maurice and the Cliches. Deans voltou para Seattle em dezembro de 1986 e Curtis, no ano seguinte, quando foi morar com Deans. Os dois começaram a Mark Alan Productions – o nome era uma combinação do nome do meio de cada um –, que produzia shows e eventos corporativos. Eles enfim acabariam alugando espaço de escritório para outra empresária local, Susan Silver, que era conhecida na cena musical dali desde o início dos anos 1980.

Curtis e Deans iam almoçar com frequência na Grand Central Bakery. Deans conhecia o caixa, Stone Gossard, ex-guitarrista do Green River. Certo dia, Gossard deu a Deans uma cópia da demo gravada por sua nova banda, o Mother Love Bone, que Deans descreveu como "terrivelmente mal gravada, mas com algumas músicas ótimas". Ele gostou o bastante para levá-la até Curtis e tentar convencê-lo de que deveriam voltar a empresariar bandas, ideia à qual Curtis se opôs, de início.

Eles dividiram a empresa, de forma que Curtis ficou com as bandas e Deans com a produção de shows. Em algum momento da primavera ou do verão de 1988, Randy Hauser foi até eles com uma proposta. "Ei, caras, ouvi falar de vocês. Tem uma banda com quem eu trabalho que eu gostaria que vocês conferissem", disse ele a Deans. Os dois saíram para almoçar e discutir o assunto. "Randy começou a falar da banda, ele realmente queria fazer algo acontecer, e acho que ele viu aquilo como uma oportunidade de, talvez, mudar sua vida", recordou-se Deans. Sua impressão foi de que aquela banda era mais do que apenas uma oportunidade de negócios para Hauser. "Ele realmente acreditava na banda. Ele não estava pensando 'Ei, *esses caras estão aí. Talvez eu consiga um contrato para eles e ganhar algum dinheiro com isso, e aí parar o que estou fazendo e conseguir algo legítimo*'. Ele era um fã passional, e era esperto o bastante para saber que não conseguiria fazer nada sozinho, porque não tinha os contatos".

Segundo Hauser, Deans disse a ele que Curtis e Susan já tinham recusado a banda. Ele também alega que eles chamaram a banda de "perdedores". Deans não se recorda disso, mas se lembra de Curtis se referir a Jerry como o maior trunfo da banda, porque era o principal compositor. Deans concordou em coagenciar a banda com Hauser.

Há relatos diversos de quando e como a decisão de mudar o nome da banda aconteceu. Ken Deans disse que foi ao Music Bank para uma reunião. Recordou-se que, na época, eles ainda estavam incertos quanto a manter o nome Diamond Lie ou mudar para uma das várias grafias possíveis de Alice in Chains. "Lembro que, certa noite, Randy fez um punhado de camisetas, e decidimos que o que ficava mais legal numa camiseta era 'Alice in Chains', e então... eles decidiram [usar o nome]", disse Deans.

Hauser tem uma lembrança diferente de como a mudança de nome ocorreu, embora admita que as camisetas do Diamond Lie foram feitas. Segundo ele, quando Nick Loft voltou de Los Angeles, disse a eles: "Diamond Lie não vai funcionar. Temos que mudar o nome". Hauser sabia que uma mudança de nome era coisa séria e não teria sugerido isso sozinho. Porém, quando o chefe de artistas & repertório da Atlantic Records disse a eles para fazê-lo, todos concordaram.

Segundo Hauser, começaram a pensar em nomes. "A conversa meio que dispersou um pouco, e eu falei: 'Caras, o que vocês acham de, ao invés de Alice 'N Chains, Alice in Chains?'". Na época, havia um banner do Alice 'N Chains enrolado na parede dos fundos – presumivelmente um resquício da encarnação anterior da banda de Layne. Hauser desenrolou o banner, com um pincel na mão, acrescentou um i ao nome, que agora dizia ALICE IN CHAINS, e mostrou para a banda. Em questão de segundos, todos concordaram. Foi fácil assim".

Mike disse a Mark Yarm que foi ideia dele colocar o i de volta, de forma que não soasse como Guns N' Roses. Layne contatou seus ex-colegas de banda e pediu permissão para usar o nome. Nick Pollock recordou-se que não ficou particularmente empolgado com isso, na época, e achava que Layne tinha que inventar um novo nome, mas, por fim, tanto ele quanto James Bergstrom concederam a Layne o uso do nome[13].

Fizeram o primeiro show como Alice in Chains algum tempo depois. Tim Branom tem provas de que a mudança de nome aconteceu naquele verão. Em 14 de julho, o Diamond Lie e a banda de Branom, Gypsy Rose, dividiriam o palco abrindo para o Helix. Foi a primeira vez que as duas bandas se encontraram desde que Jerry e Mike foram dispensados do Gypsy Rose, quase um ano antes.

Branom escreveria posteriormente em seu blog: "Na espera pelo show, alguns membros acharam que uma briga entre bandas poderia criar uma polêmica e, assim, trazer ainda mais público, ao gerar mais publicidade. Infelizmente, os problemas ainda estavam muito próximos, e a briga foi um pouco real demais. O show foi um tremendo sucesso, mas ambas as bandas assistiram tudo bem de perto para ver como os ex-companheiros e seus substitutos estavam tocando. O Gypsy Rose criou peripécias de palco mais chocantes e pensou ter deixado uma marca em Seattle, mas o Diamond Lie tinha representantes de gravadoras querendo assinar com eles, e isso alavancou sua carreira. O Diamond Lie passaria a se chamar Alice in Chains a partir de seu próximo show, onze dias depois". Ele acrescentou: "A amargura pelas gravadoras que tinham dispensado o Gypsy Rose só colocava mais lenha na fogueira criada pelo uso de drogas e pela inveja do sucesso súbito do Alice in Chains. A postura era: 'Como podem dois caras que eram da nossa banda se darem melhor que nós?'". Se o relato de Branom está correto, isso significa que o Diamond Lie fez seu primeiro show como Alice in Chains em 25 de julho de 1988[14].

Além de se comprometer integralmente com o Alice in Chains e estar numa banda que começava a criar nome, houve outro acontecimento importante para Layne naquela primavera: conhecer Demri Parrott.

Demri Lara Parrott – ela pronunciava seu sobrenome *puh-row* (não como se diz "papagaio" em inglês, *parrott*) – nasceu em 22 de fevereiro de 1969, filha de Steven Parrott e Kathleen Austin, que tinham, na época, respectivamente vinte e dois e dezenove anos e se conheceram por meio de amigos em comum. Austin planejava batizar a filha originalmente Erin Lynn Austin, mas depois de se casar com Parrott, mudou o nome. Seu marido não gostava do nome Erin, mas gostava de Lara. Austin pensou ter ouvido o nome Demery em algum lugar e o sugeriu. Ele pediu para que ela escrevesse, e ela soletrou Demri, colocando Lara ao lado. Parrott gostou e, quando Demri nasceu, no dia seguinte, esse foi o nome que ficou.

Anos depois, Demri passaria a brincar, dizendo às pessoas que, quando sua mãe estava em trabalho de parto, os médicos lhe aplicaram uma dose de Demerol para a dor, e ela gostou tanto que batizou a filha inspirada no remédio. Demri, a princípio, não gostava de seu nome, porque as pessoas pronunciavam errado ou não entendiam. Aos dois anos de idade, ela já tinha um senso de identidade forte o bastante para dizer seu nome aos outros e como soletrá-lo.

Demri era capaz de se comunicar e socializar para além de sua idade. Aos três anos, ela foi testada por especialistas na Universidade de Washington, que disseram a seus pais que o vocabulário dela era o de um aluno do último ano do ensino médio, mas suas habilidades linguísticas excepcionais nem sempre eram bem recebidas por adultos ou outras crianças. Quando tinha dois anos, sua mãe fez uma fantasia de anjo para ela no Halloween, com uma auréola dourada que ia sobre sua cabeça. Kathleen Austin e sua mãe levavam Demri para a casa da bisavó, para que esta pudesse vê-la fantasiada. No carro, durante o trajeto, Demri ficava mexendo a auréola.

"Demri, você vai bagunçar o cabelo, querida", disse sua avó.

"Mas vovó, essa auréola desgraçada não para em pé".

Sua avó quase jogou o carro para fora da via.

O casamento dos pais de Demri não durou muito. Austin, mais tarde, casou-se com um assistente social e deu à luz um filho, Devin Remme, em 20 de junho de 1974. Este casamento terminou em 1976, e Austin depois se casaria com Dennis Murphy, com quem teria dois filhos: Derek Murphy, nascido em 15 de novembro de 1980, e David Murphy, nascido em 12 de junho de 1982. Segundo sua mãe, Demri era mais próxima de Devin e Derek – os dois mais velhos de seus irmãos. Assim como Layne, Demri usou o sobrenome do padrasto – Demri Murphy – na adolescência, mas nunca mudou legalmente o nome de batismo.

A família se mudou par Arlington, cidade a cerca de uma hora de viagem ao norte de Seattle. Nanci Hubbard-Mills, sua amiga, conta que, na escola, Demri era "efusiva e não tinha medo de falar o que pensava". Numa aula de artes, a professora passou aos alunos a tarefa de fazer abóboras e frutas com argila. Na brincadeira, Demri ignorou as instruções e fez uma cabeça com uma flechada.

Na oitava série, ela concorreu para presidente do corpo discente. Ganhou de lavada – os professores pararam de contar os votos depois que ela estava mais de trezentos votos adiante do segundo colocado. Depois de alguns meses, foi retirada do cargo pelo corpo docente por seu desempenho escolar ter caído.

Demri ganhou um prêmio estadual por um trabalho sobre álcool e drogas. Como fonte para o trabalho, ela abordou a mãe, que trabalhava como conselheira de dependentes desde 1976. Demri pegou emprestado um display do escritório de Austin, que continha amostras falsas de diferentes tipos de drogas e um filme. Em retrospecto, Austin disse: "Se alguém tivesse me dito que minha filha se tornaria viciada em heroína, eu não teria acreditado".

Hubbard-Mills se lembra desse trabalho, dizendo que Demri o preparou para a feira cultural da escola. Foi tão bem recebido que foi, por fim, exibido aos alunos mais velhos. "Isso foi quando Demri era feliz e ficava conosco na hora do almoço. Foi quando ela achava que quem usasse drogas, morreria". Ela e outras amigas de Arlington dizem que, ao chegar ao ensino médio, Demri já tinha experimentado maconha e cogumelos.

Karie Pfeiffer-Simmons conheceu Demri quando estava na quinta série e Demri, um ano adiante, e as duas ficaram amigas cerca de um ano depois. "Ela era muito extrovertida, muito querida. Pequenina e bela. Ela iluminava o lugar em que estivesse. Gostava de ser a palhaça da sala, receber atenção e fazer piadas. Escapulia pelas janelas da sala para matar aulas. Sempre estava fazendo algo engraçado ou encantando os professores no intuito de conseguir notas boas".

Na época, os interesses e as ambições de Demri estavam nas artes. "Sei que ela queria ser atriz e fazer filmes", disse Pfeiffer-Simmons. "Ela tinha de estar sob os holofotes". Lyle Ford, professor de Demri no coral do ensino médio, disse que "ela amava muito a música e as artes cênicas. Ela definitivamente tinha uma queda pelas artes cênicas e era muito sociável. Alguns alunos não se levantam e vão falar com os professores. Eles ficam com os amigos. Ela socializava tanto com os colegas quanto com os professores. Era uma cantora competente, mas acho que também era dançarina".

Quando tinha quinze ou dezesseis anos, Demri foi uma dos trezentos alunos que se candidataram para vinte e cinco vagas em uma escola de artes cênicas em Jacksonville, Flórida. Embora a sorte estivesse contra ela, foi aceita. Voltou para casa para o Natal, alguns meses depois, e, nas palavras da mãe, "estragou tudo". Apaixonou-se por um rapaz na cidade natal, largou a escola e voltou para Washington.

Alguns meses antes de conhecer Layne, Demri foi até um shopping para fazer um teste para um papel cantado num musical chamado *Cinderella Rock*. "Ela começou uma música e então parou, dizendo: 'Obviamente, vocês todos conseguem perceber que eu não sei cantar'", disse Austin. "E então ela simplesmente ganhou a plateia – era incrível". Havia três ou quatro agentes no teste, que ficaram impressionados o bastante para deixar seus cartões com ela.

Há dois relatos sobre como Layne e Demri se conheceram. Embora existam algumas diferenças discretas entre as duas versões, elas não necessariamente contradizem uma à outra.

Segundo Kathleen Austin, "ela conheceu Layne em 1989. Trabalhava no shopping, e uma das garotas que trabalhava com ela na loja a convidou para uma festa. Essa garota era de Seattle. Dem me diria, depois, que, a caminho da festa, a garota virou para trás, olhou para ela e disse: 'Acabei de cometer o maior erro da minha vida'. E Demri perguntou: 'O que foi?'. E a garota respondeu: 'Trazer você para essa festa. Sei que o meu namorado vai se apaixonar por você'. O namorado dela era Layne, e o resto é história", disse ela. "Acho que foi amor à primeira vista".

O único detalhe que poderia ser corrigido neste relato é a data. A assinatura de Demri aparece várias vezes no caderno de visitantes do Music Bank, que fechou as portas de vez em fevereiro ou março de 1989. Há fotos dela e Layne juntos na coleção de polaroides de Randy Hauser desse período inicial da história da banda[15].

A outra história de como eles se conheceram vem de Sally Pricer Portillo (amiga de Layne), que diz ser quem os apresentou. Pricer Portillo estava numa festa quando conheceu Demri. Ela não tem certeza, mas acha que Demri sabia de sua amizade com Layne. "Minha sensação – quer dizer, não sei dizer com certeza – é de que ela sabia que nós andávamos juntos: eu sempre estava com ele, ele sempre estava comigo, eu sempre estava no Music Bank". Demri perguntou a ela: "Me conta um pouco sobre o Layne. Você me apresenta para ele?".

Outra vez, Pricer Portillo e Demri estavam passeando na Pioneer Square, quando Demri pediu: "Por favor, me leve nessa festa, porque eu sei que ele vai estar lá e eu quero conhecê-lo". Pricer Portillo concordou em levá-la. Na época, Layne tinha vinte e um anos ou acabara de fazê-los. Demri teria dezoito ou dezenove – nova demais para entrar em bares, recordou-se Pricer Portillo. A partir da idade de Layne e da data de nascimento de 22 de agosto, isso teria acontecido no final do verão ou começo do outono de 1988, mas Demri talvez já estivesse em cena antes disso. A respeito das mulheres com quem Layne esteve ou namorou antes, Pricer Portillo diz: "Não foi nada sério até Demri aparecer, e quando isso aconteceu, tudo era Demri, o que me deixou contente, porque me livrei um pouco de algumas daquelas pessoas".

Pouco depois disso, Demri pediu a Austin que viesse até seu apartamento, ao norte de Seattle, e desse carona para dois amigos – Layne e Sean – até a cidade. Foi quando Austin conheceu Layne. "Eu sabia que eles estavam saindo", recordou-se Austin. "Layne foi muito respeitoso. Não acho que formei alguma impressão logo de cara. Dei carona para os dois caras, que estavam bem acabados. Provavelmente tinham farreado a noite toda. Entraram no meu carro, dirigimos até Seattle. Eles me disseram aonde iam e eu os deixei". Demri viu o talento de Layne de imediato, e não hesitava em confirmá-lo. "Mãe, o Layne vai ser um astro", disse ela a Austin.

Austin estava cética, embora não verbalizasse isso. "Conheci muitos músicos que seriam astros, e só alguns deles de fato conseguiram". Ela brincava com a filha: "'Bem, isso seria legal', 'Espero que ele seja', esse tipo de coisa". A primeira vez que Austin viu Layne se apresentar foi no show Pain in the Grass, no Seattle Center, em 1990. Os irmãos de Demri – que tinham dezesseis, dez e oito anos, na época – foram com ela e acabaram se tornando parte do show. "Layne os levou para o palco, e eles ficaram muito empolgados".

"Eles adoravam a irmã e adoravam Layne. Eram pequenos – e Layne brincava de cavalinho com eles, era um cara engraçado. Era muito querido".

"Juntos, antes das drogas, os dois estavam sempre rindo. Sempre felizes", diz Austin sobre aquele período. "Iam a clubes, visitavam amigos".

Segundo Darrell Vernon, havia uma piada que corria pelo Music Bank sobre a época em que eles começaram a namorar – que Layne tinha encontrado a mulher de seus sonhos no corpo de um menino de doze anos, uma referência à baixa estatura de Demri. Segundo sua mãe, Demri mal tinha 1,50 m e nunca pesou mais de 45 kg. Embora não tivesse muito em termos de dinheiro ou posses, ambos eram generosos. No Dia de Ação de Graças de 1988, David Ballenger disse que várias garotas apareceram e trouxeram um jantar enorme para Layne, mas que ninguém trouxe nada para ele. Layne e Demri compartilharam o jantar com ele. Em outra ocasião, Ballenger pediu a ele que o acompanhasse para comprar roupas legais, porque Layne se vestia bem. Layne então o levou a um shopping em Bellevue, onde Ballenger gastou cerca de quinhentos dólares. Ele ainda tem os sapatos Capezio e as roupas Armani que comprou naquele dia. Ballenger tinha uma cadeira de metal dobrável em sua sala no Music Bank, que Layne decorou com borrões de tinta ao estilo Jackson Pollock. Ballenger ficou irritado pela cadeira demorar tanto para secar, mas ainda a tem.

Jamie Elmer, que na época tinha cerca de dez anos, visitava a banda na sala de ensaios. "Me lembro de me sentar no sofá com as então namoradas ou aspirantes a namoradas deles e observá-los ensaiar. Quer dizer, era divertido para mim. Eu era a irmãzinha grudenta que tinha a oportunidade de ver todo um mundo que a maioria das pessoas na minha idade não veria", disse ela. "Me lembro [de Jerry, Mike e Sean] como meus irmãos mais velhos, no melhor sentido do termo. Eles me acolhiam, e eu nunca me sentia um incômodo. Eles sempre foram legais quanto ao fato de eu ficar por lá ou assistir os ensaios, e sempre foram muito legais comigo. Naquela idade, era como se eles fossem minha família estendida. Eram como... irmãos que faziam parte da nossa família".

A banda punk Cat Butt se instalou no Music Bank no verão de 1987. Era um período de transição para eles, já que dois de seus membros retornaram para sua banda principal, U-Men. Depois de algumas mudanças de integrantes, o *frontman* David Duet e o guitarrista James Burdyshaw decidiram reviver o Cat Butt com novos membros e se dedicar à banda integralmente. Conheceram Layne no início de sua temporada no Music Bank devido ao emprego dele lá.

"O Layne era muito entusiasmado e interessado em conhecer as pessoas e as bandas. 'Ei, legal! Vocês têm uma banda! Como se chama? Cat Butt [*"bunda de gato"*] – muito engraçado! É isso aí! Ah, cara, nós temos que fazer um show qualquer hora dessas!'. E então ele perguntava: 'Vocês precisam de alguma coisa? Porque eu posso conseguir qualquer coisa que precisarem. Maconha? Consigo maconha. Ácido? Também. O que vocês quiserem. Querem que eu vá buscar cerveja pra vocês?'", recordou-se Burdyshaw.

"Ele era do tipo que estava disposto a agradar, queria muito fazer amigos. Eu achava isso muito carinhoso da parte dele. Não acho que era falso. Ele era só um garoto do metal que era legal, ao passo que muitos desses caras do metal eram blasés, e não falavam com você se você tocasse numa banda punk". Eles também conheceram Demri, que, ao ficar sabendo o nome da banda, levantou a camisa, pressionou o abdômen contra o umbigo e disse: "Olha, eu consigo fazer uma bunda de gato!".

Pouco depois de conhecerem Layne, eles foram apresentados a Jerry, Mike e Sean. "Quando começamos a ensaiar lá, eles ficaram muito curiosos a nosso respeito e queriam saber sobre nós. E, para ser sincero, a minha postura era: 'Eles são bem legais, mas, meu Deus, eu não quero fazer amizade com esses caras. São tipo roqueiros de Lynnwood'. Não que eu não achasse que eles fossem boa gente. Só achava que a música deles era idiota".

"Não queríamos ser ruins com eles. Eram inacreditavelmente simpáticos. Eu meio que concluí que poderíamos ser amigos deles no Music Bank, mas nós não queríamos absolutamente nada com eles, de jeito nenhum, fora dali".

Além de Layne, a pessoa com quem Burdyshaw teve uma relação mais próxima foi Jerry, embora por razões bem diferentes. "Jerry gostava de bater um papo, mas ele queria aprender sobre você. Saber sobre as suas influências. Ele gostava de explorar sua cabeça".

"Ele foi muito elogioso e me perguntou sobre meu som de guitarra. Gostava muito de conversar a fundo sobre esse assunto. Eu provavelmente tive as conversas mais interessantes sobre música em geral com Jerry, porque ele parecia conhecer mais as coisas. Embora eles tocassem rock, ele conhecia Bowie, conhecia muito da história do rock and roll, então podíamos conversar sobre coisas que eu curtia, tipo The Who e afins. Ele não conhecia muito de punk, mas certamente queria conhecer. Era muito curioso".

Burdyshaw dá crédito a Jerry por reinventar e desenvolver o que enfim se tornaria o som do Alice in Chains. Sobre a influência do Cat Butt sobre o Alice in Chains nesse período inicial e crucial, Burdyshaw disse: "Parecia que o Cat Butt foi um dos catalisadores para eles pensarem: *'Ei, esses caras estão fazendo algo diferente do que nós estamos fazendo. Vamos entrar no círculo deles'*. E então, não acho que foi algo necessariamente calculado, mas creio que eles nos acharam fascinantes e quiseram fazer parte do nosso mundo e nos convidar para o deles".

Burdyshaw não se considera uma influência, porque disse que eles exploravam as ideias de toda banda da qual se aproximassem. Kim Thayil, guitarrista do Soundgarden, disse que estava num show e se deparou com Jerry, que perguntou a ele sobre as músicas "Beyond the Wheel" e "Nothing to Say" – especificamente, se essas músicas eram em afinações diferentes. Thayil explicou a ele o conceito de *drop-D* – afinação popular entre músicos de hard rock e metal, na qual a corda E grave da guitarra ou baixo é afinada um tom abaixo, em D, propiciando um som mais pesado. Segundo Thayil, "o Alice in Chains se tornou uma banda diferente quase que da noite para o dia!" (Jerry contesta essa afirmação, dizendo que aprendeu essa afinação anteriormente, com a música "Unchained", do Van Halen[16]).

Thayil não foi o único a notar a mudança. Grant Alden, editor-gerente da *The Rocket*, disse: "Houve uma série de bandas que viram o que estava dando certo e começaram a tentar fazer a mesma coisa. Acho que o Alice in Chains foi uma delas. Isso não significa que eles não tivessem talento, mas significa, em alguns aspectos, que eles não tinham coração ou alma". Seu desgosto pela banda chegou ao ponto de ele tomar providências para evitar que sua publicação cobrisse a banda[17].

O antigo vocalista da Diamond Lie, Scott Nutter, encontrou Layne em Seattle no período inicial da banda, e eles conversaram sobre Jerry "de vocalista para vocalista". Na lembrança de Nutter, Layne se referiu a Jerry como "birrento", e os dois falaram sobre o quão temperamental ele era. Em essência, o comentário de Layne foi: "'Valia a pena aguentar o cara em troca das composições e do trabalho de guitarra?'. Ele disse que eles adoravam Jerry, mas que às vezes era muito difícil lidar com ele".

CAPÍTULO 7
Ei, onde está o Geraldo, porra?
— **Layne Staley**

O verão de 1988 foi uma estação movimentada para o Alice in Chains e o Music Bank, por razões boas e ruins. No dia 1º de junho, o Iron Maiden fez um show no Seattle Center Coliseum com o Guns N' Roses como banda de abertura. Jerry Cantrell foi ao show e entregou uma cópia da demo da banda para Axl Rose, que imediatamente a jogou fora ao ir embora[1].

David Ballenger teve uma discussão feia com Mike Buckner, um de seus empregados, porque Buckner queria trabalhar mais horas, mas Ballenger, não tinha mais horas disponíveis para atribuir a ele. Buckner ergueu uma garrafa de cerveja como se fosse quebrá-la na cabeça de Ballenger.

Ballenger ficou furioso. "Entrei na minha caminhonete, dirigi 140 quilômetros pisando fundo e passei pela fronteira dos Estados Unidos com o Canadá. Pensei: *'Puta que pariu! Estou no Canadá!'*". Ele deu meia volta num estacionamento para voltar até Seattle, mas as autoridades da fronteira encontram três baseados escondidos em sua bota. Apreenderam a caminhonete, e Ballenger teve de tomar um ônibus de volta até Ballard.

Além de não trabalhar o suficiente, Buckner tinha, ainda, problemas de saúde. Segundo Ballenger, "ele teve um problema na perna e nos pés que o deixou louco. Layne e nós todos o levamos para o hospital. Achávamos que nunca mais íamos vê-lo, e três ou quatro dias depois ele apareceu de novo e tinha sarado". Segundo os registros médicos de King County, Buckner sofria de "alergia severa a picadas de abelha" e tinha "marcas no tornozelo devido a alergia a picada de abelha"[2].

Buckner podia ser muito engraçado, e encontrou em Layne um parceiro cômico em pelo menos uma ocasião. Ballenger se lembra de um dia em que ele, Buckner e Layne estava sentados no escritório e Layne começou a fazer sua imitação do Popeye. "Ele fazia uma voz do Popeye muito boa, e só falava sacanagem", disse. Buckner aproveitou a deixa e assumiu o papel de Olívia Palito. "Eles faziam um tipo de esquete em que, basicamente, Popeye comia a Olívia Palito por trás, e todo mundo caía no chão de tanto rir". Layne, de modo geral, era um sujeito popular no Music Bank, mas, segundo Ballenger, certa vez Buckner pegou um músico com uma faca na porta do estúdio, raivoso à procura de Layne.

Às 19h na noite do dia 18 de junho de 1988, agentes da polícia de Seattle foram enviados para uma área de mata próxima ao Lake Washington Boulevard depois que um transeunte viu Buckner "deitado na mata com um rifle". Ao se aproximarem da área a pé, ouviram um disparo. Depois de tentarem convencer Buckner a soltar a arma e sair da mata, ouviram um segundo disparo. A área foi cercada por um cordão de isolamento e um cão policial foi trazido para procurar Buckner. Segundo o legista, "ele foi encontrado logo, deitado de costas com um rifle manual Springfield Model 15, calibre 22 (sem número de série visível), sobre o peito, com o cano apontado para a própria cabeça". Buckner foi levado para o Harborview Medical Center por volta das 21h30 para ser socorrido de um ferimento causado por um tiro autoinfligido, mas ali morreu cerca de vinte e duas horas depois. Tinha quarenta anos.

Sobre o possível motivo de seu suicídio, sua namorada depois disse ao legista que os dois tinham brigado antes do incidente e que Buckner "afirmara que já tinha tentado anteriormente, com uma pistola. Aparentemente, algo o vinha perturbando nos últimos tempos"[3].

Ballenger disse que, pouco depois, ele e outros empregados do Music Bank organizaram o funeral. "Não tínhamos dinheiro algum e conseguimos uma cova comum para ele. Certo dia, todos nós, sem um tostão, enterramos nosso amigo". Não muito tempo depois da morte de Buckner, o Alice in Chains e o Hit and Run marcaram um show beneficente juntos, na Pickwick Tavern, em West Seattle, segundo o baterista do Hit and Run, Dean Noble. O plano era que a renda do show fosse para o pagamento da lápide de Buckner.

O bar estava cheio naquela noite, recordou-se Noble. Antes do show, Layne e ele estavam no banheiro masculino fumando um baseado. Layne precisou urinar, mas os mictórios estavam ocupados, então ele usou a pia. Um dos clientes ficou furioso, disse Noble. Layne foi apologético: "Ei, eu estava muito apertado. Todos os mictórios estavam ocupados. Não tive escolha, eu simplesmente estava muito apertado". O homem saiu do banheiro batendo a porta. Layne e Noble continuaram fumando.

Noble voltou ao interior do bar, aonde seus colegas de banda estavam. Todos tinham menos de vinte e um anos, então ninguém podia comprar álcool. Mike sentou na mesa deles e começou a bater papo. Perguntou como eles estavam e disse: "Caramba, onde está a cerveja de vocês? Vamos arrumar uns dois jarros".

"Nós nos empolgamos, afinal, tínhamos dezoito anos", disse Noble. Mike pediu à garçonete dois jarros de cerveja. Ela voltou alguns minutos depois e cobrou. "Esperávamos que o Mike pagasse, porque não tínhamos dinheiro. Tínhamos dezoito anos – porra, mal conseguíamos comprar baquetas e cordas! E então ele olhou para nós e disse: 'Bem, vocês têm que pagar pela cerveja, caras'. E nós: 'Mas a gente não tem dinheiro'". Mike tentou passar uma lábia e flertar com a garçonete para que ela lhes desse a cerveja de graça, mas ela não deu a mínima. "Ela acabou pegando as cervejas de volta e devolveu ao bar, e ele ficou meio desanimado que sua lábia não funcionou, porque ele queria cerveja tanto quanto a gente".

O Hit and Run subiu ao palco primeiro. O bar providenciou a bateria, que as duas bandas teriam de dividir. O assento do baterista consistia em dois engradados de leite empilhados e unidos por um lacre, o que não era uma estrutura das mais estáveis.

A banda encerrou seu set com um cover de "Rock and Roll", do Led Zeppelin, e durante o solo de bateria no final da música, Noble percebeu que o lacre que matinha os engradados juntos tinha se rompido. Para não cair, ele ficou de pé e terminou a música sem perder um compasso. "Os caras da banda olhavam para mim achando que eu só estava entrando na música, empolgado, quando, na verdade, eu só estava tentando não cair de bunda", disse ele.

O Alice in Chains entrou no palco em seguida. Encerraram o show com "Suffragette City". No final da música, Sean, provavelmente sentindo necessidade de equiparar ou superar a performance de Noble, "se levantou e incorporou o The Who na bateria, chutou o kit, começou a bater feito louco, e as peças voavam para todo lado. A plateia ficou maluca", recordou-se Noble.

Depois da apresentação, disse Noble, "Layne estava inacreditavelmente pilhado e foi até o cara que reclamou com ele no banheiro por ele ter mijado na pia. De longe, eu só conseguia ver o dedo do Layne apontado bem pro meio do peito do cara, enquanto Layne o azucrinava. O cara, mais velho, começou a ficar vermelho de raiva, e ele era bem maior que o Layne".

"Layne não era um cara grande. Então ele deu mais uns dois tapinhas no peito do sujeito e correu para a porta. O cara se preparava para ir atrás dele, quando

Mike e Sean correram para abordá-lo, dizendo: 'Ei, não dê ouvidos a ele. Ele só está meio puto. A namorada dele disse que você era bonito e ele só está com ciúmes. Relaxa – ele é só um carinha magrelo'; basicamente, eles convenceram o cara a não dar uma surra em Layne". Noble acha que o show levantou cerca de oitocentos dólares para a lápide de Buckner. Alguns anos depois, uma breve menção foi incluída nas notas de encarte de *Facelift*: "Em memória de Mike Buckner"[4].

A Color Tech, um dos vizinhos do Music Bank no Ballard Building, fechou e liberou milhares de metros quadrados de espaço adicional. Sem o conhecimento de Scott Hunt, porque seu nome não constava no contrato de aluguel do Music Bank, o proprietário abordou Bengt Von Haartman e Gabriel Marian diretamente. No dia 3 de fevereiro de 1987, Marian e Von Haartman assinaram um contrato de trinta e um meses de aluguel de mais de 4 mil metros quadrados de espaço industrial adjacente ao Music Bank. Sob os termos do contrato, Marian e Von Haartman pagariam ao proprietário US$ 3.447 de aluguel e a propriedade deveria ser usada "apenas para estúdios audiovisuais". Sem o conhecimento ou consentimento de Hunt, disse ele, seus sócios "decidiram, pelas minhas costas, alugar o restante do Ballard Building e transformá-lo numa operação de cultivo de maconha de trinta milhões de dólares"[5]. Ninguém sabia na época, mas esse era o começo do fim do Music Bank.

Em 20 de junho de 1988, um informante anônimo ligou para o gabinete de narcóticos do Departamento de Polícia de Seattle com uma pista. Foi muito específico, contando ao agente Mac Gordon sobre uma possível operação de cultivo de maconha num grande depósito comercial em Ballard e fornecendo o endereço exato, notando que o consumo de energia das instalações era "estranhamente alto", segundo documentos do tribunal. Scott Hunt descobriu por Van Haartman, depois, que o informante era um terceiro sócio, um especialista em materiais. Marian achou que esse terceiro elemento estava ganhando dinheiro demais, quis renegociar os termos do acordo e supostamente o ameaçou. O homem não acatou nada disso. Pegou o dinheiro e a esposa e fugiu do país, não sem antes dar a dica à polícia.

No mesmo dia desse telefonema, o agente Mike Severance foi ao depósito e subiu até o terraço, onde percebeu dois tubos de ventilação – e o exaustor de um deles emitia um "forte odor" de maconha. Depois, a polícia obteve, da companhia de luz de Seattle, registros do consumo de energia dos negócios que funcionavam no prédio. Os documentos mostravam "um consumo estranhamente alto de eletricidade", escreveu Gordon num depoimento. Havia dois endereços diferentes para o mesmo prédio, cada um com um medidor de energia diferente. Para o período de quatro meses que terminou em 8 de julho de 1988, os dois medidores registraram um consumo médio combinado de 42.261 kilowatts por mês. Em perspectiva, isso era "29 vezes mais do que o [consumo] do locatário anterior"[6]. Outras leituras feitas durante a investigação mostraram picos semelhantes de consumo[7].

Gordon contatou o Departamento de Narcóticos (DEA) de Seattle e pediu a eles informações sobre Marian e Von Haartman. A busca do órgão descobriu uma condenação de Marian relacionada a cocaína em 1972 em Berkeley, Califórnia, e uma investigação pendente de Von Haartman pelo DEA por tráfico de drogas. Todas essas evidências foram citadas por Gordon em seu pedido por um mandado de busca em 20 de julho de 1988. O pedido foi aprovado e assinado pelo juiz R. Joseph Wesley às 21h05 do mesmo dia[8].

Duas horas depois, uma equipe conjunta que contou com várias unidades do Departamento de Polícia de Seattle executaram o mandado nos dois endereços registrados do depósito. Segundo um relatório da polícia, "agentes à paisana e fardados entraram [no Music Bank] depois que a porta não foi atendida. Dentro da propriedade, várias pessoa se encontravam nas áreas de vídeo e nos estúdios. Os agentes mantiveram todos os ocupantes em custódia temporária e começaram a revistar o labirinto de estúdios que existe na propriedade"[9].

Na noite da batida, o encarregado pelo estúdio era Darrell Vernon. "De súbito, começou a entrar toda essa gente pela porta, os policiais à paisana, e havia uns dois caras à paisana apontando armas para nós. Achei que estivéssemos sendo assaltados", recordou-se ele.

"Eles não faziam ideia que era um estúdio de ensaios. Diziam coisas do tipo: 'O que são essas salas cheias de tambores?', como se não tivessem ideia alguma do que fossem. Eu dizia: 'Este é um estúdio de ensaios. É um estabelecimento comercial. Sou o funcionário encarregado'. Havia um policial negro apontando a arma para mim, dizendo: 'Cale a boca! Cale a boca!'".

Dean Noble tinha acabado de ensaiar com sua banda e estava se preparando para ir embora com o baixista, que precisava de uma carona até o bar onde trabalhava. A sala "parecia uma sauna" e Noble vestia apenas uma bermuda Adidas. Tinha consigo a chave de seu carro e uma pequena quantidade de maconha quando a porta foi arrombada e de quinze a vinte policiais armados invadiram o prédio, apontando as armas e berrando para que encostassem na parede.

Num caso de *timing* impecavelmente ruim, Noble disse que Layne "tinha acabado de virar num corredor e estava prestes a sair com duas strippers, que estavam claramente cheiradas, porque começaram a aporrinhar sem parar, 'esses porcos', ao ponto de Layne de fato mandá-las calar a boca, pois estavam tornando as coisas piores do que precisavam ser. Não era incomum que ele recebesse strippers. Elas não andavam por lá peladas, mas você sacava que eram strippers".

Como gerente do Music Bank, David Ballenger teve de lidar diretamente com a polícia. Eles queriam acesso a todas as salas. Ballenger pegou as chaves com Darrell Vernon. "Então, um cara me conduziu, carregando as chaves, com uma arma nas minhas costas e disse: 'Dave, você compreende que nós podemos atirar em você legalmente caso você nos cause algum problema'", recordou-se.

"Vocês não terão nenhum problema da minha parte", respondeu ele.

Ballenger foi de sala em sala, abrindo todas as portas para a polícia checar. Quando chegou na sala do Alice in Chains, serviu de despertador para Jerry. "Creio que o Jerry estava dormindo no sofá, acordou, bagunçou toda a mesa de centro, esse tipo de coisa. Ele achou que estava sendo preso, mas a polícia só queria ver o que havia nas salas".

Steve Alley, o designer gráfico que tinha elaborado logos e flyers para várias bandas locais, incluindo o Alice in Chains, estava na sala da banda, farreando com Mike. "Ele ouviu uma comoção no corredor, deu uma olhada, voltou, trancou a porta e disse: 'É a polícia cara! São os federais!'. Eu fiquei tipo: 'Ah, tá certo. Mentira. Beleza'", recordou-se Alley. "Então me esgueirei pela porta só para provar que era mentira, e tinha mesmo um cara correndo pelo corredor, de jaqueta azul e com um pastor alemão". Alley trancou a porta e ele e Mike consumiram rapidamente a cocaína que havia na sala antes que a polícia chegasse até ali. Quando chegaram, todos foram colocados numa fila no corredor, junto com músicos de outras bandas, com as mãos na parede. Alley viu Layne vindo pelo corredor – "não estava detido" – com dois policiais atrás dele. "Ele estava fazendo brincadeiras e todos davam risada de alguma coisa", disse Alley.

Layne alcançou o grupo no corredor, olhou em volta e disse: "Ei, cadê o Geraldo, porra?". Essa foi provavelmente uma referência ao apresentador Geraldo Rivera e, talvez, a seu especial de TV *The Mystery of Al Capone's Vaults*[10]. Porém, notou Alley, "ele tinha uma série de programas em que era 'infiltrado na polícia', mas todos os episódios eram hiperdramáticos e muito cafonas".

A banda planejava gravar outra demo no dia seguinte, para enviar a gravadoras. Todo o equipamento estava engatilhado quando, nas palavras de Jerry, "a SWAT de Seattle chegou e tomou o lugar! Acabou a festa que era o Music Bank – a gente estava morando do lado da porra de uma *floresta* de maconha. Não me lembro quantas vezes dissemos 'Cara, precisamos de maconha', estava logo ali, do outro lado da parede". Na ocasião, a polícia apreendeu tudo no recinto, incluindo o equipamento da banda. Jerry passou muitas horas tentando convencer a polícia de que não havia drogas ali e pedindo a eles que não confiscassem o equipamento na noite anterior às gravações.

Enquanto Jerry trabalhava sua lábia, Layne, Mike e Sean entraram no carro de Steve Alley – um Ford Mustang II de 1974 – e foram até um 7-Eleven ali perto. Layne entrou na loja e, alguns minutos depois, saiu correndo carregando dois fardos de cerveja. Ele pulou para dentro pela janela do passageiro e, com as pernas ainda para fora do veículo, berrou: "Pisa fundo!". Retornaram ao Music Bank, onde distribuíram cervejas para as pessoas que esperavam do lado de fora para poder entrar de novo.

À medida que a noite progredia, os policiais se deram bem com o Alice in Chains, que foi a única banda autorizada a retirar seus equipamentos, depois que os agentes os inspecionaram e se certificaram de que não havia nada errado ali. Os membros da banda empilharam tudo diante da entrada do estúdio e, por fim, tiveram de dormir na rua, alguns deles em cima dos cases, "para que nada fosse roubado", outros "no velho VW Dasher de Layne Staley, que não saía do lugar há anos". Jerry ligou para Ken Deans, que foi até o Music Bank com uma van na manhã seguinte para buscá-los e levá-los, com o equipamento, para a sessão de gravação[11].

Por fim, todos que estavam no Music Bank no momento da batida foram autorizados a sair do recinto, mas Ballenger, Vernon e Barry Oswald – o outro funcionário que trabalhava naquela noite – tiveram de ficar no escritório na companhia de dois policiais. Vernon se lembra de assistir a *Monty Python e o*

Cálice Sagrado com Oswald e os dois agentes. Um deles, um jovem policial, deu a eles dinheiro para que fossem comprar sanduíches e um *six pack* de cerveja para ele e seu colega[12].

Quanto àquilo pelo que a polícia procurava, e finalmente encontrou, Ballenger disse: "Mais para dentro, o depósito era um complexo grande, enorme, longo. E havia uma parede forte entre nós e o restante do complexo, onde a grande operação de cultivo de maconha estava instalada. Não era do meu conhecimento, nem de ninguém, que eles tinham estendido o contrato e começado essa operação".

"Toda a energia usada por eles vinha da despensa, que ficava no lado do Music Bank. Eu tinha uma chave para essa sala, que misteriosamente sumia do chaveiro toda hora, porque Bengt ou Gabriel passavam por ali a cada três meses, dizendo: 'Ah, vamos arrumar isso ou aquilo, Dave. A conta de água vai ser mais barata, agora', ou algo do tipo. E eu: 'Ah, OK'".

Vale notar que embora a polícia tenha interrogado David Ballenger e Scott Hunt, nas centenas de páginas de registros policiais e processos não há evidências ou alegações de que algum funcionário ou banda do Music Bank tivesse conhecimento ou envolvimento na operação de cultivo de maconha. Ballenger disse ao *Seattle Post-Intelligencer*: "Esse lugar é limpo. Eu o mantenho limpo... Ninguém gosta desse tipo de coisa acontecendo por perto"[13].

Scott Hunt viu no noticiário local a cobertura da batida. Ficou estupefato ao ouvir os detalhes. Entrou no carro e foi direto ao Music Bank, e, de lá, foi interrogado pela polícia. "Eles queriam saber a história da minha vida, então tive de contá-la nos mínimos detalhes", disse Hunt. "Disse a eles tudo o que precisavam saber e eles se convenceram, sem dúvida alguma, de que eu não tinha nada a ver com aquilo, então me liberaram". Embora nunca tenha sido acusado de nada, Hunt foi afetado pelas consequências que a batida trouxe ao Music Bank, especificamente a perda de lucro e de qualquer chance de recuperar o empréstimo.

O Departamento de Polícia de Seattle estimou que a operação foi capaz de levantar US$ 30 milhões anuais com a plantação – calculando um potencial de 10 mil plantas por ano, no valor de US$ 3 mil cada. Segundo um documento, as autoridades apreenderam 28 caixas de plantas de maconha, com um peso combinado de 204 kg[14].

Segundo um artigo do *Ballard Tribune*, o Departamento de Polícia de Seattle entregou o caso ao Tribunal Federal devido à quantidade de maconha envolvida. "É um caso muito complicado e, sendo assim, é preciso ter paciência", disse Ed Joiner, do departamento, ao jornal. "Queremos condenar o maior número de pessoas envolvidas nisso o possível, então não temos pressa"[15].

A banda foi até o London Bridge Studios para regravar a "Treehouse Tape" em vinte e quatro canais e gravar material novo. Essa era a demo que seria enviada às gravadoras. Hauser bancou as sessões, que aconteceram ao longo de aproximadamente uma semana e foram produzidas por Rick e Raj Parashar. "Nós pegamos horários alternativos, e Rick e Raj trabalharam comigo porque eu prometi a eles que voltaria mais tarde e pagaria o preço integral", disse Hauser. Ele estimou que a demo custou cerca de sete mil dólares. Foi barato assim porque a banda entrava tarde da noite e trabalhava até as cinco ou seis da manhã. Se tivessem gravado durante os horários regulares, teria custado vinte mil dólares a Hauser, dinheiro que ele não tinha[16].

Algum tempo depois da batida, a banda saiu do Music Bank e se mudou para uma casa perto do Aeroporto Internacional de Seattle-Tacoma, alugada de Bob Jeffries, na época namorado de Gayle Starr. Embora o dinheiro e os recursos fossem escassos, de algum modo eles conseguiam pagar o aluguel. A casa tinha quatro quartos – os três de cima eram ocupados por Layne, Mike e Sean, e o de baixo, por Jerry, para minimizar quaisquer danos em potencial, caso seu colchão d'água vazasse. Layne abriu um buraco no chão de seu quarto, que ficava diretamente em cima da sala de gravação, onde a banda ensaiava, de modo que ele pudesse ouvir a música do quarto.

Havia um problema quando eles se mudaram: um dos banheiros tinha entupido o encanamento da casa toda. Instalaram um banheiro portátil no quintal enquanto eles mesmos faziam os reparos necessários, que demoraram cerca de um mês. Seus vizinhos da casa ao lado, um casal de idosos, ofereceram seu banheiro para eles usarem, numa solução a curto prazo, e a banda aceitou. Por coincidência, o nome da mulher era Alice. Disseram a ela que tinham batizado a banda inspirados nela, provavelmente para a ganharem na simpatia, de modo que ela não reclamaria da música alta. Aos domingos, a banda ia à casa de Gayle Starr, que fazia o jantar para eles, e as sobras duravam até quarta-feira.

Sobreviviam até o domingo seguinte com uma dieta à base de pizza, cerveja e qualquer comida que as garotas trouxessem.

Em 11 de agosto de 1988, o Alice in Chains participou de um show com mais três bandas na Kent Skate King – uma pista de patinação –, organizado pela companhia de Hauser, a Standing Room Only Productions[17]. Layne tinha feito um corte moicano no cabelo. Uma das pessoas presentes era Diana Wilmar, fotojornalista e editora na KING 5, afiliada da NBC News em Seattle. Ela tinha ouvido falar da banda na cena musical local e queria fazer uma matéria sobre "uma banda aspirante à fama". Depois do show, conversou com o Alice in Chains. "Eles eram muito divertidos, brincavam uns com os outros. Era muito engraçados, mesmo. Um dos caras começava uma frase, e outro terminava". Enquanto contavam sua história a ela – sobre como viviam todos juntos numa casa, com um carro para os quatro –, Wilmar começou a pensar nesses detalhes como elementos visuais para a matéria. A banda concordou. Wilmar lançou a ideia à emissora e trouxe o cinegrafista George Stark e o repórter e produtor Jack Hamann, ambos da KING 5, para auxiliarem no roteiro e na filmagem.

A equipe da KING 5 filmou a banda curtindo em casa e no Music Bank, tomando duchas e se preparando para um show na casa de Susan Silver, e durante uma apresentação no Vogue. Numa outra vez, foram com a banda ao Fishermen's Terminal, onde trabalhavam descarregando barcos de pesca, trabalho que Randy Hauser conseguiu para eles para que pudessem pagar o aluguel da sala de ensaios. "Minha lembrança é deles, depois de dez minutos, dizendo, tipo: 'Foda-se isso aqui, não vou fazer isso de jeito nenhum. Está de sacanagem comigo?'. Era um trabalho difícil, cheirava mal e não conseguimos gravar nada, porque eles ficavam, tipo: 'Não vou fazer isso. Vou arrumar algum outro jeito de ganhar dinheiro'", disse Hamann. Ele entrevistou os quatro membros da banda e ficou com a impressão de que todos eles estavam interpretando um papel diante das câmeras, exceto Layne. "Naquela época, não havia quase nenhum modelo [de *reality* TV], então Sean, Mike e, em menor grau, Jerry estão claramente conscientes de que a câmera está ali e 'precisamos fazer televisão da boa'. Da parte de Layne, era basicamente 'caguei – podem me filmar'. Ele disse algumas coisas, mas muito se resumia a: 'Minha música é o que me interessa, é por isso que estou aqui, e se vocês querem me filmar, tudo bem'".

Depois das filmagens, Wilmar teve de ir para Coreia do Sul para auxiliar na cobertura das Olimpíadas. Hamann e Stark trabalharam na matéria enquanto ela estava fora, e contaram com seu *feedback* do exterior à medida que o script se desenvolvia. A matéria final era pouco convencional por duas razões: primeiro, durava mais do que cinco minutos; segundo, não havia narração em off. O som utilizado para conduzir a matéria foi de entrevistas com a banda. Foi ao ar em 14 de outubro de 1988. Stark, depois, ganharia um prêmio da National Press Photographers Association de Melhor Edição por esse trabalho. Hamann se encontrou com Jerry depois do lançamento de *Facelift*. "Não sei se teríamos cruzado a porta da CBS não fosse por aquele vídeo, se vocês não tivessem feito aquilo para nós", Jerry disse a ele. "Não sei como lhe agradecer".

Layne fez vinte e um anos em 22 de agosto de 1988. Seus companheiros de banda e David Ballenger o levaram a uma casa de strip para comemorar a ocasião. Sobre a natureza marcante dessa idade, mais especificamente a permissão para comprar bebida alcoólica e entrar em casas de strip, Ballenger disse a ele: "Agora você pode fazer legalmente o que vem fazendo há anos". Além disso Ballenger se recorda de Layne e Jerry voltarem de uma noitada em Seattle, em algum momento durante esse período, com suas primeiras tatuagens – desenhos em formato de caveira em seus braços esquerdo e direito, respectivamente.

Com Layne agora com idade legal para beber, ir a bares e clubes se tornou uma empreitada muito mais frequente e fácil. Antes disso, tecnicamente ele não deveria estar nem em alguns lugares onde a banda tocou. A solução encontrada, segundo Jerry e Sean, era deixar Layne do lado de fora até que a banda estivesse prestes a se apresentar. Ele ia direto para o palco, tocava o set, e então tinha de sair imediatamente[18].

O Alice in Chains ainda tinha uma sala no Music Bank e devia aluguel. Como Layne não estava trabalhando muitas horas por lá mais, Ballenger deu seu cargo a outra pessoa. "Eu concluí que nunca seria pago, porque normalmente não havia troca de dinheiro alguma", disse Ballenger. Para sua surpresa, certo dia Jerry apareceu com dinheiro vivo para pagar a dívida.

Nos meses seguintes à batida antidrogas, Bengt Von Haartman e Gabriel Marian tentaram passar a propriedade do Music Bank para Ballenger, chegando ao ponto de apresentar documentos legais à Prefeitura de Seattle. Ao mesmo tempo, Ballenger ainda tinha amizade com Scott Hunt, que estava envolvido num processo contra eles. Hunt estava confiante quanto à possibilidade de conseguir o prédio de volta e pediu a Ballenger que o continuasse gerenciando.

Ballenger recusou educadamente, dizendo que não tinha interesse em gerenciar o Music Bank e que não ganhava o suficiente para fazê-lo. Essa discussão chegou aos ouvidos de Von Haartman e Marian, que, cerca de uma semana depois, disseram a Ballenger: "Nós colocamos você aqui. Podemos facilmente chutá-lo da mesma forma". Ballenger percebeu o blefe. "E quem ia cuidar do lugar?". No final das contas, nada mudou.

Ballenger estava apreensivo quanto a possivelmente de acabar envolvido em litígio em conexão com a operação de cultivo de maconha e pediu conselhos a seu advogado. "Eu disse a ele o que estava acontecendo, sobre a batida. Que estava preocupado com a possibilidade de ser processado, de perder meus equipamentos. Estava com muito medo de Von Haartman e Marian, na época", explicou.

Segundo ele, a resposta do advogado foi: "Simplesmente deixe pra lá. Eles não têm alguém melhor do que você. Você não tem uma situação melhor do que com eles. Não é interessante para eles, inclusive do ponto de vista financeiro, ir atrás de você". Ele começou a fazer planos de ir embora de Seattle. Segundo os registros contábeis do Music Bank, os últimos pagamentos de aluguel foram recebidos no final de fevereiro ou início de março de 1989. No dia 6 de fevereiro de 1989 – data da qual Ballenger se lembra porque é aniversário de sua irmã – ele disse a Scott Hunt que fecharia as portas do Music Bank.

"Você o manteve aberto por muito mais tempo do que esse lugar ficaria", respondeu Hunt.

A decisão foi tomada, mas sem data. Ballenger por fim recolheu seus pertences e foi embora, levando tudo para um quarto de hotel em West Seattle. Ligou para alguns amigos, disse adeus e se mudou para Portland.

O caso do governo federal contra a operação de plantio de maconha em Ballard foi a tribunal no início de 1991, mas nunca chegou a julgamento. Segundo os termos de um acordo negociado por seu advogado, Gabriel Marian concordou em se declarar culpado por conspiração para o cultivo de maconha. Foi condenado a trinta e três meses de prisão e teve de pagar uma multa de US$ 7.500. Registros do tribunal mostram que Bengt Von Haartman não compareceu ao tribunal quando de sua primeira intimação. O promotor responsável pelo caso descobriu, em seguida, que Von Haartman tinha deixado os Estados Unidos e estava residindo num país que não o extraditaria[19].

CAPÍTULO 8

Estamos acontecendo, porra!
— Jerry Cantrell

Como controle para sua liberdade condicional, Randy Hauser se submetia a exames de urina regulares. Por causa disso, ele não usava nenhuma droga, mas admite ter mantido algumas à mão, caso alguém quisesse. "Drogas e álcool sempre fizeram parte da minha vida, mas o dinheiro era a parte mais importante, então para mim não era nada ter cocaína por perto e não usar". Em algum momento do outono de 1988, o exame de Hauser deu positivo para cocaína. Seu agente de condicional refez o exame, que desta vez deu negativo. Cerca de duas semanas depois, o exame mais uma vez deu positivo. Uma repetição trouxe o mesmo resultado, e Hauser foi para a cadeia. Apesar de ter negado o uso, Hauser passou os quatorze meses seguintes na prisão, e só foi solto em janeiro de 1990[1]. A essa altura, a banda já estava com um contrato assinado e trabalhando no álbum de estreia.

Ao final de 1988 ou início de 1989, a sociedade entre Ken Deans e Kelly Curtis estava se despedaçando. Nesse momento, Deans disse que abordou Susan com uma proposta: "Não estou confiante de que Kelly tem interesse o suficiente para trabalhar no projeto do Alice in Chains até o final. Quero que você pegue a minha metade da parceria com a banda, e eu vou passar para a promoção de shows. Se fecharmos esse negócio, quero ser o promoter do Alice in Chains na região noroeste enquanto a banda existir".

Susan explicou como se envolveu com o Alice in Chains. "Ken me deu uma fita cassete com algumas das músicas que o Alice tinha feito, e elas eram tão grudentas e tão maravilhosas. Fui vê-los ao vivo e eles foram ótimos, muito enérgicos e divertidos, e passei um tempo com eles, foram hilários. Com o tempo, o sujeito que chamavam de empresário, um cabeleireiro/traficante de pó, saiu de férias pela segunda vez, na prisão. Ken perguntou se Kelly e eu estaríamos interessados em trabalhar no projeto juntos, então dissemos que faríamos uma tentativa"[2].

Hauser contesta os relatos de ambos. Em sua versão, ele estava na cadeia em Everett, Washington, quando Kelly Curtis e Susan foram visitá-lo. Hauser diz que eles se ofereceram para cuidar do Alice in Chains para ele enquanto estivesse preso, oferta que ele aceitou de bom grado. Hauser passou os meses seguintes encarcerado, enquanto tentava contestar a acusação de violação de condicional. Quase vinte e cinco anos depois, ele ainda insiste que não usou cocaína quando seus exames deram positivo, e que nem teria motivo para tê-lo feito. Independentemente de qual relato é legítimo, esse foi o início de uma longa relação profissional de Susan com a banda, que continua até hoje.

Susan Jean Silver é a filha mais velha de Samuel e Jean Silver. Anos mais tarde, ela escreveu que foi inspirada muito cedo pelos processos criativos, fazendo trabalhos voluntários com organizações e grupos de teatro envolvidos com música. Isso levou, por fim, ao envolvimento dela com a casa de shows Metropolis, que durou pouco, mas foi muito influente[3].

Em 1982, um instrutor de esqui francês, Hugo Piottin, se mudou para Seattle depois de trabalhar por muitos anos como pescador no Alaska. Ao chegar lá, teve "uma conexão imediata com um grupo de jovens envolvidos em produção de vídeo". Eles chegaram à conclusão que precisavam de um lugar para criar os vídeos, e como Piottin tinha cerca de cinquenta mil dólares no banco, por conta de seu trabalho com pesca, ele acabou financiando tudo[4].

Encontraram um lugar no número 207 da Second Avenue, no centro de Seattle. O histórico da casa como clube noturno datava do Grande Incêndio de Seattle de 1889. Era minúscula – a capacidade legalizada era de trezentas pessoas. Segundo Susan, "a ideia de Hugo era a Factory[5] da Costa Oeste, um lugar aonde as pessoas iriam para se expressar de qualquer modo: ouvir música, assistir a filmes e fazer projetos artísticos juntas. Mas então as necessidades comerciais dominaram, e o lugar se metamorfoseou numa casa de shows". O Metropolis abriu as portas em maio de 1983. Posteriormente, o cantor/guitarrista do Red Masque, Gordon Doucette, tornou-se sócio de Piottin[6].

Para que a entrada no clube fosse censura livre, álcool não seria vendido. Segundo um artigo de 1983 do *Seattle Times*, "por tradição, casas noturnas que não servem álcool não costumam durar muito em Seattle. Os adolescentes não parecem muito interessados nelas, e tem sido difícil para tais casas lucrar sem as altas vendas de bebida alcoólica"[7]. Susan entrou para gerenciar o *juice bar*. Segundo Doucette, "o envolvimento [dela] com o Metropolis foi simplesmente monumental. Ela tinha um ótimo tino para os negócios. Uma mulher com um coração enorme. Há muitos clubes cujos donos nunca estão presentes – são executivos espertos que ficam contando dinheiro no escritório –, mas Susan, Hugo e eu estávamos sempre lá; éramos parte do público e nos envolvíamos diretamente. Então, 95% das pessoas que passavam pelas portas do Metropolis nos conheciam por nome". Susan e Doucette começaram a namorar[8].

Ao lado do bar onde ficava Susan, Bruce Pavitt, o futuro fundador da Sub Pop Records, era DJ, e tocava discos que iam de Minor Threat a Run-DMC. Pavitt considerava o Metropolis "uma oportunidade incrível para os jovens se apresentarem diante de seus iguais"[9]. Entre os frequentadores regulares da casa estavam os futuros membros do Mudhoney Mark Arm e Steve Turner, e o futuro baixista do Guns N' Roses, Duff McKagan. O Ten Minute Warning, banda de McKagan, abriu para os Replacements quando eles tocaram no Metropolis em 30 de novembro de 1983[10].

Para aquele show, Susan, Piottin e Doucette se esforçaram para deixar o lugar bonito. Segundo Susan, a banda não foi tão respeitosa assim. "Depois que os Replacements foram embora, entramos no camarim e eles tinham destruído tudo. Mijaram no chão, picharam as paredes – desenharam uma caricatura do Fred Flintstone com alguém cagando na boca dele. Foi imaturo, imbecil, mas, pior do que tudo isso, foi desrespeitoso. Fiquei enojada". Esse incidente influenciaria sua atitude como empresária anos depois, quando diria a seus clientes que esse tipo de comportamento era inaceitável[11].

A casa não duraria muito – apenas cerca de um ano e meio. Segundo Piottin, eles pagavam aluguel mensalmente. Quando o prédio ao lado começou a ser transformado num condomínio, foi decidido que ter um público de casa noturna ao lado nos finais de semana era algo indesejado[12].

Susan começou sua carreira de empresária em 1983, trabalhando com o U-Men. Ela não tinha muita experiência, mas trabalhou mesmo assim, e de dentro de seu quarto conseguiu uma turnê nacional, usando fanzines, o telefone de informações (411) e uma lista telefônica. Tensões começaram a crescer entre o baixista Jim Tillman e os outros membros. Como os demais eram muito covardes para fazer isso eles mesmos, fizeram Susan despedir Tillman[13].

Embora estivesse envolvida com a cena musical, Susan tinha um emprego diurno. Ela destacou que "nada disso era para ganhar a vida". Trabalhou numa loja de roupas, o que pode ter tido um impacto sobre seus futuros clientes. Nos anos 1980, essa loja era uma das únicas em Seattle que vendia botas e sapatos Dr. Martens. A marca britânica existia desde o início dos anos 1960 com calçados para a classe proletária. Ao longo dos anos, diferentes subculturas jovens abraçaram a marca. Coincidentemente – ou talvez não –, membros do Pearl Jam, do Soundgarden e do Alice in Chains usavam Dr. Martens, o que fez a marca ser associada ao grunge. No início dos anos 1990, essas três bandas eram empresariadas por Kelly Curtis e Susan. Depois que a cena grunge decolou e os roqueiros de Seattle foram vistos usando a marca, Charles R. Cross apontou que as vendas dispararam, e os calçados logo passaram a ser vendidos na loja de departamentos de alto padrão Nordstrom[14].

Certo dia, um músico local chamado Chris Cornell entrou na loja, e Susan chamou a atenção dele. Ele voltou repetidas vezes, na tentativa de ganhar atenção dela, mas ela não correspondia. Ela tinha terminado com Gordon Doucette havia alguns meses e, nas palavras dela, estava num "momento bastante obscuro". Perto do Halloween de 1985, Susan foi a uma festa acompanhada de um amigo, o artista performático e cantor Chuck Gerra. Gerra vestiu Susan como ele mesmo em montagem *drag* para a festa – uma longa peruca loira, sapatos plataforma, um quimono e maquiagem pesada. Na festa, ela viu pela primeira vez uma banda local chamada Soundgarden, que trazia Cornell desempenhando uma função dupla, na bateria e nos vocais. A impressão dela: "Foi uma loucura – eles eram incríveis"[15].

Depois do show, Cornell foi até ela e a reconheceu mesmo fantasiada, pelo que, segundo Susan, "ele ganhou muitos pontos". Cornell disse a ela que o Soundgarden estava tentando conseguir um show em Vancouver, no Canadá. Susan disse a ele que estaria lá para um show na semana seguinte e, se ele quisesse se encontrar com ela, poderia levar uma fita até lá pela banda. Cerca de uma semana depois, se encontraram por acaso no Vogue, e dali foram para um restaurante 24h. Depois tentaram ir para a casa de Susan, mas ela tinha perdido as chaves. Beijaram-se por um tempo, e ele então a levou para a casa da mãe dela[16]. Era o começo de um relacionamento que, por fim, se tornaria um casamento.

Quando Susan e Cornell começaram a namorar, ele decidiu deixar a bateria para se focar nos vocais, e Scott Sundquist foi recrutado como baterista. Ao mesmo tempo, crescia o burburinho a respeito da banda. Segundo Kim Thayil, eles precisavam de alguém para atender o telefone, dar telefonemas e marcar shows. As gravadoras estavam mostrando interesse e a banda estava prestes a gravar pela Sub Pop, então a necessidade de advogados e de um contador era esperada. Na época, Susan não tinha intenção de empresariar o Soundgarden, posto que já estava fazendo esse trabalho para o U-Men e para um grupo pop chamado First Thought. Porém, acabou ajudando a banda como podia, apesar da relutância inicial em aceitar o trabalho devido a seu relacionamento com Cornell e aos paralelos entre a situação da banda e o filme Isto É Spinal Tap[17].

Embora não fossem clientes seus, alguns anos depois o Nirvana iria até o escritório de Susan, onde o baixista Krist Novoselic perguntou a ela sobre advogados e gravadoras. Ela concordou em apresentá-los a Peter Paterno, advogado de Los Angeles que posteriormente representaria o Alice in Chains. Quando essa reunião foi cancelada por um conflito de agendas, ela os apresentou a Alan Mintz, que se tornou o advogado da banda. Mais de vinte anos depois, durante a indução do Nirvana no Rock and Roll Hall of Fame, Novoselic agradeceu Susan publicamente por ter apresentado a banda à indústria musical[18].

Como empresária, a principal responsabilidade de Susan era promover e defender os interesses de seus clientes. Certa noite, o Soundgarden fazia um show com o Redd Kross, o Malfunkshun e o Green River. Um representante de artistas & repertório estava lá para ver o Green River, porém, como o Soundgarden era a primeira banda a tocar, Susan conseguiu tirar o representante dali durante o set do Green River. Na época, não havia nenhum frenesi para assinar contrato com as bandas de Seattle. Segundo o guitarrista do Green River, Bruce Fairweather, seu companheiro de banda Jeff Ament ficou furioso com Susan por muito tempo depois disso[19]. Susan já trabalhava com o Soundgarden havia anos quando concordou em representar o Alice in Chains.

Thad Byrd ainda estava trabalhando em seu filme Father Rock quando o produtor Mike Bentley ouviu "Sea of Sorrow" tocando na rádio KISW, de Seattle. Ele gravou a música numa fita e disse a Byrd: "Eu ouvi Layne no rádio, e eles têm uma música!".

Byrd ficou impressionado. Ele tinha vinte e um ou vinte e dois anos, na época, e teve uma ideia muito ambiciosa, por mais implausível que soasse: financiaria e filmaria um videoclipe para "Sea of Sorrow", o qual venderia para a gravadora com a qual o Alice in Chains assinasse, e isso os levaria à MTV. Byrd foi até o clube onde o Alice in Chains estava se apresentando e foi reapresentado a Layne por Mike, e ali lançou sua ideia de fazer um clipe.

Byrd recordou-se de que Mike Starr era quem estava mais entusiasmado com a ideia. "Ele era o cara que sempre estava ao meu redor toda vez que eu estava com a banda, e era sempre o tipo amigão. 'Ei, chega aí! Preciso te mostrar isso!'. Era um cara muito legal; essa era a minha impressão. Se você quisesse se divertir, podia contar com o Mike Starr, sem erro".

Layne disse a Byrd que ele teria de conversar a respeito com a empresária da banda, e deu a ele o cartão de Susan. Byrd ligou para ela pouco depois, e Susan o convidou para uma reunião com ela e Kelly Curtis em seu escritório, para que ele apresentasse a ideia. O plano de Byrd era contratar um diretor de fotografia, seu amigo, e um operador de Steadicam. Fazendo isso, eles teriam acesso a suas gruas, um diretor de produção e uma equipe, e filmariam o clipe usando filme de 16 mm. Byrd estimou que poderia fazer tudo isso com um orçamento entre cinco e sete mil dólares – feito que seria possível somente porque a equipe estaria trabalhando de graça, como um favor a ele. Caso contrário, o clipe poderia ter custado de vinte a quarenta mil dólares.

Susan e Curtis deram sua bênção a Byrd, e Susan deu a ele uma cópia da demo da banda. Ele acha que Susan deu sugestões sobre quais músicas poderiam ser as melhores para um clipe. Pelo que ele se lembra, consideraram "Killing Yourself" um dos melhores *singles* e pendiam para ela. Byrd organizou uma reunião com a banda na casa deles.

Quando chegou, notou que os aviões voavam tão baixo e faziam tanto barulho que, do lado de fora, só era possível ouvir mais ou menos metade do que se conversava. Uma vez dentro da casa, Byrd viu que "eles moravam todos lá, numa pobreza absoluta. Não era legal. Aqueles caras eram muito dedicados, porque a maioria das pessoas não estaria disposta a fazer isso", recordou-se. O plano inicial era fazer "Killing Yourself", mas Byrd disse que gostava de "Sea of Sorrow".

"Jerry estava um pouco hesitante. Ele não tinha certeza de que poderíamos fazer o clipe, porque tinha uma visão muito específica. Tinha composto uma música, e tinha uma visão muito específica em mente. Na verdade, em todos os clipes que já fiz, nunca vi um músico mais específico do que ele".

Byrd recordou-se das ideias de Jerry: "Ele queria fazer um western spaghetti, e eu o convenci de que poderíamos fazer qualquer coisa... Ele passou a me contar o que ele queria, e começava com os quatro chegando na cidade a cavalo durante a pequena introdução instrumental. Então eles entravam num saloon com um bordel no andar de cima, e iam flertar com as prostitutas. Depois, haveria um tiroteio no saloon". O clipe cortaria para cenas da banda tocando, que seriam filmadas num estúdio em Redmond, que, na época, era usado como espaço de ensaios pelo Queensrÿche.

O plano era gravar ao longo de dois dias em Winthrop, cidadezinha a algumas horas de Seattle. Seria uma grande produção, com cavalos, um tiroteio e, por fim, a banda cavalgando em direção ao por do sol. "Havia partes da música que diziam, tipo: 'I aim my smiling skull at you'[20]. Jerry me mostrou a tatuagem de caveira em seu braço. Queria uma cena dele sacando uma arma, e a câmera daria um zoom na caveira sorridente. Ele queria que as coisas que ele tinha escrito na letra fossem sincronizadas com as imagens". Mike tinha um chapéu de cowboy com um prendedor de roupas na frente que era bem engraçado. Com o chapéu em mente, Byrd teve a ideia de fazer do personagem de Mike o alívio cômico, o que ele abraçou. Byrd começou a fazer os storyboards de sua versão do clipe.

Certa vez, Byrd foi até a casa da banda, e era aniversário de Jerry, para quem ele levou um fardo de Heineken. A banda tinha festejado a noite toda, mas Layne foi o primeiro a acordar. Ele e Byrd foram a uma loja de conveniência próxima dali. Layne estava tão duro que não tinha dinheiro nem para comprar um maço de cigarros. Ele arrumava uns trocados para ir a essa loja de conveniência e comprar um cigarro por vez. Byrd ficou com tanta pena que comprou vários cigarros para ele. Quando voltaram para a casa, o restante da banda tinha enfim acordado. Sua lembrança é: "Me recordo de que a cada duas palavras que saíam da boca de Jerry, uma era 'porra'. 'Sim, cara! Estamos acontecendo, porra!', 'Sim, porra!', 'Porra!'".

Sua outra impressão foi semelhante à reação de Salieri quando ele conhece Mozart no filme *Amadeus*: tentar conciliar a disjunção entre a banda que ouvira no rádio e os quatro músicos jovens e imaturos diante dele.

"Eles pareciam infantis", disse Byrd. "Para mim, pareciam tão irresponsáveis, e eu fui super irresponsável aos vinte e um anos, mas eles nunca chegavam na hora nas reuniões, de cada duas palavras que diziam, uma era 'porra', eram obcecados em conseguir boceta e com quem eles iam foder. Era tudo... era como se fosse um grupo de crianças. Eu não conseguia conciliar esses caras que eu estava vendo com a música brilhante que os ouvia tocar".

Enquanto isso acontecia, Byrd morava com seus pais. Ocasionalmente, ele usava a van Chrysler de sua mãe como transporte. Certa vez, saiu para procurar locações e ela ficou furiosa com isso. Byrd suspeita que ela falou com seu cunhado Kevin sobre isso. Quando Byrd chegou em casa, Kevin estava esperando por ele. "Ele me deu toda uma lição de moral sobre aquilo: 'Você está tirando vantagem de seus pais. O único motivo pelo qual você é capaz de fazer isso é porque mora com eles de graça. Não é justo com a sua mãe. Sua mãe me disse isso. Você não sabe se essa banda vai chegar em algum lugar'. E eu, tipo: 'Não, acho que eles vão ser um sucesso'. 'Você não sabe nada disso; não tem como saber', esse tipo de coisa", disse Byrd. "Ainda não sei por quê dei ouvidos a ele, mas me senti muito culpado. Parte disso provavelmente tem a ver com o fato de que eu cresci mórmon, e não fui fazer missões, e a minha mãe costumava entrar no meu quarto e chorar, quando eu tinha dezenove anos. Então eu já tinha uma coisa de culpa em relação à minha mãe, e o meu cunhado Kevin sabia como trazer isso à tona".

Byrd abandonou o projeto. Alistou-se no exército. Cerca de um ano depois, seu vizinho o chamou até sua casa. Ele tinha gravado um clipe da MTV: era "We Die Young", do Alice in Chains. Byrd ficou furioso quando descobriu que a Columbia Records tinha comprado o clipe do Art Institute of Seattle. Era a confirmação de que sua ideia de filmar, produzir e vender um videoclipe para "Sea of Sorrow" teria funcionado. Ele passou anos sem perdoar seu cunhado.

O verão de 1989 foi uma época interessante, pouco antes de algumas carreiras começarem a decolar. Segundo Krisha Augerot, assistente de Kelly Curtis, "foi um verão épico, em que havia muitas festas e nós íamos à praia o tempo todo, um tempo realmente divertido. Muitas amizades e muita diversão, um verão muito quente e divertido". Isso se tornaria o tema da canção "Long Gone Day", do Mad Season. "É interessante que ele tenha se sentido da mesma maneira... Kristen Barry alugava uma casa em cujo porão o Screaming Trees ensaiava. A banda dela também ensaiava ali. O Alice in Chains estava acontecendo. Todas aquelas bandas estavam acontecendo". Segundo as notas de encarte de *Above*, a canção foi "inspirada por aqueles que compartilhavam dessa lembrança". São mencionados os nomes de Augerot, Demri, Fabiola Gonzalez, amiga próxima de Layne e Demri, Cole Peterson e Rich Credo, da banda Sweet Water, e Kristen Barry. Paul Uhlir, do Sweet Water, que, segundo Augerot, teve um relacionamento vai e vem com Demri durante esse período, ficou de fora da lista.

Segundo o release oficial da banda para o verão de 1989, eles estavam tentando decidir se eram o "Jay Leno do heavy metal" ou a "Família Dó-Ré-Mi toda masculina". O mesmo release afirma que o Alice in Chains era "atualmente a única banda independente a ser tocada regularmente no programa 'New Music Hour', da KISW". Suas credenciais de palco incluíam aberturas para os Bullet Boys, o Tesla e o Great White[21].

"Mesmo antes de termos um contrato, tocamos muitos shows grandes e alguns shows de arena, por meio de um amigo da nossa empresária", disse Layne. Esses primeiros shows em arenas lhes deram certo medo de palco. "Acho que na primeira vez que tocamos com o Great White e o Tesla, eu ficava atrás das caixas do amplificador de baixo com ânsia de vômito. Só lá pela metade do set é que de fato me dei conta de onde estava"[22].

A imprensa desse período mostra o burburinho em torno da banda nos meses antes do contrato de gravação. Damon Stewart, da KISW, escreveu em fevereiro de 1989: "Aos representantes de gravadoras de todos os tipos – Alice in Chains, se lembrem desta banda – eles farão um sucesso enorme, e eles são RAWK!"[23].

A publicação *Pulse*, da Tower Records, em abril de 1989: "A conquista mais recente do time Alan/Silver é uma banda chamada Alice in Chains. Emergindo do estúdio com uma das demos mais originais de que se tem lembrança, logo, logo essa turma deverá ter gravadoras comendo em sua mão"[24].

The Seattle Times, 19 de maio de 1989: "O Alice in Chains pode ser a próxima banda de hard rock de Seattle a conseguir um contrato com uma *major*. Representantes de várias gravadoras, incluindo a RCA e a Columbia, devem conferir o quarteto no show de hoje à noite no VFW Hall, em Bellevue"[25].

Don Kaye escreveu em sua coluna Deathvine, na *Kerrang*, em 15 de julho de 1989: "Essa banda deverá ser enorme, e eu quero dizer que você ouviu falar dela primeiro aqui. Alice in Chains é o nome, eles são de Seattle, e é um rock sujo e *bluesy*, com refrãos afiados e *riffs* monstruosos que deixariam o Metallica orgulhoso. Vocais emotivos, grooves funkeados e sujos e um som original e de peso garantem grandes expectativas"[26].

Da edição de setembro de 1989 da *Rip*: "Há rumores de que o Alice in Chains será a próxima sensação de Seattle. O quarteto se juntou há apenas um ano e já está atraindo a atenção de departamentos de A&R de grandes gravadoras"[27].

Um dos fãs mais importantes da banda durante esse período foi Don Ienner, que recentemente tinha sido contratado como presidente da Columbia Records. "Fiquei doido quando ouvi a demo deles pela primeira vez". O *timing* também foi um fator crítico. O burburinho em torno do Alice in Chains aconteceu quando a gravadora estava tentando abraçar uma fatia do mercado de hard rock e heavy metal. "Eles vieram até nós num momento em que estávamos famintos por aquele tipo de música", Ienner disse à *Rolling Stone*. Outro aliado de negócios crucial nesse momento inicial da carreira da banda foi Nick Terzo, que estivera envolvido no registro das músicas da banda e, depois, entrou para a equipe de artistas & repertório da Columbia. "Todo mundo achava que eu estava conseguindo o pior do que havia. Mas, para mim, eles eram um diamante bruto"[28].

Foi um começo lento, da parte dos negócios. Ken Deans e Sean Kinney estimaram que as negociações entre a banda e a CBS Records duraram cerca de oito meses até que o contrato fosse assinado[29].

"Tínhamos bons empresários e ótimos advogados, e estávamos tentando reter coisas que normalmente você não consegue quando é uma banda nova", explicou Sean.

"Como os direitos de publicação", acrescentou Jerry.

"Tivemos sorte em fazer isso, mas... quando você é jovem daquele jeito, pensa: 'Porra! Vamos fazer e pronto. Vamos conseguir um contrato'", disse Sean. "Mas nós aguardamos, e acabou dando certo para a gente"[30].

Segundo Ken Deans, "a parte mais significativa e importante do contrato era que o Alice in Chains ficaria com seus direitos de publicação". Num contrato típico, Deans disse que as gravadoras pediriam 50% da propriedade das músicas. Sob os termos do contrato que assinaram, o Alice in Chains era dono de todas as músicas que já tinham escrito e seria dono de todo o material que escrevessem futuramente sob esse contrato. "O Alice ficou com tudo. Foi provavelmente uma das últimas bandas a assinar um contrato e se manter dona dos direitos".

O *timing* foi um fator chave, que atuou em favor da banda durante as negociações. "Parecia que Seattle seria a próxima sensação [da indústria da música]", disse Deans. "Todos queriam alguma coisa dali. Assim, do Mother Love Bone em diante, havia praticamente uma guerra pelos contratos. Todo mundo tentava apresentar o melhor negócio".

O Alice in Chains foi representado nas negociações por Michele Anthony, sócia no escritório de advocacia para artistas Manatt, Phelps, Rothenberg & Phillips. Anthony deixou uma impressão tão boa que, mais tarde, foi contratada como vice-presidente sênior da Sony Music. Nessa função, segundo um *press release* de 2005, ela "estabeleceu e gerenciou os escritórios regionais de A&R da companhia, além de supervisionar projetos especiais e novas oportunidades de negócios. Foi vital na negociação e na contratação de muitos dos artistas mais importantes da Sony Music e também se envolveu no desenvolvimento de talentos, trilhas sonoras, novas tecnologias e uma vasta gama de projetos especiais".

Don Ienner disse: "Quando eu conheci Michele, ela era advogada do Alice in Chains, que estava assinando contrato com a Columbia. Ela era uma negociadora brilhante, que conhecia o meio de cabo a rabo, e esses fatores, combinados à abordagem passional e destemida dela ao exigir nada menos que o melhor para seus artistas, deixaram claro que ela tinha as características de uma executiva verdadeiramente grandiosa"[31].

Nick Terzo juntou-se à gravadora como representante de A&R do Alice in Chains. Depois de meses de negociações, o Alice in Chains assinou contrato com a CBS Records no dia 11 de setembro de 1989[32]. Com o contrato assinado, era hora de gravar um disco.

PARTE III
1989-1996

✖

*Passamos por tempos interessantes e difíceis. Porém, com o sucesso,
vêm algumas das coisas mais obscuras.*
— Jerry Cantrell

*Como a nossa música é muito depressiva, todo mundo espera que a gente saia
por aí de preto reclamando de qualquer merda. Mas isso é uma ideia equivocada.
Nós apenas andamos juntos e curtimos por aí. Somos tipo os Monkees e tal.*
— Sean Kinney

CAPÍTULO 9

Não havia dúvidas de que essa banda chegaria a algum lugar.
— Ronnie Champagne

Dave Jerden era um produtor veterano com um currículo extenso, que, em 1989, era mais conhecido por seu trabalho em *Nothing's Shocking*, do Jane's Addiction. No final do verão ou início do outono daquele ano, ele e outros grandes produtores receberam de Nick Terzo uma cópia da demo do Alice in Chains.

"Todo mundo recusou", disse Jerden sobre a demo. "Era a época do Guns N' Roses, e todo mundo estava procurando gente com aquela voz aguda, ou tipo Dio ou algo assim. Mas eu cresci no final dos anos 60 e nos 70. Gostava de vozes profundas e *bluesy* e, quando ouvi a fita, minha reação foi simplesmente: 'Uau!'". Em geral, a recepção ao Alice in Chains em Los Angeles, na época, era de confusão, pois não havia ponto algum de referência. "Muita gente quebrava a cabeça em relação à banda quando eles começaram, mas era algo que tanto eu quanto Dave já ouvíamos em nossas mentes. Não havia dúvidas de que essa banda chegaria a algum lugar, porque era simplesmente o Black Sabbath *old school* com uma mentalidade de garotos novos", disse o engenheiro de som de Jerden, Ronnie Champagne.

Uma reunião de Jerden com a banda foi marcada em Los Angeles. A banda estava tocando num clube, e havia quatro pessoas no público: Jerden, seu empresário, o produtor Rick Rubin e um cara dançando no meio da pista "como se estivesse louco de ácido ou algo assim". Rubin foi embora depois de algumas músicas, então restaram Jerden, o empresário dele e o louco de ácido assistindo ao show. Quando se conheceram, Jerden e Jerry se deram bem de imediato.

"Eu disse: 'O que você está fazendo é o que Tony Iommi fazia no Black Sabbath'. E ele: 'Sim!'. E então eu estava dentro. Quem ia produzir o disco era basicamente uma decisão de Jerry". Terzo disse a Jerden que o plano era fazer com que a banda compusesse mais músicas. A banda retornou a Seattle e gravou duas demos no London Bridge Studios com Rick Parashar. Doze músicas dessas demos se tornaram a base para o material de *Facelift*.

"'We Die Young' estava lá, 'Man in the Box' [também], umas seis músicas que eram incríveis pra caralho", disse Jerden. "Eles tocavam um pouco de cada estilo:

punk, heavy metal, para tentar encontrar um som. Creio que Layne, em certo momento, usou cabelo moicano. A ideia era eliminar tudo o que eles não fossem".

Na época, Jerden e Champagne estavam trabalhando no álbum de estreia do Social Distortion e colocando os toques finais em *Ritual de lo Habitual*, do Jane's Addiction. Reservaram algumas horas de estúdio no London Bridge. Segundo Jerden, o orçamento da produção do álbum ficou entre US$ 150 mil e US$ 250 mil. Champagne trouxe uma fita cassete do então ainda não lançado *Ritual de lo Habitual* que consistia em mixagens inacabadas. O álbum impressionou a banda. "Eles só falavam daquilo. Eles só queriam saber daquilo, quando chegamos lá", disse Champagne. Mike fez cópias da fita e as distribuiu para amigos. "Eles devoraram aquele disco. Então, enquanto estávamos fazendo *Facelift*, as mentes deles estavam expandindo, porque estavam começando a ouvir um disco que ainda não tinha sido lançado, e *Ritual* era um disco de grandes paisagens sonoras".

Sean tinha quebrado a mão cerca de um mês antes e não podia tocar bateria. Segundo as notas de encarte de *Music Bank*, isso aconteceu "durante uma briga numa festa, certa noite". O baterista do Mother Love Bone, Greg Gilmore, foi chamado para tocar no lugar de Sean, mas ele não estava em sua melhor forma.

"Da maneira como Sean tocava, ele tinha um bumbo muito pesado, o que era a base do som, o baixo e o bumbo, que casavam com os acordes graves que Jerry tocava... esse cara simplesmente não estava tocando forte o bastante. Eu vivia dizendo: 'Você tem que bater mais forte no bumbo. Por favor!'. Ele simplesmente não conseguia dar a pancada que eu precisava, aquela batida sólida", explicou Jerden. "E finalmente, depois de uns três dias disso, Sean disse: 'Que se foda!', e tirou as bandagens. Ele disse: 'Vou fazer isso, com o braço quebrado ou não'. E então o som mudou – de súbito, agora soava como o Alice in Chains". Champagne disse que depois que Sean tirou o gesso – cerca de três semanas antes do programado – ele fazia uma careta cada vez que tocava a caixa[1].

Fora esse infortúnio de Sean, Jerden disse que o processo de gravação correu bem tranquilamente. "Gravamos bateria, baixo e guitarras base. Fiquei lá cerca de um mês. Me diverti muito. Jerry era pescador e eu adorava pescar, então íamos pescar salmão de manhã e à tarde íamos para o estúdio". As canções já estavam bem trabalhadas quando as sessões começaram. "Não nos desviamos em nada das faixas básicas. As mantivemos praticamente como já estavam. Eu acrescentei algumas coisas, mas não retirei nada".

Segundo Jerden, seu processo de produção consistia em gravar vários *takes* da mesma música, de cinco a dez, no máximo. Munido de lápis e caderno, ele fazia anotações a cada compasso, tendo ou não gostado. Ouvia cada *take* e compunha a faixa usando os melhores, baseando-se em suas anotações. "Não havia clique", disse, referindo-se ao som de marcação de andamento enviado aos fones de ouvido dos músicos no estúdio para servir de metrônomo durante as gravações. "Então o andamento variava, mas eu escolhia o melhor *take* geral e, depois, elementos de outros *takes* que estivessem no mesmo andamento e editava a partir deles".

Dave Hillis, que na época era engenheiro de som no London Bridge, credita a Jerden um dos elementos da sonoridade da banda. "Se você ouvir as demos, vai perceber que os andamentos são sempre mais rápidos. O que Dave Jerden fez foi desacelerar os andamentos. Analisando isso agora, se percebe que isso ajudou muito a desenvolver a sonoridade do Alice, no sentido de que ficou mais pesado com o andamento mais lento e mais soturno".

Segundo Jerden, "as composições de andamento mais lento simplesmente soavam mais pesadas. Se eu as tivesse acelerado, digamos, se 'Man in the Box' fosse mais acelerada, não teria soado direito. Não me lembro exatamente o quanto desacelerei nas gravações em relação à demo, mas, para mim, uma batida a mais ou uma batida a menos por minuto pode fazer uma diferença enorme". Champagne concordou: "[A música] não pode vir correndo para cima de você. Tem que te assustar pra caralho antes mesmo que você veja que ela está chegando. Essa era a mentalidade". Segundo ele, queriam passar a seguinte ideia para a banda durante as gravações: "Toquem com vontade. Toquem para nós. Foda-se todo mundo. Façam com que a gente se impressione, porque nós já vimos de tudo".

Jerden estava dirigindo para o estúdio certo dia, enquanto trabalhavam "Man in the Box", e pensou que precisavam de algum gancho sonoro na música. Nesse momento, começou a tocar no rádio "Livin' on a Prayer", do Bon Jovi, que conta com o uso marcante de um *talk box*[2]. Isso deu a Jerden a ideia de usar o efeito em "Man in the Box".

A letra dessa música pode ser remontada a uma conversa entre a banda e Nick Terzo durante um jantar. Layne disse à *Rolling Stone*: "Comecei a escrever sobre censura. Por volta dessa mesma época, saímos para jantar com um pessoal da Columbia Records que era vegetariano. Eles me falaram sobre como a carne de vitela era feita de bezerros criados em pequenos caixotes, e essa imagem ficou na minha cabeça. Então fui pra casa e escrevi sobre censura governamental e o consumo de carne do ponto de vista de um bezerro condenado"[3].

Durante uma entrevista em 1991, Layne e Sean criticaram bandas que escrevem sobre assuntos sobre os quais não sabem, especificamente "coisas políticas". Layne disse: "Nós escrevemos sobre nós mesmos, e nós nos conhecemos. Não sou autoridade alguma para escrever sobre qualquer coisa política". O entrevistador perguntou: "Sobre o que é 'Man in the Box'?". E Layne respondeu: "Ah, merda. É vagamente baseada em censura na mídia, mas é só a minha teoria, não é um fato ou um posicionamento". "É sobre vitela", acrescentou Sean. "Além disso, eu estava bem chapado quando a escrevi", disse Layne. "Então, naquela hora significa outra coisa"[4].

Layne gritando "*Sexual chocolate, baby!*" no final de "Real Thing" remonta ao período em que a banda morava junta depois de deixar o Music Bank. Segundo Steve Alley, a banda costumava assistir ao filme *Um Príncipe em Nova York*, com Eddie Murphy, no qual seu personagem é o cantor de uma banda chamada Sexual Chocolate. Alley disse que isso se tornou uma piada recorrente para Layne, e acabou entrando na música.

Mike comprou seus baixos e equipamentos de Evan Sheeley, ex-baixista da banda de hard rock de Seattle TKO, que na época trabalhava na loja Seattle Music. Sheeley estava em casa quando recebeu um telefonema de Jerden, que disse que estavam tendo problemas com o baixo e o amplificador que ele tinha vendido a Mike, e pediu que ele fosse até o estúdio. Ao chegar lá, Sheeley notou que Mike tinha colocado todos os controles, do instrumento e do amplificador, no máximo.

"Você não pode fazer isso, porque vai soar uma merda. Vai ficar tudo distorcido", explicou Sheeley. "Eu já conhecia bem um estúdio, então só peguei o baixo [e pronto], lá estava o timbre. Dave Jerden falou do interfone da técnica: 'É esse o som que eu quero. Está perfeito'". Segundo Sheeley, depois de acertarem a equalização do baixo e do amplificador, colocaram fita isolante nos botões para que Mike não tocasse neles, nem os mudasse de lugar. Os ajustes no amplificador foram marcados a faca, para que não fossem esquecidos. Mais de duas décadas depois, essas marcas ainda estão visíveis no amplificador de Mike[5].

Champagne recordou-se vagamente desse episódio. Jerden não se lembra, mas não contesta a versão de Sheeley. Ao mesmo tempo, ele aponta que, além dele próprio ser baixista, "tinha uma vasta experiência com gravação de baixo, em termos de técnica. Na época, eu tinha gravado Bill Wyman, dos Rolling Stones, e trabalhado com uma porção de grandes baixistas, então eu sabia como tirar um som de baixo".

Em entrevistas separadas a Greg Prato e Mark Yarm, anos depois, Susan disse: "O único deles com quem era difícil trabalhar era o baixista original – ele tinha aquela ideia de que se você assina contrato com uma *major*, você pode sair gastando muito dinheiro. Os outros caras eram ótimos no sentido de ter consciência quanto ao dinheiro e de se dar conta de que o dinheiro que você recebe é o *seu* dinheiro, e a maneira como você o gasta é o que vai determinar quanto você vai ter no final". Além dessa crítica a Mike, Susan disse que Jerden teve uma postura um tanto quanto esbanjadora em relação ao orçamento e encorajou a banda a comprar equipamento[6].

Jerden contestou a afirmação de Susan, dizendo que apenas dois equipamentos foram comprados para as gravações de *Facelift*. O primeiro foi um baixo de seis cordas que custou cerca de quinhentos dólares, que Jerden comprou de Sheeley e pagou de seu próprio bolso. Este baixo foi usado nos refrões para que soassem mais pesados.

O segundo equipamento foi o *talk box* para "Man in the Box", pelo qual a banda pagou, de forma que Jerry pudesse usá-lo para tocar a música ao vivo. "Acho que o *talk box* custou uns cem dólares, era o gancho sonoro de 'Man in the Box' e, para mim, fez toda a diferença para que a música fosse um sucesso. Eu não disse a eles que fossem a uma loja e simplesmente saíssem comprando qualquer merda. Se eles compraram alguma coisa além disso, eu não sei de nada e não tive nada a ver com isso". Jerden e Susan se davam bem durante as gravações de *Facelift*, mas teriam um desentendimento vários anos depois.

Champagne endossa o relato de Jerden, dizendo que foram uma vez à loja American Music, em Seattle, porque Jerry precisava comprar palhetas e cordas. Quanto aos supostos surtos de compras de Mike relatados por Susan, Sheeley corrobora com a versão de Jerden, dizendo que Mike não gastava muito dinheiro em equipamento.

Certa noite, Champagne foi a um clube com os membros da banda. Quando estavam prestes a ir embora, Champagne viu Layne ir ao banheiro, atear fogo num pedaço de papel-toalha e jogá-lo na lixeira. "E ele veio gritando: 'Corram!'", recordou-se. "E eu: 'Puta merda'". Eles saíram e se amontoaram no carro de Layne, uma *station wagon* que Champagne acredita que o vocalista tinha pegado emprestada da mãe. "Parecia que estávamos sempre correndo para sair vivos de onde estivéssemos".

Um lugar muito frequentado por eles era o Vogue. Certa noite, os banheiros estavam tão lotados que as mulheres estavam usando o banheiro masculino. A essa altura, Layne e Jerry decidiram que seria mais fácil ir do lado de fora. Estavam urinando no estacionamento quando a mulher que estava sentada no carro à frente deles acendeu os faróis. Layne ou Jerry, um dos dois, se virou e urinou no capô do carro. A mulher ficou furiosa e começou a berrar. Ela os seguiu para dentro do clube, ainda gritando. Nesse momento, todos correram para fora. Layne incorporou um piloto de fuga, entrou na *station wagon* e subiu pela rua recolhendo os amigos. "Nós estávamos literalmente nos jogando para dentro do carro, porque tinha gente atrás de nós. Foi desse nível. Juro por Deus. Acontecia quase toda vez que íamos lá... umas merdas loucas", disse Champagne. A coisa ficou tão feia que ele passou a ir ao Vogue sozinho.

Certa vez, Champagne foi até a casa da banda. Sua reação foi: "Puta merda". Ele se lembra de uma garota indo ao porão com Mike para fazer sexo. Depois que ela foi embora, outra garota chegou e também desceu com Mike. Champagne ficou com a impressão de que Demri não gostava de Mike ser tão galinha, pois pensava que ele poderia ser uma má influência para Layne. Jerden e Champagne disseram que Layne não usava heroína nessa época. Porém, ouviram rumores não confirmados de que Demri estava usando. Pessoas que a conheciam bem não sabem quando ou como ela começou a usar heroína.

As sessões no London Bridge terminaram em dezembro de 1989. Jamie Elmer se lembra vividamente do Natal daquele ano, embora possa ter sido o de 1990 ou de 1991. "Layne e Demri vieram até a casa da minha mãe, e eu estava lá com a minha irmã. E eles tinham de fato comprado presentes de Natal, porque foi a primeira vez que Layne teve dinheiro para comprá-los".

A banda, Jerden e Champagne foram para Los Angeles depois das festas de final de ano para concluir o álbum, principalmente os vocais e *overdubs* de guitarra. "Eles tinham acabado de restaurar o Studio A da Capitol Records, e eu fui o primeiro cliente, minha esposa era gerente do estúdio".

Bryan Carlstrom trabalhava como assistente na Capitol Records, transitando entre três projetos diferentes ao mesmo tempo, e um deles era *Facelift*. Carlstrom nunca tinha ouvido falar da banda antes deles chegarem ao estúdio. Como ele só ouvia trechos soltos do disco, não tinha uma opinião formada sobre a banda. Fora do estúdio, Carlstrom batia papo e fumava maconha com Layne. A impressão dele, na época: "Ele era um moleque meio hippie, muito magricela, um moleque bem inocente, pra falar a verdade. Parecia muito novo, bastante pueril, apesar de que eu acho que ele tinha um cavanhaque, um cavanhaque com umas trancinhas ou algo assim, bem pueril".

Champagne descreveu o então remodelado Studio A como "um caixão de um milhão de dólares", no sentido de que se você ficasse no meio da sala – que era do tamanho de um ginásio – e falasse, "conseguiria ver as palavras paradas no ar como num balão em uma história em quadrinhos". Ele fez Layne ficar no meio da sala com apenas um banquinho de madeira onde colocar uma garrafa d'água, um cinzeiro e os óculos escuros.

"Deixe as luzes bem baixas, de um jeito que quase não dê para me ver", disse ele a Champagne, que estava na técnica. Ele concordou e respondeu: "OK, vou baixar as luzes da técnica também, de modo que você mal possa me ver". Champagne disse que Layne acertou seus vocais na mosca no primeiro *take* em praticamente todas as faixas. Com Jerry foi a mesma coisa. Segundo Jerden, "quando eu gravava as primeiras vozes, eu as dobrava. E quando gravávamos as harmonias, que não foram muitas, fazíamos algumas em terças, talvez, mas ainda não eram aqueles vocais sobrepostos que aparecem em *Dirt*".

Phil Staley foi ao estúdio enquanto Layne estava gravando os vocais. Champagne acha que pode ter havido um elemento de surpresa nessa visita. Layne ficou feliz em vê-lo. Radiante de orgulho ao ouvir o filho cantar, ele voltou-se para Champagne e perguntou: "Cara, onde diabos ele aprendeu a fazer isso? Fiquei arrepiado!".

A banda perguntou a Jerden onde poderiam encontrar um clube de strip. "Vão ao Tropicana", respondeu ele, que descreveu o lugar como "um bar de strip para turistas". Champagne foi com eles pela primeira vez. "Comecei metade daquele pandemônio", disse. "Na primeira noite em que fomos lá, Mike estava brincando com uma das strippers, e pagou para ela vir até mim, agarrar a minha cabeça e colocar no meio dos seios dela – ela tinha seios enormes. Ela colocou minha cabeça lá no meio e balançou, e ela estava com o pior perfume que já senti na vida, que ficou impregnado em mim".

Quando Jerden os visitou no Oakwood Apartments, condomínio onde estavam ficando, viu que eles tinham um calendário do Tropicana com fotos das garotas. Marcaram com um X cada uma com a qual transaram. Durante as sessões de gravação, a banda fez um show num clube chamado English Acid. Muitas garotas do Tropicana apareceram por lá.

Em meados de março de 1990, o Alice in Chains fez uma pequena pausa nas gravações de *Facelift* em Los Angeles e voltou a Seattle. Pouco depois, a cena musical local seria abalada por uma perda trágica.

CAPÍTULO 10

1990 – uma de duas estradas.
— Andrew Wood

O *frontman* do Mother Love Bone, Andrew Wood – descrito pelo curador do Experience Music Project, Jacob McMurray, como "o Freddie Mercury de Seattle" devido a sua personalidade carismática e irreverente – vinha enfrentando discretamente o vício em heroína desde meados dos anos 1980. Segundo o jornalista musical Jeff Gilbert, o vício de Wood em heroína era um segredo mantido "em círculos fechados" por aqueles próximos da turma do Mother Love Bone, especialmente quando comparado aos vícios de Layne e de Kurt Cobain alguns anos depois, que eram de conhecimento público. "As pessoas sabiam, mas não era algo do qual se falava por aí".

Wood teve problemas com drogas e álcool por anos. Num manuscrito datado de 1989 que Wood chamava de "Drugalog outline" [algo como "Histórico rudimentar de drogas", em tradução livre], que sua família compartilhou com o cineasta Scot Barbour para o documentário *Malfunkshun: The Andrew Wood Story*, ele registrou progressivamente seu percurso através das drogas e do álcool, que durou por quase sua vida toda. Começou a usar heroína em 1985 ou 1986. Mudou-se para Seattle e voltou a morar com o pai depois de contrair hepatite por meio de seringas contaminadas. Segundo o *The Seattle Times*, "seu corpo estava amarelado e seu fígado estava acabado"[1].

Durante uma entrevista à *The Rocket* em dezembro de 1986, Wood disse que ele e seus companheiros de banda do Malfunkshun tinham largado as drogas "há alguns meses", e frisou especificamente à entrevistadora, Dawn Anderson, que podia publicar a declaração. A música "With Yo' Heart (Not Yo' Hands)", do Malfunkshun, é sobre heroína e hepatite[2].

Seus amigos organizaram uma intervenção por volta do Dia de Ação de Graças de 1989, e depois disso Wood deu entrada no Valley General Hospital, em Monroe, Washington. É provável que durante esse período de tratamento foi quando Wood preparou seu "Drugalog". O último registro no manuscrito diz: "1990 – uma de duas estradas". Enquanto esteve lá, disse à sua noiva, Xana La Fuente, que se tivesse de escolher entre sua carreira na música ou a sobriedade, escolheria a segunda[3].

O Mother Love Bone fez um show na Central Tavern, em Seattle, em 9 de março de 1990. Foi a última apresentação em público de Andrew Wood. Tinha saído da reabilitação e supostamente livre das drogas de 100 a 116 dias, vinha se consultando com um terapeuta e frequentando reuniões dos Alcoólicos Anônimos e dos Narcóticos Anônimos. Em 15 de março de 1990 – alguns dias antes do lançamento do álbum –, Kevin teve uma premonição de que Andrew tinha recaído. Ligou para Andrew para falar sobre isso, mas ele negou que isso tivesse acontecido[4].

No dia seguinte, ele deveria se encontrar com Jeff Ament numa academia. Vinha se exercitando para entrar em forma para as performances ao vivo. Wood ligou para Ament, dizendo a ele que não estava se sentindo bem. "A voz dele estava meio rouca", escreveu Ament. "Em retrospecto, ele estava chapado, mas não percebi isso na época. Ele parecia doente; nada além disso"[5].

Naquela noite, Wood deveria se encontrar com seu supervisor de turnê, cujo trabalho era se certificar de que ele se manteria sóbrio. Ligou para Kelly Curtis e disse que não conseguiria ir ao ensaio e que sua noiva ia pensar que ele tinha usado drogas.

"E você usou?", perguntou Curtis.

"Não", respondeu Wood.

Ainda nesse mesmo dia, Mike Starr disse que encontrou Wood no porão de Kelly Curtis. Wood pediu a ele uma carona até em casa. Mike passou cerca de três quadras do destino, e só então Wood desceu do carro. Depois, Mike disse que ele "foi até um mexicano ao descer do carro".

David Duet, vocalista do Cat Butt, viu Wood buscando drogas na casa na Deny Street, que, segundo ele contou a Mark Yarm, era habitada por "um bando de moleques loucos... e havia um traficante que morava lá... eu costumava passar a noite lá, de vez em quando. Eu acordava e lá estava todo tipo de figura. Várias pessoas chegavam e saíam daquele lugar. Eles faziam festas e as bandas tocavam no porão". David ainda acrescentou: "Eu o vi naquele dia. Foi devastador, porque ele era uma dessas pessoas que você não espera que vai morrer"[6].

La Fuente estava numa reunião de trabalho naquela noite, e saiu por volta das 22h, ao invés das 18h30 ou 19h, como de costume. Dois colegas seus pediram carona e ela concordou, mas isso acrescentou mais trinta ou quarenta minutos ao trajeto até sua casa. Quando ela chegou, Wood estava deitado de bruços na cama, desacordado. Segundo o *Seattle Times*, que atribuiu essa informação ao pai de Wood, que por sua vez a ouviu de La Fuente, os braços de Wood estava abertos, seu rosto estava azulado e havia sangue em sua boca. Havia uma punção de agulha em seu braço, e foi encontrada uma seringa ali perto. La Fuente ligou para a emergência às 22h10, e o atendente a orientou sobre como realizar massagem cardíaca até os paramédicos chegarem. Apesar de inicialmente ter sido dado como morto às 22h34, Wood foi reanimado e entubado.

Foi admitido na UTI do Harborview Medical Centre, em Seattle, à 0h40. De início, demonstrou sinais de melhora, mas uma tomografia acusou inchaço em seu cérebro. La Fuente ligou para várias pessoas com as más notícias, provavelmente pessoas demais. "Eu queria não ter ligado para ninguém e dito que ele estava lá", disse La Fuente a Mark Yarm. "Por causa daquela cena. Muita gente não merecia fazer parte daquilo. Muitas groupies apareceram"[7].

La Fuente pode não ter sido totalmente responsável pela "cena" no hospital. Algumas outras pessoas também tiveram overdoses naquele final de semana – provavelmente causadas pelo mesmo lote de heroína. Uma delas foi o tecladista da banda Sleepy Hollow. Seus companheiros de banda, incluindo o futuro roadie do Tad Ben Rew, estavam no hospital, ao mesmo tempo em que o Alice in Chains e outros amigos do Mother Love Bone estava lá para ver Wood.

"Acho que Jerry Cantrell pensava que eu estava lá para fingir que era *cool*, porque havia muita gente que não deveria estar ali. Umas garotas aleatórias. Então acho que fiquei confuso por estar ali pelos motivos errados, e Jerry levantou essa questão", disse Rew a Mark Yarm. "Ele me perguntou que porra eu estava fazendo ali. E a resposta era simples: 'Meu tecladista está morrendo ali dentro, cuzão!'. Isso normalmente desencadearia uma briga. Basicamente, acho que parti pra cima dele. E aí acho que Jeff, mais alguns outros caras e o guitarrista da minha banda, Rick, nos apartaram. Eu estava bem chapado, na hora". O tecladista ficaria quatro meses e meio em coma até enfim se recuperar[8].

Chris Cornell, que morava com Wood, estava em turnê com o Soundgarden no Brooklyn, na época, e o *tour manager* da banda foi quem recebeu a má notícia. Ele só avisou a banda depois do show, de modo que isso não afetasse a performance. Segundo o técnico de som do Soundgarden, Stuart Hallerman, "nós contamos a eles depois do show, Susan estava conosco, e ela e Chris começaram a beber para amenizar um pouco a dor. Na volta para Manhattan, Susan balbuciava e cambaleava dentro da van. Essa foi talvez a única vez em que vi Susan bêbada. A banda tocou o último show da turnê na noite seguinte, em Hoboken, e Chris e Susan pegaram um avião e foram direto para o hospital"[9].

Ao chegarem ao Harborview, "toda a banda estava lá, e a namorada dele também. Quando chegamos lá, eles nos disseram que iam desligar os aparelhos", recordou-se Susan[10].

De acordo com o documentário *Malfunkshun*, de Scot Barbour, às 11h20 do dia 19 de março, segunda-feira, Wood já não mais demonstrava reflexos ou sinais de atividade cerebral. Seus pais decidiram removê-lo dos aparelhos, mas La Fuente não os deixou fazer isso até a chegada de Cornell.

Segundo La Fuente, "toda a família dele estava no hospital, tipo umas vinte pessoas. Todas elas entraram e o viram. Depois, todos os amigos dele entraram e o viram. E então eu entrei, cortei o cabelo dele e guardei. Coloquei um pouco de Queen para tocar – era a banda favorita dele. Os médicos desligaram os aparelhos e eu só o abracei bem apertado e ouvi seu coração até ele parar. Isso demorou uns quinze minutos". Ele tinha vinte e quatro anos. O legista concluiu que ele morreu de encefalopatia hipóxica – falta de oxigênio no cérebro – como resultado da overdose[11].

Uma cerimônia funerária pública foi realizada no Paramount Theatre no dia 24 de março. Ken Deans e La Fuente se pronunciaram. Houve uma homenagem em vídeo montada por seus amigos. David Wood, pai de Andrew, falou aos presentes, dizendo: "Meu filho era um *junkie*". Ele suplicou ao público que não usasse drogas. Dirigiu-se aos membros sobreviventes do Mother Love Bone: "Quero que vocês continuem e que sejam tão famosos quanto puderem. Quero vê-los na TV. Se precisarem arrumar outro cantor, que não seja um *junkie*"[12].

Um velório particular foi realizado na casa de Kelly Curtis imediatamente depois da homenagem. Havia entre doze e vinte pessoas lá, segundo Ken Deans, em sua maioria músicos locais. "Os fãs foram para casa. Seus amigos foram para a casa de Kelly", escreveu Chris Cornell. Nancy Wilson, do Heart, levou seus três *springer spaniels*. "Todos ali, em algum momento, se abaixaram e abraçaram os cachorros, porque era muito reconfortante"[13].

Cornell recordou-se de estar na sala lotada, com La Fuente dizendo a todos: "É exatamente como *La Bamba*", o filme de 1987 sobre a vida de Richie Valens. Naquele momento, ele ouviu "passos fortes, que ficavam mais altos quanto mais se aproximavam da porta, e Layne entrou, completamente arrasado e chorando tão profundamente que parecia assustado e perdido de verdade, como uma criança". Cornell acrescentou: "Ele olhou para todo mundo ao mesmo tempo, e eu senti um ímpeto súbito de correr até ele, lhe dar um grande abraço e dizer a ele que tudo ficaria bem".

"Kelly sempre teve alguma maneira de fazer todo mundo sentir que as coisas ficarão ótimas. Que não é o fim do mundo. É por isso que estávamos em sua casa. Eu queria ser aquela pessoa para Layne, talvez só porque ele precisava tanto disso. Mas não fui. Não me levantei diante da sala toda e ofereci aquele conforto, e ainda me arrependo. Ninguém o fez, também. Não sei por quê"[14].

Mike entrou e disse: "Quem quer fumar um baseado?". Imediatamente se arrependeu da natureza insensível de seu comentário ao ver Cornell chorando enquanto olhava um álbum de fotos de Wood[15].

Nick Pollock foi ao velório e se deparou com Layne, e os dois conversaram um pouco. "Lembro-me de conversar com Layne e do quão triste ele estava, porque ele era muito mais próximo de Andrew do que eu... Lembro que ele estava triste e estou bem certo de que ele estava chorando, lembro que fiquei bem emocionado ao falar com ele sobre aquela situação", recordou-se Pollock.

"Acho que senti parte dessa empatia por Andy Wood. Eu não era amigo dele. Era um conhecido. Layne o conhecia melhor porque eles tinham tocado juntos, e acho que ele se identificava com isso, e sentia a dor [de Andrew] e a maneira como ele lidava com isso". Quando questionado se Layne estava perturbado no velório, Deans disse que sim, mas apontou que todos ali também estavam.

Acreditava-se que o Mother Love Bone estava à beira do estrelato. Ninguém sabe o que teria acontecido se Wood tivesse sobrevivido. Pouco antes de sua morte, os agentes da banda receberam um cheque bônus da Polygram Records. "Lembro-me de estar com Kelly na casa e tínhamos um cheque de US$ 250 mil na nossa frente, e ele dizia: 'Puta merda, preciso devolver isso'. Era o bônus contratual para terminarmos o disco", explicou Ken Deans. "O cheque chegou na sexta-feira e Andy morreu na segunda, então ainda não tinha sido depositado". O Mother Love Bone acabou, mas o baixista Jeff Ament e o guitarrista Stone Gossard se mantiveram juntos e começaram a banda que se tornaria o Pearl Jam. A morte de Wood não foi um incidente isolado, mas um sinal do que estava por vir.

"Andy foi meio que o grande precursor de todas aquelas preocupações posteriores com heroína e vício em drogas. Ele foi a primeira grande perda a acontecer, e levou a um tipo de conscientização de que há um lado negro em tudo isso", explicou Jacob McMurray.

"A morte de Andy foi um golpe duro. E, infelizmente, não serviu de lição", lamentou Deans. "E o que era curioso é que, na época, fora algum porre ocasional e um pouco de cocaína aqui e ali, ninguém estava fora de controle".

"É algo difícil de articular, mas até aquele momento, acho que a vida era muito boa para nós como um grupo de músicos numa determinada cena, fazendo música", disse Cornell em uma entrevista para o documentário *Pearl Jam 20*. "Sabe, aquele era o nosso mundo, e nós tínhamos apoio, apoiávamos uns aos outros, e ele era uma espécie de raio de luz acima disso tudo. E vê-lo ligado àquelas máquinas, acho que isso foi a morte da inocência daquela cena. Não foi depois, com Kurt [Cobain] dando um tiro na cabeça e as pessoas assumindo que este, então, era o fim da inocência. Foi naquele momento. Foi entrar naquele quarto de hospital"[16].

Wood provou-se tão influente na morte quanto em vida, se não mais. Sua perda inspirou Cornell a escrever "Reach Down" e "Say Hello 2 Heaven", canções que por fim levaram ao Temple of the Dog. "Far Behind", do Candlebox, também foi um tributo a Wood[17]. O Alice in Chains dedicaria *Facelift* à memória dele e à de Gloria Jean Cantrell. Com o tempo, eles também fariam sua própria homenagem musical a Wood.

Pouco depois da finalização de *Facelift*, Jerden ofereceu a Bryan Carlstrom um trabalho como seu engenheiro de som. Carlstrom aceitou de bom grado, embora isso significasse que ele receberia menos. "Foi tipo: 'Uau, vai ser como no Velho Oeste. Vou trabalhar com o cara que produz os discos que eu gosto'. Ele provavelmente era o meu produtor favorito, na época. Foi uma oportunidade incrível de trabalhar com ele e ganhar esse tipo de experiência e aqueles créditos como engenheiro de som", disse Carlstrom. Ele desempenharia um papel chave nas sessões de gravação de *Dirt*.

Em 6 de abril de 1990, o Alice in Chains se encontrou com o artista, fotógrafo e diretor de vídeo Rocky Schenck. A parceria foi boa. "Eu tinha ouvido a música do Alice antes de nossa primeira reunião, e definitivamente fiquei muito impressionado. Para ser sincero, era mais obscuro do que qualquer outra coisa que eu já tinha ouvido em minha experiência como ouvinte, e eu não soube muito bem como reagir quando ouvi a banda pela primeira vez", escreveu Schenck. "Criativamente falando, eu mesmo já vinha percorrendo um caminho bastante obscuro há muitos anos antes de conhecer aqueles caras. Acho que a banda sacou isso quando viu meu portfólio de fotografia e meus vídeos anteriores pela primeira vez, e acho que foi por isso que nossa conexão foi tão natural e tão rápida. Mentes parecidas, suponho".

"Achei que o que eu tinha a oferecer visual e criativamente complementaria o que eles estavam criando musicalmente. E olhando em retrospecto para o trabalho que criamos juntos, acho que de fato complementou"[18].

Eles discutiram várias ideias para a arte do álbum. Para uma das fotos, a banda teve a ideia de fazer parecer que eles estavam emergindo de um globo ocular, então o foco da conversa foi em como esse efeito poderia ser criado. A gravadora não deu um orçamento muito grande para a sessão de fotos, mas Schenck gostou tanto da banda que estava disposto a fazer acontecer. Aceitou um orçamento que mal era suficiente para um ensaio de um dia e, com ele, trabalhou durante três.

A primeira sessão de fotos aconteceu na tarde do dia 2 de maio de 1990, quarta-feira, na piscina do Oakwood Apartments, em Burbank. Para a execução da ideia da banda emergindo de um globo ocular, a piscina foi coberta com uma camada fina de plástico. Os integrantes tiveram que nadar sob o plástico, subir à superfície e inspirar ao emergirem. "O plástico distorcia os rostos, e eu consegui algumas imagens ótimas e monstruosas com o primeiro rolo de filme", escreveu Schenck. Experimentaram várias ideias, incluindo uma imagem de Layne enrolado em plástico enquanto os outros integrantes o seguravam, que foi usada como capa do *single* de "We Die Young".

Passaram o dia e a noite seguintes no estúdio de Schenck em Hollywood. "Eu vinha experimentando exposições múltiplas, de modo a criar imagens distorcidas expondo diferentes partes de um único *frame* do filme, uma exposição por vez. Vinha utilizando essa técnica em vídeos e em minhas fotos artísticas há anos, e seria perfeita para aquele tipo de trabalho", explicou Schenck. Em seu portfólio, a banda tinha visto "retratos em preto e branco experimentais, com exposição múltipla, de rostos distorcidos e atormentados", e pediu que ele repetisse esse efeito. Schenck não queria imitar as fotos originais, que eram em preto e branco, então tentou a mesma técnica em fotos coloridas dos rostos de cada membro da banda. Uma foto de Mike foi escolhida para a capa do álbum. Ao virem a foto, decidiram chamar o álbum de *Facelift*. O conceito original para a capa era ter os rostos de todos os quatro "sobrepostos numa única expressão de espanto", imagem que apareceu anos depois na caixa *Music Bank*[19].

"O que eu gostei nesse processo foi o fato de que, com essa técnica, eu nunca podia prever exatamente como a imagem final seria, mas geralmente resultava numa imagem de algum modo bizarra e distorcida – perfeita para o Alice", escreveu Schenck. "Passamos muitas horas criando retratos distorcidos dos membros da banda, iluminando cada um de seus traços individualmente com um único flash com gel e fazendo os retratos com uma exposição diferente por vez".

Em 4 de maio, Schenck e a banda foram até uma usina em Wilmington, Califórnia, experiência que ele descreveu como "muito intensa", porque, quando o vento mudava de direção, entrava enxofre nos olhos deles e todos começavam a chorar. Havia pias por toda a usina, então eles estavam constantemente lavando os olhos. Em dado momento, a banda estava de pé sobre uma plantação de cactos próximo a um monte de enxofre, quando o vento mudou e todos começaram a chorar. Schenck continuou a fotografar e conseguiu o que descreveu como "algumas fotos estranhas da banda chorando nos cactos".

Depois de rever as provas duas décadas depois, Schenck escreveu: "Acho que essa primeira maratona de fotos os capturou de uma maneira maravilhosa. Eles estavam num momento único, e eu me diverti imensamente ao trabalhar com eles. Na época, eu não sabia se trabalharia com eles de novo, mas fui fisgado". Ele e a banda saíram para jantar e Layne, sem motivo aparente, começou a cantar "We Die Young" no estilo da atriz da Broadway Ethel Merman. Essas sessões foram o início de uma relação profissional entre Schenck e a banda que continuaria por anos, abrangendo a maioria de seus álbuns e vários videoclipes.

Schenck e a banda se reuniram novamente no dia 9 de agosto para discutir ideias para o primeiro clipe, "We Die Young". Na época, vários incêndios tinham ocorrido na região de Los Angeles, e Schenck sugeriu que usassem uma casa incendiada e uma piscina cheia de detritos como locação. Ele também quis replicar as fotos na piscina plastificada como sequências do clipe. As filmagens começaram no dia 28 de agosto numa casa em Glendale. Schenck pediu que os destroços fossem pintados de vermelho vivo, e que a piscina fosse enchida com detritos encontrados no local. "Consigo me lembrar vividamente das expressões nos rostos da família que vivera naquela casa enquanto eles nos observavam ao lado. Estavam silenciosamente horrorizados enquanto nós filmávamos a antiga piscina deles, outrora adorável, e usávamos seus móveis e brinquedos queimados como objetos de cena", escreveu Schenck.

No dia 10 de setembro, Schenck organizou uma filmagem num estúdio em Hollywood, onde a performance da banda foi projetada sobre detritos flutuantes e em chamas. O corte final de "We Die Young" foi concluído em 17 de setembro. "A banda e a gravadora pareceram gostar, e eu fiquei satisfeito com o resultado. O clipe parecia combinar muito bem com a música, e acho que foram utilizados muitos elementos que eu não tinha visto em videoclipes até então"[20].

O EP *We Die Young*, com três faixas, foi lançado no verão de 1990, e *Facelift*, pouco depois, no dia 24 de agosto – dois dias depois do vigésimo terceiro aniversário de Layne. Ele tinha dado à mãe uma cópia em cassete do álbum concluído para que ela ouvisse e lhe desse sua opinião.

"Acho que tem uma 'zebra' nesse álbum [uma música que chegaria aos poucos, mas com tudo]. Chama-se 'Man in the Box'".

"Mãe, *eu escrevi essa música*".

"É linda demais, Layne".

Em retrospecto, anos depois, Nancy Layne McCallum disse: "Eu não sabia que *ele* era o homem na caixa. Tenho certeza que ele desejava que eu entendesse isso".

Ela se mostrou certa, enfim, sobre "Man in the Box" ser uma zebra. Mas demorou um pouco até que a música pegasse. Primeiro, eles tinham de fazer uma turnê para divulgar o álbum.

CAPÍTULO 11

A banda de abertura de hoje é o headliner de amanhã.
— Jimmy Shoaf

O Alice in Chains caiu na estrada quase que imediatamente após o lançamento de *Facelift*. Primeiro, se aqueceram fazendo alguns shows em Seattle – no festival anual Bumbershoot, no Seattle Center, seguido de apresentações no Vogue e na Central Tavern. Na época, o Soundgarden estava terminando a turnê de *Louder Than Love*, então Susan contratou a mesma equipe para trabalhar para o Alice in Chains. A equipe consistia em um técnico de bateria, um técnico de guitarra e baixo, um engenheiro de som, um vendedor de merchandise e um *tour manager*.

Jimmy Shoaf foi o técnico de bateria de Sean durante essa primeira turnê. Nessa função, ele era responsável por montar e supervisionar o equipamento de Sean antes, durante e depois dos shows, além de operar a iluminação. Susan tinha dado a ele uma cópia de *Facelift* antes do lançamento. Ele nunca tinha visto a banda ao vivo. "Eu ouvia o disco e pensava: 'Esses caras não vão conseguir tocar essa porra ao vivo. De jeito nenhum. É produzido demais'", disse. Shoaf conheceu a banda no depósito de Mark Naficy depois do Bumbershoot, no início de setembro de 1990. Numa pequena sala de ensaios, ele os viu tocar "Sunshine" e ficou impressionado com o que ouviu.

Randy Biro, o técnico de guitarra e baixo, que também atuava como *stage manager*, também ficou cético num primeiro momento. "Para ser sincero, eu não queria fazer esse trabalho. Susan me pediu como um favor, porque a princípio eu não gostei da banda". Ele tinha visto o Alice in Chains pela primeira vez quando eles abriram um show do Soundgarden em Portland. Sua impressão então: "Uau, esses caras são muito bons". Mas, por alguma razão, havia uma incompatibilidade entre a banda que ele viu ao vivo e a banda para a qual ele foi convidado a trabalhar. Biro também recebeu uma cópia de *Facelift*. "Pensei que eles eram uma tentativa torta de soar como o Aerosmith misturado com o Guns N' Roses".

A primeira coisa que ele disse à banda depois que o Soundgarden desceu do ônibus de turnê e o Alice in Chains entrou foi: "Ei, vocês. Essa é a minha cama. Não cheguem nem perto dela". Durante a primeira semana da turnê, Biro não sabia nem o nome deles.

Primeiro de tudo veio um mês inteiro de shows de abertura para o Extreme, quando tocaram em clubes para quinhentas a mil e quinhentas pessoas para divulgar *Facelift* e o segundo álbum do Extreme, *Extreme II: Pornograffiti*. Era uma combinação esquisita, e o Alice in Chains e sua equipe não ficaram particularmente felizes com ela. "Os fãs do Extreme, em geral, eram uns caras meio sebosos aspirantes a guitarrista. Acho que a banda estava começando a fazer sucesso com aquela balada horrível, 'More Than Words'; essa encheu a conta bancária deles", disse Shoaf.

"Foi terrível", disse Biro, acrescentando: "O Extreme pensava de verdade que tinha atingindo o maior sucesso. E Nuno Bettencourt, o guitarrista, não se encaixava muito bem com eles. Eles eram uns caras muito, muito, muito cafonas. A música era exatamente como eles eram".

À medida que a turnê progredia, o Alice in Chains começou a conquistar o público do Extreme. Um fator prejudicial foi o tratamento de desdém que recebiam dos *headliners*. "O Extreme seguia a velha escola do rock, que ditava que você basicamente tinha que ferrar com a banda de abertura", disse Shoaf. "O PA deles era mais baixo, eles não tinham tanta iluminação de palco, e não eram recebidos exatamente de braços abertos. O grunge meio que mudou isso também. Era mais como o punk rock: estamos todos juntos nisso – é uma atitude mais inteligente. A banda de abertura de hoje é o *headliner* de amanhã"[1].

Em Atlanta, as bandas tocaram numa casa onde o espaço físico do palco, especificamente a falta dele, se tornou um problema. "Eles tinham um suporte de bateria cafona. Montaram para o set deles, e tomava espaço demais", disse Biro. O palco era tão pequeno que Layne tinha de ficar à esquerda de Sean, cujo bumbo teve de ser pregado no palco para que não caísse. "Eles se recusaram a mover qualquer coisa de lugar para facilitar um pouquinho que fosse a nossa vida. E diziam: 'Vocês são só a banda de abertura'. E graças a cuzões como eles, nós nunca tratamos ninguém mal".

Segundo Jerry, "éramos maltratados quanto ao que podíamos e não podíamos fazer no palco, porque o vocalista [do Extreme] fazia o show descalço. Então nós bebemos, derramamos coisas por todo lado, fumamos. Nós ficamos tipo: 'O que vocês vão fazer, nos chutar da turnê? É o último show!'. O Mike Starr teve um ataque de nervos e vomitou. Acho que ele tinha tomado umas cervejas, então ele virou para trás e vomitou sobre a bateria [do Extreme] toda. Esse foi o nosso último show com eles"[2].

Houve outro incidente envolvendo o equipamento do Extreme. "Me lembro que o técnico de baixo do Extreme surtou porque o Mike Starr ficou bêbado e pulou em cima das caixas de baixo do Extreme, caiu e derrubou o equipamento de baixo deles, logo antes do Extreme tocar", disse Shoaf. "As coisas do Mike estavam na frente das deles. Ele não deveria estar lá atrás, nem chegar perto daquelas merdas deles. Me lembro que eles ficaram bem chateados, e com razão. Ainda não tinham tocado e, em tese, só havia quinze minutos de intervalo entre o Alice in Chains e o Extreme. Se algo quebrasse, você tinha que consertar em quinze minutos – boa sorte".

Para complicar ainda mais a situação, a equipe do Extreme era inexperiente. Segundo Biro, com exceção de dois deles, ninguém da equipe sequer tinha feito uma turnê antes. "Foi como se eles tivessem contratado amigos para trabalhar". Além disso, eles não tinham senso de humor. Antes de um show de volta para casa do Extreme, em Boston, os integrantes e a equipe do Alice in Chains estavam entrando no local do show quando encontraram o gerente de produção do Extreme.

"Uau. Você já esteve num lugar desse tamanho?", perguntou ele a Biro.

Biro, um veterano que já tinha trabalhado em lugares de todos os tamanhos, olhou para Sean e perguntou, irônico: "Uau, esse lugar é do tamanho de um estádio?".

"Vai se foder", disse o gerente de produção, e foi embora.

Jerry estava contente com aquela primeira turnê, disse Shoaf, mas era também seu próprio crítico mais ferrenho. "Acho que Jerry estava cobrando muito de si mesmo e era perfeccionista. Por exemplo, depois de um show, ele achava que tinha errado feio aqui e ali. Então ele colocava o próprio CD para tocar nos fones de ouvido e praticava depois do show".

Sobre Sean, Shoaf disse: "Ele consegue tocar a qualquer momento, em qualquer lugar. Conhece as músicas de trás para frente. Em geral, quando um baterista conhece as músicas de trás para frente, é um grande baterista. Ele é um dos caras mais legais com quem curtir, a menos que ele tenha tomado umas vinte e cinco cervejas e desmaiado".

Uma das lembranças mais vívidas de Shoaf desta turnê é a de Layne tê-lo tornado fã de Neil Diamond. Estavam num posto na estrada e começou a tocar uma versão de música de elevador de "Love on the Rocks". Ao saírem, Layne fez uma imitação absolutamente perfeita da voz de Diamond nessa música. Shoaf comprou uma fita de grandes sucessos de Diamond na parada seguinte.

"Ele fazia piada o tempo todo. E cantava qualquer coisa", disse Biro. "Ele costumava fazer piada com músicas do Styx, mas as cantava tão bem. O cara é simplesmente um cantor incrível. Estava ridicularizando essas músicas, mas cantava tão bem que ficava perfeito. Não sei explicar. Mas o senso de humor dele – a banda fazia piada constantemente, vinte e quatro horas por dia".

Shoaf se lembra de Jerry compondo material novo no *backstage* ou no ônibus. "Ei, Jimmy, o que você acha disso?". Era o embrião do que se tornaria, enfim, "The Rooster".

"Minha reação foi: 'Porra, cara...'. Me lembro deles tocando na passagem de som e pensar: '*Puta merda, mais uma...*', por causa do vocal. Layne cantou pra caralho naquela passagem de som, diante de mim e mais seis pessoas. Ele cantava aquelas coisas e eu pensava: '*Deus do céu...*'. Eu já estava pronto para o segundo disco em outubro de 1990".

Depois de um show em Denver, Biro viu uma garota entrar no ônibus da banda, o qual ele e Shoaf seguiam num caminhão-baú Ryder alugado, cheio de equipamentos. Quando Biro e Shoaf chegaram ao hotel onde o Extreme e o Alice in Chains se hospedariam, a garota estava "nua, algemada e envolta por um lençol". Alguém tinha uma câmera de vídeo e registrava o que Biro caracterizou como uma *sex tape* pré-internet. Integrantes do Extreme estavam no quarto de hotel observando o caos. Segundo Biro, "eles estavam observando, e a câmera os pegou em alguns momentos. Eles acenaram para a câmera, rindo – sabe como é, mostrando a cerveja, com aquela atitude: '*Yeah*, nós somos *cool*. Somos da turma'".

No dia seguinte, eles abordaram a equipe do Alice in Chains, implorando a eles para que se livrassem da fita. "Eles não queriam que nada daquilo pudesse vir a público, com eles naquela situação", disse Biro. Segundo ele, não fizeram nada na fita, além de, talvez, terem posado com a garota algemada, no máximo. Pouco depois desse incidente, o Alice in Chains deu uma entrevista à Z-Rock, uma rádio de Dallas. A banda respondia ao vivo às perguntas dos ouvintes.

"Oi, eu conheci vocês em Denver", disse uma ouvinte, segundo o relato de Shoaf sobre essa conversa.

"Ah, é mesmo?".

"Sim, vocês me algemaram no hotel".

A rádio cortou a ligação e desligou na cara dela.

Enquanto a banda estava em turnê, Susan comemorou um marco pessoal em sua vida. Depois de cinco anos juntos, ela e Chris Cornell se casaram no dia 22 de setembro de 1990, numa cerimônia na casa deles em Seattle, segundo uma breve menção no *Seattle Times*. Viajaram para Victoria, na Colúmbia Britânica, no Canadá, para uma curta lua de mel antes que Cornell voltasse a trabalhar no álbum *Badmotorfinger*, do Soundgarden[3].

Na etapa seguinte da turnê, o Alice in Chains abriria para Iggy Pop e tocaria em casas cuja capacidade seria de mil a três mil pessoas. Houve uma melhora perceptível na relação entre *headliner* e banda de abertura. "Fomos muito melhor recebidos. Fomos tratados bem melhor, no que diz respeito a ego e coisa e tal. Tínhamos menos luzes no palco, mas era o show do Iggy, e o volume do som era um pouco melhor", disse Shoaf.

Ambas as bandas estavam em Louisville, Kentucky, no Dia de Ação de Graças, hospedadas no mesmo hotel, onde teriam um dia de folga. Por coincidência, o Pantera estava em turnê com o Prong e o Mind Over Four, e todos eles estavam também no mesmo hotel. Depois do almoço de Ação de Graças, as bandas e suas equipes tiveram de esperar até a uma da tarde para que o bar do hotel abrisse.

"Imagine o seguinte, de trinta a cinquenta roqueiros, entre bandas e equipes, esperando do lado de fora o bar abrir, e uma pobre garotinha achando que vai ter um dia tranquilo de garçonete no bar, porque ninguém estaria no hotel no Dia de Ação de Graças, e lá está ela com o Prong, o Pantera, o Mind Over Four, o Alice in Chains, o Iggy Pop, a banda dele, mais as equipes, prontos para assistir ao jogo de futebol americano!", disse Shoaf, rindo. "Em coisa de meia hora ela desistiu e simplesmente encheu o balcão de garrafas, enquanto o dinheiro deles corria".

"Começamos a beber à uma da tarde e, como é de se imaginar, seguimos até à noite. Destruímos aquele hotel. Eles disseram: '*Por favor*, vão embora. Vai todo mundo embora'".

Perto do Halloween, a turnê chegou a Nova York, e o Alice in Chains conseguiu um show como *headliner* no Cat Club. Na plateia naquela noite estava Paul Rachman, diretor de videoclipes que trabalhou com bandas de punk e hardcore durante os anos 1980. "Eu simplesmente me apaixonei pela banda e pela música", disse Rachman. No dia seguinte, ele ligou para a responsável pelos videoclipes na Columbia Records e disse que gostaria de trabalhar com a banda.

A essa altura, o clipe de "We Die Young" de Rocky Schenck já vinha sendo transmitido nos programas *Headbangers Ball* e *120 Minutes*, da MTV, mas ainda não tinha conquistado o público. A gravadora estava prestes a lançar "Man in the Box" como o segundo *single* e ofereceu a Rachman a chance de fazer o clipe. Como a música era de Layne, a gravadora o pôs em contato com ele, para que os dois pudessem então conversar. Layne se comunicou brevemente com Rachman por telefone durante a turnê. Falaram sobre não fazer um clipe típico com uma performance da banda. Rachman disse a ele para escrever todas as ideias específicas que tivesse e lhe enviasse via fax, naquela época em que não havia celulares, nem e-mail. Pouco depois, Layne enviou a Rachman um fax que consistia num bilhete manuscrito, que dizia:

Celeiro com goteiras na chuva.
Animais de fazenda.
Bebê com olhos fechados costurados.

Rachman passou alguns dias ouvindo a música. "Tive a ideia de colocar a banda no celeiro e criar uma espécie de clima soturno, em sépia com animais de fazenda ao redor deles, e criar tensão até o final, quando apareceria um personagem [com uma ideia de] renascimento".

Em dezembro de 1990, a banda viajou para Los Angeles para gravar o clipe de "Man in the Box". Com um orçamento de menos de cinquenta mil dólares, Rachman e a banda se encontraram numa fazenda no Malibu State Park para a filmagem de uma diária. Susan estava lá e, segundo Rachman, estava animada.

O diretor disse que os integrantes da banda estavam um pouco cansados por conta da turnê, mas que, em geral, foram simpáticos e se divertiram. "O lance de trabalhar com bandas jovens é que, como é o primeiro ou segundo clipe deles, se eles gostarem da sua ideia, eles confiam em você. E eu realmente sentia que eles confiavam em mim e me apoiavam, e Susan queria que o visual da banda fosse ótimo para que esse conceito funcionasse", recordou-se ele. Foram usadas apenas duas câmeras, uma das quais era uma câmera de mão operada pelo próprio Rachman. "Observando a tomada de Layne em close, minha reação foi: 'Uau'. Eu sabia que seria grandioso. Havia algo naquela tomada, nos olhos dele, a partir do qual era possível perceber a emoção com que ele cantava, e que a música transmitia".

O fax de Layne pedia especificamente por um bebê com os olhos costurados, algo que Rachman disse que seria impossível. Ele propôs uma alternativa: "Eu tive essa ideia que envolvia um renascimento. Pensei que havia um clima sinistro ao redor daquele celeiro, e havia os animais. Senti que... de repente, perto do final, uma figura da morte – um sujeito com um manto – podia passar por ali, e seria bem legal visualmente. E essa poderia ser a pessoa com os olhos costurados. Ele tem que tomar conta dos animais, mas está cego".

Para este papel, Rachman escalou o vigia do estacionamento de um bar de um amigo seu. "Esse cara tomava conta do estacionamento. Ele tinha um visual de Jesus Cristo, e eu já o tinha escalado para uns dois ou três trabalhos antes". As filmagens correram sem nenhum problema. Rachman passou as duas ou três semanas seguintes produzindo e editando o clipe.

A turnê com Iggy Pop terminou em Tijuana, no México, num clube chamado Iguana's, com capacidade para mil pessoas, a quinze minutos de San Diego, descrito pelo *Los Angeles Times* como "o set do vídeo de 'Jailhouse Rock' se imaginado por Dante"[4]. Ao final da noite, Biro e o gerente de produção de Iggy Pop estavam com as mãos "inchadas de tanto bater nas pessoas por todo lado".

"Todo mundo que subia no placo, primeiro nós tentávamos impedi-los. Depois, chegou ao ponto em que tínhamos que dar socos na cara. Do tipo, subiu no palco, levou um soco na cara. Mais um, outro soco na cara".

Segundo Biro e Shoaf, todos foram às compras em Tijuana. "Fomos até a Avenida Revolución, compramos canivetes e muitas drogas. E escondemos tudo nas calças", disse Biro. O Iguana's ficava a alguns quarteirões da fronteira, então eles caminharam de volta até os EUA.

O cineasta Josh Taft circulava pela cena musical de Seattle, pois cresceu amigo de Stone Gossard. Foi por meio de Gossard que ele conheceu o Alice in Chains. Em 22 de dezembro de 1990, a banda tocaria um show em casa, no Moore Theatre. Num acontecimento tão memorável quanto e provavelmente mais significante do que os *headliners*, o então desconhecido Mookie Blaylock[5] seria a banda de abertura. No final do set, Chris Cornell se juntou a eles no palco para tocar músicas do álbum do Temple of the Dog[6].

Taft estava lá com uma equipe de filmagem para registrar a performance do Alice in Chains para um lançamento em VHS. Seu orçamento era de quatorze a dezesseis mil dólares, o que ele descreveu como "extraordinariamente baixo para uma equipe de seis câmeras para um registro ao vivo". Para se colocar em perspectiva, era quase um terço do orçamento do clipe de "Man in the Box". Taft sugeriu que a filmagem fosse feita em preto e branco. "De todas as bandas que estavam aparecendo dessa cena, acho que visualmente fazia mais sentido fazer algo bem básico, meio rústico e simples", explicou. "Acho que realmente houve uma mudança de percepção, e especialmente naquela noite, porque foi um daqueles shows que se destacam na memória das pessoas. Foi numa época em que tudo estava prestes a mudar".

A guitarra que Jerry usou no show – e à qual ele se referia como seu xodó – trazia a imagem de uma mulher de *topless*, que ele colou no corpo do instrumento. A produtora Lisanne Dutton disse a Thad Byrd, depois, que o gasto mais alto na produção do vídeo foi borrar essa imagem na guitarra de Jerry. Taft disse: "Na época, borrar uma imagem daquele jeito era, na verdade, algo bem *high tech*. Era preciso muita tecnologia".

A revista *SPIN* escolheu o Alice in Chains como uma das bandas para se ficar de olho em 1991. Segundo a matéria do *Seattle Times* sobre isso, "a jornalista Daina Darzin diz que 'a banda está claramente sendo cortejada como o próximo grande artista da Columbia Records', e destaca que as duas últimas bandas a receber esse tratamento foram o Faith No More e o Living Colour. A matéria também traz uma confissão do guitarrista Jerry Cantrell de que 'nós estávamos todos sob o efeito de cocaína, muito loucos', quando as grandes gravadoras vieram à cidade pela primeira vez para conferir a banda. Mas Darzin acrescenta que 'o Alice in Chains limpou sua barra já tem algum tempo'. O baterista Sean Kinney diz que seu pai, um policial, é um grande fã da banda – 'Ele é um cara muito legal' – e Cantrell explica por que tantas músicas do grupo tratam de desgraça e depressão: 'Somos todos excluídos'"[7].

Para o Réveillon, o Alice in Chains, o Soundgarden e o Mookie Blaylock foram para "uma festança à moda antiga no rancho na região de Seattle do roteirista e diretor Cameron Crowe e sua esposa Nancy Wilson, do Heart". Segundo Nancy, todos se reuniram com instrumentos acústicos e tocaram covers ou inventaram músicas novas. Ela tinha um elefante de brinquedo de corda, presente de Chris Cornell. Na tarde do dia seguinte, ela encontrou um bilhete de Jerry que dizia: "Olhe para o elefante". Nas palavras de Wilson, "aparentemente, Jerry tinha ficado obcecado pelo elefante durante a noite, e de manhã ele estava dando champanhe aos cavalos"[8].

O Alice in Chains encerrou o ano com muitas realizações profissionais – a gravação e o lançamento do primeiro álbum, a filmagem do primeiro videoclipe e as primeiras turnês nacionais. Mas o álbum e a banda ainda não tinham decolado. Isso estava prestes a mudar. O fusível da cena de Seattle tinha sido aceso. Era só questão de tempo até que o mundo descobrisse o segredinho da "Cidade Esmeralda".

CAPÍTULO 12

Vamos só tentar algo diferente.

— Rick Krim

Paul Rachman entregou o primeiro corte do clipe de "Man in the Box" para aprovação da banda no início de 1991. "Eles adoraram", disse ele. "Fizemos alguns ajustes, tipo, acrescentamos alguns closes de Layne e nos certificamos de que a banda toda estava representada de forma igual, e pronto. Não houve nenhum tipo de divergência criativa". O corte final foi lançado em algum momento de janeiro de 1991.

Em 7 de fevereiro de 1991, o Alice in Chains começou uma breve turnê pela Costa Oeste, com o Mookie Blaylock como banda de abertura. Jerry disse: "As coisas tinham acontecido para nós, e estávamos no caminho certo. Esses caras estavam recomeçando. Nós queríamos dar a eles tanto apoio quanto eles nos deram no começo da nossa banda". Um momento de destaque: as duas bandas, cada uma em sua respectiva van, fazendo uma guerra de comida enquanto iam a 120 km/h na rodovia I-5[1].

Durante essa turnê, o Alice in Chains conseguiu um show de abertura para Ozzy Osbourne no festival beneficente Children of the Night, em Long Beach, Califórnia, no dia 8 de fevereiro. O show foi memorável por duas razões. No final da noite, membros de várias bandas se reuniram no palco para uma *jam* com uma música dos Rolling Stones. Mike era um deles, mas não fazia ideia de como tocar a música. "Eu estava do lado direito do palco, e ficava ensinando a ele como tocar 'Jumpin' Jack Flash' por meio de sinais – do tipo, para onde ir no instrumento", recordou-se Randy Biro[2].

O segundo e, por fim, mais contundente motivo para a significância do show foi que essa foi a primeira vez que o então baixista de Ozzy Osbourne, Mike Inez, viu o Alice in Chains, e ficou impressionado com o que viu e ouviu[3].

Biro contou que membros das equipes de ambos os artistas montaram uma banda chamada Sexecutioner. "Era uma banda de brincadeira, porque não havia ninguém nos shows. O Mookie tocava, depois o Sexecutioner tocava, então o Alice. E nós nos revezávamos na plateia para aplaudir as outras bandas, porque não tinha ninguém. Você fala com as pessoas agora, e havia dez mil pessoas nesses clubes".

À medida que a Operação Tempestade no Deserto chegava ao fim, o Alice in Chains e Ann e Nancy Wilson foram os *headliners* de um "concerto pela paz" que durou o dia todo no Paramount Theatre, no dia 23 de fevereiro. O show terminou com um cover em grupo de "Peace Train", de Cat Stevens, no bis[4].

O Alice in Chains foi indicado para nove prêmios Northwest Music Awards, da Northwest Area Music Association (NAMA), daquele ano, cuja cerimônia aconteceu no dia 3 de março no Moore Theatre. Ganhou apenas um – gravação de rock, por *Facelift*. Houve problemas no *backstage* que não tiveram nada a ver com a banda, que a afetou. A cerimônia começou aproximadamente às 19h, segundo o *Seattle Times*. Foi uma maratona de cinco horas, e cerca de 90% do público já tinha ido embora quando o último prêmio foi apresentado, por volta da meia noite.

Um terço do público saiu durante o intervalo, três horas depois do início da cerimônia. O Alice in Chains deveria se apresentar imediatamente após esse intervalo, mas o saxofonista Kenny G deu um chilique e se apresentou no lugar que seria da banda. Mais um terço do público foi embora depois da apresentação dele. Segundo o *Seattle Times*, "as pessoas não paravam de ir embora, até que apenas um grupo de interessados sérios ficou para a curta apresentação de encerramento do Alice in Chains".

"'O cara do sax teve um chilique', disse o vocalista do Alice, Layne Staley, à plateia quando a banda finalmente subiu ao palco", escreveu o repórter Patrick MacDonald[5]. Randy Biro tem uma lembrança diferente, a de que Layne teria dito algo do tipo: "Gostaríamos de agradecer a vocês. E esta música é dedicada ao Kenny G e à flauta de carne dele".

Aaron Woodruff, amigo de Mike, estava servindo na guarnição do exército americano em Hohenfels, no coração da Baviera, quando, pouco antes de o Alice in Chains partir para a primeira turnê europeia, sua mãe lhe enviou *Facelift* em cassete – um presente de Mike. Algum tempo depois, ela lhe telefonou para dizer que Mike estava na Europa, tentando entrar em contato com Woodruff. Havia uma mesa com um telefone na entrada dos alojamentos. Em dado momento, Woodruff passava pela mesa vazia quando o telefone tocou, e ele atendeu. Era Mike, ligando de Amsterdã.

Woodruff conseguiu uma folga para assistir ao show do Alice in Chains em Nuremberg. Na época, eles estavam abrindo para o Almighty e o Megadeth, escalação que começou em março[6]. "A primeira vez que os vi, eu estava com eles, fui para o *backstage* com eles, entrei no ônibus, e então fui para a plateia enquanto eles tocavam, para assisti-los. Fiquei absolutamente impressionado. A única coisa que não entendi muito bem foi por que Mike ficava cuspindo no público", recordou-se Woodruff. "Acho que alguém, algum alemão, o irritou, ou algo assim".

Woodruff levou uma câmera para o show e gravou alguns vídeos de seus momentos com o Alice in Chains, os quais ele postou no YouTube desde então. O material é um vislumbre interessante da banda à beira da fama. Mike Jordan, outro amigo de infância de Mike, falou sobre como era viajar com a banda durante esse período inicial. "Eu estava lá para ver Mike realizar seu sonho de fazer sucesso na indústria musical. É algo do qual sempre vou lembrar com carinho. Foi um privilégio viajar com eles por uns dois shows da turnê. Os caras da banda sempre me trataram como se eu fosse um deles, e era muito legal"[7].

No rastro do sucesso de seu primeiro filme, *Say Anything* (no Brasil, *Digam o Que Quiserem*), o roteirista e diretor Cameron Crowe estava trabalhando no roteiro de *Singles* (no Brasil, *Vida de Solteiro*) quando Andrew Wood morreu, em março de 1990[8]. A reação emocional e a união da comunidade musical depois da morte de Wood teve um impacto profundo sobre ele e o roteiro que estava desenvolvendo[9]. Crowe abordou o Alice in Chains com um pedido de uma música para a trilha sonora do filme. Ele acabou pagando por muito mais do que conseguiu de fato.

"Cameron queria uma música, então nós conseguimos fazê-lo nos pagar para gravar *dez músicas*", disse Jerry a Greg Prato. "Passamos a ele um orçamento inflacionado. Gravamos 'Would?' para o filme, e mais umas demos para um monte de coisas". "Would?" era o tributo da banda a Andrew Wood, com música e letra creditadas a Jerry, e o título presumivelmente um trocadilho com o sobrenome de Andrew. Parte do material gravado apareceria em *Sap* e *Dirt*. Uma das músicas, "Lying Season", acabou não saindo em nenhum dos dois discos[10].

Na noite de 17 de abril de 1991, o Alice in Chains gravou cenas para *Singles* num depósito num píer no centro de Seattle, que o departamento de arte do filme transformou num clube. "Essa parte foi bem divertida, só de participar do filme. Mas tocar aquela música repetidas vezes naquele píer foi de matar", disse Jerry numa entrevista de 1999[11].

Michelle Ahern-Crane, que foi figurante nessa filmagem, disse: "Foi uma filmagem legal, no sentido de que foi divertida, mas foi terrível no sentido de que era a céu aberto e nós estávamos usando roupas de balada".

"Estava congelante, e eu sabia que os caras tinham uma pequena área de *backstage* com aquecedores. Eu estava congelando e queria ir para os fundos e ficar lá, porque a filmagem começou às seis da tarde e foi até as seis da manhã. Eu era tímida demais para achar que tudo bem eu ir até lá".

O vocalista dos Derelicts, Duance Lance Bodenheimer, também estava lá. A certa altura, Layne foi até ele e disse: "Preciso falar com você".

Bodenheimer tinha conhecido Demri por amigos em comum, e ela o impressionou bastante. "Ela realmente me deixou louco. Linda, uma garota incrível. Boa energia. Simplesmente incrível. Eu desenvolvi uma pequena paixão por ela", recordou-se ele. "Demri e eu começamos a andar juntos. Ela era uma garota muito sexual, e eu tentava não fazer nada disso, porque sabia quem era o namorado dela, mas um dia aconteceu. Nós tivemos um relacionamento, e havia drogas envolvidas. Ficávamos juntos bastante".

Bodenheimer data o início de seu envolvimento com Demri a algum momento entre 1990 e 1991, depois que o Alice in Chains começou a sair em turnês. Enquanto Layne estava longe, Demri e Bodenheimer se encontravam na casa de outro músico local para usar drogas, e ficaram próximos. "Me apaixonei por ela. Eu realmente me preocupava com ela e a amava".

Não surpreendentemente, Layne não gostou nada de Bodenheimer e tinha suas suspeitas. Certa vez, ele chamou Bodenheimer para ir à casa de outro músico local e o confrontou. "Se você está comendo a minha mulher, por que não me fala?".

Bodenheimer negou, porque não estava orgulhoso daquilo. Ele continuou a se encontrar com Demri – principalmente quando Layne estava em turnê, mas ocasionalmente quando ele estava na cidade, também. Layne ligou para ele e lhe disse que sabia o que estava acontecendo, e que – nas palavras de Bodenheimer – "todo mundo sabia, basicamente".

"Você poderia ter me dito da primeira vez que estava dormindo com a minha namorada", disse Layne a ele. "Você não é uma boa pessoa, você é um monte de merda". Apesar de todo o ciúme e raiva, o próprio Layne não era um modelo de virtude e fidelidade. O vocalista do Cat Butt, David Duet, disse: "Layne e Demri tinham meio que um relacionamento aberto. Na posição em que ele estava, provavelmente esse era o único jeito de ele ter um relacionamento duradouro. Ele era muito verdadeiro com Demri em seu coração, mas ele me contou muitas, muitas aventuras loucas de turnê"[12]. Segundo Bodenheimer, Demri tinha ciência dos casos de Layne em turnê. "Ela meio que disse que eles tinham esse tipo de relacionamento".

"Às vezes ela reclamava que sabia que ele provavelmente estava comendo outras garotas", disse Bodenheimer, mas, fora isso, ela nunca disse nada ruim a respeito dele.

A certa altura, Bodenheimer foi para Denver visitar seus pais. Demri foi com ele e ficou cerca de uma semana e meia. Quando ela voltou a se encontrar com Bodenheimer em Seattle, "foi simplesmente diferente". Ela explicou seus sentimentos por ele numa carta – que ele perdeu desde então – de forma a descrever Layne como seu cavaleiro branco e Bodenheimer como seu cavaleiro negro.

Na filmagem para *Singles*, Bodenheimer e Layne se sentaram numa mesa, e Layne – cujo ciúme e frustrações acumuladas presumivelmente tinham enfim chegado a um ponto de estouro – acabou com ele. "Você é um monte de merda. Você é quem devia ter morrido, ao invés do Andy Wood. Eu odeio você". Layne fez esse comentário sabendo muito bem que Bodenheimer usava heroína, e isso aconteceu pouco mais de um ano após a overdose fatal de Wood.

Bodenheimer ficou chocado. "Layne me disse isso e foi muito doloroso – me magoou muito. Eu não era um completo escroto. Eu tinha sentimentos, e me sentia mal quanto ao que estava acontecendo, mas não podia evitar, porque eu a amava verdadeiramente, mesmo". Embora não estivesse presente, Bodenheimer depois ouviu de um amigo que foi ao show Clash of the Titans, em Red Rocks, que Layne apresentou uma música – ele não sabe qual – dizendo algo do tipo: "Esta é sobre Duane Bodenheimer, drogado de merda".

Na mesma noite da filmagem do Alice in Chains, o Nirvana fez um show de última hora no OK Hotel antes de partir para Los Angeles para gravar seu segundo álbum, *Nevermind*. O show foi célebre por ter contado com a primeira performance de "Smells Like Teen Spirit" em público, e desde então alcançou um status quase lendário no folclore grunge de Seattle[13].

O Alice in Chains conseguiu o posto de banda de abertura da turnê Clash of the Titans durante o verão de 1991 literalmente por acidente. Musicalmente, eles eram o elemento estranho – as outras três bandas eram o Megadeth, o Slayer e o Anthrax. A banda de abertura original deveria ser o Death Angel, que teve de recusar devido a um acidente de ônibus[14].

Quando questionado por Riki Rachtman, apresentador do *Headbangers Ball*, como era abrir para essas bandas, Mike respondeu: "É bem fedido, mas é ótimo – é fantástico –, nós nos divertimos muito. Todos os caras são muito legais"[15].

Uma abordagem mais detalhada dessa experiência foi feita anos depois. "Os fãs do Slayer foram brutais conosco", relembraria Jerry. "Quando tocamos em Red Rocks, eles jogavam tanta merda em nós que mal conseguíamos ver a plateia".

"Alguém atirou uma garrafa enorme d'água que derrubou os pratos de Sean, e era cuspe para todo lado. Layne só gritava 'Vão se foder!' e cuspia de volta".

A dureza e a disposição em se manter tocando em meio a ataques incessantes de um público hostil rendeu à banda alguns convertidos. "Terminamos o set e dissemos: 'Meu Deus, isso foi insano'", recordou-se Jerry. "Estávamos esperando para entrar no ônibus para ir embora, quando alguns fãs do Slayer que tinham passes de *backstage* começaram a vir em nossa direção. Achamos que íamos levar uma surra. Mas eles chegaram e disseram: 'Beleza, cara. Vocês não se acovardaram. Achamos que vocês são OK'"[16].

Antes de a turnê chegar a Seattle no dia 30 de maio, Jeff Gilbert entrevistou o *frontman* do Megadeth, Dave Mustaine, para um artigo para a revista *Guitar World*. Gilbert mencionou que era amigo do Alice in Chains. Mustaine lhe perguntou o que ele sabia sobre eles. Gilbert elogiou a banda, mas apontou que "eles eram uma banda glam, totalmente no estilo Poison".

Mustaine olhou para ele e disse: "Você tá de brincadeira?".

"Não. Na verdade, tenho fotos deles dessa época". Ele se referia à imagem do Alice 'N Chains que estampou em camisetas alguns anos antes. Ele enviou a imagem a Mustaine, que pediu ao *tour manager* que fizesse pôsteres e os espalhasse por toda a Mercer Arena. "Quando o Alice in Chains apareceu, não havia como escapar. Os pobres caras entravam e viam essa banda glam, Alice 'N Chains, e era de rolar de rir. Estava por todo lugar, antes mesmo dos portões se abrirem. Assim, quando eles chegaram até o *backstage*, foi a coisa mais engraçada", disse Gilbert, rindo muito.

Gilbert passava pelo corredor no *backstage* quando viu Layne.

"E aí, Layne".

"E aí, cara".

E então Layne ligou os pontos.

"EI!".

"O Layne soube exatamente, quando me viu. Ele disse: 'Poxa vida, cara!'. Mas gostou da piada – achou bem engraçada", disse Gilbert. "Perguntei [aos outros membros do Alice in Chains] tempos depois, e Jerry e eu estávamos conversando. Ele disse: 'Nossa, cara. Fizemos alguns shows com aqueles caras e eles acabaram com a gente. Arrasaram conosco no palco por todo lado'. E eu falei: 'Bem, vocês mereceram. Olha como era ridículo o visual de vocês'".

A coisa mais importante que aconteceu durante essa turnê não foi nem a turnê em si. "Man in the Box" estava prestes a dar um forte pontapé inicial na carreira da banda.

Em algum momento no final da primavera de 1991, houve uma reunião na MTV para decidir qual clipe – "Man in the Box" ou "Valley of the Kings" ou "Jelly Roll", ambos do Blue Murder – ganharia o cobiçado selo de aprovação "Buzz Bin" da emissora. Naquela época pré-YouTube e pré-reality shows, quando videoclipes tomavam a maior parte da programação diária da MTV, conseguir a exibição regular de um clipe na emissora poderia ter um impacto enorme na carreira de uma banda. Segundo Rick Krim, na época vice-presidente de música e programação na MTV, que participou daquela reunião, o selo "Buzz Bin" significava que o clipe seria exibido massivamente. "O clipe ganharia X exibições naquela semana, e então provavelmente entraria em algum outro tipo de rotatividade depois disso".

Krim disse que a discussão se centrou sobre "se devíamos escolher entre essa banda grandiosa e polida de *hair metal* [Blue Murder], com um clipe meio que pegando o bonde do *hair metal* atrasado, ou essa outra banda soturna, com tons de sépia, meio esquisita, o Alice in Chains. Não me lembro do fator decisivo, mas decidimos que era hora de mudarmos um pouco a paisagem, tentar algo diferente, e optamos pelo Alice in Chains".

Quanto ao processo de decisão, Krim disse que era preciso votar ou tentar chegar a um consenso. Para "Man in the Box", disse ele, "acho que avaliamos os dois lados, e creio que de fato o consenso foi, enfim, 'vamos tentar algo diferente', o que certamente [o clipe] era". Foi assim que um grupo de menos de dez pessoas lançou o Alice in Chains à fama nacionalmente.

"O clipe entrar no 'Buzz' da MTV nos ajudou muito, e sei que ajudou muitas outras bandas também", disse Jerry durante uma entrevista à MTV. "Você pode estourar muito rápido". O impacto foi imediato. Uma semana depois de a MTV colocar "Man in the Box" no "Buzz Bin", no início de maio de 1991, *Facelift* subiu da 166ª posição na parada da *Billboard* para a 108ª. Um mês e meio depois, o álbum chegou à 42ª posição[17].

"Acho que a MTV teve muito a ver com isso. Naquela época em particular ela era o que realmente liderava o impulso nas vendas de discos. Foi meio que o ápice da MTV. Todo mundo assistia. Quando a MTV colocava um clipe no 'Buzz Bin', tudo mudava para a banda, tudo", disse Paul Rachman. Ele também acha que foi a MTV que impulsionou a execução da música nas rádios de rock.

Segundo Jerry, *Facelift* tinha vendido apenas cerca de quarenta mil cópias depois de oito meses de turnê quando o clipe de "Man in the Box" estourou[18]. Outro indicador do sucesso da música aconteceu quando a banda e sua equipe entraram num bar certa noite, durante a turnê, e ouviram uma banda cover tocando "Man in the Box".

"Não acreditamos. Ficamos doidos", disse Biro sobre a reação da banda e da equipe. "A banda do bar não sabia que tínhamos entrado pelos fundos. Ninguém sabia que estávamos lá".

"[O cover de 'Man in the Box'] estava horrível, mas eles sabiam de quem era a música", disse Biro em relação à banda de bar. "E então eles ficaram todo assustados quando perceberam que o Alice in Chains estava lá".

Outro sinal veio quando a banda começou a ser reconhecida em paradas na estrada e as pessoas pediam autógrafos. Foi nesse período que Jerry se deu conta de que precisaria aprender a ler partituras. Segundo Biro, a decisão veio depois que ele viu transcrições de músicas do Alice in Chains e elas eram bem imprecisas.

Houve um salto enorme na popularidade da banda em Seattle. "Quase não consigo descrever. Eles se tornaram ridiculamente populares lá", disse Jeff Gilbert. "Os fãs ligavam para a KISW e pediam que a rádio continuasse tocando Alice in Chains. Isso levou o programa *Metal Shop* a colocá-los em execução regular. O álbum teve mais execuções do que o Nirvana, o Pearl Jam e o Soundgarden juntos. Isso é um fato – a banda conseguiu uma execução absurda. Todo mundo era fã do Alice in Chains".

Se a imitação é a forma mais sincera do elogio, então o Alice in Chains deve ter ficado bem lisonjeado depois do sucesso de "Man in the Box' e, depois, do álbum *Dirt*. Jack Endino, que produziu *Bleach*, disse ao biógrafo do Nirvana, Everett True, que "por volta de 92, 93, esse era o tíquete-refeição de todo mundo. 'Ah, nós temos que soar como o Nirvana, ou os Melvins, ou o Soundgarden'... *ou mil outras...* 'Nós temos que soar como o Alice in Chains'. Este era o modelo mais fácil para os metaleiros suburbanos seguirem, porque o Alice in Chains fez a transição do metal para o grunge, ao passo que as outras bandas vieram do punk rock".

"Todos penderam para o lado metal do grunge, e ali é que estava a horda realmente ruim de imitadores, do lado do Soundgarden e do Alice in Chains na equação do grunge. O pessoal que era de bandas de *hair metal* e agora era de uma banda grunge"[19].

Kathleen Austin disse que Layne estava tendo problemas com a fama recém alcançada. "Layne detestava a fama. Ele não conseguia ir ao caixa eletrônico sem sair na imprensa", disse ela. "*The Rocket* diria: 'Layne Staley foi visto no caixa eletrônico em frente ao 7-Eleven na rua tal e tal, às 3h da manhã'. Ele não podia ir a lugar nenhum. Da próxima vez que ele fosse até aquele caixa eletrônico, haveria gente escondida por perto. Ele odiava isso".

Numa outra ocasião, Layne e Demri saíram para jantar com Austin em um de seus restaurantes favoritos. "Tinham acabado de trazer nossa comida, e nós estávamos envolvidos numa conversa de família. Aparece um cara e simplesmente diz: 'Você é o Layne Staley! Minha namorada está lá no fundo, no bar. Eu preciso muito do seu autógrafo. Preciso levar para a minha namorada'. Isso não pegou muito bem comigo", recordou-se Austin. "Eu me virei, olhei para essa pessoa e disse: 'Sabe, nós estamos tentando ter um jantar em família aqui. Tenho certeza de que o Layne adoraria escrever o nome dele num guardanapo para você depois que nós jantarmos'. É claro que ele baixou a guarda e recuou. Se desculpou e saiu".

Depois que isso aconteceu, ela olhou para Layne e disse: "Ah, querido, me desculpe. Não cabia a mim ter feito isso. Por favor, me desculpe". Ele respondeu: "Ah, Kathleen, eu só gostaria de poder levá-la comigo para todo lugar que eu vou".

Layne depois diria a Jon Wiederhorn: "Quando alguém é muito entusiasmado em relação ao que você faz, é preciso respeitá-lo e ser grato. Mas quando eles chegam correndo e puxam um tufo de *dreadlocks* da sua cabeça e seu couro cabeludo sangra, então você tem mais é que descer a mão neles"[20].

Alguns anos depois, Layne falava com Randy Biro. "A melhor frase que ele já me disse: que se soubesse que fazer parte de uma banda seria um trabalho tão duro, teria continuado a traficar maconha", recordou-se Biro.

Layne não era o único que estava tendo problemas com a fama. Segundo Austin, "As pessoas abordavam a minha filha e diziam: 'Ah, eu conheço você! Você é a namorada do Layne!', e ela dizia: 'Não, eu sou a Demri'. Ela tinha um senso de identidade muito forte desde os dois anos de idade, e começou a perder essa identidade para Layne ao ser identificada como a namorada do Layne. Ele, por sua vez, começou a perder sua própria identidade para a banda". Ela acrescentou: "Houve ocasiões em que as pessoas iam até ele e diziam: 'Ah, eu te conheço! Você é o Alice in Chains!'. E ele dizia: 'Eu pareço uma Alice pra você?'".

Em algum momento entre 1990 e 1991, Layne e Demri ficaram noivos. Austin não sabe os detalhes de quando ou como isso aconteceu, mas diz que Layne comprou um anel Claddagh para Demri, uma joia irlandesa que consiste em duas mãos segurando um coração, em geral encimadas por uma coroa[21]. Recordou-se que Layne e Demri foram visitá-la no Harborview Medical Center, onde trabalhava, para contar a ela sobre o noivado, acrescentando que "depois, tiveram um grande jantar de noivado, lá no Old Spaghetti Factory".

Jim Elmer se recorda que as duas famílias foram jantar para celebrar o noivado. Foram feitos planos para o casamento, embora o noivado tenha sido, por fim, cancelado. Segundo Austin, Layne e Demri escolheram o Kiana Lodge para a cerimônia, local que ficava na Bainbridge Island, que ficava a uma viagem de balsa desde o centro de Seattle[22]. Demri comprou um vestido de casamento de um brechó na Pioneer Square.

Johnny Bacolas se lembra do noivado e crê que ele aconteceu em 1991. Recorda-se de uma vez em que trabalhava no restaurante grego de seu pai, no U District, quando Layne, Mike e Demri vieram visitá-lo. Layne disse a ele que estava noivo. Também se lembra de Mike tomando uma dose de uísque e dizendo: "Eu vou ser padrinho dele!". "Ele é meu irmão. Vou ser padrinho no casamento dele!". Bacolas tomou isso como verdade, porque Mike estava dizendo isso abertamente na presença de Layne e Demri. Quando à postura de Layne, Bacolas disse: "Eles pareciam felizes. Fazia todo sentido, porque ele a amava e, pela lógica, aquele era o próximo passo". Nem Jim Elmer nem Kathleen Austin ouviram dizer que Mike seria padrinho de casamento de Layne. "Nunca chegou a esse ponto", disse Austin. "Não havia uma data. Eles escolheram as cores, mas nunca ninguém me disse quais eram. Mas eu sei que eles estavam muito felizes naquela época".

No rastro do sucesso do clipe de "Man in the Box", Paul Rachman viajou a Seattle para dirigir o clipe de "Hunger Strike", do Temple of the Dog, que foi filmado na primavera de 1991. Foi durante esse período que ele conheceu Demri. Certa noite, ela foi até Rachman e disse a ele: "Eu sou atriz e ia adorar fazer um teste ou qualquer coisa assim". Num guardanapo, escreveu o que Rachman descreveu como "um *headshot* manuscrito", com seu nome, contato e adjetivos como "bonita", "baixa", "falante" e "exótica" para se descrever.

Demri disse a ele que estava fazendo trabalhos como modelo e queria participar de videoclipes e filmes. "Ela realmente precisava se mudar para L.A., mas não foi – achava que conseguiria trabalhos com contatos em L.A. para então viajar até lá para trabalhar, mas isso não funciona assim, na verdade", escreveu Rachman em um e-mail. Sobre a importância do bilhete, ele escreveu: "Aquele bilhete de fato comprova os sonhos profissionais dela"[23].

Depois da filmagem de "Hunger Strike", Rachman saiu pelo centro de Seattle com os membros do Temple of the Dog, e lá ele encontrou Layne e os dois se abraçaram. Rachman se lembra de Layne parecer "um pouco mais gasto" do que alguns meses antes.

No início de junho de 1991, com "Man in the Box" em rotatividade pesada, a Columbia Records já estava pressionando para o lançamento de um novo *single*, no intuito de capitalizar com o sucesso da banda revelação. Rachman também ficou com a impressão de que a gravadora queria outro *single* "para o caso de 'Man in the Box' perder as forças". Ele teve o sinal verde para dirigir o clipe de "Sea of Sorrow", que, segundo ele, a gravadora queria que fosse "um pouco mais conceitual".

A Columbia queria fazer o clipe enquanto a banda estivesse na turnê Clash of the Titans. Rachman pressionava de volta, tentando adiar até que a banda terminasse a turnê e pudesse viajar a Los Angeles ou Nova York, onde ele tinha pessoal e recursos para fazer devidamente o clipe. Mas a Columbia foi taxativa e pediu a Rachman que filmasse o clipe em Salt Lake City, num dia de folga da banda durante a turnê.

O clipe era "altamente conceitual" em termos de design de set, com um orçamento de produção talvez duas vezes maior do que o de "Man in the Box". Porém, segundo Rachman, a insistência da gravadora para que o clipe fosse filmado imediatamente afetou a produção. "Foi provavelmente uma das minhas filmagens mais infernais. Nunca tive tantos problemas. Nós enviamos o equipamento de luz para lá, mais equipamento extra para se alguma coisa acontecesse, e eu precisava de no mínimo quatro holofotes, um para cada cara da banda. Cada um teria uma cor diferente. É claro que dois deles chegaram lá quebrados, então tivemos de achar mais um. A equipe local era muito devagar, então demorou uma eternidade até o set ficar pronto. Esperávamos começar a filmar tipo às oito ou nove da manhã. Só começamos às cinco da tarde".

Rachman disse que os membros da banda estavam "mais malucos. [Agora,] eram meio que rock stars maiores". Outra diferença foi que eles queriam que suas então namoradas aparecessem, mas Rachman não queria fazer um clipe "cafona com garotas roqueiras". Demri não viajou para Salt Lake City para a filmagem, porém Rachman disse que as namoradas de outros integrantes viajaram. Foram ainda escaladas garotas locais de Salt Lake City.

A mudança de atitude não foi só em relação a Rachman. "Eles não estavam mais dando ouvidos a Susan tanto. Todos eles tinham suas próprias ideias. Estavam todos tirando vantagem de um pouco mais de poder e influência. E isso me afetou indiretamente". Rachman recordou-se de Susan e Jerry discutindo sobre a escolha dele da jaqueta que usou no clipe.

"O que aconteceu com esse clipe foi simplesmente trágico", disse Rachman. Ele estava sob pressão da banda e da gravadora. "Então havia algumas ideias estúpidas vindas da banda, e eu estava sendo desafiado pela gravadora a entregar um vídeo altamente conceitual, numa situação difícil, e a filmagem foi um pesadelo". Ele não se sentiu confortável em relação à filmagem quando retornou a Los Angeles, mas, para sua surpresa, gostou do material. "Era muito soturno, dramático e meio viajandão. Havia um tom psicodélico ali. E, se você ouvir a música, há um acorde bem psicodélico nela".

Quando Rachman entregou o primeiro corte do clipe, "Man in the Box" estava no auge de sua popularidade na MTV. A canção ganhou novo impulso quando foi indicada para Melhor Vídeo de Metal / Hard Rock no MTV Video Music Awards de 1991, marcado para setembro. "Em retrospecto, nós não precisávamos ter feito o clipe de 'Sea of Sorrow' naquela pressa, porque, efetivamente, 'Man in the Box' foi mais duradouro e até superou o *single* de 'Sea of Sorrow', que veio depois".

O clipe de "Sea of Sorrow" passou por vários cortes. Rachman discutia insistentemente com a Columbia Records, o que culminou num incidente com ele ao telefone com um vice-presidente da companhia, descrevendo o *feedback* que ele recebia como "tão sem noção, e eles não tinham ideia nenhuma". Rachman perdeu a paciência, mandou o executivo se foder e desligou o telefone na cara dele. Só voltou a a trabalhar com a Columbia Records muitos anos depois. A versão de Rachman do clipe começou a ser exibida, mas a gravadora pegou parte de seu material e deu a outro diretor, que acrescentou imagens em preto e branco que filmou posteriormente. Mais tarde, ambas as versões do clipe apareceriam na internet.

Com "Man in the Box" como seu *single* e clipe de descoberta, o Alice in Chains começava a colher os louros de anos de trabalho duro. Pelo restante de 1991, a banda alcançaria novos picos profissionais, mas, ao mesmo tempo, haveria uma reviravolta sinistra em seu futuro.

CAPÍTULO 13

Quando tomei aquele primeiro pico, pela primeira vez na vida, me ajoelhei e agradeci a Deus por me sentir bem.

— Layne Staley

O Alice in Chains recebeu um convite para abrir a turnê do Van Halen pela América do Norte de agosto de 1991 a janeiro de 1992, com algumas pausas ao longo desse período. Para Mike, foi a culminação de um sonho de adolescência. Em seu anuário do último ano, ele escreveu que seus objetivos eram se tornar um rock star e fazer uma turnê com o Van Halen. Sete anos depois, a missão estava cumprida.

O ex-guitarrista do SATO, Ken Kramer, estava em casa certa noite quando recebeu um telefonema de Mike, que disse: "Cara! Não posso falar muito tempo. Estou com o celular de uma mina e estou no banheiro. A gente vai abrir pro Van Halen! Cara, eu te amo tanto! Queria ligar pra você. Quero que você esteja lá – isso é incrível! Queria compartilhar contigo. Vou tentar ligar para todo mundo que eu conheço antes que ela me encontre!"[1].

Sammy Hagar reivindica o crédito por colocar o Alice in Chains na turnê. "Eu escolhi a banda", disse ele ao *Seattle Post-Intelligencer*. "Eu disse: 'Vamos achar uma banda nova bacana que precise de exposição'. Estava assistindo à MTV e vi o clipe [de 'Man in the Box']. Layne [Staley] é um dos melhores novos cantores da atualidade"[2].

No dia 5 de setembro, ambas as bandas estavam no Universal Amphitheatre, em Los Angeles, para o MTV Music Awards, e ambas estavam concorrendo. Paul Rachman estava com a banda na cerimônia. Ele se lembra de ver uma entrevista do Metallica no tapete vermelho ser exibida no telão no interior do anfiteatro. Quando questionados sobre quem eles achavam que deveria vencer, responderam "Man in the Box". Quando chegou a hora de anunciar o vencedor de Melhor Clipe de Metal / Hard Rock, Rachman, que estava sentado algumas fileiras atrás da banda, recorda-se que "estava sentado lá no MTV Awards, eles começam a anunciar, 'A...', e eu pensei que seria Alice in Chains, mas era o Aerosmith. Pensei, tipo, '*Ah, merda*'"[3].

Foi também durante essa turnê que um novo elemento seria acrescentado à mistura do Alice in Chains, elemento esse que teria repercussões em todos ao longo de anos, de maneiras que eles provavelmente não seriam capazes de imaginar.

Se há uma vilã nesta história, seria inquestionavelmente a heroína. Nenhuma biografia do Alice in Chains poderia ser considerada digna de credibilidade sem examinar o papel decisivo e, por fim, destrutivo da droga na arte e na vida pessoal da banda, particularmente para Layne e Mike Starr.

Ninguém sabe exatamente quando ou como a heroína apareceu pela primeira vez na cena musical de Seattle, mas a estimativa geral é que isso aconteceu em algum momento dos anos 1980. "Em 1982, à medida que a cena musical se expandia e a recessão atingia Seattle, todos nós percebemos um enorme influxo de heroína e pílulas", escreveu Duff McKagan em suas memórias. "De repente, o vício disparou entre meu círculo de amigos, e as mortes por overdose se tornaram quase que um lugar-comum. Testemunhei uma overdose pela primeira vez aos dezoito anos. Vi o primeiro amor da minha vida definhar por causa da heroína, e uma das minhas bandas implodir pelo mesmo motivo. Quando eu tinha vinte e três anos, dois dos meus melhores amigos já tinham morrido de overdose de heroína". Ele ainda acrescentou: "Em Seattle, a heroína estava se tornando rapidamente um item importante na dieta de praticamente todo mundo – não só dos músicos. Com uma cerveja na mão, observei a droga tomar a cidade durante o primeiro mandato de Ronald Reagan como presidente; à medida que os empregos desapareciam, a heroína se espalhava pelo vácuo deixado nas vidas das pessoas. Até 1982, eu tinha ouvido falar de heroína, mas raramente a via. Então, de súbito, comecei a ver muitos dos moleques mais velhos passarem a usar heroína abertamente. À medida que meus contemporâneos perdiam seus empregos, a droga se espalhava rapidamente. Estaria por todo lugar em 1983"[4].

Evan Sheeley disse: "O que estava acontecendo em Seattle foi que, de algum modo, durante os primeiros momentos do grunge, a heroína entrou em cena. Na minha época, quando eu tocava, era maconha, cocaína, álcool. Basicamente essas três coisas. [Ácido e cogumelos] antes disso. Isso nos anos 60 e 70. Mais tarde, nos anos 80, era mais cocaína, álcool e maconha. Em algum momento ao longo do caminho, de meados pro final dos anos 80, a heroína se esgueirou na cena, de algum modo. Não sei como, não sei o porquê, mas, qualquer que seja o motivo, parece que aquela geração de músicos... alguns deles infelizmente se agarraram a ela".

Bob Timmins, conselheiro de dependentes químicos que foi viciado em heroína por dezesseis anos, trabalhou com vários músicos de Seattle. Ele disse que os músicos com quem trabalha são "muito bem sucedidos, e isso dá a eles um senso de poder e controle – de que eles são imunes e capazes de controlar o uso", e essa negação os torna viciados típicos[5].

O uso de heroína estava em alta em Seattle durante o final dos anos 1980 e início dos 1990. As mortes relacionadas à heroína aumentaram de 32, em 1986, para 59, em 1992, um aumento de 84%. As overdoses de heroína atingiram um "nível recorde" quando 410 foram registradas no Harborview Medical Center nos primeiros seis meses de 1993. Porém, segundo uma reportagem de 1994 do *Seattle Times*, o uso de heroína também estava em ascensão por todo o país[6].

Susan comentou sobre a heroína no documentário *Hype!*, de 1996. "É de partir a porra do coração ver o quão desiludidas as pessoas ficam, a ponto desse escapismo ser tão buscado", observou. Antes mesmo de o uso de heroína ter entrado no círculo do Alice in Chains, Susan já tinha experiência com a droga por conta de seu irmão, Bruce, que era viciado[7].

O acontecimento que deveria ter tido a relevância e o impacto dissuasivo mais imediatos sobre o Alice in Chains e seus contemporâneos foi a morte de Andrew Wood em 1990. Porém, não teve.

Uma das questões centrais da história do Alice in Chains é quando e como a heroína entrou em cena. O uso casual de drogas já fazia parte das atividades recreativas da banda muito antes deles assinarem um contrato com uma gravadora. John Starr, pai de Mike e também viciado em heroína, disse ao biógrafo de Mike que foi Demri quem apresentou a heroína a Layne: "As drogas vieram como resultado da conexão de Layne com Demri. Eles não usavam drogas até começarem a fazer turnês. Eu a adorava; nós nos dávamos muito bem. Mike, Layne e ela se divertiam juntos mais do que qualquer um na turnê. Mas ela apresentou a heroína a Layne. E Layne apresentou a heroína a Mike"[8].

A mãe de Demri, Kathleen Austin, não refuta essa alegação, mas aponta que não sabe quando ou como Demri usou heroína pela primeira vez, pois sua filha nunca contou a ela. "Minha filha me contava quase tudo. Me contava coisas que eu não queria saber. Mas ela nunca me chamou e disse: 'Ei, mãe, adivinha? Usei heroína ontem à noite'. Isso é algo que a maioria das pessoas não quer que as outras saibam".

Segundo múltiplas fontes, a alegação de John Starr é legítima. Layne disse a Johnny Bacolas que começou a usar heroína durante a turnê com o Van Halen. Segundo Greg Prato, Bacolas disse: "Eu perguntei a ele: 'Como isso aconteceu?'.

Suas palavras exatas foram: 'Johnny, quando eu tomei aquele primeiro pico, pela primeira vez na vida, me ajoelhei e agradeci a Deus por me sentir bem'. Daí em diante, ele não parou mais"[9].

"Ele ia injetar no quarto e, quando saía, parecia muito relaxado e em paz com tudo", explicou Bacolas. "Algumas vezes, eu dizia: 'Como é? Como você se sente?'. E ele só me dizia: 'Tudo fica muito sereno'".

Bacolas perguntou a Layne como seu uso de heroína começou. Ele se recorda de Layne dizendo a ele que a cocaína tinha acabado, e Demri saiu para procurar mais, mas acabou voltando com heroína. Diz Bacolas que esta é a sua lembrança mais clara de quando e como Layne experimentou heroína pela primeira vez, como contado a ele pelo próprio Layne. Em relação ao uso de Demri, Bacolas disse: "Acho que, àquela altura, ela estava usando só de vez em quando. Não sei o quão seriamente ela usava, mas era o bastante para ela aceitar quando alguém oferecia a ela".

O produtor do Alice in Chains, Dave Jerden, forneceu um *insight* que pode confirmar o relato de Bacolas. Ele disse inequivocamente que Layne não estava usando heroína durante as gravações de *Facelift*, relato que é corroborado por Ronnie Champagne. Solicitado a comentar sobre o relato de Bacolas, Jerden disse: "Isso é totalmente possível. Fui ao Arizona e os vi tocar com o Van Halen. Layne estava definitivamente agindo diferente àquela altura. Ele usava cocaína e bebia muito, então não sei se ele estava bêbado ou qualquer coisa assim, mas ele não era o mesmo. Em geral, ele era sociável e mandava piadas o tempo todo. Fui até o ônibus de turnê e me encontrei com a banda antes do show, e o Layne estava bem quieto. Não sei o que estava se passando com ele. Ele era o único a usar, além de, depois, Mike Starr, é claro. Jerry nunca usou heroína; nem Sean".

Durante essa visita, Jerden perguntou a Layne, na brincadeira: "Como é ser famoso?".

Layne, sério, respondeu: "Está me deixando louco. As pessoas me tratam como um objeto. Não sou mais uma pessoa. Sou um *commodity* que está aí para ser vendido. As pessoas não sabem realmente quem eu sou. Pegam coisas de mim".

"Era como se ele não estivesse conversando comigo, mas fazendo uma declaração para o universo. Ele não estava sendo virulento, apenas muito honesto", recordou-se Jerden. Ele comparou o que Layne vinha passando com a Beatlemania.

Jerden disse ainda que ouviu que Demri tinha apresentado a heroína a Layne de uma fonte próxima ao círculo do Jane's Addiction – outra banda com a qual ele tinha trabalhado.

Não se sabe por que Layne decidiu experimentar heroína depois de se posicionar abertamente contra a droga, alguns anos antes. Segundo Nick Pollock, "Todo mundo tem de viver com seu papel nesta vida. Ninguém deve ser crucificado por causa disso. Layne fez as escolhas dele. Ele escolheu usar drogas. Ele escolheu continuar a usar drogas para compensar por outras coisas".

Pode ser fácil culpar Demri, mas isso absolveria Layne de toda responsabilidade pessoal por sua decisão. Deve-se notar que, mesmo antes de alcançar o sucesso, Layne já tivera envolvimento com drogas – usou maconha, cocaína, cogumelos e ácido, no mínimo. Era um problema sério o bastante para que seus antigos companheiros de banda organizassem sua própria intervenção particular. Por outro lado, apontou Kathleen Austin, "as pessoas que amavam Demri culparam Layne pelo vício dela. É isso o que acontece quando se ama alguém e essa pessoa anda com outro alguém com quem faz coisas ruins juntos. Não se culpa a pessoa em si. Você diz: 'Ah, são os amigos dela'. 'Ah, ela está andando com uma turma ruim'".

Embora a princípio ninguém tenha notado, Mike vinha colocando nomes na lista de convidados, mas só bem depois foi que a banda e a equipe descobriram por quê. "A certa altura, nós percebemos. 'Cara, ele tem uma porra de uma família enorme'", disse Randy Brio. "O Mike colocava nomes na lista de convidados todas as noites. E ele pegava as entradas de cortesia e as revendia". O pessoal da segurança do Van Halen pegou Mike vendendo ingresso como cambista na frente do local de um dos shows. Segundo múltiplas fontes, Mike foi pego trocando ou vendendo passes de *backstage*, nomes na lista de convidados do Alice in Chains ou ingressos de cortesia para conseguir drogas ou dinheiro em várias ocasiões[10]. Esse problema provavelmente foi um fator que contribuiu para a decisão de despedi-lo da banda no início de 1993.

Mike disse a Mark Yarm que fazia isso para conseguir drogas para Layne[11]. Biro contesta essa afirmação. "Demri chegava para mim e dizia: 'Garanto que consigo achar droga nessa arena'. E eu: 'Mentira'. Estávamos numa porra de alguma cidadezinha caipira no meio do nada, e ela entrava na arena, achava heroína e trazia a pessoa para o *backstage*". Ele acrescentou: "Layne nunca precisou de ninguém para caçar drogas para ele. As pessoas vinham até nós. Especialmente [depois do] Van Halen; estávamos começando a ser reconhecidos. Foi um grande ponto de virada, e as pessoas começaram a vir até nós".

Deve-se notar, ainda, que nem tudo o que aconteceu na turnê com o Van Halen foi ruim. Segundo Shoaf, Eddie Van Halen passou muito tempo no ônibus do Alice in Chains e se tornou um bom amigo de Jerry, amizade essa que dura até hoje. Nas palavras de Jerry, "ele passava mais tempo no nosso camarim do que no da banda dele".

Em dado momento, Jerry expressou interesse em comprar uma das guitarras e um dos amplificadores de Eddie Van Halen, proposta que Eddie recusou. Depois que a turnê acabou, Jerry foi até a casa de Kelly Curtis, onde ainda vivia no porão. Curtis pediu a ele que tirasse de lá os amplificadores e guitarras que Van Halen enviara de presente, que estavam ocupando a garagem toda[12]. Michael Anthony deu vários de seus baixos Spector que não estava usando para Mike, além de alguns cabeçotes Mesa Boogie.

Havia pegadinhas entre as duas bandas. O Van Halen aprontou quatro pegadinhas com o Alice in Chains durante um set, que consistiram em faixas de fita adesiva com o lado grudento voltado para cima por todo o palco, um grupo de strippers feias que ficou no palco durante uma música, um dos técnicos usando uma fantasia do desenho animado Little Bo Peep, com ovelhas de verdade, e, durante "Man in the Box", música que encerrava o set, a equipe do Van Halen entrou no palco e começou a desmontar o equipamento enquanto eles ainda tocavam. "Deixaram Sean só com o bumbo e uma caixa, e eu, só com um cabeçote. Desplugaram Mike Starr. E isso foi só em um único set!", disse Jerry.

O Alice in Chains ficou determinado a rir por último. "O Van Halen costumava desfilar pelo palco, era a marca registrada deles, e, na época, eles usavam umas cuecas minúsculas que, depois, vendiam para as garotas na plateia. Cuecas *bem* minúsculas", disse Jerry. "Então nós pegamos algumas delas e as vestimos – é claro que elas não eram grandes o bastante para segurar nossos pacotes, então precisamos vesti-las ao contrário, com o lado da bunda para frente – e colocamos umas botas de soldado, nos fantasiamos de strippers e fizemos o desfile típico do Van Halen pelo palco atrás deles, e eles não perceberam, exceto Alex". Ele acrescenta: "Tem uma foto ótima disso, bem quando o Eddie se vira e se dá conta do que está acontecendo, totalmente perdido. Ele é um desses caras que nunca erram. Já o vi tocar em tantos estados de espírito diferentes, e ele está sempre na mosca, mas ouvi-lo errar algumas notas enquanto ria da gente foi ótimo". Há uma foto disso na internet[13].

As ambições da banda para *Facelift* eram bem baixas, para começo de conversa. "Quando o Alice in Chains lotou a Central Tavern por duas noite seguidas, foi aí que eu fiquei completamente satisfeito", disse Layne à MTV. "Foi aí que meus sonhos se tornaram realidade. Em Seattle, eu era um rock star. As gravadoras começaram a aparecer, mas eu nunca nem tinha pensado nisso. Ser um astro em Seattle já era o bastante, para mim"[14]. Em setembro de 1991, o trabalho duro da banda já tinha sido recompensado. Treze meses após o lançamento, *Facelift* ganhou um disco de ouro por mais de quinhentas mil cópias vendidas – foi a primeira banda grunge de Seattle a atingir esse marco. Esse patamar seria atingido e superado depois que o Pearl Jam e o Nirvana lançaram os históricos *Ten* e *Nevermind* em respectivamente 27 de agosto e 24 de setembro do mesmo ano[15].

Uma vez que o dinheiro começou a entrar, os integrantes da banda foram modestos em relação ao que fizeram com ele, comprando casas e carros. Segundo Ken Deans, "a [coisa] mais doida que Sean já fez foi comprar um Porsche. E comprou umas duas motos Harley legais. Jerry comprou uma picape bem legal. Uma Dodge, que entregava suas raízes de Oklahoma. Ninguém comprou uma Ferrari. Todos eles vivem em casas razoavelmente modestas hoje em dia. Eles nunca realmente deram uma de rock stars gigantescos". Segundo Aaron Woodruff, a primeira coisa que Mike comprou foi um Nissan 300ZX, pelo qual pagou US$ 36 mil em dinheiro.

Layne contou a história sobre como, depois de conseguir seu primeiro cartão de crédito, estourou os limites nos primeiros três meses em maratonas de compras na Toys "R" Us. Na mesma entrevista, ele disse ainda que "depois que recebi meu primeiro disco de ouro, um amigo veio em casa com cocaína, e nós tiramos o disco de ouro da parede, porque esse era um sonho que eu tinha. Se eu ganhasse um disco de ouro, ia cheirar minha primeira carreira de cocaína sobre ele"[16].

Embora seja plausível que ele tinha cheirado cocaína sobre o disco de ouro, sua afirmação de que aquela foi a primeira vez que experimentou a droga é claramente uma inverdade. Múltiplas fontes atestaram que Layne já usava cocaína desde meados dos anos 1980[17].

À medida que o dinheiro entrava, Jim Elmer disse que Layne trabalhava com um contador para organizar suas finanças, elaborou um orçamento e pagou seus cartões de crédito por meio de uma conta fiduciária. Elmer descreveu Layne e seu contador como "conservadores" no que dizia respeito ao gerenciamento e ao gasto do dinheiro. Em relação às despesas pessoais de Layne, Elmer disse que, uma vez que ele ganhou dinheiro, comprou um carro, videogames e, depois, um apartamento.

CAPÍTULO 14

Podemos pedir a ela para cantar aquela música "Barracuda"?
— **Sean Kinney**

No outono de 1991, a banda agendou horas de gravação no London Bridge Studios, onde trabalharia com Rick Parashar como produtor. *Sap* emergiu da demo bancada por Cameron Crowe para *Singles*. Embora "Would?" já estivesse reservada para o filme, a questão era o que fazer com o restante do material. "Tínhamos todo aquele material acústico, e pensamos: '*Que porra podemos fazer com isso? Somos uma banda de hard rock/metal*'. Achamos ainda que as pessoas poderiam não curtir", recordou-se Jerry[1]. Segundo as notas de encarte de *Music Bank*, o título ocorreu a Sean durante um sonho, no qual o título do EP foi anunciado numa coletiva de imprensa. "Em respeito ao *déjà vu*, o nome pegou"[2].

Os engenheiros de som assistentes Dave Hillis e Jonathan Plum dão crédito a Rick Parashar por auxiliar Layne e Jerry a desenvolver suas harmonias vocais, possivelmente desde a demo original de 1988 que ajudou a banda a conseguir um contrato. "Ao trabalhar em tantos discos na técnica com o Rick, [entendi] que parte de seu estilo e técnica de produção é sentar-se ao piano com os cantores e ajudar a compor as harmonias. Acho que ele fez isso com o Temple of the Dog também. É parte de quase todo disco no qual ele trabalha. É definitivamente um de seus pontos fortes, um dos principais aspectos pelos quais ele é contratado e conhecido como produtor", disse Hillis, que também trabalhou com Parashar em *Ten*, do Pearl Jam. "Não houve uma única vez em que trabalhei com ele que ele não fez isso. Sempre foi parte de seu estilo de produção trabalhar bastante os vocais, combinar *takes* diferentes de faixas de vocal e elaborar algo a partir disso, ter ideias de harmonias, sentar-se ao piano, fazer as partes de harmonia ou fazer os vocalistas as cantarem para ele desde o início".

Segundo Hillis, Parashar comandava o estúdio com rédea curta. "Quando Rick estava lá, o negócio era sério. Houve algumas festas no London Bridge com as quais os caras do Alice estavam envolvidos, mas não durante as sessões de gravação. Se houve algum tipo de uso de drogas durante as gravações, como as das demos de *Dirt* ou alguma outra, foi quando Layne ia escondido para o banheiro ou algo assim. Enquanto trabalhávamos no disco, não houve farra".

Jonathan Plum, então com vinte anos, era um estudante da Central Washington University que vinha trabalhando como engenheiro de som com outras bandas quando, por meio de contatos em comum, descobriu que Rick Parashar estava à procura de um engenheiro de som assistente. Candidatou-se e conseguiu o posto, que começou como um estágio não remunerado de três meses. "Eu trabalhava umas dezesseis horas por dia, todos os dias, e o salário era terrível, mas era com o Alice in Chains", disse ele.

Nas duas primeiras semanas de trabalho, Plum notou que uma semana e meia de horas de estúdio estava reservada no calendário para o Alice in Chains. Ele admite que ficou "superempolgado", já que era fã da banda desde que viu o show no Bumbershoot, em 1991. Layne foi amigável e educado com a equipe do estúdio. "De todos os caras, ele parecia o mais pé no chão, o mais humilde", recordou-se Plum. "Ele sempre chegava no estúdio meio tarde, porque era sempre o show do Jerry. O Jerry parecia fazer tudo sozinho, e o Layne chegava depois. Mas ele era extremamente amigável comigo, me perguntava da minha história, como consegui o trabalho ali, e como tinha sido o meu dia. Eu sempre achei isso muito legal".

Plum acrescentou: "O Jerry era muito focado; ele era a força criativa da banda, pelo que eu entendia, e ele é muito intenso. Não era o tipo de cara que parava e dizia: 'E aí, como vai?', ou que tinha interesse em me conhecer, então eu ficava meio que um pouco impressionado com ele. Mas eu também me mantinha meio que longe, porque eu sabia que ele não estava interessado de maneira alguma na minha existência, a menos que precisasse de café ou que eu o ajudasse a ajustar algo, ou se calhasse de ser eu quem estava operando o gravador, aí então ele teria de lidar comigo".

Embora Layne provavelmente já estivesse usando heroína a essa altura, Plum não chegou a ver evidência alguma de drogas durante a gravação de *Sap*. O único episódio envolvendo drogas do qual ele teve conhecimento direto foi quando conheceu Mike, que lhe disse estar louco de ecstasy desde a noite anterior.

Hillis notou que Layne estava diferente. "Ele não era o Layne que eu conhecia da época do Music Bank; ele não estava, tipo, totalmente envolvido. Pensando agora, em retrospecto, é certo que ele provavelmente estava mexendo com drogas. Mas não estava tão envolvido – estava mais quieto, na dele. Não me lembro de tê-lo visto muito [nesse período]. Acho que houve alguns problemas por ele ficar tempo demais no banheiro. Acredito que Jerry e os outros estavam tentando manter isso debaixo do pano, porque não queriam que Rick soubesse. Rick torcia o nariz para qualquer coisa desse tipo, em especial dentro do estúdio. Ele era muito, muito antidrogas de modo geral".

Plum também se recordou de Mike regravando uma faixa de baixo que Jerry tinha feito. "Ele me disse que a principal razão pela qual queria refazer a faixa era que tinha medo de sua mãe ouvir e ser capaz de notar que não era ele tocando baixo na gravação".

"Jerry tinha gravado uma faixa de baixo, e Mike quis voltar ao estúdio e substituí-la. Ele disse que estava satisfeito com a faixa, que soava bem, mas que só queria tocá-la ele mesmo, porque tinha medo de sua mãe ouvir e dizer: 'Não é você tocando!'. Acho que era meio que uma piada".

Um momento de destaque foi quando Ann e Nancy Wilson foram ao estúdio para gravar vocais. "Me lembro disso muito, muito claramente, porque estávamos todos muito empolgados e meio nervosos", disse Plum. Em dado momento, Sean perguntou a Parashar: "Podemos pedir a ela [Ann] para cantar aquela música 'Barracuda'?", referindo-se à canção clássica do Heart.

"Eu não vou pedir a ela. Se quiser, peça você".

Parashar passou o interfone da técnica para Sean, de modo que Ann pudesse ouvi-lo de dentro do estúdio. "Ann, no final da música, você poderia fazer aquele *Ooooh, barracuda*?".

Segundo Plum, "Ann tirou os fones de ouvido, entrou na técnica e se sentou ao lado de Sean e de quem mais estava lá, acho que Jerry".

"Olha só, daqui dez anos, quando vocês estiverem enjoados pra caralho de tocar 'Man in the Box', a última coisa que vão querer é alguém pedindo para vocês cantarem 'Man in the Box' na música de outra pessoa", disse ela a Sean, segundo o relato de Plum.

"Ela basicamente deu uma lição neles... de por que não era legal pedir aquilo. A sala toda ficou em silêncio, do tipo '*OK, você está certa; desculpe-nos*'".

Chris Cornell e Mark Arm foram ao estúdio para gravar vocais como convidados em "Right Turn", canção que seria creditada a Alice Mudgarden – um *mash-up* das três bandas envolvidas: o Alice in Chains, o Mudhoney e o Soundgarden.

"Foi o Jerry Cantrell quem ligou e me convidou para cantar em *Sap*. Eu fiquei surpreso, falei algo do tipo: 'Por que você ia querer que eu cantasse?'. Eu entendia por que eles queriam que Chris Cornell cantasse", disse Arm a Greg Prato[3].

"Me lembro do Mark chegar bem nervoso", disse Hillis. "Começamos a conversar no lobby, ele tinha trazido um *six-pack* de cerveja e começou a beber uma, porque estava bem nervoso. Eu perguntei: 'O que foi, cara? Por que você está tão nervoso?'. E era porque Chris Cornell estava lá, além de Layne e Ann. 'Todos eles cantam muito bem, e eu não me encaixo. Minha voz não é como a de um cantor como eles'. Me lembro de meio que incentivá-lo: 'Cara, você vai se sair muito bem. Vai ser ótimo'".

"Também fiquei curioso sobre o que Rick, o produtor, ia achar do Mark, porque ele era bem diferente, e eu sei que Rick não era muito familiarizado com aquele tipo de música, com o estilo do Mudhoney e de Mark. Lembro que, assim que ele cantou, Rick olhou para mim e disse: 'Isso é ótimo!'".

Por outro lado, Parashar teve de incentivar Cornell a se conter um pouco em sua performance. "Quando Cornell chegou, ele insistia em cantar a plenos pulmões como sempre faz, e eu me lembro de Rick sacaneando bastante com ele. 'Bem, vamos tentar desse outro jeito', meio que tirando onda com ele, não o deixando cantar a plenos pulmões com o clássico grito agudo de Cornell e tal", disse Hillis.

Plum disse que ele e Parashar passaram uma noite e a manhã seguinte ajustando microfones e timbrando a bateria de Sean. Quando a banda chegou, Plum e Parashar estavam trabalhando em *overdubs* e acharam que eles iam tocar. Mas os planos da banda eram outros. "Eles ficaram de bobeira o dia todo, e por fim tocaram uma música, mas cada um tocou um instrumento diferente. Layne tocou bateria, Sean cantou, e era 'Love Song'" [Jerry e Mike trocaram de lugar na guitarra e no baixo]. "Foi idiota. Quer dizer, eles só estavam de sacanagem, e eu fiquei puto por termos gastado todo aquele tempo e esforços para que a bateria soasse incrível e eles compuseram uma música idiota. Era uma piada. Estavam entediados. Não sei por que fizeram aquilo – mas simplesmente fizeram", recordou-se Plum.

Rocky Schenck recebeu um telefonema da banda para discutir ideias para a arte da capa. Schenck tem "bastante certeza" de que foi Sean quem apareceu com o conceito da capa. No dia 22 de dezembro de 1991, Schenck e seu assistente foram ao Griffith Park e tiraram fotos de vários baldes de madeira diferentes, pendurados em torneiras fincadas em árvores. "Consegui algumas imagens ótimas de quatro baldes pendurados numa árvore antiga e enorme, com cada balde representando um membro da banda, mas eles acabaram usando a foto de um único balde", escreveu Schenck.

Para a contracapa, Schenck viajou a Seattle para uma sessão de fotos com a banda, que aconteceu no dia 3 de janeiro de 1992. Ele tirou várias fotos diferentes, as quais acredita nunca terem sido publicadas. A ideia da banda – que enfim se tornou a contracapa do EP – era uma imagem dos quatro urinando em fotos deles mesmos tiradas anteriormente por Schenck. Nessa mesma noite, todos eles foram ver o Pearl Jam se apresentar no Rock Candy. Schenck escreveu que foi "uma grande noite e um grande show", e diz que foi nessa noite que conheceu Demri e que ela "foi muito doce comigo"[4].

A essa altura, a natureza e a extensão do problema de Layne com drogas era provavelmente um segredo bem guardado. Porém, de algum modo as notícias chegaram até sua ex-namorada Chrissy Chacos. Em certo momento no início dos anos 1990, ela tinha experimentado heroína e Layne tinha ficado sabendo. "Eu estava no Vogue e Layne me confrontou – tipo: 'Ouvi dizer que você está fumando heroína. Não é pra você fazer isso', blá blá blá. E eu respondi: 'Bom, eu ouvi dizer que você está injetando", disse ela.

Ron Holt, amigo de Layne que enfrentou sua própria batalha com a heroína, disse que "há algo que acontece quando você é um viciado, quando se torna algo ruim e você quer parar. Você quer de fato parar, mesmo quando se mantém realista e aceita a situação. Antes de você ceder, há momentos em que você tenta parar e diz: 'Vou parar... Minha gravadora quer que eu pare', ou qualquer coisa do tipo". Holt acrescentou: "Você estabelece um limite, mas você o quebra. Então, vai usar de novo, e de novo, repetidamente. Você usa tantas vezes mais que, em dado momento, diz para si mesmo: '*Não consigo manter a porra de uma promessa nem para mim mesmo. De que porra adianta?*'. Então você começa a perder a fé na sua capacidade [de parar]".

"E aí você se agarra a algo, então quando encontra alguma coisa que consegue fazer ou à qual se agarrar, você tende a superenfatizar e a desligar todo o resto com o qual você fracassa". Segundo a explicação de Holt, "o que acontece é que você fica nesse estado de espírito por tanto tempo que, quando finalmente fica limpo, como aconteceu comigo, descobre: '*Uau! Eu não sou mais Ron Holt, o Conquistador, ou o cara criativo. Sou essa pessoa derrubada e amedrontada*'. Acho que foi isso o que Layne se tornou. Acredito que ele poderia, e, no fundo, provavelmente desejava, ter criado mais do que criou".

Em algum ponto durante esse período, Layne foi para a reabilitação pela primeira vez. Embora tivesse tido problemas com drogas durante a adolescência, Jim Elmer não tinha ideia do quão sério era seu consumo de drogas até que recebeu um telefonema dos agentes de Layne, que disseram a ele: "Precisamos fazer uma intervenção".

"Foi então que caiu a ficha de que aquilo era muito sério", disse Elmer. Ele conversou com Susan, que queria um membro da família presente para demonstrar apoio. Elmer acredita que a mãe de Layne – de quem ele tinha se divorciado alguns anos antes – estava morando no Alaska na época. Ele concordou em participar da intervenção, que aconteceria no escritório de Susan, com ela, os outros membros da banda e pelo menos um representante da gravadora. Sobre a reação de Layne, Elmer disse: "Ele ficou bem surpreso, porque é mesmo para ser uma surpresa".

"Ele não tentou fugir. Foi respeitoso com o processo. Todos expressaram seus pensamentos e preocupações e falaram sobre o que ele significava para todos que estavam presentes ali. Quando terminamos, ele concordou em ir". Ele mesmo deu entrada na clínica, sozinho, no dia seguinte.

Tendo como base várias entrevistas e análises da agenda de gravações e de turnês da banda na época, é de se imaginar que isso aconteceu em algum momento na segunda metade de 1991 ou no início de 1992. Layne foi para o Valley General Hospital, em Monroe, Washington – a mesma clínica na qual Andrew Wood deu entrada em 1989. Os outros pacientes sabiam que tinham uma celebridade entre eles.

Segundo Kathleen Austin, "fui visitá-lo numa tarde de domingo. Acho que Jerry e Sean tinham estado lá e foram embora quando cheguei. Acho que os vi. Layne estava sentado ao ar livre, conversando numa mesa de piquenique, quando de repente começa a tocar o som do Alice in Chains". Austin diz que ele não deu entrada na clínica disfarçado, mas que queria se manter discreto.

Alguém – presumivelmente outro paciente – tinha trazido um VHS de *Live Facelift*, e pessoas o estavam assistindo na clínica durante as horas de visitação, sabendo quem Layne era e que ele era um paciente ali. "Ele ficou devastado. Começou a chorar. Porque dali em diante, ele não era mais um cara com um problema de dependência química buscando tratamento, ele era o Alice in Chains", disse Austin. A mãe e o padrasto de Layne estimaram que ele foi para a reabilitação aproximadamente doze ou treze vezes ao longo dos anos[5].

Porém, mesmo com *Sap* concluído e com lançamento agendado para fevereiro, e com a primeira tentativa de reabilitação de Layne, a banda se preparava para compor e gravar a devida sequência de *Facelift*. Nesse processo, criariam sua obra-prima.

CAPÍTULO 15

A porra da cidade entrou em chamas.
— Jerry Cantrell

No final de 1991 ou início de 1992, o Alice in Chains retornou ao London Bridge Studios para começar a trabalhar numa demo para seu segundo álbum. Rick Parashar seria o produtor e Dave Hillis, o engenheiro de som. "Acho que, na época, pensei que estávamos de fato fazendo um disco com eles. Como eu disse, era sempre... Você nunca sabia realmente – tudo era meio vago", disse Hillis. As sessões de gravação da demo levaram de duas a três semanas e foram bem rotineiras. Segundo Hillis, as músicas estavam razoavelmente bem desenvolvidas, à época. Talvez tivessem títulos provisórios de trabalho, mas ele não se lembra quais eram.

Layne tinha expandido seus horizontes musicais em alguns aspectos, possivelmente como resultado das experiências da banda na turnê de *Facelift*. "Em *Dirt*, lembro do Layne começar a curtir Slayer. Não sei o quanto isso influenciou a banda, mas me lembro disso porque ele falava comigo sobre esse tipo de coisa, porque ele sabia do meu *background* da época inicial do metal e que a minha banda [Mace] tinha aberto para o Slayer".

John Starr ficava pelo estúdio enquanto a banda trabalhava na demo. Hillis se recorda de ouvir que havia "meio que um problema" com o fato dele passar muito tempo lá e que talvez os dois Starrs estivessem "de farra juntos". Em dado momento, Mike pediu por uma cópia bruta do material que tinha sido gravado. Parashar disse a Hillis que fizesse algumas mixagens. Hillis ficou animado, porque teve a oportunidade de mexer nas músicas e mixá-las ele próprio. Fez uma mixagem bruta para Mike, sem fazer uma cópia para si mesmo – decisão da qual se arrependeria depois. Anos mais tarde, encontrou-se com Mike, que lhe disse: "Cara, minha versão favorita de *Dirt* é a que você fez pra mim!".

Jerry, Nick Terzo e Dave Jerden estavam dando uma olhada em estúdios diferentes para gravar o álbum. Consideraram São Francisco como um ponto possível, na metade do caminho entre Seattle e Los Angeles. Marcaram de conhecer um estúdio sem dizer quem era a banda, quando o gerente apareceu e disse: "Ah, não, vocês não podem vir hoje. Estamos com uma banda muito importante aqui". Dispensaram o estúdio, embora fosse sua primeira opção. Jerden nem se lembra quem era a outra banda, mas disse que eles não viraram nada.

Também consideraram o Skywalker Sound, localizado no rancho de 16 km² de George Lucas, a cerca de quarenta minutos ao norte de São Francisco, mas era muito caro[1]. Por fim, decidiram gravar em LA. Jerden acha que a única razão para isso foi porque ele queria fazer o disco no One on One Recording Studios, mais conhecido como o estúdio onde o Metallica gravou ...And Justice for All e o Black Album.

A banda alugou uma casa nas montanhas perto de Malibu, onde moraram e ensaiaram por cerca de cinco dias antes de entrar em estúdio. Jerry tinha altas expectativas. "Estávamos bolando todo um repertório que era totalmente agressivo. Superpotente, com um conteúdo muito pesado nas letras. Era um passo adiante muito sério em relação a Facelift – artisticamente, eu o compararia ao Nirvana de Bleach para o Nirvana de Nevermind. Para muita gente, é um disco que tem seu próprio universo", disse Jerry a Greg Prato[2].

Um fator que afetou a realização do álbum foi o relapso de Layne. O Alice in Chains vinha trabalhando com o especialista em dependência química Bob Timmins. Numa entrevista de 1994 ao Seattle Times, Timmins disse que desde que a cena grunge de Seattle decolou em 1991, ele foi chamado à cidade para trabalhar com seis músicos de três bandas proeminentes. "Curiosamente, tudo por causa da heroína"[3].

Segundo Jerden, Timmins era o conselheiro de Layne. Layne ouviu dizer que Timmins tinha se gabado numa festa sobre como ele tinha "pego" o vocalista do Alice in Chains. Ficou furioso e começou a usar drogas de novo. Jerden criticou o modus operandi de Timmins, dizendo que "ele era notório por fazer intervenções em bandas nas quais ele simplesmente aparecia num show, quando alguém da banda tinha algum problema, e cobrava quarenta mil dólares por uma intervenção. O AA deve ser gratuito, e esse cara estava cobrando caro por algo que Layne poderia conseguir de graça". Timmins morreu em 2008[4].

Quando eles entraram no estúdio para começar a gravar, Jerden disse que as músicas estavam bem desenvolvidas e que a demo feita no London Bridge estava ótima. Os trabalhos no álbum começaram por volta de 27 de abril de 1992. Bryan Carlstrom passou os dois primeiros dias registrando som até que eventos de força maior levaram o estúdio e a cidade a uma parada abrupta. No dia 29 de abril, um grande júri absolveu quatro policiais de Los Angeles de espancar Rodney King. Multidões enfurecidas tomaram as ruas por horas de tumultos e destruição. Lojas foram saqueadas, motoristas foram espancados e mais de

150 incêndios foram provocados. Na manhã seguinte, quatro pessoas estavam mortas e pelo menos 106 estavam hospitalizadas. Ao longo de um período de seis dias, mais de três mil prédios e negócios foram destruídos, resultando em danos estimados em US$ 1 bilhão e em quarenta e cinco mortes[5].

Jerry estava no meio de tudo quando os tumultos começaram. "Eu estava de fato numa loja comprando cerveja quando uns caras entraram e começaram a saquear o lugar. Também fiquei preso no trânsito e vi gente puxando as pessoas dos carros e dando uma surra nelas. Foi algo bem assustador pelo qual passar, e aquilo definitivamente afetou o sentimento geral do álbum"[6].

Em outra entrevista, ele disse: "Viemos para LA, começamos a gravar o disco, e saiu o veredito do caso Rodney King. A porra da cidade entrou em chamas"[7].

No estúdio, havia uma TV quase do tamanho de um muro. Segundo Carlstrom, ela mostrava imagens de Los Angeles em chamas, que os membros da banda podiam ver enquanto gravavam suas partes. "Na época, não parecia tão significativo assim. Hoje, depois de ouvir o clima do álbum, é tão simbólico da vida de Layne – uma cidade em chamas, literalmente – e das coisas sobre as quais ele estava cantando. Era o cenário de fundo perfeito para o que o álbum se tornaria".

Jerden dá um relato semelhante. "Eles estavam todos prontos [para gravar], e então os tumultos em LA começaram e tivemos de fechar por uma semana. Assistimos pela televisão desde o início".

Tinham começado a gravar "Sickman", que seria a música mais tecnicamente difícil de gravar para o álbum. Sean não tocou acompanhando um clique, então o tempo de suas partes de bateria variava. Jerden encontrou um compasso e meio de bateria que estava consistente e essa se tornaria a peça central da música. Ele queria que a música acelerasse gradualmente, então Carlstrom e ele fizeram o tedioso trabalho de copiar e editar. "Tive de fazer cópias de compassos de um gravador para outro e lentamente mudar a velocidade de um deles enquanto fazia cópias daqueles compassos. Fazia uma cópia do compasso em uma velocidade, e então tinha de fazer de novo, só que levemente mais rápido. 'Bom, só fazer com que a música acelere gradualmente', ao que, na época, eu pensava: 'Como diabos isso vai funcionar? Nunca ouvi falar de alguém já ter feito isso antes'", disse ele.

"Ao longo da música toda, é o mesmo compasso e meio repetidamente", explicou Jerden. "Tivemos de copiar e copiar e copiar aquela passagem de bateria numa fita de duas polegadas e então editar aquele compasso e meio repetidas vezes, num *loop*, com uma navalha. E demorou tipo dois dias para fazer isso. Acho que Bryan fez isso no estúdio enquanto os tumultos aconteciam em LA, mas ele é um bruxo da engenharia de som".

Carlstrom ficou com a impressão de que Jerden tinha inventado na hora essa técnica de produção, mas ele disse que já tinha feito isso antes, atribuindo a experiência a seu trabalho em *My Life in the Bush of Ghosts*, de Brian Eno e David Byrne. Carlstrom disse que essas primeiras sessões de gravação acabavam mais cedo para que os membros da banda pudessem chegar a seu apartamento em Marina del Rey antes do toque de recolher. "Era a lei marcial, basicamente. Acho que era proibido dirigir em Los Angeles depois das seis da tarde. Você não deveria... mas não havia polícia. Eu não sei quem controlava isso".

De acordo com o que Evan Sheeley ouviu na época, Mike estava em conflito com Jerden, e a discussão chegou ao ponto de Mike dizer: "Não vou tocar nesse álbum a menos que você traga Evan [Sheeley] pra cá". No dia seguinte após o início dos tumultos, Kelly Curtis ligou para Sheeley, explicou a situação e lhe disse: "Preciso que você vá para LA amanhã". Sheeley não queria ir para lá, mas foi por causa de sua amizade com Curtis. A produção pagou por sua passagem e seus serviços. Mike deveria buscá-lo no aeroporto, mas Sheeley ficou esperando por duas horas porque ele nunca apareceu. Sheeley por fim conseguiu um telefone e falou com Mike.

"Onde diabos você tá, Mike? Você deveria vir me buscar".

"Ah... eu esqueci. Estou com um amigo aqui. Quer que eu mande um táxi?".

"Tá, mas não sei se você percebeu, mas a cidade está pegando fogo. Não tem táxis", disse Sheeley. "Estou puto. Vou ver o que posso fazer".

Quando Sheeley chegou ao apartamento de Mike, viu uma garota que parecia menor de idade saindo. Sheeley ficou furioso e o repreendeu. Deixou as regras bem claras desde o início: se ele ia ajudar Mike, como tinha sido contratado para fazê-lo, ia levar isso a sério. Disse a Mike: "Você vai me tratar como seu irmão mais velho aqui. Eu estou aqui para te ajudar, e vou te fazer soar como um deus do baixo. Mas não quero te ver fazendo merda na minha frente, coisas que possam colocar a minha vida em risco ou me causar problemas com a lei". Sheeley se referia ao uso de drogas – especificamente, drogas pesadas como cocaína ou heroína. Mike concordou com os termos de Sheeley e não fez nada além de fumar um baseado ocasional enquanto ele estava por lá.

Mike pediu a ele: "Você pode me ajudar com algumas dessas músicas? Porque eu não consegui inventar algumas linhas de baixo". Entregou a ele um baixolão que o próprio Sheeley tinha vendido a ele e pôs para tocar uma fita com demos brutas das músicas. A primeira música que Sheeley ouviu na fita foi "Down in a Hole". "O que você tocaria se estivesse tocando nessa música?".

"A maneira como eu abordo as canções não é para mim mesmo, mas como se eu fosse uma pessoa diferente tocando nelas". Depois de ouvir a música, ele disse a Mike: "OK, agora eu vou tocá-la como se eu fosse John Paul Jones tocando no primeiro álbum do Led Zeppelin".

Sheeley tocou a linha de baixo de "Ramble On" e passou o instrumento a Mike, que tentou reproduzir o que Sheeley tinha acabado de tocar. "Eu sou um baixista mais técnico. Mike era mais de descer o braço, o que, sinceramente, acho que era o que fazia a banda. Era uma parte importante do som deles. Então, quando ele pegou o baixo de mim, não conseguiu tocar todas as notas que eu tinha tocado. De todas as notas que eu mostrei a ele, ele pegou apenas algumas, e isso se tornou a linha de baixo". Eles repetiram esse processo em todas as músicas, exceto "Would?", que já estava concluída. Sheeley usou músicas do Led Zeppelin e do Black Sabbath como ponto de referência para Mike desenvolver suas linhas de baixo.

A sonoridade e o timbre de baixo do álbum podem ser creditados não apenas a Mike, mas também a Sheeley ou Jerden, dependendo de a quem você perguntar. Jerden comprou um equipamento eletrônico de novecentos dólares – de cujos nome e marca ele não se lembra – que, quando mixado com o setup de amplificadores de Mike, seria a sonoridade do disco. "Me lembro que consegui programá-lo e consegui um som naquele negócio que era ótimo. Era como um rosnado. Fizemos um *preset* a que dei o nome de 'Mike Starr'. Não sei que tipo de equipamento era, mas quem quer que esteja com ele hoje, provavelmente tem um *preset* chamado 'Mike Starr' que é o som dos graves de *Dirt*", disse Jerden.

Sheeley tem um relato similar, mas afirma que foi ele quem programou os ajustes. "Peguei um equipamento em particular lá no One on One que passei pelo Ampeg SVT que deu o timbre marca registrada de Mike Starr para aquele álbum. Programei meus próprios ajustes, e é isso o que se ouve no álbum".

A banda queria que Sheeley ficasse em Los Angeles por um mês inteiro, disse ele, mas ele só ficou por cerca de uma semana. Numa ocasião, ao entrar no estúdio, Sheeley acidentalmente se deparou com Layne injetando enquanto escrevia letras. Segundo Jerden, Layne saía escondido depois do toque de recolher para conseguir drogas no centro da cidade, enquanto os tumultos ainda estavam acontecendo[8].

Outra lembrança vívida de Sheeley é de seu primeiro dia com a banda no One on One. O equipamento estava pronto, e os quatro integrantes deveriam estar lá, mas Sean não tinha voltado da noite anterior. Jerden não estava nada contente, disse Sheeley, porque eles estavam desperdiçando tempo de estúdio e, por fim, decidiram encerrar os trabalhos do dia. "Então, mais ou menos nesse momento, as portas se abrem e eis que Sean chega. Seu cabelo estava todo arrepiado, como se ele tivesse enfiado o dedo numa tomada. Tinha ficado na balada a noite inteira em Hollywood".

"Acho que ele estava acordado há 24h, porque provavelmente passou a noite bebendo e ainda estava bêbado", disse Sheeley. "Sean chega no estúdio e todo mundo está meio puto com ele por não ter aparecido. Falaram para ele: 'Nah, encerramos por hoje. Você precisa ir para casa, dormir um pouco e só então voltar', blá blá blá. E ele disse: 'Me deixem tocar minha bateria. Me deixem tentar só uma música'".

O estúdio estava montado, de modo que os instrumentos de todos estavam na sala grande, mas os amplificadores e os PAs estavam isolados em salas separadas. Os microfones estavam instalados na sala grande para captar a bateria de Sean. Eles entraram, tocaram "Rooster" e Sean foi perfeito. Sheeley acredita que esse primeiro *take* é a faixa que entrou no álbum. Jerden e Carlstrom não se lembram disso, mas não contestam a versão de Sheeley.

Era claro desde o início que "Rooster" – o tributo de Jerry a seu pai, que servira no Vietnã – era especial. "A primeira vez que a ouvi, na demo, me arrepiei quando ele começou a cantar aquele *'ooh, ooh, ooh'*. É uma música incrível: as guitarras entram quebrando tudo. A minha ideia era torná-las gigantes quando entrassem", disse Jerden. Cameron Crowe tinha vindo de Seattle para uma visita, e foi recebido no estúdio enquanto a banda trabalhava nessa música.

A produção foi, por fim, pausada por alguns dias para que a banda saísse da cidade para se afastar dos tumultos[9]. Depois, então, se reagruparam e continuaram a gravar.

Jerden ouviu "Them Bones" quando a música estava em sua versão embrionária. "Essa música resume o que é o Alice in Chains, e só Jerry Cantrell poderia criar algo como ela. Ele a tocou para mim pelo telefone. Mantivemos contato, e às vezes ele me ligava às três da manhã [dizendo] que tinha acabado de escrever uma música e coisa e tal".

Enquanto gravavam "Junkhead", Sean – sem motivo aparente – disse as palavras *junk fuck*, que foram registradas pelos microfones. Durante a edição da música, Jerden disse: "Vamos deixar isso aí!". Carlstrom deixou a fala no início, antes da contagem de abertura de Sean.

Uma vez concluídas as faixas básicas de bateria, baixo e guitarra no One on One, a produção passou para o estúdio de Jerden, o El Dorado, onde o foco seria a gravação de vocais e *overdubs* de guitarra e baixo, além da edição e mixagem. Annette Cisneros era a engenheira de som assistente de Jerden no El Dorado. Segundo seu calendário pessoal desse período, a banda chegou ao El Dorado em 19 de maio de 1992. Os próximos dias foram passados ajustando equipamentos, editando e transferindo o material do One on One para uma fita digital de 48 pistas. De 26 a 28 de maio, fizeram *overdubs* de baixo. Em 29 de maio, a banda foi para Seattle por três dias para gravar um clipe para "Would?".

Josh Taft foi convocado para dirigir o clipe. Cameron Crowe esteve presente para dar *feedback* e assistir à filmagem. Sobre Crowe, Taft disse: "Ele foi uma influência muito positiva e foi muito encorajador, me deixou meio que seguir meus instintos. Ele estava lá meio que para deixar todo mundo focado. No fim das contas, era para o filme dele, e ele não poderia ser mais inspirador e prestativo no processo de feitura do clipe, [estava] superenvolvido".

A filmagem aconteceu numa casa que já não existe mais chamada Under the Rail. Duncan Sharp, um diretor local, tinha filmado uma cena extra dele se pegando com sua namorada no banco dianteiro de um carro. Layne teve de ir para casa em algum momento no meio da filmagem. O argumento era que ele tinha de dar de comer a seu gato e buscar aspirina. "Acho que, àquela altura, todo mundo sabia que ele tinha de ir para casa para se drogar", disse Duncan Sharp. "A reação de todos foi mais ou menos a mesma, do tipo: 'Ah, tá certo...'".

Solicitado a comentar a respeito, Taft disse: "Não vou me estender muito mais sobre o que aconteceu naquela hora, mas tivemos de parar de filmar e começar de novo cerca de uma hora depois, e aí você preenche as lacunas". A desculpa de ter de alimentar seu gato era mentira. Layne de fato adotou uma gatinha chamada Sadie, mas só em 1994 – dois anos depois.

Evan Sheeley recebeu um telefonema de Kelly Curtis, perguntando se ele tinha um baixo Spector branco que Mike pudesse pegar emprestado para a filmagem. Mike queria um que se parecesse com o baixo que ele usava normalmente, mas que estava em Los Angeles. Sheeley tinha outro Spector branco que, embora não fosse o modelo exato do de Mike, só um baixista muito especializado notaria a diferença. O baixo era novíssimo e Sheeley alertou Curtis que, se Mike fizesse um arranhão no instrumento, ele teria de comprá-lo. Colaram uma fralda nas costas do baixo para que Mike não a arranhasse. Além disso, Sheeley teve de juntar duas correias com *silver tape* para Mike tocar, porque ele tocava com o instrumento extremamente baixo, quase na altura dos joelhos.

Em retrospecto, Taft disse sobre a filmagem de "Would?": "Não foi a noite mais divertida da minha vida. Foi difícil de concluir, e quando concluímos, no final das contas foi bom. Mas não uma experiência como da primeira vez [*Live Facelift*] e foi tudo meio estranho – a inocência estava começando a se desfazer e a ficar mais complicada, e dava pra ver... algo acontecendo. Era duro de assistir. Eu tinha muito respeito por aqueles caras. Na época... eu considerava [Jerry] meu amigo e eu meio que conseguia ver pelo que ele estava passando para manter as coisas acontecendo. Então me lembro de me sentir um pouco triste por ele, porque parecia que as coisas iam continuar daquela forma".

Enquanto a banda estava fora da cidade, a equipe de produção de Los Angeles editou "God Smack" no dia 1º de junho. Os *overdubs* de guitarra começaram em 3 de junho e continuariam até o dia 6. "Down in a Hole" foi regravada em 9 de junho. "Fear the Voices" – composição de Mike – foi gravada no dia seguinte. Mais edições e *overdubs* de baixo foram feitos em 12 de junho. Quando retornaram ao estúdio, no dia 16 de junho, fizeram mais *overdubs* de baixo e guitarra.

Layne foi para as sessões de gravação com as letras de duas músicas já escritas em seu período em reabilitação: "Sickman" e "Junkhead". Segundo Jerden, "essas músicas vêm de um lugar real. Não são canções escritas para consumo comercial. São escritas completamente por alguém que se arrastou por dois quilômetros sobre navalhas enferrujadas. E isso transparece nessas músicas – a ansiedade, a tortura, a angústia física e mental".

Layne também trouxe duas composições que ainda não tinham letra, que enfim se tornariam "Hate to Feel" e "Angry Chair", as duas canções do álbum creditadas inteiramente a ele. Quando lhe pediram títulos provisórios, Layne as batizou de "Rock On" e "Rockmanoff", ou de "Rockmanoff I" e "Rockmanoff II".

O problema era que os títulos ficavam sendo trocados entre uma música e outra, e ninguém sabia diferenciar qual era qual. Isso quase levou a um desastre, quando Carlstrom quase apagou uma porção de vocais de uma música, quando a banda queria trabalhar na outra. Naqueles dias anteriores ao Pro Tools e a outros softwares de gravação digital, tudo era em fita. Por excesso de cautela, Carlstrom checou a fita primeiro, e a catástrofe foi evitada.

A gravação dos vocais de Layne começou em 17 de junho. Foi durante as sessões de *Dirt* que ele desenvolveu o que se tornaria sua marca registrada: criar camadas pesadas de vocais no estúdio, gravando duas ou três faixas vocais em diferentes intervalos. Essa técnica, chamada de vocais sobrepostos, "era totalmente Layne", disse Jerden. Layne não tinha discutido suas ideias com Jerden com antecedência, que recontou: "O que ele me falava quando fazíamos aquelas coisas era que ele já tinha tudo certo na cabeça, e dizia: 'Me dê outra faixa', 'Quero dobrá-la', 'Agora vamos triplicá-la'. Ele só me dizia o que queria fazer, e fazíamos... Ele é o melhor com quem já trabalhei com essa técnica. Sem dúvida nenhuma".

As sessões dos vocais começaram turbulentas. Segundo a equipe de produção, o uso de drogas de Layne estava afetando seu desempenho, e Jerden falou com ele a respeito. "Quando ele começava a cantar, estava desafinado – ele estava chapado. Então eu disse a ele para não vir para o estúdio chapado. Eu disse: 'Você pode chapar onde você quiser, mas não no meu horário de trabalho'", disse Jerden. "Foi a primeira vez que eu o ouvi cantar mal".

Como se recordou Carlstrom, foi Jerden quem finalmente foi até Layne e abordou a questão do elefante na sala. Layne não aceitou bem. No que Carlstrom descreveu como "um estouro dos grandes", Layne saiu furioso do estúdio, batendo a porta. Cisneros, que também estava lá, disse: "Me lembro de trabalhar nos vocais e o Layne não estava cantando muito bem, e o Dave disse: 'Você não está cantando bem porque está chapado'. E o Layne negava. Se ele estava ou não chapado, não sei. Mas sei que o clima estava tenso".

"É preciso muito foco para gravar os vocais da forma como Layne fazia. Se ele não estava em condições de cantar, se estava sem voz ou se não conseguia cantar no tom ou não conseguia se concentrar, qual o sentido de continuar?".

Jerden ligou para Layne naquela noite para se desculpar. Disse a ele que não falou aquelas coisas para ser cruel com ele, mas porque queria "se certificar de que eles teriam um grande disco". Layne aceitou as desculpas e, aparentemente, levou a sério os comentários de Jerden.

"Não sei o que aconteceu, mas depois disso, de repente, na semana seguinte, eles começaram a conseguir bons *takes* vocais", disse Carlstrom. "Não sei se Layne diminuiu o uso, ou se ele apenas deixou de ir para a balada à noite, pelo menos descansando mesmo que ainda usando. Você não consegue simplesmente parar de repente quando é viciado em heroína, mas, sim, começamos a conseguir gravar os vocais, e eles são obviamente bem incríveis, para dizer o mínimo".

Layne pediu à produção que improvisasse um "muro" de material de isolamento acústico dentro do estúdio, de modo que ele não pudesse ser visto do lado de fora enquanto estivesse gravando os vocais. Dentro desse muro, Layne criou um pequeno altar que, segundo Carlstrom, consistia em "velas, uma imagem da Última Ceia e um filhote de cachorro morto dentro de uma jarra". Era para isso que Layne olhava enquanto gravava os vocais para *Dirt*. Cisneros confirmou a descrição de Carlstrom, dizendo que "era assustador lá dentro. Eu tentava não entrar".

"Se era disso que ele precisava para entrar no clima das músicas, se é por esse motivo que ele tinha aquelas coisas, não sei dizer. Não sei por que ele tinha aquela coisa na jarra lá dentro. Não falei com ele sobre isso". Jerden, que disse se lembrar vagamente do altar, deu uma possível explicação parecida com a de Cisneros para os motivos de Layne: "Há todo tipo de coisas engraçadas, malucas e estranhas que as bandas fazem para decorar os estúdios".

Layne escreveu retratos desolados e brutalmente honestos de dependência em drogas para o álbum. Versos como "*What's my drug of choice? Well, what have you got?*", "*We are an elite race of our own / The stoners, junkies and freaks*" e "*Stick your arm for some real fun*"[10] deixavam pouca margem para outras interpretações. Mais tarde, Layne ficaria perturbado com a ideia de que sua música pudesse inspirar alguns de seus fãs a usar drogas. Não seria um fenômeno novo. Quando o ex-*frontman* do Velvet Underground, Lou Reed, foi a uma reunião do AA em Nova York no início dos anos 1980, um dos outros participantes disse: "Como é que você ousa estar aqui? Você é a razão de eu ter usado heroína!"[11].

Uma vez que a gravação dos vocais de Layne estava encaminhada, Carlstrom começou a ter certos receios quanto a fazer um disco pró-drogas ou pró-heroína.

"Eu nunca conversei com eles a respeito, mas isso me veio à mente assim que começamos a gravar os vocais", disse ele, e acrescentou: "Isso me preocupou tanto que, a certa altura, me perguntei: 'Eu deveria estar aqui fazendo isso?'. Eu realmente questionei aquilo, de verdade. Obviamente, eu adorava a música, e o meu trabalho era ser o engenheiro de som de Dave. Àquela altura, eu estava limpo. Tive meus problemas e, naquele ponto da minha vida, estava limpo e sóbrio. Para mim, era algo difícil de lidar, do tipo: 'É certo eu estar fazendo isso?'".

"O curioso sobre essa história é que, dez anos depois, quando comecei a encontrar garotos que tinham crescido ouvindo o álbum, ou mesmo hoje em dia, e eu nunca me deparei com um moleque sequer que tenha dito que usou drogas por causa do álbum", apontou Carlstrom. "Na verdade, todas as vezes foi o contrário, não meio a meio. Todos os garotos dizem: 'Uau, eu não usei drogas por causa daquele álbum. Só de ouvir as letras do Layne era como ver um grande cartaz que dizia: 'Não venha por esse caminho'". "Isso foi um grande choque para mim", admite ele. "Tenho certeza de que há pessoas por aí que usaram drogas por causa daquele álbum. É difícil para mim imaginar que isso não aconteceu, mas não cheguei a conhecer nenhuma delas".

Overdubs de vocais e guitarras para "Down in a Hole" e "Rooster" foram gravados em 23 de junho. No dia seguinte, foram os vocais e as guitarras de "Rain When I Die", o solo de guitarra de Jerry em "God Smack", os vocais de "Angry Chair", e os backing vocals para "Rooster". Em 26 de junho, foram gravados vocais e guitarras para "Dirt" e "Angry Chair".

Os vocais de Layne em "Angry Chair" são gigantes, incomuns até mesmo se comparados a qualquer outra coisa no álbum ou na discografia do Alice in Chains. A razão para isso? "Na parte em que ele canta '*Sitting on an angry chair...*' há dezesseis faixas de vocal", disse Carlstrom. "E todas com harmonias diferentes, múltiplas camadas de harmonias. Talvez tenha uma linha de harmonia e ela está em terça, e aí uma outra linha de harmonia, e a terça, e mais a linha principal. Era muito louco. E então eu tinha de achar espaço para gravar todos aqueles *delays*, porque todos os *delays* que você ouve nos vocais eu de fato imprimi na fita". O *delay* a que Carlstrom se refere é o efeito de eco que Layne usava ao gravar seus vocais.

Carlstrom tem outras duas memórias vívidas das gravações dos vocais de Layne. Enquanto trabalhava em "Them Bones", Layne demonstrou uma parte improvisada e disse a Carlstrom: "Ah, eu imagino um pequeno trecho vocal que quero colocar na música". Enquanto ouvia a base da música pelos fones de ouvido, ele começou a cantar os gritos de "*Ah!*" acompanhando o tempo do *riff* de guitarra de Jerry. Gravou duas ou três faixas com os gritos. "Ele simplesmente inventou aquilo na hora", disse Carlstrom. A música e a letra dessa canção são creditadas a Cantrell, mas é difícil imaginá-la sem os gritos.

Layne também demonstrou uma habilidade em inovar usando sua voz como instrumento. "Nas estrofes de 'God Smack', ele canta de forma a soar como se houvesse um tremolo ou um efeito de caixa Leslie em sua voz, e [na verdade] é ele próprio fazendo aquilo com a voz", disse Carlstrom. Não houve necessidade de truques de estúdio. Carlstrom não fazia ideia de como ele conseguia. Não era possível ver Layne cantando devido ao muro improvisado.

Cisneros notou, ainda, que Layne poderia ser bem sensível. Ela se recorda de um dia em que, durante uma pausa, estavam assistindo *O Sol é Para Todos* na TV, e notou que ele começou a chorar durante uma cena quase no final do filme.

O calendário de Cisneros não conta com registros até a segunda semana de julho. Vocais e guitarras para "Sickman" e guitarras para "Fear the Voices" em 7 de julho. Em 9 de julho, há uma marcação de vocais, mas não há identificação de qual música. Em 10 de julho, a marcação é bem clara: vocais para "Fear the Voices".

"Mike conversou comigo antes de fazermos o álbum. Ele disse que tinha algumas músicas e queria lançá-las – queria ganhar mais dinheiro", disse Jerden. "Ele queria saber se eu, como produtor, o ajudaria a trabalhar nessas músicas, deixá-las bem boas para que entrassem no disco. Trabalhei bastante. Passei mais tempo naquelas duas músicas, uma em particular, do que em qualquer outra do disco. Elas simplesmente não eram boas. Tentei fazê-las funcionar para Mike, mas simplesmente não pude. E Jerry e Layne estavam ficando de saco cheio dessa coisa toda".

Uma dessas músicas – provavelmente "Fear the Voices" – era chamada de "Mike's Dead Mouse" ("o rato morto do Mike") pela banda e por Jerden. "Era como levar um rato morto para a escola e mostrá-lo para todo mundo, e acariciá-lo, mas ele está todo sujo e morto e tal, e ninguém quer mais ver esse rato morto".

Houve dois incidentes memoráveis e, em retrospecto, premonitórios durante a gravação dessa música. Numa tarde de sábado, Carlstrom estava no estúdio com Layne e Mike trabalhando na música, que já estava difícil por questões técnicas. "Aquilo já foi algo bastante estressante, porque estávamos tentando editar coisas que eles tinham gravado em Seattle, editar faixas múltiplas de Seattle com coisas que tínhamos gravado em Los Angeles, algo que eu nunca tinha feito".

"Jerry e Sean não gostavam da música", explicou Carlstrom. Ele especulou que era porque a música "não parecia encaixar" no disco, mas Mike persistiu. "Mike queria muito aquela música no disco e, na época, Layne era o único que também a defendia, então havia estresse [na banda] quanto a isso".

Em algum momento durante essa sessão, Layne e Mike foram até o banheiro juntos. Layne deu a Mike um pico de heroína, e Mike teve uma reação extremamente adversa. Saiu do banheiro e vomitou por todo o carpete do lounge do estúdio. Depois do incidente, houve uma conversa entre Layne, Mike e Carlstrom. Carlstrom recordou-se de ouvir de alguém – "99% de certeza" que foi de Mike, mas ele reconhece que ainda pode ter sido Layne – que aquela tinha sido a primeira vez que Mike usou heroína. Quando foi entrevistado em outubro de 2011, Carlstrom era a única pessoa viva dentre os três, então só existe a sua versão.

Anos depois daquilo, Mike contaria versões diferentes sobre quando começou a usar heroína. Certa vez, ele alegou jamais ter usado heroína enquanto esteve no Alice in Chains. "Nunca usei enquanto estava na banda. Não precisava. Meu barato vinha de tocar música", disse ele no programa *Celebrity Rehab*. Ele se contradisse no mesmo episódio. Quando questionado há quanto tempo usava drogas injetáveis, Mike respondeu: "Dezessete anos". O programa foi gravado em 2009, então ele data o início de seu uso de heroína de 1992, quando ainda estava na banda.[12]

O segundo incidente, que Carlstrom chamou de "o prego no caixão" da música, aconteceu depois de Layne ter regravado seus vocais. Mike chegou depois, chapado. Ouviu a música, não ficou satisfeito com os vocais e ligou para Layne. Queria que ele voltasse ao estúdio e os refizesse. Layne perdeu a paciência. Os relatos de Jerden e Carlstrom diferem quanto ao que ele disse. "Lembro que aquela conversa terminou com Layne dizendo ao telefone: 'Foda-se essa música!', e desligando na cara do Mike", recordou-se Carlstrom.

Segundo Jerden, Layne disse: "Vai se foder! Não vou cantar essa música de novo!". Jerden acredita que as tensões durante a gravação dessa música contribuíram para a eventual dispensa de Mike da banda. A música não entrou na versão final de *Dirt*, mas foi lançada sete anos depois, como parte do *box set* da banda. Mike disse: "Eu escrevi uma música chamada 'Fear the Voices'. Nós a gravamos, mas eles não a deixaram entrar no álbum porque Jerry não teve relação nenhuma com a composição da música. Porém, eles a colocaram no *box set* depois e ela teve algum reconhecimento e foi tocada no rádio"[13].

A mixagem começou no dia 13 de julho, segunda-feira. Em dado momento, Jerden estava mixando "Rooster". Ele já tinha visto um traficante pelos arredores do estúdio e disse a Layne para não trazê-lo para dentro. Neste dia em particular, Layne entrou no estúdio com o traficante. Jerden colocou para tocar nos monitores a mixagem na qual ele estava trabalhando, para os dois ouvirem. Layne disse que estava ótima, mas o traficante resolveu dar um conselho não solicitado.

"Bom, acho que você deveria...".

Ele nem chegou a terminar a frase. "Cale a boca", Layne disse a ele.

Nesse momento, Jerden perdeu a paciência. "Que porra é você? Vá embora da porra do meu estúdio!". Voltou-se para Layne e disse: "Não traga seus traficantes aqui".

As mixagens aprovadas pela banda foram concluídas em 29 de julho. Cisneros sequenciou o álbum de 5 a 7 de agosto, e depois disso ele foi enviado para masterização. A exceção entre as músicas que aparecem na versão final de *Dirt* foi "Would?". Essa música tinha sido gravada para a trilha sonora de *Singles* no London Bridge Studios em Seattle, e Jerden fez várias mixagens dela, mas a mix que entrou na versão final do álbum não foi dele. Segundo Jonathan Plum, "Jerry não ficou contente com a maneira como a música ficou. Me lembro dele reclamar que faltavam pratos na gravação e que tinha gostado mais da versão demo, então ele voltou [ao London Bridge Studios] e Rick [Parashar] e eu remixamos 'Would?'".

Rocky Schenck se encontrou com a banda em 27 de abril de 1992 para discutir o novo álbum e os novos clipes. Ele foi ao estúdio no dia 7 de maio para ouvir algumas das músicas novas pela primeira vez, e diz que ficou "absolutamente impressionado". A banda deu uma olhada em seu portfólio e eles começaram a discutir ideias para a capa do álbum.

"A ideia deles era ter uma mulher nua semienterrada no deserto. Não se saberia se ela estava morta ou viva", escreveu Schenck. Discutiram o tipo de mulher que a banda queria, e Schenck começou o *casting* pouco depois. Por fim, ele enviou à banda uma foto de Mariah O'Brien, uma modelo com quem ele trabalhara para a capa do *single* de "Bitch School", do Spinal Tap, e ela foi a escolhida.

A sessão de fotos para a capa aconteceu no estúdio de Schenck em Hollywood no dia 14 de junho de 1992, com a supervisão de Sean. "Criamos o chão rachado do deserto com argila espalhada sobre isopor em cima de caixas de feira. Cortamos um pedaço do isopor para que a modelo entrasse, então ela pareceria semienterrada no chão do deserto. Esculpi montanhas em miniatura com mais isopor, e colocamos um céu pintado atrás das montanhas", escreveu Schenck.

"Na época, o cabelo de Mariah estava curto, então colocamos uma peruca longa nela, de modo que o cabelo pudesse se espalhar artisticamente sobre o chão do deserto. Depois de colocá-la no lugar, a selamos com mais argila, que secamos com secadores de cabelo. A pobre Mariah ficou naquela posição por muitas e muitas horas enquanto tentávamos diferentes efeitos de luz e abordagens visuais".

Assim que a sessão de fotos terminou, O'Brien saltou do set e correu para ir ao banheiro, mas a peruca permaneceu na argila. Schenck tirou várias fotos da peruca e do buraco vazio. A capa do álbum seria motivo de um boato equivocado e bastante divulgado: o de que Demri seria a modelo. Segundo sua mãe, aquilo a incomodou. "Demri ficou bastante magoada quando escolheram uma modelo que se parecia tanto com ela que as pessoas achavam que fosse [de fato] ela... porque isso a colocou numa situação em que pessoas vinham até ela e diziam: 'Ah, uau, eu te vi na capa de *Dirt*'. E ela tinha de explicar: 'Não, não, aquela não sou eu'".

"Às vezes acreditavam nela, às vezes não. Ela não teria se importado se tivessem escolhido uma modelo que não se parecesse com ela, mas isso a colocou numa situação bem desagradável e a magoou bastante", disse Kathleen Austin. Ao responder se Demri teria posado para a capa do álbum se a banda tivesse pedido a ela, Austin disse que não sabe, porque a fama de Layne estava ofuscando a identidade de Demri. "Ela só estava tentando manter sua própria identidade, ela nunca quis ser 'a namorada de alguém'".

A banda se reuniu com Schenck em seu estúdio no dia 19 de julho para uma sessão de fotos, no que ele descreveu como "uma noite maluca e criativa". Schenck também escreveu o conceito para "Them Bones", o primeiro videoclipe, em 5 de agosto. Esse conceito inicial passou por várias mudanças até a filmagem de fato, que aconteceu em 18 de agosto. Schenck a descreveu como "complicada e tecnicamente desafiadora" para todos os envolvidos. "Para acentuar visualmente a agressividade da música, eu queria que os movimentos de câmera fossem extremamente acelerados – mais rápidos do que se poderia conseguir usando uma grua normal. Para conseguir esse efeito, fiz com que a banda dublasse, se apresentasse e tocasse seus instrumentos como se em câmera lenta, com a canção tocando em *playback* lento, a 12 *frames* por segundo, enquanto os movimentos de câmera eram executados na maior velocidade possível. Filmamos a 12 *frames* por segundo e, depois, transferimos o filme para 24 *frames* por segundo, dobrando a velocidade dos movimentos de câmera e dando a impressão de que a performance da banda tinha sido filmada em velocidade normal", escreveu Schenck. "O desempenho da banda foi ótimo e Layne foi extraordinário". Depois de ter trabalhado em *Dirt* e ouvido mixagens brutas durante dez horas por dia, Bryan Carlstrom estava pessimista quanto ao produto final. "Eu ouvi [o disco] e tudo o que conseguia pensar era: 'Merda, eu fracassei. *Todas as músicas soam iguais, em termos de produção. As pessoas vão odiar esse disco e eu nunca mais vou conseguir trabalho depois desse negócio*'".

Dirt foi lançado em 25 de setembro de 1992. O medo de Carlstrom foi aparentemente confirmado por uma resenha fulminante do *Los Angeles Times*: "Ouça-os rosnar. Ouça-os gemer. Ouça-os tentar soar como o Nirvana ou o Mother Love Bone ou algo assim, mas chegar mais perto do Kansas... Neste álbum, que não tem nem o benefício da ingenuidade levemente charmosa do primeiro, o Alice in Chains é pomposo, túrgido, sem *riffs*, uma chatice. E o grupo nem soa roqueiro – este álbum é sobre competência, não sobre ideologia"[14].

A reação de Carlstrom? "Mais do que qualquer coisa, senti que tinha fracassado para com a banda e para com Dave. Era como se eu tivesse feito todas as músicas soarem iguais. Infelizmente, essa era a minha perspectiva, de tão próximo que eu estava".

Carlstrom riria por último. O álbum entrou na parada Billboard 200 na 6ª posição e, por fim, ganharia um disco de platina quádruplo pela RIAA[15]. "Hoje, quando o ouço de novo, penso: '*Meu Deus*...'. Fico muito honrado com a oportunidade de ter gravado aquele álbum. Muito honrado. Aquele disco... Quando o escuto de novo – foi bastante emotivo".

Em retrospecto, Jerden disse que, em comparação com *Facelift*, *Dirt* foi "um disco totalmente diferente, e todas as suas músicas foram escritas a partir de experiências emocionais e pessoais. Esta é a razão pela qual esse disco toca tanta gente. Muita gente adora esse disco porque é verdadeiro. Não são canções pop escritas para consumo pop. São canções escritas quase como um diário particular".

CAPÍTULO 16

Venci a morte! Sou imortal!

— Layne Staley

Depois do lançamento de *Dirt*, o Alice in Chains finalmente chegou à capa do *The Rocket*, depois de uma ausência na publicação nos anos anteriores, possivelmente devida à influência do editor gerente do jornal, Grant Alden, que disse: "Fiz o meu melhor para não publicar nada sobre eles no *The Rocket*, para obliterá-los"[1]. A publicação deu a pauta a Jeff Gilbert, que recebeu a ira verbal de Jerry. A sentença que abre a matéria é Jerry dizendo: "Foda-se o *The Rocket*, cara!". A capa da edição de outubro de 1992 foi uma foto da banda com a legenda: "Jeff Gilbert tem que engolir o Alice in Chains".

"Não é que estivéssemos putos com o *The Rocket*, nem nada assim", disse Jerry. "Essa ideia é estúpida. As publicações têm direito de fazer o que quiserem. Só que parecia haver toda uma abordagem tendenciosa em relação ao tipo de banda que aparecia no *The Rocket*"[2].

Para promover o álbum, a banda escolheu o Gruntruck para sair em turnê com eles pela maior parte dos últimos meses de 1992. O contato com o Alice in Chains aconteceu quando o Gruntruck fez um show em que Layne calhou de estar na plateia. Na turnê, as duas bandas atravessariam a América do Norte num percurso inicial que iria de 23 de agosto a 5 de setembro, para então recomeçar em 13 de novembro até 20 de dezembro[3]. O trecho inicial – batizado de Shitty Cities Tour ("Tour das Cidades de Merda") – foi um circuito regional que consistiu em nove datas pelo Noroeste Pacífico. Foi algo bem *low profile*, com ambas as bandas viajando em vans.

Norman Scott Rockwell – baterista do Gruntruck, que usava o nome artístico de Norman Scott e era ex-baterista do Skin Yard – disse: "Me lembro de chegar e a primeira pessoa com quem me deparei foi Sean Kinney, e depois todos os outros – como uma turnê qualquer. Todo mundo falava, tipo: 'E aí, como vai?'. Era meio que aquela coisa de medirmos uns aos outros. Nós nos conhecemos em Ellensburg e, ao longo da noite, todos ficamos bêbados e começamos a conversar com as equipes".

"E aos poucos, ao longo da noite, começamos a nos dar bem e a nos acostumar uns com os outros. No dia seguinte, parecia que nos conhecíamos desde sempre, melhores amigos, e nos metemos em todo tipo de merda. Depois disso, aí sim começou", disse ele.

Por um tempo, trotes telefônicos foram um passatempo popular. Segundo Rockwell, "nos reuníamos num quarto de hotel no meio da noite, sem nada para fazer, depois das duas horas e, sei lá, todos os bares estavam fechados. E nós ficávamos lá e discávamos algum número da lista telefônica. A gente fazia coisas tipo ligar para um [restaurante] Denny's e dizia: 'Ei, vocês estão contratando? O gerente está por aí?'".

"Acho que isso era coisa do Jerry. Ele ligava e dizia: 'Sim, veja bem, vocês têm lâmpadas fluorescentes?'".

"'Sim'".

"'Bom, eu não suporto lâmpadas fluorescentes, e eu simplesmente vou quebrá-las. Então vocês têm que se livrar delas se eu chegar a trabalhar aí um dia. Onde está o gerente?'".

"'Oh, sinto muito, senhor, ele não está aqui'".

"'Bom, você tem o telefone dele?'".

A piada continuava, às vezes por quinze a vinte minutos, e as pessoas não desligavam. Outras vezes, eles ligavam para alguém aleatoriamente no meio da noite. "Fazíamos isso todas as noites, até que a piada ficou velha".

Em outra cidade, alguém pensou que seria uma boa ideia tentar virar vacas. "Saíamos em busca de vacas que estavam dormindo e as virávamos, era simplesmente hilário", disse Rockwell. "Entrávamos no pasto, e de repente ouvíamos tipo um grande *'muuu'* – tipo, era um touro, então ficávamos assustados pra caralho e saíamos correndo em disparada".

Como Rockwell e Sean eram bateristas, eles acabaram andando bastante juntos. "Quando o Sean animava, ele era bem irrefreável. Era o clássico destruidor de quartos de hotel".

Um caso em questão: os dois bateristas saíram de seus quartos em busca de algo para fazer, quando notaram que o corredor era iluminado por arandelas em formato de tulipa. Sean, com uma cerveja na mão, saiu pelo corredor despejando um pouco de cerveja em cara arandela. À medida que ele e Rockwell seguiam pelo corredor, alguns segundos depois, cada lâmpada explodia. Rockwell acredita que a banda pode ter sido banida do hotel onde isso aconteceu.

Sean tinha um alter ego chamado Steve, a quem ele se referia sempre que estivesse particularmente briguento ou destrutivo. Segundo Randy Biro, Sean certa vez entrou no restaurante de um bom hotel em Toronto, onde um *brunch* estava montado. "Ele subiu numa cadeira e começou a mijar no carrinho de sobremesas no meio do salão de jantar", disse Biro. Por alguma razão incompreensível, a banda não foi chutada do hotel. Quando Sean foi questionado a respeito disso mais tarde, respondeu: "Não fui eu, foi o Steve".

As lembranças que Rockwell tem de Sean durante o Shitty Cities Tour não são só caos e destruição. Depois do primeiro show, como tinham baterias similares, Sean sugeriu que compartilhassem sua própria bateria, para evitar a troca de baterias entre os sets. À medida que a turnê progrediu, Sean usou seus contatos na indústria de baterias e conseguiu patrocínios das companhias DW (baterias), Vic Firth (baquetas) e Sabian (pratos) para Rockwell. Na segunda etapa da turnê, várias caixas de baterias e equipamentos novíssimos foram entregues a Rockwell.

Era sabido que Mike gostava de garotas mais novas, e isso se tornou motivo de uma pegadinha. "Nós sabíamos que ele estava com uma garota no quarto de hotel dele. Estávamos todos bebendo num outro quarto, loucos de tédio – precisávamos de algo para fazer", disse Rockwell. "Então decidimos correr até o quarto dele, sabendo que ela estava lá, batemos na porta e dissemos: 'Aqui é a gerência do hotel. Sabemos que você está com uma garotinha aí dentro'". Jerry dissera a eles que Mike tinha arrumado encrenca por esse motivo numa turnê anterior.

"Batemos na porta, e ele não abria de jeito nenhum, e nós estávamos todos nos segurando para não rir alto". A piada mudou da gerência do hotel para o pai da garota. "Por fim, ele abriu a porta de supetão e viu que era a gente. Entramos com tudo no quarto, e a porta de correr, na parte de trás do quarto, estava aberta e a menina tinha sumido". Quando ela ouviu todo mundo rindo e percebeu que era uma piada, voltou para o quarto, mas Mike ficou furioso. Rockwell disse que, pela maior parte da turnê, Mike se manteve na dele, assim como Layne.

Depois da conclusão do Shitty Cities Tour, a banda abriu para Ozzy Osbourne por cerca de um mês no outono de 1992. Houve uma diferença notável na reação do público ao Alice em comparação a dois anos antes. "Àquela altura, 'Man in the Box' era um hit e *Dirt* tinha saído. Se você fosse fã de rock e ainda não tivesse o disco, ia sair do show e comprá-lo", disse Jimmy Shoaf.

Houve dois incidentes infelizes durante a turnê. Por engano, Mike bebeu uma garrafa d'água que estava cheia de água sanitária e teve de ser hospitalizado, o que levou ao cancelamento de alguns shows. A água sanitária era usada para limpar seringas. Segundo Randy Biro, "parecia água [comum], e ele tomou um grande gole. Antes que ele se desse conta do gosto, já tinha entrado em seu organismo". Biro acha que Mike estava usando heroína a essa altura. "Eu podia notar que ele estava usando heroína, porque ele realmente se espelhava em Layne. E se Layne estava usando, ele também estava".

Em setembro de 1992, Layne estava num parque de diversões em algum lugar, que contava com uma pista de corrida de triciclos motorizados, o que despertou o interesse dele. Segundo Randy Biro, "a gente dizia: 'Você não deveria andar nesses negócios, eles são perigosos'". Layne ignorou as preocupações e foi dar uma volta de triciclo.

"Ele acabou indo... não sei o quanto ele andou – não foi muito – e colocou o pé no chão para fazer uma curva, como se faria numa motocicleta, e a roda de trás passou por cima do pé dele"[4]. Seu pé esquerdo foi quebrado, e ele usaria gesso e muletas por várias semanas. Ele continuou a se apresentar, de muletas ou sentado numa cadeira de rodas ou num sofá no palco. Quando questionado a respeito disso depois, ele disse: "Não quebrei o pescoço, então não tenho desculpa para não tocar". Mike apontou que Layne fazia *moshes* mesmo com o pé engessado[5].

Os temas de *Dirt* abriram espaço para os jornalistas fazerem perguntas legítimas sobre drogas a Layne. Ele disse à *Rolling Stone*: "O fato é que eu estava injetando muita droga, e isso é problema meu e de mais ninguém. Não estou injetando agora, e já não o faço há algum tempo... Foi uma porra de uma caminhada longa e árdua pelo inferno. Decidi parar porque eu estava num estado miserável fazendo aquilo. A droga não funcionava mais para mim. No começo, eu ficava chapado e era ótimo; no fim, era só manutenção, como a comida que eu preciso para sobreviver. Desde que parei, tentei usar umas duas vezes para ver se conseguia recapturar a sensação de antes, mas não consegui. Nada mais me atrai a ela. Ficou chato"[6].

Numa entrevista de novembro de 1992 ao canal de TV canadense Musique Plus, a apresentadora perguntou a Layne: "Quando você tem um vício em heroína, isso o faz automaticamente pensar na morte, porque você está arriscando muito a vida?".

"Sim, imagino que isso seja parte desse território. O flerte com a morte... É provavelmente o que é mais atraente sobre a heroína a princípio, o perigo, sabe?", respondeu Layne. "Mas eu venci, eu venci a morte! [Layne comemora] Sou imortal!".

Posteriormente na entrevista, a apresentadora perguntou: "Qual é a parte mais difícil do que você está tentando superar?".

"As vontades, provavelmente".

"Era uma desculpa para a criatividade?".

"Não. Eu nunca criei nada enquanto estava naquele estado de espírito. Só quando parei foi que consegui criar"[7].

Os questionamentos persistentes incomodavam Layne. Ele contou à SPIN sobre um jornalista francês que o acusou de estar sob o efeito de heroína durante a entrevista. "Eu perguntei a ele se *ele* estava sob o efeito de heroína", recordou-se. "O cara ficou todo ofendido. 'Bem', disse eu, 'agora você sabe como eu me sinto'"[8].

As referências a drogas e à heroína fizeram parte do show da banda naquela turnê. Layne apresentou uma música como sendo "sobre um porra de um *junkie* inconsolável" em um show em Dallas em outubro de 1992. Durante a performance de "God Smack" no mesmo show, ele golpeou o braço com o microfone repetidas vezes enquanto rodava pelo palco na cadeira de rodas. "Eu gostava muito do efeito que a cadeira de rodas causava", disse Mike. "Sei lá, parecia que de alguma forma ela fazia Layne parecer mais... maligno"[9]. Segundo Biro, Layne esteve sóbrio durante a turnê.

Quando a turnê chegou a New Orleans, Layne e Mike apareceram no programa *Headbangers Ball* como convidados. Em dado momento, Layne estava sentado num banquinho, com as muletas e o gesso visíveis à câmera. Riki Rachtman perguntou: "Se vocês virem pessoas andando por aí de muletas, isso não significa que elas machucaram a perna. Elas podem só estar se espelhando em Layne Staley, e é por isso que as muletas se tornaram um *fashion statement*, é isso mesmo?".

"Bem, é o seguinte... Meu pé não está machucado. Eu uso essas muletas para conseguir encontros com garotas que ficam com pena de mim", respondeu Layne. O episódio teve segmentos filmados no Historic Voodoo Museum e num cemitério. O momento mais memorável da filmagem aconteceu com as câmeras desligadas. Segundo Randy Biro, Layne e Mike estavam sendo escoltados por policiais de New Orleans. Eles deram camisetas autografadas aos policiais em troca de dois distintivos de polícia e um saco de *speed*[10].

A segunda etapa da turnê Alice in Chains / Gruntruck começou em Fort Lauderdale em 13 de novembro de 1992 e durou cerca de cinco semanas[11]. O Screaming Trees se juntaria a eles algum tempo depois, e viajaria com o Alice in Chains em 1993. Layne desenvolveu um ritual pré-show com o engenheiro de som do Screaming Trees, Martin Feveyear. "Ele tomava um pouco de uísque, passava para mim, eu checava a bebida para ele, para ver se estava tudo bem, e então achava um drink e devolvia para ele", disse Feveyear. "Era só uma maneira nossa de compartilhar um momento antes do show, ou talvez dele de relaxar um pouco antes de subir no palco". Ele acrescentou: "Ele era um homem muito educado e gentil. Falava com calma. Era atencioso comigo – não sei bem por que – e era delicado e engraçado, ríamos muito com ele".

Houve uma diferença notável no tamanho e na escolha das casas de show entre a primeira e a segunda etapa da turnê, assim como na qualidade do transporte e das acomodações. "Na primeira etapa, eram vans e hoteizinhos vagabundos. Casas pequenas em cidadezinhas chatas. Na segunda, os lugares eram tipo o Roseland e casas de rock maiores, em grandes áreas metropolitanas, com três ônibus e um caminhão cheio de equipamentos, e uma equipe completa de turnê", explicou Rockwell.

Outro relato é do baterista do Screaming Trees, Barrett Martin, contado por ele no memorial de Layne: "A lista de convidados [de Layne]... não era para amigos ou para a elite do circuito roqueiro; era para a molecada que não tinha dinheiro para comprar ingressos"[12]. Rockwell tem uma recordação semelhante, ao dizer: "Me lembro de algo nesse sentido, em que o Layne dizia: 'É, tem um imbecil do caralho de uma gravadora querendo entrar. Foda-se ele. Ele é um cara da indústria. Ele não tem que me procurar para conseguir entrar nessa merda, e se vier, não é merda nenhuma'".

Outra diferença notável foi que Susan contratou guarda-costas para ficar de olho em Layne e mantê-lo longe de pessoas que poderiam tentar passar drogas a ele[13]. Segundo Rockwell, o trabalho do guarda-costas era ser segurança e bedel de Layne ao mesmo tempo. Embora não se saiba a natureza exata de seu relacionamento com Demri a essa altura, Feveyear viu Layne na companhia de outras mulheres em shows e hotéis.

Em seguida ao sucesso do clipe histórico do Pearl Jam para "Jeremy", o agente de Mark Pellington foi abordado no final de 1992 pelo Alice in Chains, que queria saber se ele teria interesse em dirigir um clipe para "Rooster". "Essa música é meio diferente", disseram a Pellington. "É muito pessoal, porque é meio que sobre Jerry Cantrell e seu pai. Você conversaria com ele?".

Pellington concordou. Os dois criaram um laço por conta das relações conflituosas que ambos tiveram com seus pais. Na época, Pellington estava fazendo um documentário sobre a luta de seu pai contra o Mal de Alzheimer.

O conceito de Pellington pedia três elementos: um vídeo de performance com projeções na frente e atrás de imagens pré-gravadas; recriações coloridas e alucinatórias de imagens de arquivo de cenas de combate no Vietnã; e imagens atuais em preto e branco, em estilo documental, da vida do pai de Jerry em Oklahoma. Por causa do sucesso de "Jeremy", Pellington recebeu carta branca criativa. Ele ainda não tinha feito nenhum filme, mas seu pensamento na época foi: "Preciso fazer este clipe como se fosse um filme", recordou-se. "Eu estava tentando esticar ao máximo as ambições do projeto, e naquela época se tinha recursos para gravar clipes durante três ou quatro dias e colocar realmente muita informação na tela". O orçamento para tornar sua visão realidade era de cerca de US$ 250 mil.

Pellington viajou para Oklahoma por dois dias para gravar imagens e entrevistas com ambos os Cantrells. Para o clipe, trabalhou com Hank Corwin, que editou *JFK*, de Oliver Stone, e com John Schwartzman, que mais tarde trabalharia como diretor de fotografia para Michael Bay. O consultor de assuntos militares de Oliver Stone, Dale Dye, foi contratado para auxiliar no treinamento militar e nas sequências de combate, que foram influenciadas pelo filme *Platoon*, também de Stone. Casey Pieretti, um amputado, interpretou um soldado que pisa numa mina terrestre e perde a perna.

Pellington teve um dia para filmar as cenas de performance da banda. Layne estava chapado e quis usar um chapéu de cowboy. "Ele parecia bem fodido, e eu tinha pleno conhecimento de seus vícios", disse o diretor. Pellington disse ao representante da gravadora que estava acompanhando a banda que não achava que o chapéu era um bom visual para o clipe, mas que a decisão era deles. Ofereceu uma solução: "Layne, acho que os óculos escuros parecem legais, porque são mais sinistros, e a música é meio sinistra, e vocês estão todos fodidos e malignos". A conversa de Pellington funcionou, porque Layne usou os óculos escuros em todas as cenas. Ele usou também um brinco com um símbolo da paz, que Pellington diz ter sido mera coincidência.

Enquanto o Alice in Chains e o Screaming Trees estavam em turnê, a empresária dos Trees, Kim White, recebeu um telefonema do vocalista da banda, Mark Lanegan, que estava numa maca num hospital canadense. Ele tinha injetado heroína com Layne pela primeira vez e teve uma infecção no sangue. Layne substituiu Lanegan naquela noite[14].

Problemas surgiram quando o vocalista do Gruntruck, Ben McMillan, começou a imitar a aparência de Layne, a um ponto que deixou Layne tão incomodado que, segundo Rockwell, ao invés da banda continuar a turnê na Europa no início de 1993, o Gruntruck acabou indo abrir para o Pantera. "Não sei o que aconteceu entre eles, mas o Ben queria muito ser um rock star, e ele simplesmente se apropriou da posição do Layne e de coisas que o afetaram de tal modo que acho que Layne ficou preocupado".

Kurt Cobain e Courtney Love enviaram um cartão de Natal a Susan, endereçado a "nossa informante favorita", devido à crença equivocada de que ela tinha sido uma fonte anônima para o controverso artigo da *Vanity Fair* que alegara que Love tinha usado heroína enquanto grávida. Susan recebeu um telefonema do empresário do Nirvana e do Hole, Danny Goldberg, em nome dos Cobains, que disse: "Eles só querem que você pare de falar sobre eles, de verdade". Susan não gostava do fato de Courtney Love alfinetar outros músicos na mídia, mas negou ter falado sobre eles. Love deixou uma "mensagem extremamente abusiva" na secretária eletrônica de Susan, que ela ainda guarda. Posteriormente, Susan foi abordada por um jornalista britânico que escrevia um livro sobre o Nirvana, que fez perguntas aparentemente baseadas nos rumores envolvendo os Cobains. "A essa altura, *eu* fiquei puta. Do tipo: 'Espera aí, eles estão falando merda de mim para os outros? Ela deixa mensagens abusivas na minha secretária eletrônica. Ela manda Danny Goldberg me ligar basicamente para me mandar calar a boca'"[15].

O Alice in Chains encerrou o ano de 1992 tocando na festa de Ano Novo da MTV no Roseland Ballroom, em Nova York[16]. A banda tinha alcançado novos ápices profissionais, críticos e comerciais. Ainda assim, uma mudança estava por vir.

CAPÍTULO 17

Morram, nazis de merda!
— Layne Staley

O Ministry fazia um show na Base Naval de Pearl Harbor no dia 2 de janeiro de 1993, show este no qual Layne estava presente, já que o Alice in Chains estava em Honolulu para um show marcado para o dia 8 de janeiro[1]. "Nem todos os *junkies* são um monte de lixo – embora muitos o sejam. Alguns são apenas almas perdidas, fodidos equivocados ou caçadores de glamour. O vocalista do Alice in Chains, Layne Staley, era desses últimos", escreveu Al Jourgensen em seu livro de memórias. Ele prosseguiu:

> Ele foi ao *backstage* e viu [Mike Scaccia, guitarrista do Ministry] injetando heroína. Perguntou, então, se podia experimentar. Olhei bem nos olhos dele, mostrei-lhe uma seringa e perguntei: "Você tem certeza de que quer fazer isso, cara?". Ele assentiu. Sinto-me muito mal por isso, porque nós o apresentamos às seringas, e agora ele está morto.
>
> Não me sinto responsável, porque ele iria encontrar alguém com quem injetar; calhou de sermos nós. Ele injetou uma dose, desmaiou e não acordou. Mal respirava. Eu não sabia se ele estava morto ou vivo, tinha de ficar checando. Então ele acordou, pegou mais um pouco de heroína e injetou de novo. Ele buscava as seringas como um peixe busca a água, mas eu percebia que ele entrou nessa pelo glamour. Isso foi um erro. Além do fato de ele ter morrido devido às drogas, não há glamour em ser *junkie*.[2]

O relato é provavelmente legítimo, mas há dois detalhes que merecem correção. Primeiro, a época do show do Ministry no Havaí. Jourgensen pensou que o show aconteceu no período entre 1989 e 1990. De acordo com um site de fãs do Ministry, com um histórico detalhado das turnês da banda, o show aconteceu em 1993[3]. Segundo, a afirmação de que o Ministry apresentou o uso de drogas injetáveis a Layne. A essa altura, Layne já vinha usando heroína, em maior ou menor grau, por pouco mais de um ano, e o Alice in Chains já tinha gravado e lançado *Dirt*. Diversas fontes que conheceram e trabalharam com Layne no período entre 1989-1990 afirmaram publicamente que não há evidências de que ele tenha usado heroína nessa época. O Ministry não foi responsável por apresentar a droga a Layne – ele já a usava sozinho.

Naquele mesmo mês, o Alice in Chains começava uma agenda extensa de turnê. A essa altura, algo tinha de mudar. Há versões diferentes e, por vezes, contraditórias da história contada pelos membros e por aqueles ligados ao Alice in Chains, mas o final de todas elas é sempre o mesmo: Mike Starr estava fora da banda, substituído pelo baixista de Ozzy Osbourne, Mike Inez. Susan disse a Mark Yarm que os outros três integrantes decidiram por conta própria despedir Starr e contar isso a ele – o que aconteceu no Havaí, pouco antes de dois shows em grandes festivais no Brasil, com o L7, o Nirvana e o Red Hot Chili Peppers[4].

Segundo Randy Biro, já havia conversas internas na banda sobre a possibilidade de Starr ser dispensado desde a turnê com Ozzy Osbourne no outono anterior. Qualquer que tenha sido a gota d'água que precipitou a decisão de demitir Starr e como isso aconteceu, só Jerry e Sean – os dois membros originais sobreviventes –, e talvez Susan, saberiam dizer. Fontes especularam que o desejo de Mike por mais direitos autorais, seu comportamento, seu câmbio de ingressos e passes de *backstage*, seu uso de drogas ou alguma combinação desses itens foram fatores que contribuíram para sua demissão. Seu amigo Aaron Woodruff disse que ele não aparecia nos ensaios e especulou que foi aí que sua dependência em drogas o dominou.

Como a banda tinha passado semanas em turnê com Ozzy Osbourne, já havia um substituto em vista. "Fizemos um único telefonema – ligamos para Mike [Inez]. Se vamos arrumar outro baixista, vamos ter de conseguir um cara pelo menos com o mesmo nome, que fume os mesmos cigarros, toque o mesmo baixo e tenha o mesmo visual!", explicou Jerry. Segundo Sean, eles não entraram em contato nem fizeram testes com nenhum outro baixista[5].

"Meu telefone toca e é Sean Kinney, ligando do Havaí", recordou-se Inez numa entrevista no vídeo *Behind the Player*. "Ele diz: 'Acho que o Mike, nosso baixista, quer sair da banda. Você consideraria ir conosco para o Brasil?'".

"Quando?".

"Já pode pegar o avião".

Na época, Inez estava em Nevada, mixando o álbum *Live and Loud*, de Osbourne, quando recebeu o telefonema. Sua primeira impressão foi a de que seria um trabalho temporário, e Inez explicou a situação a Ozzy e perguntou-lhe se achava que ele deveria ir.

"Se você não for, ficará no hospital por cerca de sete dias", foi a resposta do Príncipe das Trevas.

"Por quê?".

"É o tempo que vai demorar para tirarem o meu pé da sua bunda".

Com a bênção de Ozzy, Inez estava pronto para pegar um avião para o Brasil e se apresentar com o Alice in Chains sem ensaio algum. Ele até tomou vacinas para viajar. Por fim, disseram a ele para aguardar e se encontrar com a banda em Londres[6]. Biro acredita que a banda pode ter esperado para dispensar Starr até firmarem um compromisso com Inez, mas não tem certeza. "Foi uma época bem estranha para a banda, uma época bem emotiva", disse ele. "Eles moraram juntos, passaram fome juntos. E um deles ia ser chutado da banda".

Ele acrescentou: "Layne e Starr eram parceiros. Layne nunca mais foi o mesmo depois que Starr saiu. No âmbito profissional, ele sabia que Starr tinha de sair, mas, no âmbito pessoal, acho que isso o deixou bem fodido. Fodeu com todos nós. Eu me senti muito mal, porque havia uma parte de mim, meu lado profissional, para a qual não havia dúvidas de que Starr tinha que sair. Foi triste, porque ele ainda era da família e, uma vez fora da banda, ele não tinha mais nada".

"[A decisão de demitir Starr] foi colocada em questão para mim e outros membros da equipe, em particular. [A banda] queria nossa opinião", disse Biro. "Acho que talvez eles estivessem procurando alguém para dizer que 'não, não era uma boa ideia'. Mas acredito que a gravadora estava insistindo nisso, de algum modo. E acho que Susan também. Era algo que tinha de ser feito, do ponto de vista comercial". No Brasil, Layne chegou a perguntar para Biro: "Você acha que estamos fazendo a coisa certa?".

"Infelizmente, acho que sim", respondeu ele.

O fato de os dias de Starr na banda estarem contados decerto não os tornava mais fáceis. Randy Biro estava em seu quarto de hotel no Brasil quando recebeu uma ligação de Susan. Segundo Biro, "ela começou a berrar comigo porque eu estava falando merda sobre o Mike Starr. Do tipo, chamando-o de perdedor na cara dele, por ter sido chutado da banda".

"E a minha reação foi: 'Que porra é essa?'". Segundo Biro, Susan disse que Starr tinha dito a ela que Biro estava dizendo coisas cruéis a ele. "Eu nunca, jamais diria alguma coisa cruel para o cara, especialmente quando ele estava prestes a ser chutado", disse Biro. Susan berrava com ele, e Biro respondia à altura. A conversa ficou tão exaltada e alta, conta ele, que Mary Kohl, a empresária associada da banda, conseguia ouvir Susan gritando com Biro pelo telefone do corredor diante da porta aberta do quarto[7].

Ao longo dos anos, Mike Starr deu várias desculpas do porquê dele ter sido chutado ou deixado a banda, algumas legítimas, outras descaradamente fictícias. "Ele me disse que Jerry não gostava dele e o queria fora da banda, e que ele foi chantageado por Susan Silver a deixar a banda", disse Jason Buttino, seu amigo próximo. As evidências – os comentários de Susan sobre a banda ter tomado a decisão de demiti-lo e seus telefonemas para Biro no Brasil – mostram que a alegação de chantagem é falsa.

Starr disse a seu biógrafo que informou aos demais membros da banda que estava saindo e que seus últimos shows seriam os do Brasil. Segundo o livro, "Mike foi quem inicialmente tomou a decisão formal de sair da banda. Ele acreditava firmemente que isso seria apenas temporário, e tornou-se algo permanente"[8].

Ele disse a Mark Yarm que foi demitido não só por revender ingressos na turnê com o Van Halen, mas também porque Jerry tinha ciúmes por ele ganhar mais atenção das mulheres, notando que ele tinha sido escolhido "gato do mês" numa revista[9]. Biro desmentiu essa afirmação. Porém, ele frisou: "A impressão que eu tinha era mais ou menos que ele achava que a quantidade de boquetes que você recebia numa noite equivalia a fama". Ele também especulou que Starr seria viciado em sexo.

Vários anos depois, no programa *Celebrity Rehab*, Starr disse que foi demitido da banda e que nunca teria saído. "Quando eles me pediram para sair da banda, fiquei com o coração partido". Numa entrevista de 2010 ao programa de rádio *Loveline*, ele disse: "Não me importo com essa coisa de banda. Não me importo que eles tenham me dispensado da banda. Eu nunca saí da banda. Não sou de desistir"[10].

Depois da demissão, a banda disse publicamente que Mike tinha saído por conta própria. Uma edição da *newsletter* do fã-clube publicada na primavera de 1993 diz: "Para quem ainda não sabe, Mike Starr não está mais com o Alice in Chains. Ele decidiu que toda essa coisa de turnês simplesmente não era para ele. Desejamos a ele o maior sucesso em suas empreitadas futuras, vamos sentir sua falta". Uma matéria da *Rolling Stone* de fevereiro de 1994 diz: "O rompimento com Starr aconteceu, segundo explica Staley, 'só por uma diferença de prioridades. Queríamos continuar com turnês e divulgação intensas, e Mike estava pronto para ir para casa'". A biografia no primeiro site oficial da banda – aliceinchains.net, que não existe mais – dizia: "Mike Starr chega ao topo da montanha e então se aposenta"[11].

Em 22 de janeiro de 1993, a banda subiu no palco diante de dezenas de milhares de pessoas no Rio de Janeiro e tocou um set explosivo de uma hora, a todo vapor. "Me lembro da última música. Acho que foi no Rio. Eu estava em prantos no palco", disse Biro. "Não conseguia nem enxergar direito, de tão chateado". Posteriormente, Starr disse a Jason Buttino que injetou heroína antes do show. "Ele disse que mal conseguia se mover quando tocaram 'Would?'. Seus joelhos estavam trêmulos e suas mãos não estavam funcionando como ele queria, e ele achava que ia desmaiar". Embora isso não apareça nas imagens do show, Biro disse que Starr estava chorando no palco durante as últimas músicas. Na última troca de instrumentos, Biro abraçou Starr, e os dois disseram que amavam um ao outro, apesar de tudo que estava acontecendo. Biro ainda disse a ele para nunca desistir. Ao final do show, sem nenhum conhecimento do público do que acabara de acontecer, a banda deixou o palco. Cinco anos depois do nascimento da banda no Music Bank, e sem o conhecimento de ninguém de fora dela na época, o público do Rio de Janeiro tinha acabado de assistir à última apresentação de Mike Starr com o Alice in Chains[12].

Durante a passagem pelo Brasil, houve dois sinais indicativos do quão séria tinha se tornado a dependência de Starr em heroína. O primeiro, segundo o que ele contou a Aaron Woodruff, foi quando ele estava num helicóptero e precisou vomitar para fora da aeronave no meio do voo, possivelmente porque estava tendo uma crise de abstinência. Esse relato é corroborado por Randy Biro, que estava presente. O segundo sinal veio depois do show, quando ele resolveu injetar com dois dos mais notórios viciados da cena grunge de Seattle e mal sobreviveu para poder contar a história. Segundo Biro, quando as bandas chegaram ao Brasil, descobriram que [aqui] havia cocaína, mas não heroína. A solução encontrada por eles foi Kurt Cobain pagar pela heroína, e Layne pagar pelo avião para trazê-la.

"No dia em que eles me chutaram, eu falei: 'Cobain, me dê um pico', porque estávamos tocando com o Nirvana e os Chili Peppers na América do Sul... Layne me deu uns dois picos antes. E então Kurt me injetou, depois o Layne mais uma vez, na mesma noite, e eu morri por tipo uns onze minutos... 'Morto por onze minutos', o Layne disse. Quando acordei, estava molhado de suor e num lugar diferente. Estava no banheiro, e o Layne só me deu um soco na cara, chorando"[13].

Mike Inez nasceu em San Fernando, Califórnia, numa família muito musical, com parentes que tocavam em bandas de igrejas e "bandas de música folclórica filipina antiga". Ele veio à luz pelas mãos de sua avó, que era enfermeira no hospital. Depois que Mike e sua mãe receberam alta, ele foi levado à casa da avó, onde seu tio, na época, morava e ensaiava com uma banda de baile com membros do Earth, Wind & Fire. Sua avó ficou "bem fula" e disse à banda que parasse de ensaiar porque agora havia um bebê na casa. Nas palavras de Mike, ele foi "do hospital direto para onde havia uma banda tocando". Ele dá crédito aos pais por deixarem seus interesses musicais aflorarem e a seus parentes por terem lugares onde ele podia praticar sua arte.

Mike começou no clarinete e no saxofone, na quarta ou quinta série. Uma das primeiras músicas que aprendeu foi "Easy", dos Commodores, ao piano. No ginásio, já estava interessado em hard rock e heavy metal. Ele cresceu no final dos anos 1970 em Pasadena, bem quando o Van Halen estava decolando. No ensino médio, já sabia que seria músico de profissão. Tocava na banda marcial da escola e na da Pasadena City College, mas também estava envolvido com bandas de rock. Aos vinte e dois anos, estava ensaiando com sua banda quando um funcionário do estúdio de ensaios disse a ele que tinha feito um teste para a banda de Ozzy Osbourne e o incentivou a fazer o mesmo. A reação de Mike: "Nem fodendo eu vou conseguir esse trabalho!".

Quando chegou para fazer o teste, seu pensamento era: "Só estou contente de conseguir fazer uma *jam* com o cara!". Ele aprendeu as músicas ouvindo os outros candidatos tocarem através das paredes do estúdio. Quando chegou sua vez, não estava nervoso, pois não tinha expectativas de conseguir o trabalho. Quando entrou no carro para ir embora, viu Ozzy e Sharon Osbourne pelo retrovisor, vindo em sua direção. O casal pediu a ele que voltasse no dia seguinte, porque estava entre os cinco favoritos.

No dia seguinte, os finalistas foram afunilados para três. Ainda assim, Mike não esperava conseguir o trabalho. Cerca de uma semana depois, fez mais um teste. O plano era que o novo baixista fosse para a Europa e tocasse com Ozzy na Wembley Arena. Mike estava na casa de seu avô quando recebeu o telefonema de Osbourne. Ele superou duzentos baixistas para conseguir o posto. Em suas próprias palavras, "em uma semana, fui de tocar no Coconut Teaser [um clube em Los Angeles] a morar num castelo com Ozzy Osbourne e tocar em Wembley. Foi uma experiência incrível". Ele ainda trabalhou no álbum *No More Tears*[14].

Segundo Mike, quando se uniu ao Alice in Chains em Londres, ele e seus novos companheiros de banda passaram o primeiro dia na cidade fumando "um haxixe matador". A banda alugou uma sala num estúdio de ensaios, onde, pelos dois dias seguintes, deu a Inez um curso-relâmpago do repertório do Alice in Chains. Biro ficou impressionado – achou que Inez conhecia as músicas melhor do que Starr. A banda então começou uma turnê europeia de dois meses com o Screaming Trees[15].

Durante o show de 8 de fevereiro em Estocolmo, havia um *skinhead* na plateia, fazendo saudações nazistas e batendo nas pessoas. Segundo Randy Biro, "ele fazia isso numa roda punk, dava cotoveladas na cara das pessoas e socos". Um vídeo *bootleg* do show mostra que, depois de "It Ain't Like That", Layne disse ao público: "Nós adoramos vocês, público sueco do caralho". Ele então foi até a beira do palco e se ajoelhou para falar com um segurança. Apontou para o *skinhead* e o convidou para subir ao palco.

"Venha pro palco. Chega aí, cara. Venha se juntar à banda – se divertir".

Segundo Biro, o *skinhead* ficou incrédulo, apontava para si mesmo e perguntava: "Eu?".

"Todo mundo estava olhando pra ele, pensando: '*Por que porra o Layne está sendo legal com esse escroto?*'", recordou-se Biro. "Os seguranças locais o observavam – '*Que porra está acontecendo?*'".

Layne foi até a beira do palco e se agachou, gesticulando repetidamente para que o *skinhead* subisse. Pegou-o pela mão e o puxou para o palco. Assim que se levantaram, Layne deu dois socos na cara do *skinhead*, que caiu de volta na plateia, que, por sua vez, rugia em aprovação. Os seguranças retiraram o *skinhead* dali. Layne pegou novamente o microfone e disse: "Morram, nazis de merda!"[16]

Depois do show, a banda estava ouvindo rumores de que, nas palavras de Biro, "a merda ia bater no ventilador" –, o que queria dizer que a polícia local seria envolvida. Layne e seu segurança John Sampson entraram no ônibus de turnê para tomar a balsa que os levaria até a Finlândia, e lá esperariam até que os outros deixassem o país[17].

A banda e a equipe estavam prestes a fazer o check-out do hotel em Estocolmo quando viram policiais aguardando no lobby. O *skinhead* tinha chamado a polícia, que foi até o hotel à procura de Layne e apreendeu os passaportes da banda e da equipe, de modo que não pudessem sair do país. Quando descobriram que Layne não estava lá, os agentes correram para a balsa, o tiraram de lá e o prenderam. Segundo Biro, o irmão do *skinhead*, que também estava no show, foi à polícia e disse que seu irmão estava incomodando as pessoas no show e que Layne ajudou a contê-lo. A essa altura, disse Biro, "a polícia nos parabenizou e nos deixou ir".

"Layne era uma pessoa muito boa em relação a *bullying*, pois ele próprio sofrera *bullying* quando criança", explicou Biro. "Ele não era um garoto bonito e tudo mais, então era muito importunado quando jovem, e parecia se lembrar disso. E quando chegou a uma posição de poder, deu o troco aos *bullies* ou ajudou quem era fraco como ele fora num momento da vida".

Quando a turnê chegou a Paris, a equipe descobriu que a casa tinha um limite de decibéis que regulava o barulho. A banda foi avisada disso com antecedência, mas mesmo assim foi para a passagem de som – menos Layne. Mike e Sean testaram seus equipamentos e foram avisados que já estavam altos demais, isso antes dos PAs e dos monitores estarem ligados. A essa altura, todos se entreolharam e foram embora, cancelando o show. Segundo Biro, Layne ficou no hotel, de modo que eles podiam dizer que ele estava doente e ter uma desculpa com valor legal para cancelar o show.

A banda voltou da Europa em meados de março de 1993. Pouco depois desse retorno, fizeram uma pequena turnê pelos EUA como *headliners*, com o Circus of Power e o Masters of Reality. A primeira experiência de Mike Inez em estúdio com o Alice in Chains foi na gravação de duas músicas em abril de 1993, "What the Hell Have I" e "A Little Bitter", para a trilha sonora do filme *Last Action Hero* (no Brasil, *O Último Grande Herói*). Stuart Hallerman, dono do Avast! Studio, gravou algumas demos com o Alice in Chains e os recebeu para ensaios enquanto eles compunham as músicas. Houve sinais do problema de Layne com drogas durante essas sessões[18].

O produtor e engenheiro de som Toby Wright era amigo de Nick Terzo, que o perguntou se ele estaria interessado em trabalhar com a banda nessas músicas, convite que ele aceitou.

Riki Rachtman entrevistou Layne e Mike no *Headbangers Ball* nessa época e perguntou se havia uma "diferença grande" por terem Mike Inez no estúdio enquanto trabalhavam em músicas novas.

"Não, na verdade não", respondeu Layne, rindo.

Mike acrescentou: "Eu não quero estar na banda, e eles não me deixam sair. Esses caras são loucos, cara. Eles estão com os meus familiares como reféns".

Layne, na brincadeira, retrucou: "Você tem obrigação contratual, então é melhor aceitar, amigão"[19].

O *newsletter* do Alice in Chains Fan Club apontou: "No momento, Mike Inez, da banda de Ozzy, está ocupando o posto de baixista. As coisas estão seguindo num *groove* legal, então parece que o Sr. Inez pode muito bem se tornar um membro da gangue dos Chains. Manteremos vocês informados". A banda voltou para a Europa para uma série de shows abrindo para o Metallica, depois dos quais eles voltariam aos Estados Unidos para tocar no Lollapalooza[20].

Rocky Schenck viajou para Seattle para dirigir o clipe de "What the Hell Have I", que foi filmado em 13 de junho. "Layne e Jerry em particular curtiram criar as sequências nas quais os rostos deles foram projetados nas próprias faces e nas faces uns dos outros". Jerry foi o responsável pelas máscaras gigantes que cercam a banda. Foi ainda nesta ocasião que Schenck conheceu Mike, de quem ele gostou logo de cara.

Durante o verão de 1993, o Alice in Chains seria a antepenúltima banda no palco principal do Lollapalooza. A turnê começou em 18 de junho e passaria por toda a América do Norte até o início de agosto[21]. Layne estava tentando se manter limpo, segundo Randy Biro, então ele arranjou seu próprio ônibus com um estúdio de gravação no fundo e um segurança que viajava com ele o tempo todo. Segundo várias fontes, Layne recaiu e consumiu álcool e drogas durante a turnê.

Johnny Bacolas e James Bergstrom foram ao show em Portland. "Johnny e eu nos sentamos ao lado do palco, perto do empresário, para assisti-los, e foi um show fabuloso", recordou-se Bergstrom. "Passamos um tempo com Layne e nos divertimos muito – sabe, foi como se fôssemos crianças de novo. Acho que estar longe era uma batalha para ele: o trabalho árduo da estrada e todo aquele estilo de vida... Obviamente, com o vício dele, isso só alimentava tristeza e infelicidade".

Nick Pollock foi a outro show do Alice in Chains, acompanhado de uma das ex-namoradas de Layne. "Fomos até o ônibus dele e ele nos mostrou algumas de suas pinturas, que, na época, eram bem escuras e introspectivas e, em alguns casos, meio estranhas", recordou-se ele. "Não sei como descrevê-las além de estranhas. Acho que ele estava num estado de espírito bem obscuro".

Pollock acrescentou: "Lá estava Layne, que é uma espécie de estrangeiro em sua própria pele, nos dizendo: 'Olha, eu tenho feito estas pinturas e fiz estas fotos'. Acho que elas eram com Demri ou algo assim. Todos pensavam: *'Uau, onde diabos ele está?'*. Mas não era óbvio, ao se olhar aquelas obras, que ele tinha todos aqueles problemas com drogas e tal".

Comparando o que ele viu à arte de Layne para o álbum do Mad Season, Pollock descreveu o seguinte: "[O trabalho no álbum do Mad Season] seriam coisas mais estilizadas que evocavam o que eu estava dizendo. Mas ele tinha alguma coisas como fotografias dele próprio que eram muito lúgubres, que passavam uma certa sensação de sadomasoquismo. Era bem estranho".

Eles foram até a mesa de som para assistir às apresentações das outras bandas e conversar. Segundo Pollock, "ele se soltou. Voltamos para quando éramos garotos. Ele estava lidando com o peso de sua carreira musical e tudo o que a envolvia, o peso da sua situação com as drogas, e acho que, emocionalmente, de diversas maneiras, com o peso de várias coisas de seu passado com as quais ele nunca tinha conseguido lidar, com as quais ainda estava lidando, e tentava apagar isso por meio das drogas".

O ex-vocalista do Cat Butt, David Duet, estava morando no Texas quando recebeu uma ligação de Layne, dizendo-lhe que estava na cidade e fornecendo uma lista de drogas e bebidas alcoólicas para que Duet levasse para ele. Duet ficou animado ao ver seu velho amigo quando entrou no ônibus, e estava prestes a lhe entregar uma sacola com as coisas, mas Layne o cortou – ele descobriu, mais tarde, que estava no ônibus da sobriedade particular de Layne e que seu padrasto e seu agente estavam lá. Duet foi embora antes que a sacola fosse confiscada e combinou de se encontrar com Layne quinze minutos depois[22].

Jim Elmer – que viajou para ver três shows do Lollapalooza em Washington e no Texas – não se recorda disso, mas não refuta o relato. Ele apontou ainda que

"Layne era muito, muito cuidadoso em não vir a público para sua família sobre sua dependência. Eu não sei se isso é verdade ou não, ou se eu não percebi, mas ele disfarçava bem. Não havia dúvidas que ele tinha problemas, todos concordamos com isso. Mas em termos de como ele lidava com isso e tal, ele era muito discreto, penso eu, em relação à família".

Houve problemas com uma das pessoas que viajava com a turnê como parte do Village – descrito pelo jornal *Sun-Sentinel*, de Fort Lauderdale, como "um lugar que o Lollapalooza está criando para ser um mundo surreal onde arte, música e política colidem"[23]. Foi descoberto que essa pessoa havia fornecido heroína a Layne. Ela foi avisada repetidas vezes para ficar longe da banda e de Layne. Chegou ao ponto em que Biro acha que sua então esposa – que era gerente de turnê assistente – pode ter ameaçado prender o sujeito e ordenado a ele para nunca mais ir ao *backstage*. (Biro se casou durante a turnê, e Layne emprestou a ele e sua esposa seu ônibus particular enquanto a turnê ia de Orlando a New Orleans, onde o casamento aconteceria. Layne viajou com banda por este trecho da turnê).

Os músicos na turnê se deram muito bem entre si, em sua maioria, o que levou a muitas colaborações no palco: Jerry tocaria com o Fishbone; membros do Fishbone tocariam com o Alice in Chains; e Layne cantaria com o Front 242 ou com o Tool. Ele ficou amigo de Tom Morello, o guitarrista do Rage Against the Machine. Morello, posteriormente, se lembraria dos dois rindo muito enquanto discutiam sobre qual deles era mais metal. Layne também ficou bem amigo do Babes in Toyland – um trio feminino de punk rock de Minneapolis[24].

Segundo a baixista da banda, Maureen Herman, o camarim do Babes in Toyland era um dos mais populares daquela turnê. "Parecia que todo mundo na turnê tinha uns *riders* saudáveis, do tipo: 'Sem álcool, só suco de frutas, só comida muito saudável', e o nosso *rider* não era desses. Era cheio de *junk food* bem gostosa e coisas legais, tequila, vodka, Jack Daniel's e muita cerveja, então todo mundo vinha para o nosso camarim, porque a porra do camarim deles não tinha esses luxos do rock and roll, e o Layne era uma dessas pessoas".

A baterista Lori Barbero tem uma recordação semelhante. "Falando sério, acho que foi logo na primeira noite. O Layne veio até o nosso camarim, do tipo, 'E aí?', e se tornou nosso amigo imediatamente, e o camarim se tornou meio que a casa na árvore dele, como eu gosto de dizer – onde ele passava a maior parte do tempo. Todo dia ele vinha passar um tempo conosco".

Susan saía perguntando se tinham visto Layne, e Barbero ou alguma outra pessoa confirmava que ele estava com a banda. Por fim, chegou ao ponto em que Susan ia direto ao camarim do Babes in Toyland quando precisava encontrá-lo. "Ele ficava o tempo todo lá conosco. Não sei bem o porquê. Talvez ele só gostasse de estar por perto de mulheres. Ou para se afastar da sua própria equipe, com quem ele deveria ficar o tempo todo, mas ele realmente gostava de andar com a gente, e nós nos divertíamos muito".

A respeito de Demri, Barbero recordou-se: "[O Layne] realmente a adorava. Quer dizer, ele não falava só da boca pra fora. Alguns caras de bandas se fazem de maus e fingem que suas namoradas são um saco, de forma que, se acontecer com outra garota, tudo bem, porque eles não gostam das namoradas, mesmo. Pelo que eu entendia, àquela altura ele realmente a adorava". Layne também falou sobre a recente partida de Mike Starr. "Sempre que Layne falava de Mike, se mostrava triste pelo que tinha acontecido", disse Barbero. "Ele tinha um bom coração, de verdade, e eu sei que ele estava bem triste a respeito do que quer que tivesse acontecido e por Mike não estar mais na banda".

Layne tinha um guarda-costas chamado Val, de quem ele estava sempre tentando se safar. Herman não acha que Val sabia o que o camarim delas continha, então Layne se escondia lá. Ele se deu bem com a cantora e guitarrista do Babes in Toyland, Kat Bjelland, e os dois começaram a andar juntos na turnê – como parceiros de drogas e possivelmente em encontros ocasionais.

"Kat era, em alguns aspectos, o tipo de garota do qual Layne gostava, mas ela era uma versão podre do que ele gostava. Ela era basicamente uma versão fodida de Demri", disse Randy Biro.

"Kat e Layne pareceram se dar muito bem e isso acabou virando um relacionamento durante a turnê. E eu me lembro de Val jogar Kat numa banheira cheia d'água certa vez, porque, em dado momento, eles juntaram os pontos e [perceberam] que Layne poderia arrumar problemas andando conosco e/ou com Kat, mais especificamente", disse Herman.

Há discordâncias a respeito de Layne e Bjelland terem ou não se envolvido. Segundo Herman, "eu não estava no camarim com eles para tê-los visto fazendo sexo, nem nada disso, mas acho extremamente difícil de acreditar que não havia um relacionamento ali. Simplesmente não é possível que não". Barbero acha que não havia: "Eles não sumiam juntos tanto assim a ponto de eu pensar que havia algo acontecendo. Acho que eles eram mais parceiros de drogas".

Em dado momento da turnê, qualquer que fosse a relação existente entre Layne e Bjelland, ela azedou. "Ficou claro que houve uma rejeição, e Kat não aceita rejeições bem. Algumas das melhores músicas dela abordam esse território", disse Herman. Segundo ela, Bjelland decidiu lidar com isso usando heroína e teve uma overdose no ônibus depois de um show em São Francisco. Isso aconteceu na primeira semana de turnê[25]. A *Entertainment Weekly* estava na cidade para uma sessão de fotos com o Babes in Toyland. Como Bjelland estava impossibilitada de aparecer, a sessão foi feita com Barbero e Herman e, por fim, uma foto de Herman foi usada para a capa da revista.

Houve pelo menos mais um incidente, que Barbero crê ter acontecido depois da overdose de Bjelland. Num dos shows, ela quis pegar uma carona no ônibus de Layne, e ele disse não. Ela não aceitou bem. "Ele disse algo do tipo: 'Não, você está ficando louca', e ela pulava no ônibus, e, com ele começando a se movimentar, entrou na frente e arrancou os limpadores de para-brisa, num ataque de fúria", disse Barbero. "Ela é uma pirralha muito mimada, e não conseguiu o que queria, então causou o caos".

Chegou ao ponto em que a equipe do Alice in Chains começou a interferir para manter Bjelland longe de Layne. "A coisa toda da overdose – acho que ela tentou culpar Layne, e ele só disse: 'Bem, não é minha responsabilidade cuidar dela'. Ele se sentiu mal a respeito, mas não deveria. Não era culpa dele. Ele nunca se achou culpado por nada daquilo", disse Biro.

Layne se envolveu por um breve período com uma garota afroamericana que Biro acredita que ele conheceu na turnê. Quando Speech, o vocalista do Arrested Development, ficou sabendo do relacionamento, disse a Layne: "OK, você não é de todo mau. Agora posso conversar com você". Biro, que estava com Layne quando isso aconteceu, disse: "Nós nos entreolhamos e dissemos: 'Uau, isso foi estranho'". Ele não se lembra do nome da garota, nem de como eles se conheceram, mas a descreve como "uma garota doce e muito legal".

Além de Layne, Lori Barbero criou laços com Mike por conta da ascendência filipina dos dois. Ela também se deu bem com Sean e chegou a conhecer seu alter ego Steve. Numa noite de folga da turnê, vários músicos foram a um bar e cantaram no karaokê. "Tomamos o palco, e todos nós começamos a tocar, fizemos uma *superjam*, e foi nessa noite que me disseram: 'Lori, você pode cuidar do Steve? E, por alguma razão que eu desconheço, todo mundo pensa que a mulher é quem tem que tomar conta do cara, então foi o que eu fiz, e ele, na verdade, foi muito agradável comigo". Barbero foi avisada de que ele poderia ser difícil de manter sob controle, mas ela conseguiu.

"Ele não conhecia nenhum de seus companheiros de banda, falando sério. Não conhecia o Alice in Chains. Não sabia tocar bateria. Não sabia de nada. Você podia falar sobre isso com ele, ele dizia: 'Não sei do que você está falando', e olhava para você como se você fosse completamente maluco".

Mike levou Chuck, seu golden retriever, para acompanhá-lo na turnê. Chuck tinha seu próprio passe VIP laminado, com o rosto de um cachorro sorridente impresso, que uma garota roubou e usou para chegar ao *backstage*[26]. Durante um show, Layne, Jerry e Sean subiram no palco durante o set do Primus, no meio de "My Name Is Mud", vestidos com chapéus ao estilo de Les Claypool e tocando baixos imitando o jeito de tocar de Claypool durante o marcante *riff* de baixo da música. Claypool aparentemente devolveu o favor ao subir no palco dançando fantasiado de frango enquanto o Alice in Chains tocava "Rooster"[27]. Jerry atirou uma garrafa nele, que saiu correndo para fora do palco[28].

Em retrospecto, Jerry disse: "O Lollapalooza foi provavelmente a turnê mais divertida que já fiz, e foi provavelmente a turnê mais divertida que já vi, porque havia tanta interação entre as bandas, com exceção do Arrested Development. Todo mundo tocava – nós tocávamos uns com os outros, no palco. Foi ótimo". Mike a descreveu como "uma daquelas turnês onde amizades de uma vida inteira se formaram"[29].

O Alice in Chains voltou para o estúdio em setembro para compor e gravar um EP de material novo, que será abordado no próximo capítulo. No outono, a banda cruzou o oceano novamente para outra turnê europeia e a primeira turnê pela Austrália e pelo Japão. Estavam fazendo o check-in num hotel no distrito de Roppongi, em Tóquio, quando Layne, seu segurança, John, e Todd Shuss, outro membro da equipe, entraram correndo. Havia uma empilhadeira, ou um veículo semelhante, estacionada na calçada, com a chave na ignição, então Layne decidiu pegá-la emprestada para dar uma voltinha. "Layne deu a partida e começou a conduzir o veículo pela calçada, e arrancou uma placa de um prédio ou algo assim, e a polícia apareceu e ele deu no pé", disse Biro, descrevendo o que ele e todos os outros descobriram depois. A polícia chegou procurando por um indivíduo descrito por testemunhas como um homem branco com aparência de turista, que tinha corrido para um hotel[30].

Quando a turnê chegou à Austrália, o itinerário era de quatro ou cinco shows em diferentes cidades, o que apresentava um desafio de logística. Segundo Biro, os shows na Austrália terminavam à 1h da manhã. A chamada para sair do hotel e partir para a próxima cidade era às 6h da manhã. Depois de três ou quatro shows, Layne estava exausto, e a fadiga começou a afetar sua voz. O gerente de turnê insistia que o show tinha de continuar. Segundo Biro, "Kevan Wilkins, o *road manager*, simplesmente culpou Layne. Acho que foi aí que o ódio de Layne por Wilkins realmente bateu. Eu de fato ouvi ele dizer a Layne: 'Você tem de fazer o show. Pense em todos os garotos que compraram ingressos só para vê-lo. Você vai negar isso a eles?'".

Outro episódio do qual Biro se lembra do período entre 1992 e 1993 em que a banda viajava para divulgar *Dirt* – embora ele não se recorde em qual turnê – envolve o que ele acredita ter sido a única ocasião em que foi preciso cancelar um show no meio da apresentação. "O Layne estava bem estragado", disse ele. Susan pediu a ele para entrar no palco e dizer ao público que o show tinha acabado.

"Nem fodendo que eu vou fazer isso".

"Eu te pago. Vá fazer essa porra agora".

Biro recorda-se: "Pegou mal. O público ficou bem puto. Eles estavam tocando, e Layne estava cantando, e então ele largou o microfone, saiu do palco e foi ao banheiro para se drogar, no meio de uma música. Não sei o que estava se passando com ele". Por fim, 1993 seria o último ano em que Layne faria grandes turnês.

Naquele ano, houve outros dois acontecimentos dignos de nota. O Heart trabalhava em seu álbum *Desire Walks On*, que contou com um cover de "Ring Them Bells", de Bob Dylan. As irmãs Wilson queriam uma voz masculina com a qual harmonizar nessa música. O primeiro convite foi para Chris Cornell, que gravou a música, mas sua gravadora não deu à banda a permissão para lançá-la.

A essa altura, Ann Wilson ligou para Layne, e ele aceitou participar. Nancy Wilson recordou-se que a reação dela e de sua irmã foi: "Isso vai ser ótimo! Vai ser um grande momento!". Layne foi até o estúdio e, como sempre tímido ao gravar, não quis ninguém lá com ele.

"Ele dizia: 'Ah, não, vocês não podem ficar na técnica enquanto eu estiver cantando. Precisam ir para outro lugar'. Ele estava tímido demais para cantar onde Ann Wilson pudesse estar ouvindo", disse Nancy. "Saímos para jantar ou algo do tipo e voltamos, e ele não queria ficar lá quando ouvíssemos a faixa, então ele foi embora. Era o jeito dele". Depois, o engenheiro de som mixou o *take* de Layne com os vocais das irmãs Wilson e – nas palavras de Ann – soava "perfeito".

Ann Wilson notou o efeito que o consumo de drogas havia causado em Layne. "Deu para ver, naquele dia, que sua batalha com a dependência em drogas tinha levado embora parte de Layne", escreveu ela. "Ele estava cada vez menor, em todos os sentidos, estava até curvado. Ele já era pequeno, mas, quando o abracei, fiquei com medo de que pudesse quebrar seus ossos".

"Eu tinha visto alguns dos primeiros shows do Alice e Layne era luminoso no palco, branco como a neve, como se fosse iluminado por dentro. Era como se ele não tivesse corpo ao se apresentar".

"Com o passar dos anos, ele mudou, e, na época em que gravou 'Ring Them Bells', sua luz já estava oscilante"[31].

O outro acontecimento, certamente mais importante para a carreira e o futuro da banda, foi a dissolução da sociedade de Susan com Kelly Curtis. Há relatos diferentes do porquê deles terem se separado. Curtis disse a Mark Yarm que parou bem quando o Alice in Chains começava a decolar porque, depois do trauma de ter perdido Andrew Wood para a heroína, ele não queria passar por aquilo de novo com Layne. Houve um incidente em que Layne estava segurando a filha de Curtis e pegou no sono. "Ele era um cara ótimo – todos aqueles caras eram ótimos – mas havia uma nuvem negra sobre eles, e isso me afetou muito. Eu detestava", disse Curtis[32].

O ex-sócio de Curtis, Ken Deans, não discorda desse relato, notando que, "àquela altura, estava ficando muito óbvio que Kelly teria um sucesso gigantesco com o Pearl Jam. O Pearl Jam não tinha nenhuma daquelas armadilhas que o Mother Love Bone tinha, ou que o Alice in Chains tinha... E posso acreditar que Kelly não queria lidar com nada daquilo".

Krisha Augerot, assistente de Curtis na época, recordou-se de maneira semelhante. "Quando eu estava trabalhando com Kelly, o Pearl Jam estava bem no início. Ele também coagenciava o Alice in Chains e Kristen Barry com Susan.

Quando se separaram, acho que o Alice in Chains queria mais atenção. Creio que eles sentiam que Susan tinha o Soundgarden e Kelly, o Pearl Jam. O Alice in Chains, embora tivesse sucesso, talvez não sentisse que estava recebendo a atenção da qual precisava. Eles eram como um enteado, então queriam ir ou para um lado, ou para o outro. Foi muito difícil para Kelly abandoná-los, porque Jerry Cantrell morara em seu porão por um bom tempo. Os dois eram quase como uma família".

Sobre a relação da banda com Susan e Curtis, Augerot disse que "era como ter uma pseudo-mãe e um pseudo-pai em Susan e Kelly. Acho que Jerry era bem próximo de Kelly, decerto porque eles tinham morado juntos e porque Kelly o apoiava muito, e Peggy [a esposa de Kelly] também. Acredito que Susan exercia uma influência muito calmante sobre aqueles caras, uma preocupação realmente sólida. Me lembro que a separação de Kelly e Susan afetou Jerry de forma bem pesada".

Randy Biro alegou que o rompimento foi uma decisão puramente de negócios e que Curtis não saiu por vontade própria. "O Alice in Chains, no fim das contas, o acabou despedindo. O lance com o Pearl Jam – ele só calhou de estar no lugar certo na hora certa. O Alice in Chains passou a ser empresariado de maneira muito melhor uma vez que ele estava fora". Ele refuta a explicação de Curtis de que este teria saído por causa dos problemas com drogas. "Kelly Curtis quer saber estritamente de dinheiro. Foi tudo sobre o dinheiro. Ele não saiu. Eles o despediram. Sentiram que ele não estava nada focado neles, e ele e Susan não chegavam a um acordo sobre como gerenciar a banda. Se eu me lembro corretamente, ele deu um ultimato à banda".

"Esse ultimato foi: 'Sou eu ou Susan. Vocês não podem ficar com os dois'. E eles disseram: 'OK, tchau', o que o pegou de calças curtas, porque ele tinha falado aquilo de uma maneira tão prepotente, como se pensasse que automaticamente ficariam com ele. E a banda não gostou nada disso".

CAPÍTULO 18

O que é engraçado sobre as músicas é o seguinte: eu não tenho nenhuma.
— Jerry Cantrell

O Alice in Chains estava em turnê quando Jerry ligou para Toby Wright, perguntando se ele estaria interessado em gravar um EP com a banda. "Absolutamente", respondeu Wright. "Você pode me mandar algumas das músicas?".

"Estamos a caminho de casa. Até elas chegarem a você, já teremos terminado", respondeu Jerry. "Encontre-nos em Seattle".

Apesar do que Jerry disse a Wright, nenhum material havia sido composto ainda. Segundo Jerry, a banda planejava fazer uma pausa e eles queriam trabalhar nas músicas juntos quando voltassem[1]. O Alice in Chains e Toby Wright chegaram ao London Bridge Studios em 7 de setembro de 1993, com pouco ou nenhum material preparado. Assim que todos estavam lá, os membros da banda começaram a falar sobre suas experiências na estrada.

"Uau, isso é incrível", disse Wright. "Então vocês compuseram bastante na estrada?".

"É... O que é engraçado sobre as músicas é o seguinte: eu não tenho nenhuma", foi a resposta envergonhada de Jerry, e todos riram.

"OK. O que vocês querem fazer pelos próximos dez dias?", perguntou Wright, referindo-se ao fato de que eles já haviam reservado horas no estúdio.

"Tudo bem se nós só fizermos umas *jams* nos próximos dez dias?", perguntou Jerry.

"Sim. A melhor banda do mundo, fazendo *jams*? O que poderia haver de mal? Eu não tinha nada melhor para fazer", foi a resposta de Wright.

O processo de composição, gravação e mixagem foi rápido. Segundo as notas de encarte, o álbum foi escrito e gravado no estúdio num período de cinco dias e mixado de 17 a 22 de setembro[2]. As sessões para o EP de sete músicas intitulado *Jar of Flies* foram empreitadas árduas contra o relógio, que chegavam a quatorze a dezoito horas por dia. Wright estava coproduzindo e fazendo ele mesmo a engenharia de som, com a ajuda de Jonathan Plum como engenheiro de som assistente. "Me lembro de ir embora e eles ainda estarem de pé. Eu ia para casa, dormia algumas horas e voltava", disse Plum sobre a maratona de gravações.

Uma vez que uma ideia estivesse completamente trabalhada, os membros da banda eram muito eficientes ao gravar suas partes individuais. "Algumas das músicas, uma vez que os arranjos estivessem prontos, eram um ou dois *takes* e pronto. Isso é que é ser uma das bandas mais prolíficas e com melhor sentimento, fazíamos um ótimo *take*, e aquela já era a música", disse Wright.

Plum se lembra de ver Layne sentado no sofá, no lobby, assistindo TV. Certa manhã, ele estava assistindo a desenhos animados e comendo cereal infantil com as mãos, direto da caixa. No verso da caixa havia um jogo de completar as lacunas, que Layne preencheu com sua própria versão. "Ele preencheu o jogo, e era completamente nojento, falava sobre colocar coisas na uretra. Ele recortou e colocou na porta da geladeira", recordou-se Plum.

A banda trouxe um quarteto de cordas para "I Stay Away". Wright perguntou a Jerry se ele queria transcrições em partitura do que ele gostaria que o quarteto tocasse.

"Não, eu vou apenas dizer a eles o que tocar", respondeu Jerry. Dave Hillis, que trabalhava no London Bridge na época, mas não trabalhou em *Jar of Flies*, se lembra de ver Jerry entrar na sala grande com um violão na mão, se sentar numa cadeira dobrável de metal e passar a canção com os músicos, explicando-lhes o que tinha em mente.

"Até onde eu sabia de outras sessões de gravação, você tem um maestro e é tudo escrito musicalmente na partitura para eles, e normalmente há muita pré-produção envolvida nisso, no sentido de que há muito o que se escrever e transcrever", disse Hillis. "Me lembro de Jerry ser destemido, como ele geralmente é, muito seguro, e entrar com um violão na sala principal, onde o quarteto de cordas estava, e mostrar a eles as partes no violão, o que ele estava ouvindo, o que ele queria, o que não é algo que normalmente se faz, porque músicos de orquestra, em geral, não trabalham dessa forma".

Sean estava experimentando com a técnica de *side-stick* na bateria, que consiste em bater no aro da caixa com a lateral da baqueta. Wright, que não é nenhum fã dessa técnica, ouviu e não gostou nada. "Acabamos usando alguns bongôs e alguns sets menores de bateria montados sobre o chimbau que incorporamos ao groove". Isso se tornou a abertura de "No Excuses". Nos versos, Jerry cantou a primeira voz e Layne, a harmonia, para então trocarem no refrão.

"Don't Follow" renderia alguns dos momentos mais memoráveis dessas sessões de gravação. Randy Biro, Darrell Peters, técnico de guitarra de Jerry, e Mike fizeram backing vocals para a segunda parte da música. Um gaitista foi trazido ao estúdio. "Eles mandaram um cara – era um cara mais velho. Ele tocava bem, mas grunhia enquanto tocava, fazia uns barulhos muito esquisitos e meio nojentos de grunhidos", recordou-se Plum.

"Lembro-me de Jerry perguntando: 'Que barulho é esse?'. Toby dizia: 'Ei, isso ficou ótimo. Você poderia tocar com menos grunhidos?'. E o cara dizia: 'Ah, sim, sim. Desculpem por isso'. Ele tocava de novo, e ainda fazia os mesmos barulhos de grunhido".

Depois de uma hora, perceberam que não ia funcionar. Por fim, David Atkinson foi chamado para tocar a parte de gaita. "Lembro que o gaitista era tipo um amigo do Chris Cornell que chegou no estúdio arrasando, colocou tudo naquela performance", disse Wright. Plum acredita que ele acertou na mosca em um *take*. Jerry cantou a primeira metade da música; Layne, a segunda. Plum ficou com a impressão de que Layne, por alguma razão, não gostou da música, porque, enquanto gravava seus vocais, acrescentava algo que não fazia parte da letra original de Jerry. Depois do verso "*it hurts to care, I'm going down*"[3], antes do breve instrumental que conduz à segunda metade da música, Layne cantou na cara de pau: "*How now, brown cow?*"[4].

"Essa parte ficou na gravação por um bom tempo, mas, quando a mixamos, Jerry nos pediu para tirá-la", disse Plum, rindo. Wright não se lembra disso, mas não discorda do relato de Plum. "O conceito de Jerry era que ele começaria a música, Layne entraria, e então acabaríamos com uma coisa do tipo dois lados da mesma história, o que eu achei brilhante", disse.

Rocky Schenck fez a foto de capa em sua sala de jantar no dia 8 de setembro de 1993. "A banda tinha tido a ideia para o título e queria que a capa fosse um garoto olhando para uma jarra cheia de moscas[5]. Me lembro que eles me pediram para usar 'cores loucas' na foto, então utilizei muitas cores diferentes de gel sobre os flashes para conseguir o visual final", escreveu ele. O assistente de Schenck foi várias vezes a um estábulo ali perto para coletar centenas de moscas com uma rede de caçar borboletas.

Lançado em 25 de janeiro de 1994, *Jar of Flies* foi um sucesso imediato, estreando no topo da parada de álbuns da *Billboard*. Foi o primeiro EP de todos os tempos a chegar à primeira posição, feito só conseguido mais uma única vez – por *Collision Course*, de Jay-Z e Linkin Park – nos vinte anos desde o lançamento até a escrita deste livro.

Em março de 1994, Kurt Cobain estava atormentado. Courtney Love já o tinha visto ter overdoses de heroína dezenas de vezes até a vez em que ele tentou se matar ao tomar sessenta comprimidos de Rohypnol num quarto de hotel em Roma, segurando firme uma carta de suicídio de três páginas em sua mão esquerda[6]. Apesar do histórico de animosidade entre elas, Susan recebeu um telefonema de Courtney em pânico.

"Você precisa me ajudar – *o Kurt vai se matar. O que eu devo fazer?*", perguntou ela. Susan colocou o empresário do Nirvana em contato com o dr. Lou Cox, um médico de Nova York que tratara do Aerosmith e estava tratando do Alice in Chains na época. Susan disse a Greg Prato que eles concordaram em fazer uma intervenção, mas escolheram um intervencionista diferente e nem todo mundo compareceu[7].

No dia 1º de abril de 1994, Cobain saiu sem ter recebido alta do Exodus Recovery Center, em Marina del Rey, Califórnia, dois dias depois de ter dado entrada. Uma semana depois, seu corpo foi encontrado na estufa de sua casa; ele se matara com um tiro de espingarda na cabeça depois de ter injetado uma dose letal de heroína. Tinha vinte e sete anos[8].

Susan ajudou a organizar um velório privado para Cobain numa igreja, bem como um memorial público no Seattle Center, ambos marcados no mesmo horário, por preocupação de que os fãs ou a mídia tentassem ir à cerimônia particular. Quando acabou, Susan sentiu por Courtney Love "o mesmo tipo de compaixão avassaladora" que teve por Yoko Ono depois do assassinato de John Lennon. Susan foi até Love para oferecer apoio. Quando ela estava a cerca de três metros de distância, Love a viu se aproximando, virou as costas e se afastou[9].

"Eu vi todo o sofrimento pelo qual Kurt Cobain passou", Layne se recordaria. "Eu não o conhecia muito bem, mas eu apenas vi uma pessoa realmente vibrante se tornar uma pessoa muito tímida, recolhida, introvertida, que mal conseguia dar um olá"[10]. O ponto de vista pessoal de Layne era cético quanto à história oficial. "Layne se expressou um pouco mais sobre o caso de Kurt, porque ele nunca imaginou que Kurt se mataria", disse Jim Elmer. "Ele mencionou várias vezes que nunca acreditara nisso. E isso não foi logo depois da morte dele, foi anos depois. Layne ainda se lembrava daquilo e simplesmente pensava que aquilo não era característico de Kurt".

Algumas semanas depois da morte de Cobain, Jim Elmer recebeu um telefonema de Courtney Love. Ela estava tentando entrar em contato com Layne e, de algum modo, conseguiu o telefone de Elmer. Segundo ele, conversaram duas vezes. "O ponto das conversas foi que ela estava à procura de Layne porque sabia que ele e Kurt eram amigos e queria descobrir o que tinha acontecido nos últimos dias de Kurt, e ela me confidenciou que não estava satisfeita com o veredicto de que havia sido um suicídio. Ela achava que havia algo mais ali, e queria encontrar Layne e discutir com ele".

Love provavelmente estava presumindo que, como Cobain e Layne frequentavam o mesmo círculo social – músicos, usuários de drogas e traficantes –, ele poderia ter visto Cobain ou ter algum conhecimento a respeito de seus últimos dias. Não se sabe se Layne viu Cobain durante seus últimos dias, mas há evidência de pelo menos um contato mútuo referente às drogas.

Rene Navarette, confidente de Cobain, contou a Everett True, biógrafo do Nirvana, sobre um encontro com alguns dos músicos mais famosos de Seattle na primavera de 1993, que coincidentemente estavam no mesmo lugar, ao mesmo tempo, tentando obter drogas. "Quando Courtney foi para a Inglaterra, foi a primeira vez que eu, Kurt, Dylan [Carlson, guitarrista da banda Earth] e Cali [DeWitt, babá de Frances Bean Cobain] tivemos alguns dias para curtir sem ela... Nos divertimos demais. Fomos para o centro da cidade, entramos na sala de um traficante: Kurt, Dylan, Mark Lanegan e Layne Staley entraram no mesmo porão, ao mesmo tempo, por coincidência. Foi bem incrível. Todos compartilhavam uma admiração mútua. Agora, pensando nisso, lá estavam todos aqueles caras de um talento enorme, para sempre marcados pelo uso de drogas"[11].

O Tool estava tocando no show Rockstock, da KISW, no Kitsap County Fairgrounds, em 28 de maio de 1994, quando Layne fez uma aparição surpresa e se uniu a eles para uma versão de "Opiate". Segundo o *Seattle Post-Intelligencer*, Layne "parecia doente e usava uma máscara de esquiar de lã para esconder o rosto"[12].

Naquele verão, o Alice in Chains tinha planos de uma turnê com o Metallica. Eles também estavam na escalação para o Woodstock 94, o vigésimo quinto aniversário do lendário festival, marcado para acontecer em Saugerties, Nova York, em agosto. Layne tinha acabado de voltar de outra temporada de reabilitação e tinha recaído, ao passo que Sean enfrentava o alcoolismo[13].

Posteriormente, Sean disse à *Rolling Stone* que a gota d'água foi quando Layne apareceu chapado para ensaiar um dia antes da turnê com o Metallica começar. Sean jogou as baquetas no chão e jurou que nunca mais tocaria com Layne de novo, sensação compartilhada por Jerry. Pouco depois disso, Susan publicou a seguinte declaração: "O Alice in Chains se retirou da turnê de verão do Metallica, bem como da participação no festival Woodstock 94. Essa decisão foi tomada devido a problemas de saúde na banda. O Alice in Chains pede desculpas aos fãs e agradece seu apoio e preocupação. A banda espera resolver essa situação em privacidade. Os integrantes estão ansiosos para voltar ao estúdio no outono". A turnê foi cancelada e – segundo a *Rolling Stone* – a banda terminou por seis meses. O Candlebox tomou o lugar da banda na turnê do Metallica e no Woodstock[14].

Jimmy Shoaf tinha feito planos de sair em turnê com o Alice in Chains naquele verão e tinha gastado algum dinheiro em antecipação ao que receberia na turnê. Ele estava sentado num avião prestes a decolar quando uma comissária de bordo o abordou.

"Estamos retirando a sua bagagem da aeronave. Kevan Wilkins ligou. Ele nos disse para não deixá-lo voar".

"Pensei, '*Merda!*'. Foi quando aprendi minha lição: não gaste seu dinheiro antes de ganhá-lo", recordou-se.

O Metallica deu sua opinião sobre a situação do Alice in Chains durante a turnê. Tocavam os compassos de abertura de "Man in the Box", com o *frontman* James Hetfield cantando a melodia vocal de introdução de Layne enquanto sarcasticamente esfregava e batia no braço esquerdo, num gesto imitando a injeção de heroína.

"Não consigo sair em turnê, não consigo sair em turnê", gemia Hetfield. O baterista Lars Ulrich e o guitarrista solo Kirk Hammett também faziam o gesto de injeção de heroína no braço. Ulrich pressionava uma de suas baquetas contra uma veia de seu braço, de modo a parecer uma seringa gigante de madeira[15].

Mais tarde, Sean diria sobre esse período: "Naquela época, ninguém estava sendo honesto com ninguém. Se tivéssemos continuado, havia uma boa chance de nos autodestruirmos na estrada, e nós definitivamente não queríamos que isso acontecesse em público"[16]. Durante esse hiato do Alice in Chains, Layne tentou mais uma vez abandonar a heroína e encontrou outro veículo musical para sua criatividade.

CAPÍTULO 19

Não vou ser assim para sempre.
— **Layne Staley**

No final da primavera ou início do verão de 1994, Michelle Ahern-Crane vivia no bairro de Queen Anne, em Seattle. Ela ouvira falar que Layne estava morando na área, mas não o via há vários anos. Certa noite, teve um sonho muito vívido sobre ele.

"Tive um sonho épico no qual eu estava andando por um hotel de beira de estrada dos anos 60, do tipo em que a porta de cada quarto dá para o estacionamento", recordou-se ela. "Eu caminhava por todos esses quartos e todas as portas estavam abertas, e dentro de cada quarto havia uma cena totalmente diferente acontecendo. Passei por uma das portas, olhei para dentro e Layne estava no quarto. Havia uma pequena cozinha e uma panela em cada boca do fogão, elas estavam ferventes e ele estava muito perplexo, dizendo: 'Aaah... o negócio está fervendo!'. Meio caótico. Eu entrei e segurei sua mão, e disse: 'Vamos embora daqui'".

A próxima coisa da qual ela se lembra é que "estávamos num ginásio correndo como crianças, apenas se divertindo, rindo, correndo, brincando como crianças". A essa altura, seu telefone a acordou. Era sua tia, Lisa Ahern Rammell, que lhe apresentara a Layne muitos anos antes.

"Adivinha quem eu vi ontem à noite?".

"Layne", adivinhou Michelle.

Ahern Rammell disse que tinha saído junto com outra garota na noite anterior e as duas o viram. Layne deu um abraço forte na outra garota, achando que ela fosse Michelle, e ficou envergonhado ao se dar conta de que não era ela. Michelle contou à tia sobre o sonho. Depois da conversa, Ahern-Crane saiu para caminhar pela Queen Anne Avenue. Um carro passou por ela e ela notou quem era o passageiro. "Só vi aqueles olhos azuis enormes e soube na hora que era ele. Eu olhei e pensei: *'Uou! Isso é muito estranho, o sonho e a minha tia ter visto ele ontem à noite, e acho que ele acabou de passar de carro'*".

O carro encostou e Layne desceu, segurando uma gatinha. Michelle ficou desconcertada com sua aparência. "Ele parecia muito mal. Foi bem chocante, porque eu não o via há muito tempo, foi triste", disse ela. Ele tinha deixado o cabelo crescer, e estava em sua cor natural, um loiro acastanhado. Suas mãos estavam envoltas em gaze e só parcialmente cobertas por luvas sem dedos. Usava uma camisa de manga comprida e uma jaqueta de couro.

Ela contou a ele sobre o sonho e comentou sobre ele ter encontrado sua tia e como essas coincidências eram malucas. Layne disse a ela que ele e sua mãe, que estava dirigindo o carro, estavam voltando com a gatinha do veterinário.

"Viu, você frequenta reuniões do AA?", perguntou Layne.

"Não frequento. Conheço muita gente que frequenta. Se você quiser, posso te dar o telefone de alguém, uma pessoa legal, se você precisar fazer isso", ofereceu ela.

"E se você me der o seu telefone?".

Ela deu seu número a Layne. Embora tenha ficado lisonjeada com a atenção, ela não se sentiu atraída por ele, totalmente ciente do problema dele com drogas. Ela pensou que, com todas aquelas coincidências, aquilo pudesse ser um sinal de que ela deveria ajudá-lo. Ficou com a impressão de que Layne estava interessado nela pela companhia, não pelo sexo.

Layne começou a ligar para ela de imediato. Viviam a poucas quadras um do outro e começaram a conversar pelo telefone e se encontrar regularmente. Ela ia ao apartamento de Layne para assistir filmes. Embora ela frequentemente passasse a noite lá e os dois dormissem na cama dele, ela disse que nada sexual aconteceu – ela nem o beijou.

"O desejo dele de passar um tempo comigo sem querer nada além de companheirismo era legal. Ser convidada para o mundo particular e bastante isolado dele era, no mínimo, intrigante. Isso, mais a fantasia de que ele pudesse superar o vício, ou de que eu pudesse ter um papel na superação dele do vício, era intrigante e até empolgante. Ele era uma pessoa maravilhosa debaixo de toda aquela doença. Mas eu não me iludia, e não ia expressar esses pensamentos a ele, porque eu tinha decidido bem rapidamente que 'ansiar' seria 'se desapontar'. Então me mantive bem 'cool' durante o tempo que passávamos juntos"[1].

Em sua casa havia sinais visíveis de seu problema com drogas, mas Layne nunca ofereceu nada a ela. Enquanto assistiam a filmes, Layne pedia licença para ir ao banheiro e lá ficava. "Ele enfim saía. Passávamos um tempo juntos, conversávamos, assistíamos a filmes, e então ele voltava para o banheiro".

Layne mencionou as drogas a ela duas vezes. Numa das primeiras vezes em que ela foi visitá-lo, estavam assistindo TV no quarto dele. Layne estava sentado no chão; Ahern-Crane, na cama. Layne olhou para ela e disse: "Viu, quero que você saiba que eu não vou ser assim para sempre. Quero ter uma vida normal, uma vida boa. Quero me casar, ter filhos".

Ahern-Crane ficou surpresa. "OK, isso é bom", foi a única resposta dela. "É claro que eu esperava que ele tivesse uma vida normal e feliz um dia. Desejo isso para qualquer um. Mas não havia evidências em lugar algum que sugerissem que ele estava falando sério naquele momento".

"Achei que o que ele disse foi doce, fiquei lisonjeada porque sabia que ele estava dizendo aquilo para me agradar... Era o jeito dele de me dizer: 'Gosto de você'. 'Se você ficar aqui por um tempo, posso conseguir largar as drogas, com a sua ajuda'. 'Me dê um motivo para parar de usar drogas'. Isso é o que aquelas palavras significavam – pelo menos em certo grau. Mas como é que se consegue levar muito a sério alguém tão chapado de droga? Ele pode ter pensado aquilo naquela hora, e pode ter considerado de tempos em tempos – mas o fato é que rapidamente ele estaria de volta ao banheiro tentando achar uma veia".

"Achei a declaração dele ao mesmo tempo doce, lisonjeira, esperançosa e manipuladora". A segunda vez também aconteceu no apartamento dele. Ele a convidou para o banheiro, onde seu equipamento de música estava instalado. Ela entrou e viu Layne sentado no parapeito da janela. Ele não disse nada até os dois começarem a falar de amenidades. Ela notou vários saquinhos numa mesa. Na época, não sabia o que eram, mas, anos depois, com o benefício do retrospecto, se deu conta de que estavam cheios de heroína.

"Acho que ele me convidou até lá para ver se talvez eu quisesse me drogar, mas não me ofereceu", recordou-se. "Quando ele me chamou para aquele banheiro e as drogas estavam lá, me senti quase como se tivesse passado num teste".

Às vezes, Layne tocava para ela algumas músicas do Mad Season nas quais estava trabalhando. Quando saíam, às vezes iam a um show da banda de Johnny Bacolas, o Second Coming. Ahern-Crane se lembra de, quando dormia na casa de Layne, ouvir batidas na porta em horários estranhos. "Ei, quem está aqui à uma da manhã?".

"*Shhhh*... Fique quieta, não atenda a porta", dizia ele.

"Layne dizia que poderia ser Demri precisando de um lugar para dormir ou querendo ficar chapada. Poderiam ser fãs trazendo drogas", explicou ela.

Segundo Johnny Bacolas, Demri visitava a casa de vez em quando. Ele se recusou a comentar sobre quaisquer especificidades sobre o que aconteceu entre eles durante esse período, mas descreveu o relacionamento como instável.

Embora Ahern-Crane tenha tido um pequeno vislumbre do uso de drogas de Layne durante esse período, Ron Holt, amigo de Layne, ouviu e viu mais, por causa de sua amizade prévia e porque Holt também estava usando heroína naquela época. Compartilhavam o mesmo traficante. Holt era um cliente regular, mas Layne recebia tratamento VIP. Às vezes, o traficante não deixava Holt entrar na casa. Certa vez, ele ficou sabendo que Layne estava na casa do traficante e mandou avisar: "Diga a ele que Ron Holt está aqui". Layne disse para ele subir, deu-lhe um forte abraço e disse ao traficante que Holt deveria ser respeitado. "O Ron não gosta de ficar esperando", disse ele. Os dois também discutiam abertamente sobre seus hábitos de drogas, no que Holt chamou de "conversas de *junkie*". Layne disse a Holt que estava usando três gramas de heroína por dia. Baseado nisso, além de mais ou menos a mesma quantidade de crack que ele usava, Holt estimou que Layne estava gastando de US$ 250 a US$ 400 por dia em drogas.

"Sempre que eu via Layne, eu dizia a ele o quanto estava orgulhoso dele, e ele sempre me tratava como uma figura de autoridade. Ele sempre me tratava como se o meu trabalho significasse alguma coisa", disse Holt, que tentou aproveitar esse respeito para convencer Layne a largar as drogas. "Estávamos conversando abertamente sobre heroína e tal. Eu estava usando metadona na época, e tentei convencê-lo a parar. Ele tinha uma coisa de dizer que, se não era para eu ser um deles, que eu não fosse um deles".

"Ele ficou furioso comigo: 'Não venha falar de heroína. Se você não vai aceitar isso, nem tente falar comigo a respeito. Não tente me convencer a parar'. Isso me decepcionou".

Embora dezenas de milhares de fãs estivessem curtindo o Woodstock 94 em Saugerties, Nova York – um show do qual o Alice in Chains deveria ter participado, mas que, ao invés disso, só Jerry subiu ao palco para tocar "Harold of the Rocks" com o Primus –, Layne foi acampar perto de Winthrop, uma cidadezinha na região central de Washington. O objetivo da viagem: largar a heroína. O acompanharam na viagem Johnny Bacolas e mais dois amigos, Alex Hart e Ian Dalrimper. Layne tentaria se desintoxicar sozinho na mata.

"Ele usava o álcool para ajudá-lo com os sintomas da abstinência. Durante aquela viagem, ficou muito deprimido. Tenho certeza que teve muito a ver com a abstinência, porque ele não levou nenhuma heroína", explicou Bacolas. Numa praia ao longo do Lago Chelan, às duas da manhã, Layne entrou em prantos, chorando no ombro de Bacolas.

"Preciso de ajuda. Você consideraria ir morar comigo e me ajudar com isso? Não confio em ninguém, e não consigo fazer isso sozinho", disse Layne a Bacolas.

Havia um problema maior: Layne estava com ideias suicidas. Bacolas disse que Layne queria pular de uma ponte perto dali. "Ele estava num período muito para baixo e em crise de abstinência. Queria morrer, naquele momento. Acreditei nele".

Pouco depois, Layne e Bacolas se encontraram com Hart e Dalrimper e deram uma passada noturna num supermercado. "Lembro que um moleque começou a encher o saco do Layne no supermercado", recorda-se Bacolas, "e o Layne simplesmente perdeu a paciência e nocauteou o cara". Seus amigos o agarraram e correram dali antes que alguém chamasse a polícia. Acabaram dirigindo até um estacionamento que estava lotado de jovens fazendo festa. Com Layne no banco do passageiro, Bacolas estacionou o carro ao lado de uma picape cujo som tocava "No Excuses" a todo volume. Bacolas não sabe dizer se aquilo era coincidência ou não – pode ter circulado a fofoca de que Layne estava na região. Havia três ou quatro jovens na picape, e mais ou menos mais uma dúzia ali por perto, boquiabertos com a presença da celebridade em meio a eles. "Eles estavam ouvindo a música a todo volume e todos diziam: 'Não é possível, não pode ser o Layne Staley'". Layne não resistiu. "De repente, ele simplesmente começou a cantar o refrão de 'No Excuses' a plenos pulmões, e na mosca", disse Bacolas. "Bem quando o refrão entrou, ele mandou ver, um refrão e pronto. Todo mundo calou a boca. Não havia dúvidas de que era ele".

Michelle Ahern-Crane não tinha notícias de Layne há alguns dias quando recebeu uma mensagem na secretária eletrônica. "Oi, desculpe por não ter entrado em contato. Saí da cidade", ela se recorda dele dizendo. "Vou te ver assim que voltar". Layne não disse a ela o que estava fazendo ou onde estava, mas ela tinha uma certa ideia. "Eu meio que chuto que era algum tipo de tentativa de largar as drogas ou algo nessa linha". É possível que essa ligação tenha sido feita durante o acampamento.

Pouco tempo depois, Bacolas foi morar com Layne. Embora ele tenha feito isso para ajudar Layne a ficar limpo, qualquer pretensão disso foi pela janela uma vez que ele chegou lá. Layne estabeleceu duas condições para Bacolas morar com ele: não haveria intervenções, e ele não deveria ouvir Alice in Chains. "Acho que a ideia dele era querer estar no controle", disse Bacolas. "Ele definitivamente gostava de controle. Sua atitude era: 'Ninguém vai me forçar a fazer nada. Não abra a porta para ninguém que queira. Não concordo com isso'. Para mim, o que isso queria dizer é mais algo como: 'Não estou pronto para parar. Nem adianta tentar me forçar'".

Mike McCready, guitarrista do Pearl Jam, vinha bebendo tanto que o assunto começou a ser levantado durante reuniões da banda. O Pearl Jam tocou três músicas no episódio de 16 de abril de 1994 do *Saturday Night Live*, terminando o set com "Daughter". Na manhã seguinte, Stone Gossard perguntou a ele: "O que você achou de 'Daughter'?". McCready nem se lembrava de ter tocado a música – ele tinha apagado num programa de TV ao vivo, transmitido em rede nacional. Por fim, McCready deu entrada na clínica Hazelden, em Minnesota, onde conheceu o baixista de blues John Baker Saunders[2].

John Baker Saunders Jr. era o segundo de três filhos. Sua irmã mais nova, Henrietta, o descreveu como "aquele que tinha o coração na família". Era músico desde muito novo, segundo seu irmão mais velho, Joseph, e começou cantando no coral de uma igreja episcopal e teve suas primeiras aulas de violão na quinta série. Aprendeu a tocar "If I Had a Hammer" e "Where Have All the Flowers Gone" no instrumento[3].

Na época, ele ouvia Beatles, Rolling Stones e Kinks. "Eu gostava de ouvir discos, e como eu me mudava muito, para muitos lugares diferentes, a música me dava um certo senso de continuidade", disse Baker em uma entrevista de 1995 para o projeto de história oral do Experience Music Project. Baker frequentou a Fay School, em Southborough, Massachussetts, da sétima à nona série. "Eu simplesmente não fazia a lição de casa, não dava a mínima para isso e tocava guitarra e ouvia muito rádio, a noite toda", disse ele.

Sua "única grande lembrança" do colégio interno era a de se deitar com fones de ouvido e ouvir a versão de Jimi Hendrix para "All Along the Watchtower" pela primeira vez, enquanto olhava para o céu. "Eu ainda não tinha experimentado nenhuma droga, mas aquela foi uma experiência pesada, porque eu tinha ouvido *John Wesley Harding* por muito tempo, é um dos meus discos favoritos de Bob Dylan, e quando ouvi Hendrix tocar aquela música, foi ótimo".

Durante esse período, Baker, seu irmão Joseph e um amigo viram um show de Hendrix no Philharmonic Hall, em Nova York. Segundo Baker, "Hendrix entrou no palco, mas ele não simplesmente apareceu... primeiro tudo o que se ouvia era barulho vindo do *backstage*, barulhos que ele fazia com a guitarra, e ele fez isso pela maior parte da noite, tocou 'Wild Thing' e algumas outras coisas, mas ele não fez uma sequência de hits do álbum dele, só começou a fazer barulhos, encaixou algumas música no meio disso e saiu do palco também fazendo barulho, e isso subiu um pouco à minha cabeça"[4].

Joseph se lembra bem daquele show. Em termos do impacto que o espetáculo teve sobre Baker, ele disse: "[Baker] sempre foi um músico criativo. Sua rocha sempre esteve ancorada no blues visceral, assim como os Rolling Stones. Seus deuses eram os *bluesmen* negros. Era neles que ele encontrava inspiração. A fundação de Hendrix vinha daí, também". Ele ficou sabendo que, depois de se mudar para Seattle anos mais tarde, Baker conheceu Noel Redding, o baixista original de Hendrix.

Ao chegar no ensino médio, Baker tinha passado para o baixo. Quando estava no segundo ano, sua família se mudou para Kenilworth, um subúrbio de Chicago. Ao ficar mais velho, Henrietta disse que Baker "se tornaria naturalmente protetor para com aqueles mais vulneráveis", e ela sentia que ele estava sempre cuidando dela. Foi durante esse período que ele desenvolveu interesse pela cena de blues de Chicago. Baker e Joseph iam até a cidade para ver Muddy Waters tocar.

Seu irmão não sabe exatamente quando ou como Baker começou a usar heroína, mas se lembra que descobriu quando Baker ainda estava no ensino médio, por volta dos dezessete ou dezoito anos. Joseph apontou um histórico de alcoolismo na família, então a genética de Baker pode ter atuado contra ele. O que Joseph não sabia na época – Baker só contou isso à família já bem adiante na vida adulta – era que Baker tinha sido abusado sexualmente por um vizinho quando tinha cerca de oito anos. "Acredito que isso tinha algo a ver com seu abuso de drogas", disse Joseph.

Baker se formou na New Trier Township High School, em Winnetka, Illinois, em 1973. Ele fez alguns cursos na Oakton Community College, mas não concluiu. Mudou-se para Chicago e tocou com músicos de blues em casas da cidade. Baker enfrentava o uso abusivo de drogas e se esforçava para ficar limpo. A certa altura, foi para São Francisco, onde Joseph fazia faculdade, e assistiu a aulas e se inscreveu num programa de reabilitação. Segundo Joseph, "chegou a um ponto em que eu conseguia identificar de imediato se ele tinha usado heroína".

Ele foi para a Hazelden para reabilitação várias vezes. Enquanto estava morando em Minneapolis, tocava com um grupo de blues local chamado Lamont Cranston. Embora Baker fosse viciado em drogas, frequentava reuniões dos Alcoólicos Anônimos porque "era o único programa que funcionava para mantê-lo sóbrio", disse Joseph. Ele nunca disse a ninguém que era viciado em heroína. Contou ao irmão que as pessoas que iam às reuniões dos Narcóticos Anônimos só estavam tentando estabelecer contatos e vender drogas umas às outras, mas que "os velhos alcoólatras eram os caras que realmente tinha descoberto o que fazer".

Quando se conheceram, McCready se lembra que Baker – que então devia ter trinta e nove ou quarenta anos – tinha um adesivo no para-choque do carro que dizia: O QUE TEMOS AQUI É UM FRACASSO EM DAR UM PUTO![5], que ele achou "completamente hilário", mas também "um vislumbre de uma mente obscura, inteligente e irreverente". A faísca inicial para o Mad Season se deu na Hazelden. "Conversamos sobre fazer um projeto juntos enquanto estávamos lá, trabalhamos a ideia"[6].

Baker levou McCready a reuniões do AA, disse Joseph, acrescentando que "eles apoiavam um ao outro na tentativa de desenvolver um estilo de vida sóbrio". Algum tempo depois disso, Baker foi para Seattle com McCready e viajou com ele em algumas turnês do Pearl Jam. Depois que Baker se mudou para a cidade, McCready o levou até a Bass Northwest, a loja de Evan Sheeley especializada em contrabaixos, perto da Pioneer Square, para comprar qualquer equipamento e instrumento que quisesse, na conta do guitarrista. "Fazer isso foi algo legal da parte de Mike. É claro que, na época, o Pearl Jam já tinha se dado muito bem, então ele foi capaz de gastar dinheiro sem se preocupar com isso", disse Sheeley.

McCready contatou o baterista do Screaming Trees, Barrett Martin, e disse a ele que queria formar uma banda. Martin aceitou o convite por que os Trees estavam parados. McCready disse que começou a ligar para Layne quando ainda estava em reabilitação, para ver se ele tinha interesse em um trabalho juntos[7].

O guitarrista tinha um objetivo. Sua esperança era a de que Layne seria encorajado a largar as drogas ao tocar com músicos sóbrios. "Eu estava sob a influência da teoria equivocada de que eu poderia ajudá-lo", disse McCready a Charles R. Cross depois da morte de Layne. "Queria conduzi-lo por meio do exemplo"[8].

Por volta dessa mesma época, Johnny Bacolas foi morar com Layne, e eles começaram a receber telefonemas de McCready, que dizia ter canções que gostaria de mostrar a Layne. McCready, por fim, começou a aparecer no apartamento, ligando para Bacolas com antecedência.

"O Layne está dormindo agora", respondia ele.

"Eu fico por aí até ele acordar".

McCready ficava na sala esperando Layne acordar, o que tipicamente acontecia por volta das quatro ou cinco da tarde. Layne ficava acordado a noite toda e ia dormir às sete ou oito da manhã. Bacolas passava um café enquanto eles esperavam Layne acordar. Quando ele finalmente estava desperto, McCready começava a conversar com ele, pegava um violão e tocava um *riff*.

Com o tempo, McCready começou a trazer Saunders junto. "O Baker só dormia. Ele vinha em casa quase todo dia, porque morava a cerca de um quarteirão de distância. Ele vinha, nós passávamos um café e ele bebia tipo metade da jarra", disse Bacolas. Em poucos minutos, Saunders estaria desmaiado no sofá, roncando. Layne não ficava contente com o visitante adormecido. "Cara, da próxima vez que o Baker vier, temos que colocar uma regra em que ele não pode simplesmente sentar aqui e dormir o tempo todo, porque eu tenho que andar na ponta dos pés pela casa o tempo todo e isso me deixa puto", disse ele.

Segundo McCready, "a banda se formou depois que fizemos duas ou três *jams* juntos e decidimos fazer um show. Tocamos no Crocodile Café inventando músicas na hora"[9]. O Mad Season fez seu primeiro show no Crocodile Café, no dia 12 de outubro de 1994[10]. Nessa apresentação, usaram o nome de Gacy Bunch, uma referência ao serial killer John Wayne Gacy e à série de TV *The Brady Bunch* (no Brasil, *A Família Sol-Lá-Si-Dó*). De acordo com uma gravação *bootleg* do show, o set consistiu em versões iniciais de músicas que apareceriam em *Above*, em formato instrumental ou sem letras concluídas, mais um cover instrumental de "Voodoo Child (Slight Return)", de Jimi Hendrix[11].

McCready lançou a ideia de gravarem uma demo, mas Layne aumentou a aposta e disse: "Esquece isso de gravar uma demo, vamos fazer um álbum". Ao mesmo tempo, McCready se deu conta das conotações negativas de um nome como Gacy Bunch. "Era uma piada que foi engraçada por cinco minutos e que, no sexto minuto, já não tinha mais graça", explicou ele[12]. Quando a mudança de nome se fez necessária, decidiram por Mad Season. "Na região de Surrey, na Inglaterra, onde mixamos o primeiro álbum do Pearl Jam, crescem muitos cogumelos alucinógenos, e os locais chamam a época em que eles nascem de '*mad season*' ['estação louca', em tradução livre], porque as pessoas saem vagando feito loucas, colhendo os cogumelos, meio piradas", explicou McCready. "A expressão sempre ficou na minha cabeça, e eu a relaciono com meu passado, com as épocas de bebedeira e abuso de drogas"[13].

Krisha Augerot, que na época trabalhava para o empresário do Pearl Jam, Kelly Curtis, ficou encarregada de supervisionar o projeto Mad Season. Até onde ela sabia, era "definitivamente um projeto paralelo", sem planos de se fazer algo além de alguns shows ao redor de Seattle.

A banda foi para o Bad Animals Studios com o técnico de som do Pearl Jam, Brett Eliason, como produtor e engenheiro de som, e Sam Hofstedt como seu assistente. Pelo que Hofstedt se lembra, Layne ainda estava trabalhando suas letras e partes vocais quando chegou a hora de gravar de fato. "Ele entrava no estúdio sozinho, sem mais ninguém por perto. E operava o gravador e fazia pequenos experimentos sem sentir que havia alguém ouvindo ou o observando. E, assim, ele criava alguma coisa". Quando Layne estava gravando os vocais para valer, a única outra pessoa no estúdio era Eliason, que disse a Mark Yarm:

> Eu produzi, gravei e mixei o álbum do Mad Season. Layne não estava bem de saúde. Usava muita, muita droga. Um cara muito doce, com um talento incrível. Um dos melhores cantores que já gravei. Ele era capaz de entrar lá sozinho e mandar ver. O problema era colocá-lo lá. Estávamos em conluio com seu colega de apartamento, que ajudava a tirar Layne do sofá e mandá-lo em nossa direção.
>
> Ele aparecia no estúdio, ia até o banheiro e ficava lá se drogando, tínhamos de esperar horas até que ele estivesse pronto para sair. Ele era bem aberto quando a isso. Perguntei a ele: "Por quê? Por que você faz isso consigo mesmo?". Ele disse: "Ou eu vou beber, ou vou usar drogas, e a bebida me bate mais forte"[14].

Hofstedt concordou com o relato de Eliason. Ele, que trabalharia no álbum *Alice in Chains* um ano depois, diz que Layne falou algo semelhante durante a gravação desse álbum, algo como: "Tenho que estar sob efeito de alguma coisa.

Bebo muito e não gosto da maneira como a bebida me afeta". Hofstedt acrescentou: "Eu meio que me recordo dele—não estou certo de suas palavras exatas, mas ele não gostava do fato de a bebida deixá-lo meio molenga".

Layne estava no lounge do estúdio lendo O Profeta, de Kahlil Gibran. Barrett Martin lera o livro alguns anos antes e começou a conversar com Layne sobre o que significava ser um artista e ter uma mensagem espiritual[15]. Layne transformou a mensagem do livro em música, fazendo referência à obra de Gibran numa letra. Esta se tornou "River of Deceit".

Apesar da regra de não-intervenção de Layne, em dado momento McCready e Bacolas planejaram trazer Lowell – um conselheiro da Hazelden e amigo de McCready – de Minneapolis para conversar com ele. Layne já tinha se encontrado com ele antes e, segundo Bacolas, "o respeitava muito e gostava de verdade do cara. Era alguém a quem Layne de fato daria ouvidos". Layne concordou em dar entrada na Hazelden, mas voltou a Seattle depois de alguns dias. Ele assustou Bacolas, que voltou de um show às duas ou três da manhã, ouviu barulhos no quarto de Layne e pensou que fosse um ladrão. Entrou e viu Layne, e então perguntou-lhe o que estava fazendo ali de volta.

"Apenas voltei. Não era para mim", respondeu ele.

Nancy Layne McCallum alegou num processo que, em dado momento em meados dos anos 1990, Layne disse a ela que estava "contemplando a ideia de se afastar da banda para tratar de seus problemas de saúde, mas que Susan Silver, a empresária da banda, estava insistindo no contrário ao lembrar a ele de que havia 40 pessoas na folha de pagamento que contavam com que ele compusesse e gravasse".

No processo, ela alegou, ainda, que "durante uma 'intervenção' com o Sr. Staley, a Sra. McCallum questionou a necessidade de seu filho continuar a compor, se apresentar e viajar em turnês com a banda: 'Por que a banda não pode fazer um teste com um vocalista substituto?'. Em resposta, a Sra. Silver disse à Sra. McCallum: 'Nancy, você não está entendendo; Layne É o Alice in Chains'"[16].

Em meados de setembro, Michelle Ahern-Crane convidou Layne para sua festa de aniversário de vinte e cinco anos, achando que ele não ia aparecer. Cerca de uma dúzia de amigos, além de seu namorado ocasional Alex Sibbald, baixista do The Accüsed, estava no bar do terraço do Canlis Hotel, no centro de Seattle.

Ahern-Crane viu Johnny Bacolas entrar no bar. "Layne está aqui. Está lá embaixo, no banheiro. Vai subir em um minuto", ele disse a ela.

Ahern-Crane sabia que isso não ia cair bem, com Layne ou com Sibbald. "Pensei na hora: 'Ai, Deus... Como vou explicar isso para o meu meio que ex-namorado de quem ainda sou próxima?'". Ela disse a Sibbald que não achava que Layne apareceria quando o convidou, quando ele entrou vestindo um terno cor de lavanda e uma gravata fina ao estilo Coronel Sanders e usando uma bengala. Deu a ela uma carta manuscrita, na qual a desejava um feliz aniversário e dizia que a carta que ela deu a ele de aniversário era seu presente favorito. "Nunca me senti melhor ou mais aceito e amado por alguém do que por você naquela carta, naquele momento, e cada vez que a leio, sinto aquele mesmo momento maravilhoso", escreveu ele.

E então ocorreu a ela – "Ah, meu Deus! Ele acha que estamos namorando!".

"Eu queria gostar dele, mas não sabia se ele tinha HIV; não sabia qual era a dele. Não ia me envolver com isso. Mas acho que eu esperava tolamente que poderia fazer diferença e inspirar certa sobriedade ou algo assim, e então talvez eu pudesse ter tentado ficar com ele, se ele estivesse limpo, porque eu definitivamente tinha carinho por ele. Ele pensou que estávamos juntos, e então no meu aniversário se deu conta de que não estávamos".

Ahern-Crane se lembra vagamente de escrever a carta para o aniversário de Layne, que tinha sido cerca de três semanas antes. Ela descreveu a carta como "um bilhete inspirador", no qual disse que era capaz de ver que, bem lá no fundo, ele era uma pessoa doce, e que seria ótimo se essa pessoa emergisse mais. Ela também se recorda de escrever que sentia que ele era especial, e que ele não deveria desperdiçar isso. "Acho que isso significou muito para ele na época, porque acredito que, àquela altura, ninguém dizia nada muito positivo a ele de verdade. Ou talvez significou algo para ele (tal como ele disse na carta que escreveu para mim no meu aniversário) porque, normalmente, eu era reservada e emocionalmente tranquila – pode ter sido um alívio para ele o fato de eu ter dito QUALQUER COISA positiva em relação aos meus sentimentos ou a minha percepção dele", escreveu ela em um e-mail.

Layne entrou no bar, viu o que estava acontecendo e que ela estava com Sibbald e, segundo Ahern-Crane, "ficou meio cabisbaixo". Ela pediu licença para conversar com Layne e tentar fazê-lo se sentir bem-vindo. Ir à festa foi "totalmente humilhante para ele, e eu me senti muito mal, foi uma coisa horrível. Ele ficou muito magoado". Layne e Bacolas foram embora pouco depois. Bacolas se recorda vagamente de ter ido à festa, mas não de detalhes dela. Ele não discorda do relato de Ahern-Crane.

Um ou dois dias depois da festa, Ahern-Crane foi até o apartamento de Layne para buscar algumas coisas que tinha deixado lá. Quando ele não a deixou entrar, foi um mal sinal. Ele trouxe as coisas até a porta, e os dois conversaram ali mesmo. Ahern-Crane não mencionou a festa, e decidiu falar do uso de drogas dele.

"Acho que é muito estranho como você claramente tem um problema, e seus amigos e um monte de outras pessoas que andam com você, ninguém fala sobre isso. Você está em perigo. Você claramente tem um problema, está claramente em perigo. Nenhum dos seus supostos amigos quer falar sobre isso e isso me deixa muito triste".

Layne ficou na defensiva. Ahern-Crane descreveu a resposta dele como "arrogante" e relata que ele disse algo como: "Se isso te deixa triste, então talvez você não devesse me ver". Ela pegou suas coisas e foi embora. Refletindo anos depois sobre o que aconteceu, ela diz: "A questão é – naquele último dia, quando eu disse que o uso de drogas dele era algo triste de se ver, ele interpretou isso como se eu o estivesse invalidando. Ou pensou que aquilo significava que eu não gostava dele".

O Mad Season encerrou 1994 com um show como atração principal no RKCNDY, na véspera de Ano Novo, com o Second Coming como banda de abertura. No dia 8 de janeiro de 1995, Eddie Vedder apresentou a "Self Pollution Radio", uma série de apresentações ao vivo e entrevistas com músicos de Seattle que aconteceu no porão de sua casa e foi transmitida ao vivo via satélite. O Mad Season estava entre os convidados e tocou "Lifeless Dead" e "I Don't Know Anything"[17].

Durante esse período entre 1994 e 1995, Layne frequentemente se juntava ao Second Coming no palco em shows locais para cantar em "It's Coming After". Bacolas estima que isso aconteceu em quinze ou vinte apresentações[18]. Segundo James Bergstrom, tudo isso ocorreu nas semanas e meses após o Alice in Chains cancelar seus compromissos de turnê devido a problemas de saúde de um integrante da banda, que não foi identificado. A explicação dada para o cancelamento da turnê indica "que Layne estava profundamente mergulhado no vício, mal de saúde e fora de si", disse Bergstrom. Pouco depois disso, Layne subiu ao palco com o Second Coming durante um show no Under the Rail. A MTV News obteve um vídeo da performance, e Kurt Loder fez uma matéria a respeito. O fato de Layne estar se apresentando na região de Seattle sem o Alice in Chains levantou questionamentos sobre o motivo do cancelamento da turnê. "Houve certa controvérsia para o lado do Alice. Foi meio que contraditório com o release para a imprensa", disse Bergstrom.

Ao mesmo tempo, o Second Coming estava fazendo shows na região de Seattle como banda cover, sob o nome FTA – sigla para Funding the Album ("bancando o álbum"), em referência a seu álbum de estreia, que estava sendo preparado. Layne às vezes ia aos shows do FTA, subia no palco e cantava "Would?" ou "Man in the Box"[19]. Bergstrom se lembra de tocar "No Excuses" em um show e de Layne dizer a ele, depois, que aquela tinha sido a primeira vez que a música tinha sido tocada ao vivo.

Na primavera de 1995, Bacolas decidiu se mudar. "Foi uma culminação de tudo. Para mim, chegou a um ponto em que ficou deprimente demais". Layne deixava cartas manuscritas para Bacolas em sua cama. Numa delas, escreveu algo expressando que havia uma nuvem negra sobre a casa[20]. Bacolas falou com a mãe de Layne, que disse a ele: "Você sabe que não o está ajudando; você está facilitando as coisas para ele". Bacolas sentou-se com Layne na sala e lhe disse: "Não posso mais fazer isso". Ele não tem certeza de como Layne se sentiu exatamente em relação a isso, mas acha que ele compreendeu e concordou com a decisão. O dia em que Bacolas se mudou do apartamento foi a última vez que ele viu Layne.

Por volta da mesma época em que tudo isso estava acontecendo, Jerry estava silenciosamente agindo no intuito de reagrupar o Alice in Chains.

CAPÍTULO 20

Isso é engraçado. Você não pretende usar no disco, certo?

— Toby Wright

O terceiro e autointitulado álbum do Alice in Chains pode ter sua concepção datada do período entre 1994 e 1995, quando a banda estava em hiato, e, originalmente, deveria ser um álbum solo de Jerry Cantrell. Ele convidou Scott Rockwell, baterista do Gruntruck, para fazer *jams* e gravar material em seu estúdio caseiro de dezesseis pistas. Essas *jams* foram gravadas pelo técnico de guitarra de Jerry, Darrell Peters. Rockwell disse: "Eu tocava bateria e ele, guitarra, nós gravávamos e então conversávamos um pouco a respeito do som, então ele pegava o baixo e gravava algumas linhas, e por aí vai... Fizemos acho que três músicas. Creio que duas delas entraram no álbum".

Depois dessas gravações demo iniciais, Jerry e Rockwell entraram em estúdio de fato. Mike Inez estava presente, bem como Ann e Nancy Wilson, que levaram garrafas de vinho. "Nancy Wilson chega, sem nunca ter ouvido a música, e simplesmente faz um dueto incrível nela. Isso era a pré-produção do álbum *Alice in Chains*. Eu ficava lá sentado, só pensando: 'Isso é incrível'. Lá estava eu tocando bateria, e lá estavam Ann e Nancy Wilson cantando comigo".

Uma das músicas que Rockwell gravou com Jerry por fim se tornou "Again". Rockwell se encontrou com Sean por acaso cerca de um ano depois e a canção apareceu na conversa dos dois.

"Cara, acabei de sair do estúdio para gravar uma porra de uma música, e tudo o que o porra do Jerry disse foi: 'Toque como McCullum [o sobrenome de Rockwell na época]'", Sean disse a ele. Segundo Rockwell, o estilo de bateria dessa música é o dele, não o de Sean.

Toby Wright recebeu um telefonema da banda, que queria saber se ele tinha interesse em fazer outro disco com o Alice in Chains. Antes de tudo, Jerry, Susan e Wright tinham de reunir os outros membros da banda para a empreitada. Wright ia à casa de Jerry para trabalhar no material enquanto Layne estava no Mad Season. A ideia era impulsionar os outros integrantes a fazer mais um álbum quando eles soubessem que Wright estava em Seattle trabalhando com Jerry[1].

"A perspectiva de Jerry era a de que, se o álbum não acontecesse, se a banda não quisesse se envolver como Alice in Chains, então ele iria lançar um disco solo. O título provisório era *Jerry's Kids* ["filhos de Jerry"], porque a maioria dos músicos chama suas canções de filhos e as trata como filhos, de forma muito preciosa. Mas o disco nunca ia se chamar assim", explicou Wright. O plano de Jerry, por fim, funcionou.

"Frogs" é outra música que surgiu dessas sessões iniciais. Tinha sido agendada uma semana de estúdio no Bear Creek Studios, em Woodinville. "Em volta do lago ali perto havia uns sapos muito legais e barulhentos, então colocamos um microfone do lado de fora e gravamos o coaxo deles. Aquela semana de estúdio nos custou dezenas de milhares de dólares. Não aproveitamos nada além dos sapos", recordou-se Jerry[2].

Sobre essas demos, ele diria: "Para ser franco, eu sou um porra de um sentimental, além da conta; não quero tocar com outra banda. Não achei que pudesse lançar algo que superasse o que o Alice in Chains era capaz de fazer junto"[3].

A banda reservou horas no Bad Animals Studio, em Seattle, com a ideia de compor o novo disco – que seria intitulado *Alice in Chains*, mas se tornaria comumente conhecido como o álbum do cachorro, devido ao cachorro de três pernas da capa – no estúdio[4]. A ideia de gravar no Bad Animals se deu pela proximidade e pela conveniência para Layne.

Ao mesmo tempo, a banda se isolava de sua gravadora. "Foi no terceiro álbum que o Alice in Chains alcançou o objetivo de me deixar de fora. Ouvi muito poucas demos. Escolheram Toby Wright [como produtor], quem eu tinha chamado uma única vez para fazer a engenharia de som de algo para eles. Eu não teria escolhido Toby Wright. Acho que ele era mais um engenheiro de som do que um produtor, e eles poderiam ter trabalhado novamente com um produtor de fato", disse Nick Terzo a Mark Yarm. "Senti que Toby também era, de certa forma, uma espécie de facilitador. Porque ele facilitava que a gravadora fosse calada. Como alguém que está sendo contratado por uma gravadora, acho que você tem de ter habilidades diplomáticas melhores. De certa forma, você está servindo a dois mestres"[5].

Wright comentou o seguinte sobre o assunto: "Aquilo foi algo muito, muito político. A banda calou até Susan Silver, a empresária. Lembro-me de ser a ligação entre Susan e a banda. Àquela altura, por alguma razão, a banda não queria mais lidar com Nick, apenas com Donnie Ienner e Michele Anthony. Eles eram quem a banda considerava seus representantes na gravadora. Não fui eu quem criou essa dinâmica. Ela já estava criada entre a banda e Nick".

"Você imaginaria que um empresário simplesmente chegava perguntando: 'E aí, caras, como vocês estão?'. Isso não acontecia. Eles não queriam que isso acontecesse. Queriam que eu contasse a Susan exatamente o que se passava no estúdio, que ela partisse disso e, então, que não fossem perturbados por empresários, gravadoras ou qualquer coisa assim. Tudo isso foi criado pela própria banda, nunca por mim".

Em resposta aos comentários de Terzo chamando-o de facilitador, Wright disse: "Sou um facilitador no sentido de que facilito a criatividade nos artistas com quem trabalho, seja o que for preciso. Quero que eles sejam o mais criativos possível, o tempo todo em que estão no estúdio. É isso o que faço. Foi isso o que permitiu ao álbum do cachorro sair como saiu, porque, sem isso, nunca haveria um álbum do cachorro".

Wright disse que não houve um orçamento ou um prazo para terminar o álbum. Houve um grau extraordinário de liberdade artística e comercial, mesmo com a empresária e a gravadora excluídas quase que completamente do processo. Wright foi a Nova York para se encontrar com Don Ienner, que não estava muito otimista em relação ao projeto, e dizia isso abertamente. "Eu me lembro de estar no escritório de Donnie Ienner em Nova York antes de começarmos a gravar e dele me dizendo: 'Boa sorte', porque ele não achava que eu conseguiria fazer a banda gravar um disco".

Sam Hofstedt era um engenheiro de som da equipe do Bad Animals quando foi designado para trabalhar como assistente de Toby Wright. Segundo ele, não era incomum para a banda e a equipe de produção trabalhar doze horas por dia e fazer turnos de madrugada. Wright pediu ao engenheiro de som do estúdio que desse um bip para Hofstedt. A essa altura, disse Hofstedt, Layne era "uma ave noturna".

"Decidimos pelo bip quando chegou o momento em que realmente precisávamos gravar os vocais, só faltava isso", disse Hofstedt. "Quando Layne estava no estúdio, Toby perguntava: 'A que horas você quer aparecer amanhã, Layne?'. Layne falava um horário para chegar no estúdio. Nós logo aprendemos que ele nem sempre chegaria na hora", acrescentou ele, rindo. "Então ficávamos no estúdio até a meia-noite ou uma hora e Toby tentava ligar para ele – e ninguém atendia. Ele então dizia: 'Que se dane. Vamos pra casa'".

Foi aí que entrou em cena o bip. Se Wright conseguisse falar com Layne e Layne fosse, então, para o estúdio, Wright usava o bip para chamar Hofstedt. "Eu andei com o aparelho comigo por um bom tempo. Havia dias em que eu nem sabia se iria trabalhar ou não", disse Hofstedt. Certa noite, ele estava em casa vendo TV. Por volta da uma da manhã, estava indo para a cama quando o sinal tocou. Era Wright.

A gravação do disco levou mais tempo do que o esperado. Hofstedt estima que a banda usou cerca de setenta rolos de fita, e que "só o que foi gasto em fita é provavelmente o equivalente ao orçamento de um álbum inteiro hoje em dia". Jerry descreveu o processo de gravação como "pensar pouco, fazer muito – tendo a certeza de que a fita estava *sempre* rodando"[6].

Uma das razões para o disco ter demorado tanto foram as letras, que Layne, às vezes, escrevia no próprio estúdio. Ele ainda gastou algum tempo experimentando com diferentes ideias de vocais e harmonias, antes que estivesse pronto para gravar. Layne sabia como operar o gravador de fita e alguns dos equipamentos. Hofstedt dava a ele um microfone portátil, carregava uma pista e o deixava sozinho na técnica.

"Íamos para o lounge para que ele tivesse privacidade para fazer experimentos sem se sentir envergonhado, e inventasse coisas novas e tal. Normalmente, Layne trabalhava nisso e, de vez em quando, dava uma corrida até o lounge se precisasse de outra pista para esses esboços vocais", disse Hofstedt. "Eu ia até lá, armava outra pista, me certificava de que havia sinal. 'Aí está, Layne'. E então voltava para o lounge. E então, em algum momento, depois que tinha feito alguns *takes* ou faixas, ele dizia: 'Beleza, caras – vocês podem entrar'".

Nesse ponto, Wright e os outros técnicos do estúdio ouviam a fita que Layne tinha gravado. Wright dava sua opinião, e eles então montavam os equipamentos de modo que Layne pudesse gravar os vocais na cabine usando um microfone melhor do que aquele que usara ao gravar sozinho. Mas, mesmo assim, disse Hofstedt, uma vez que Layne tivesse concluído suas ideias, aquelas gravações demo de vocais seriam boas o suficiente para entrar no álbum.

Segundo Hofstedt, as drogas não estavam afetando o desempenho de Layne no estúdio. "Quando ele estava pronto para cantar, estava mesmo. E demorávamos bem pouco para conseguir os *takes* vocais". Wright concorda: "Quando chegava a hora do vamos ver, ele trabalhava bem. Podia demorar um pouco até chegar lá, mas chegava". Porém, estava óbvio que ele tinha um problema. Hofstedt disse: "O uso dele era aparente para mim, pois se você se tranca no banheiro por um bom tempo, não é porque você gosta muito do banheiro".

Em "Grind", Wright distorceu os vocais de Layne na fita máster ao colocá-lo para cantar num microfone Turner Crystal de 1932, que ele comprou numa loja de penhores por dez dólares. A música era a resposta raivosa de Jerry aos rumores que circulavam na época. Layne descobriu, pela internet, que tinha morrido ou estava com AIDS. Havia boatos de que ele tinha amputado dedos ou membros por causa do uso de drogas. Gillian Gaar, uma editora da *The Rocket*, especulou que alguns dos rumores foram criados por pessoas que viam Layne por aí, faziam inferências, diziam algo a respeito e espalhavam as histórias. "Dava para imaginar alguém dizendo: 'Meu Deus, ele estava tão acabado, parecia o tipo de cara que teria AIDS', e então outra pessoa ouvindo isso e dizendo: 'Ah, ele tem AIDS'", disse Gaar. "Então só pode ter sido uma percepção errada e, então, um ouvido errado"[7].

Layne e Toby Wright estavam no estúdio às seis da manhã quando Don Ienner e Michele Anthony ligaram de Nova York para parabenizar Layne: *Above*, do Mad Season, era um disco de ouro. Eles então lançaram a pressão: disseram a Layne que ele tinha nove dias para concluir o disco. "Àquela altura, já tínhamos demorado demais. Não me lembro quanto tempo, mas tínhamos demorado muito", disse Wright. "Poderia haver uma sensação de que era excessivo, mas, nesse ínterim, havia muitas outras coisas, muito drama acontecendo, muita coisa que nos impedia de trabalhar todo dia e assim por diante". Layne escreveu sobre esse incidente na letra de "Sludge Factory": "*Call me up congratulations ain't the real why / There's no pressure besides brilliance let's say by day nine / Corporate ignorance lets me control time / By the way, by the way*"[8].

"Essa música é sobre eles", disse Wright. "Ele ficou meio puto porque eles lhe disseram para terminar o disco em nove dias, então, como consequência, ele escreveu sobre isso".

Layne tinha terminado de gravar os vocais demo para "Again" quando chamou Wright e Hofstedt para a técnica. Eles ouviram e notaram que a música terminava com um backing vocal dizendo "*toot, toot!*" sobre os compassos finais.

"Isso é engraçado. Você não pretende usar no disco, certo?", perguntou Wright, de acordo com a lembrança de Hofstedt.

"Pretendo, sim. Isso vai entrar no disco", respondeu Layne.

"A reação de Toby foi: 'Sério?'", recordou-se Hofstedt. "Fiquei com a impressão de que ele não estava absurdamente animado com a ideia. Mas acho que Layne meio que... quando ele viu a reação de Toby, tive a impressão de que Layne decidiu na hora: 'Ah, é, você não gostou, é? Bom, adivinha? Agora vai entrar no disco!'".

Wright confirmou o relato de Hofstedt, mas não acredita que Layne tenha deixado os backing vocals de "*toot, toot!*" só para incomodá-lo. "Não sei se ele estava cheio de animosidade àquela altura", disse ele, rindo. "Eu questionei aqueles vocais porque estava esperando algo completamente diferente. É difícil dizer qual era a postura dele na época, mas eu me lembro de algo mais ou menos assim: 'Esse vai ser o refrão, cara? Sério?'. 'Sim, é isso aí'. 'Tá legal, beleza'. E deixamos desse jeito e fim de papo. É como ficou e como se ouve até hoje".

Para o começo de "God Am", Layne gravou a si mesmo dando um pega de crack em um bong. "Ele achou que seria engraçado e pertinente para a música colocar aquilo na introdução", disse Wright. Em todos os anos em que conviveram juntos, essa foi a única vez que Wright viu Layne usar drogas. Sabia-se que Layne era um fã do Tool. A versão de estúdio da música "Intolerance", do Tool, começa com um som parecido, que alguns especulam ser um pega de bong. Wright não sabe se a intenção de Layne era fazer uma referência a isso na introdução de "God Am"[9].

Para o aniversário de Sam Hofstedt, alguns funcionários do estúdio foram a uma padaria erótica e compraram um bolo no formato de uma mulher nua. Depois de comer alguns pedaços, Hofstedt deixou o bolo no lounge para qualquer um que quisesse comer. "Juro por Deus, ficou lá por tipo um mês, e estava do mesmo jeito um mês depois. Cortaram uns dois pedaços depois de um ou dois dias, e então o bolo ficou lá intocado".

Enquanto isso acontecia, Layne estava trabalhando em "Nothin' Song". Hofstedt ficou com a impressão de que Layne estava cansado de escrever letras e estava dizendo qualquer coisa que lhe passasse pela cabeça. Um dos versos da música era: "*Back inside, Sam, throw away your cake*"[10]. Wright concordou com o ponto de vista de Hofstedt. "Ele provavelmente estava bem acabado, àquela altura. Provavelmente só estava escolhendo versos aleatoriamente e botando pra funcionar".

As sessões foram brevemente interrompidas por alguns dias para que Johnny Cash pudesse gravar um cover de "Time of the Preacher", de Willie Nelson, para o álbum-tributo *Twisted Willie*. Cash foi acompanhado por um supergrupo grunge que consistia em Kim Thayil, guitarrista do Soundgarden, Krist Novoselic, baixista do Nirvana, e Sean na bateria. Jerry ainda gravou um cover de "I've Seen All This World I Care to See" para o mesmo álbum.

Em 29 de abril de 1995, a banda e a equipe de produção tiraram uma noite de folga para assistir Layne se apresentar com o Mad Season no Moore Theatre. Duncan Sharp foi contratado de última hora para filmar a apresentação. Originalmente, disseram a Sharp que só queriam que ele filmasse duas músicas, para que as imagens fossem usadas em videoclipes, mas ele filmou o máximo que pôde do show – o bastante para o lançamento de um VHS de 45 minutos. Brett Eliason estava presente para gravar o áudio.

Ao final do set principal, o pessoal contratado para fazer a gravação remota deixou seu posto para tomar uma cerveja do outro lado da rua, achando que o show tinha terminado. Como resultado, ninguém estava a postos para o começo do bis, de modo que o início de "X-Ray Mind" não está na gravação, algo que não deixou Eliason muito contente. O erro foi encoberto com um *fade in*. Apesar dos problemas técnicos e dos recursos limitados, *Live at the Moore* foi lançado em VHS. Foi a última apresentação do Mad Season. Segundo Joseph H. Saunders, seu irmão lhe contou que, a certa altura, houve negociações para a banda se apresentar no *Saturday Night Live*, mas isso nunca aconteceu.

Susan visitava o estúdio para conversar com Wright e a banda. Segundo Hofstedt, "como eles já estavam há um bom tempo no estúdio, acho que ela estava meio que tentando gentilmente cutucar a banda para terminar o disco logo, sem que essa cutucada ficasse muito óbvia". Apesar da decisão da banda de deixá-la de fora do processo de produção, Wright falou muito bem dela e de seu papel na carreira do Alice in Chains. "Susan é uma pessoa incrível, e ponto final. Acho que, sem ela, aquele disco nunca teria sido feito". Deve-se notar que, vinte anos depois, ela continua a ser empresária da banda.

Susan descreveu a gravação de *Alice in Chains* a Greg Prato como "muito dolorosa". "Levou oito ou nove meses – horas e horas de espera até que Layne saísse do banheiro. Dias de espera até que ele aparecesse no estúdio. E, por todos aqueles últimos anos, nós fomos muito próximos. Eu dizia a ele: '*Você não precisa fazer isso*. Você tem dinheiro o suficiente para ter uma vida pacata, se é isso o que quer', com a namorada dele de longa data, Demri. 'Vá e faça o que te faz feliz – não faça isso aqui, se é o que está perpetuando seu vício'", disse ela.

Susan acrescentou: "Foram sessões muito dolorosas, porque levaram muito tempo. Era aterrorizante vê-lo naquela condição. Porém, quando ele estava consciente, era o cara mais doce e iluminado que se poderia conhecer. Estar em reunião com ele e vê-lo dormir na sua frente era arrasador. O cronograma do disco mostra que paramos. Paramos muitas vezes para dizer: 'Isso não vai dar certo. Não podemos continuar, mesmo que ele diga que quer. Está acabando com todo mundo'"[11].

Wright disse que a descrição de Susan foi "bem precisa". Explicou: "Sim, conversamos várias vezes a respeito de parar as gravações. Obviamente, não paramos. Se eu fui para casa por uma semana? Posso ter ido, a certa altura. Foi uma época extremamente carregada do ponto de vista emocional na vida de todos os envolvidos".

Toby Wright foi chamado ao escritório de Susan para uma conferência telefônica com Don Ienner e Michele Anthony. Foi dado um ultimato a Wright, que ele deveria passar a Layne: comece a aparecer para trabalhar todos os dias, ou a produção vai ser encerrada. "Eu precisava ter essa conversa com Layne. Só me lembro que eu tinha de dizer a ele que, se ele não assumisse a responsabilidade e fosse ao estúdio todos os dias num horário decente, eu seria forçado a ir embora e aquele disco nunca veria a luz do dia", disse Wright. Layne ficou "muito emotivo" e começou a chorar.

Quando a banda terminou, havia doze músicas para *Alice in Chains*. Hofstedt e Wright não se lembram o número exato de músicas que foram gravadas, mas acreditam que foi algo entre vinte e trinta. "Eles compunham no estúdio. Layne escrevia as coisas que estava sentindo [no momento]. As faixas que ele não sentia, só dispensava e passava para a próxima", disse Wright. Ele não sabe o que aconteceu com as músicas que restaram – se é que algo foi feito com elas –, que estavam em formato instrumental. "Elas foram para a Columbia, e provavelmente estão lá paradas em algum lugar nos arquivos da gravadora". Wright não acha que alguns desses *outtakes* tenham reaparecido nos álbuns solo de Jerry.

Rocky Schenck fotografou o cachorro de três pernas para a capa do álbum num playground nos arredores do centro de Los Angeles em 23 de agosto de 1995. A capa foi "oficialmente em memória de um cachorro que correu atrás de

Sean quando ele era menino e trabalhava como entregador de jornais", segundo as notas de encarte de *Music Bank*.

"Fiz um *casting* de cachorros de três pernas para a sessão de fotos, e a banda acabou escolhendo um fax de uma das fotos que enviei como a capa. Por fim, as fotos que tiramos no playground apareceram no [box set] *Music Bank*", escreveu Schenck[12].

Em 24 de setembro, Schenck foi a Seattle para fotografar a banda e filmar o que inicialmente seria um *press kit* em vídeo e se tornou algo ridiculamente diferente: *The Nona Tapes*. Schenck disse que essa foi, em absoluto, uma de suas experiências favoritas com o Alice in Chains. O que começou como um vídeo promocional virou um *mockumentary*, um documentário satírico à la *Spinal Tap*, que mostrava como os integrantes da banda passavam seu tempo livre, quando não estavam sendo rock stars. Schenck conversou com cada um deles sobre como queriam ser retratados. Jerry é mostrado mexendo em esterco com uma pá num estábulo, quando é abordado por um entrevistador perguntando sobre o novo álbum do Alice in Chains. Ele diz à produtora de Schenck, Katherine Shaw, que está trabalhando no estábulo "desde que esse negócio da música azedou, há alguns anos", mas que "a Sony nos deixou fazer outro álbum, então vou voltar pra esse negócio de rock and roll". Jerry ainda se travestiu para interpretar Nona Weissbaum, a personagem título, que é uma aspirante a jornalista à procura de rock stars de Seattle para uma matéria.

Dirigindo por Seattle, Nona se depara com Sean parado numa esquina e o força a entrar no carro. Adequadamente à sua natureza cômica, Sean é mostrado em seu tempo livre vestido de Bozo. Depois, ele foi filmado bebendo num bar com o figurino completo de palhaço.

Mike disse a Nona que entrou na banda porque eles sequestraram sua família e fizeram sua avó de refém até que ele gravasse alguns álbuns e fizesse algumas turnês. Depois, ele é mostrado num salão de cabeleireiro, com bobes no cabelo. Ele diz que leu numa revista que sua banda acabou, que parou de ir aos ensaios e agora tinha um carrinho de hot dog na Primeira Avenida.

Chegou, então, a vez de Layne. O carro de Nona está estacionado num beco, quando Layne é visto vasculhando um container de lixo. Segundo Schenck, isso foi ideia do próprio Layne. Foi também ideia dele que sua entrevista fosse dublada, de forma que o áudio não batesse com o que ele estava dizendo de fato ao responder as perguntas da entrevistadora.

Houve um momento assustador durante as filmagens, no qual um operador de áudio quase morreu. Eles tinham passado várias horas dirigindo um conversível, com Schenck e o fotógrafo no banco dianteiro e o operador de áudio no porta-malas. Quando pararam de filmar, Schenck notou que o operador não estava respondendo a nenhuma de suas perguntas. Abriram o porta-malas e descobriram que ele tinha desmaiado devido à inalação de monóxido de carbono.

"Acabamos num bar, bastante bêbados e nos divertindo muito. Àquela altura, só havíamos eu, minha câmera e a banda. Sean, ainda fantasiado de Bozo, saiu do bar tropeçando, com um pedaço de papel higiênico estrategicamente grudado em seu sapato enquanto eu o seguia até a rua. A noite continuou a ficar mais louca, mas decidi que já tínhamos imagens suficientes para o projeto e paramos de filmar"[13].

Em uma de suas viagens a Seattle, Schenck foi até a casa de Layne com outro integrante da banda e aguardou do lado de fora, mas ele nunca apareceu. Enquanto esperava, escreveu ele, "experimentei uma variedade de reações e emoções – tudo, da frustração à raiva, à pena, à compaixão, à empatia. O Layne que eu conheci era uma conglomeração muito complexa de qualidades diversas, e eu sabia que, se ele tivesse atendido a porta, eu não seria capaz de dizer ou fazer nada que o teria ajudado, ou mudado o curso de sua vida. Ele estava determinado a seguir aquela estrada que escolhera por si só, e ninguém ia mudar isso".

Segundo Schenck, todos os quatro integrantes da banda poderiam ter sido atores, se quisessem. Ele mencionou isso a alguns amigos seus que eram diretores de elenco, mas nada rendeu. Schenck ainda dirigiu o clipe de "Grind", que foi filmado no Hollywood National Studios nos dias 8 e 9 de outubro de 1995, e teve as sequências animadas filmadas de 11 a 21 do mesmo mês. "Aquela não foi uma filmagem fácil. Layne não estava em boa forma durante aquele período, e era difícil convencê-lo a vir ao set para filmar suas cenas. Mas, mais uma vez, quando ele finalmente aparecia, era impressionante e inesquecível. Aquela foi a última vez que o vi".

Alice in Chains foi lançado em 21 de novembro de 1995 e, como seu antecessor, estreou na primeira posição das paradas da *Billboard*. O editor associado da *Rolling Stone*, Jon Wiederhorn, deu quatro estrelas ao álbum em sua resenha para a revista[14]. Pouco depois de ter publicado a resenha, Wiederhorn foi abordado por Keith

Mohrer, então editor-chefe da revista, que lhe perguntou se ele gostaria de escrever uma matéria de capa sobre o Alice in Chains, tarefa que Wiederhorn aceitou.

Um almoço com Susan no restaurante China Grill, em Nova York, foi marcado, para que discutissem a matéria e para que ela determinasse as regras básicas. Representavam a *Rolling Stone* Wiederhorn, Mohrer e Sid Holt, o editor-gerente. O encontro deu a Susan uma oportunidade de expor suas preocupações e fazer perguntas sobre a matéria. A maior parte da conversa foi focada na logística – quando e onde os membros da banda estariam disponíveis para entrevistas enquanto Wiederhorn estivesse em Seattle. "Foi meio que para nos certificarmos de que haveria material suficiente para uma matéria de capa completa, e de que não seria uma hora e meia de entrevista numa sala de conferências", disse Wiederhorn. Um fator que atuava a favor de Wiederhorn era que a banda tinha lido e gostado de sua resenha de *Alice in Chains*. Ele viajou para Seattle no final de novembro ou início de dezembro, e lá passou três dias colhendo material para a reportagem.

"Um dia foi meio que 'o dia de se conhecer', e quisemos fazer algo meio excêntrico", recordou-se Wiederhorn. Sean sugeriu jogarem Whirlyball – jogo que combina elementos de basquete, carrinhos bate-bate e lacrosse. Depois da partida, Wiederhorn e a banda foram a um restaurante italiano para a primeira entrevista formal. Wiederhorn notou que, ao voltar do banheiro, Layne não tinha recolocado suas luvas, e deixou expostas "marcas vermelhas e redondas de injeções, do pulso às juntas dos dedos da mão esquerda"[15].

Wiederhorn passou várias horas entrevistando os integrantes da banda em conjunto e individualmente. Sean deu uma carona a ele até a casa de Jerry, nos arredores de Seattle, para a entrevista individual. No caminho, os dois fumaram um baseado. Sean falou abertamente das tensões que levaram ao cancelamento da turnê com o Metallica e à separação no verão de 1994. "A impressão que tive de Sean foi a de um cara que estava defendendo seus parceiros de banda. Se eu fizesse certas perguntas a ele – e perguntei sobre a incapacidade de sair em turnê ou sobre as frustrações de se lidar com dependência química, entre outras coisas –, ele dizia: 'Ei, nenhum de nós é perfeito. Nenhum de nós está isento de culpa em nenhuma dessas áreas'", disse Wiederhorn. "O porquê deles não poderem sair em turnê estava claro, mas eles não falavam sobre isso em termos específicos e não expressaram nenhum ressentimento para com Layne".

Wiederhorn perguntou a Layne sobre seu vício em heroína, que ele não reconhecia ainda ser um problema. Layne deu uma resposta franca sobre seu uso de drogas: "Eu escrevi sobre drogas, e não achei que estivesse sendo imprudente ou inconsequente ao fazer isso. Minha forma de pensar era a seguinte: quando experimentei drogas, elas foram boas pra caralho, e funcionaram para mim por anos, e agora estão se voltando contra mim – e agora estou atravessando o inferno, e isso é uma merda. Eu não queria que meus fãs achassem que a heroína é legal. Mas, na época, tive fãs que vieram até mim e me cumprimentaram, dizendo que estavam chapados. É exatamente o que eu não queria que acontecesse"[16].

Wiederhorn trabalhou na reportagem durante o recesso de Natal. A *Rolling Stone* enviou um fotógrafo para uma sessão com a banda. Nos dias e semanas após sua viagem a Seattle, Wiederhorn contatou os agentes da banda e a gravadora repetidas vezes para marcar uma conversa telefônica com Layne, no intuito de fazer algumas perguntas subsequentes. Tanto os agentes quanto a gravadora asseguraram repetidamente a Wiederhorn que Layne ligaria para ele, mas parecia que o telefonema nunca vinha.

Wiederhorn estava na cama quando o telefone tocou, às três ou quatro da manhã. Grogue, ele pegou o aparelho e atendeu. Uma voz familiar falou. "E aí, é o Layne". Então, possivelmente se dando conta do fuso horário de três horas entre Seattle e Nova York, perguntou: "Ah, eu te acordei?".

"Hm... sim. São quatro da manhã", respondeu Wiederhorn.

"Ah, não esquenta, cara. Vamos fazer isso amanhã, então. Volte a dormir. Estou prestes a fazer o que você estava fazendo, de qualquer forma".

Wiederhorn duvidou disso. Estava com Layne ao telefone e quis terminar a entrevista. "Não, não, vamos terminar isso agora. Não tem problema".

"Não, não, tudo bem, cara. Sinto muito por tê-lo acordado. De verdade, eu te ligo amanhã", disse Layne, e desligou o telefone. Wiederhorn nunca mais falou com ele.

"Tenho certeza que ele estava sendo pressionado a ligar", disse Wiederhorn. "Não sei se ele fez aquilo intencionalmente, achando que eu não conseguiria fazer uma entrevista naquele horário, e essa foi a desculpa dele, ou se ele não fazia ideia do fuso horário, só viu um bilhete lembrando-o de ligar e ligou".

A revista chegou às bancas no final de janeiro ou início de fevereiro de 1996. Além da menção às marcas de injeção na mão de Layne, não havia nada particularmente polêmico no artigo. Já a capa da revista foi outros quinhentos.

A *Rolling Stone* colocou Layne sozinho na capa. A foto mostra um Layne barbado, olhando diretamente para a câmera, com os óculos escuros apoiados na testa. A legenda à esquerda dizia: "The Needle & the Damage Done: Alice in Chains' Layne Staley", uma referência à música de Neil Young, de mesmo nome, que trata de heroína.

Layne e Demri estavam fazendo compras num mercado em Seattle quando viram a revista na banca. "Ele quase desmaiou" quando viu a capa, disse Kathleen Austin. Demri disse a Austin que Layne tinha feito questão de dizer à *Rolling Stone*: "Isso tem de ser sobre a banda, não sobre mim". Segundo Austin, a revista prometeu a ele que o artigo seria sobre a banda toda, não apenas sobre ele. "Quando viu aquilo, 'The Needle and the Damage Done' ['a agulha e os estragos feitos'], na capa da *Rolling Stone*, seus joelhos fraquejaram, não só por ele, mas por sua família e sua irmã, por aqueles que o amavam. Aquilo realmente o magoou".

A outra coisa que o magoou, disse Austin, foi a sensação de ser destacado como o viciado do Alice in Chains, enquanto seus colegas de banda também tinham seus próprios problemas com o vício. "Todos eles estavam fodidos com alguma coisa – cada um deles".

É desnecessário dizer que a banda e Susan não ficaram nada contentes com isso. Wiederhorn ficou consternado quando viu a capa. Ele não teve nada a ver com a escolha da foto, nem com a legenda, e não sabe quem foi o responsável por essas decisões. "Em certa medida, até funciona para a matéria, mas tem um quê muito grande de tabloide e não da postura mais respeitosa que a *Rolling Stone* normalmente tem em suas decisões editoriais. 'To Hell and Back' ['ir ao inferno e voltar', em tradução livre], que foi o que eles usaram como subtítulo do artigo, para mim, fez muito mais sentido. Mas a capa foi claramente para chamar atenção". Ele acrescenta: "Contatei Susan para me desculpar pela capa. Quis que ela soubesse que eu não tive nada a ver com quaisquer decisões tomadas pelo departamento de arte ou pelo editorial, no que dizia respeito a chamadas, olhos ou até edições finais no artigo".

"Bem, você quase não falou de dois dos membros da banda. Isso não é o Alice in Chains", disse ela, notando que Mike mal foi mencionado e que Sean só foi citado algumas poucas vezes. Wiederhorn apontou que o artigo tinha sido cortado. "Eu queria certificá-la de que minhas intenções tinham sido puramente honráveis. Fiquei muito consternado por a capa não trazer uma foto da banda toda. Ela me perguntou por que eu optei por tratar do que tratei no artigo, no que diz respeito às drogas. Expliquei que não era possível tratar daquela banda sem confrontar essa questão; seria uma matéria falsa. Eu tinha uma obrigação de escrever sobre o que motivava a banda, sobre o que a banda estava passando, sobre quais eram alguns dos demônios deles".

CAPÍTULO 21

Esta é a última vez que veremos esses caras juntos no palco.
— Susan Silver

Jerry fez uma breve ponta no filme *Jerry Maguire*, de Cameron Crowe, no qual interpretou um atendente de uma copiadora que se inspira ao ler o memorando do personagem título. "É assim que você se torna grande, cara. Tem que dar a cara para bater", diz ele a Tom Cruise. A cena foi gravada numa loja da rede Kinko's, na Sunset Boulevard, em março de 1996.

Alex Coletti era um produtor da MTV que estava envolvido com a série *Unplugged* desde seu início, em 1989. Sete anos depois, Coletti e a emissora já tinham muitos episódios do *Unplugged* no currículo e uma experiência considerável. O Pearl Jam e o Nirvana já tinham gravado episódios seus alguns anos antes, demonstrando a viabilidade do grunge num formato acústico. "Eles têm as canções, a profundidade, a emoção, de modo que, ao passar para um formato mais básico, você realmente encontra algo ali", disse Coletti. "Havia outras bandas grunge, mas as três que fizeram o programa – Pearl Jam, Nirvana e Alice – foram as três grandes daquela era. E simplesmente não havia como negar que essa banda brilharia, que a voz de Layne e aquelas canções brilhariam muito".

Segundo Coletti, foi a MTV quem abordou a banda. As negociações teriam ficado a cargo de Rick Krim, que era o agenciador de artistas do programa. Os ensaios começaram em Seattle, mas não sem algumas complicações. Sean disse a Greg Prato: "Ficou mais aparente que, a menos que as coisas não mudassem seriamente, não poderíamos tocar fazendo jus ao nosso potencial, àquela altura. Não conseguíamos passar uma semana e meia sem drama ou alguma coisa assustadora acontecendo. Foi aí que comecei a me preparar mentalmente, do tipo: 'Está feito'. A mesma coisa com o *MTV Unplugged* – eles ficavam nos perguntando se faríamos mesmo. Até a hora do show chegar, foram momentos de suspense. Mal ensaiamos, alguns caras não apareciam – a mesma merda. Entramos no palco e tudo funcionou"[1]. Questionado sobre os comentários de Sean, Coletti disse: "Claramente havia mais coisas acontecendo nos bastidores do que eu tinha ciência".

Segundo Coletti, um fator favorável à banda foi o fato de eles não estarem em turnê. "Se você está em turnê, tocando em arenas e grandes casas de rock todas as noites, é muito difícil desplugar, uma vez que se está acostumado com esse tipo de espaço e aí é preciso abaixar o volume. Mas depois de um período meio que de repouso, eles foram capazes de abordar o formato ensaiando para esse show específico. Não foi algo enxertado numa agenda ocupada". Algumas semanas antes do show, Coletti viajou para Seattle para se encontrar com a banda em seu espaço de ensaios, para checar como eles estavam se ajustando aos parâmetros do programa – dos instrumentos e equipamentos ao posicionamento no palco.

A banda chamou Scott Olson, que tinha tocado com o Heart, como segundo violonista. As coisas estavam indo bem, pelo que Coletti viu. Layne entrou no estúdio entusiasmado, comendo pedaços de frango frito numa tigela, e o saudou. "E aí, cara!". Suas mãos, cobertas por luvas sem dedos, estavam engorduradas por causa do frango. Ao invés de um aperto de mão, ele cumprimentou Coletti com o cotovelo. Em retrospecto, o produtor comentou o seguinte sobre a visita: "Eu me lembro de pensar: 'Ah, legal. Layne está em grande forma'. E então, quando o ouvi cantar, foi... já era um gol de placa – desta vez foi uma enterrada".

A banda viajou para Nova York no início de abril de 1996 para se preparar para o show, que estava marcado para o dia 10 daquele mês, no Brooklyn Academy of Music. Toby Wright foi chamado para produzir e esteve presente nos ensaios no Sony Studios, que, segundo ele, "foram ótimos".

O show aconteceria no que, na época, era conhecido como Majestic Theater, uma casa cuja aparência refletia a música que ali seria tocada para o programa. Um diretor de arte tinha renovado o espaço de modo a fazê-lo parecer intencionalmente "meio decrépito", disse Coletti. "Os contrarregras me disseram que deram tiros nas paredes para criar as rachaduras. Mas toda a pintura descascada foi feita cuidadosamente à mão, de propósito. Tínhamos esse formato de tigela e o anfiteatro em semicírculo, perfeito para o *Unplugged*. De todas as bandas que gravamos lá, o Alice era a que mais perfeitamente combinava. Havia um clima de teatro antigo, um senso histórico, uma certa melancolia, um clima perfeito, e a direção de arte foi belíssima".

Coletti ainda recebeu um pedido de última hora para decorar o palco com abajures de lava, o que acabou acrescentando um elemento visual que ele não tinha previsto. "Eu os consegui bastante em cima da hora. Aparentemente, abajures de lava precisam ser aquecidos e deixados ligados por um bom tempo até funcionarem como se espera. Então, assistindo ao show, você percebe que eles estão meio arrastados, e não funcionando plenamente. Assim, os próprios abajures de lava estão meio *grungy* e mal se movendo. Acabou combinando, mas não foi de propósito".

Como Layne tinha pintado o cabelo de rosa, o diretor de iluminação tentou combinar o fundo do cenário com essa cor. Enquanto a banda passava o som e ensaiava com as câmeras, as cores da iluminação eram escolhidas a partir de cada música que o diretor de iluminação os ouvia tocar. O fato de a banda ter um set list específico para aquele show, que foi passado para a MTV com antecedência, ajudou nos preparativos para a iluminação.

Coletti ficou responsável pela produção da apresentação para a televisão, dividindo seu tempo entre o caminhão da produção, do lado de fora, e o interior do teatro, enquanto Wright ficou responsável pela produção do áudio, trabalhando dentro do caminhão e avisando à banda o que soava bem e o que tinha de ser refeito. Houve uma complicação imprevista antes do show: Jerry comeu um cachorro-quente e teve intoxicação alimentar. Um cesto de lixo foi colocado no palco ao lado de seu banquinho, para o caso de ele passar mal durante o show. "Eles esperavam que a apresentação fosse problemática. Todo mundo achava que seria uma bagunça do caralho", disse Biro. "Por causa de Layne, pela banda estar fora de forma, especialmente quando chegamos lá. Jerry estava vomitando o tempo todo. Layne e eu estávamos tendo crises de abstinência. Era uma situação bem feia".

A heroína de Biro tinha acabado e ele conseguiu alguém para trazer mais para ele para o show. Layne tinha trazido seu próprio suprimento, preparado com antecedência, que carregava num velho frasco de remédio fechado com uma rolha. Segundo Biro, "ele não tinha usado o suficiente a ponto de apagar e babar, mas eu estava lá bem antes de ele entrar, e ele de fato injetou um pouco antes de subir no palco. Mas não foi muito e foi o suficiente, em nenhum momento do show eu o vi correr para o banheiro, nem nada assim".

Quando a banda começou a tocar – abrindo com "Nutshell" – Biro virou-se para trás, em prantos. Olhou em volta e viu Susan e Michele Anthony chorando também.

Layne errou a letra em vários *takes* de "Sludge Factory". Toby Wright especulou que ele talvez estivesse nervoso ao cantar essa música porque Ienner e Anthony – que eram tema de parte da letra – estavam sentados bem à frente dele na hora. "Não me lembro exatamente de quantos *takes* fizemos, mas foram muitos", disse Wright.

Mike tocou o *riff* de "Enter Sandman", do Metallica, quando a banda estava prestes a tocar "Sludge Factory". O Metallica estava na plateia, e alguns de seus integrantes tinham cortado o cabelo recentemente, o que inspirou Mike escrever "*Friends don't let friends get haircuts*" ("amigos não deixam amigos cortarem o cabelo") em seu baixo. Mais adiante no show, enquanto a banda se preparava para tocar "Angry Chair", Jerry tocou o *riff* de "Battery", também do Metallica, e passou para um cover da música "Gloom, Despair and Agony on Me", do programa de variedades Hee Haw.

Biro disse que, entre as músicas, "houve muitas palhaçadas com a plateia", acrescentando: "Foi engraçado. Uma vez que o show começou, era o Alice in Chains de sempre, só que mais intimista". Os membros da banda insultavam Biro durante esses interlúdios, se referindo a ele como "um francês do caralho" ou "a porra de um sapo de Montreal", e Biro gritava com eles de volta. De início, o público pensou que essas farpas eram sérias. "Então eles começaram a fazer piadas com a plateia e criaram uma conexão muito boa naquele show".

Coletti chamou Sean de "o herói anônimo daquele *Unplugged*, porque a questão do acústico, em especial com bandas de rock, é que o baterista é a peça crucial. Se ele entende o formato e tempera seu modo de tocar, então todo mundo consegue tocar num volume mais baixo e de forma acústica. Quando o baterista toca como num show de rock, todos sobem o volume dos monitores, daí o que era para ser um show acústico bonito soa como guitarras elétricas vagabundas".

Cerca de duas semanas depois, a MTV mandou o primeiro corte do programa para a banda, que é quem daria a aprovação final. Layne não gostou, então Wright recebeu a tarefa de revisar o material. "Quando o vídeo foi enfim editado, Layne detestou. Ele não queria que saísse de jeito nenhum. Achou que a edição o mostrava na pior luz possível, então me pediu para reeditar. Acabei fazendo, só escolhendo as tomadas e refazendo-as, e em seguida mandei cópias desse trabalho para ele, junto com o áudio, e *bum!*, estava pronto", explicou Wright. O problema foi que "eles cortaram Layne fazendo certas coisas durante as músicas, pelo que me lembro, e ele não gostou da maneira como foi editado, pois buscava algo que o mostrasse de uma maneira mais positiva, que o distanciasse do estigma do que quer que estivesse acontecendo em sua vida pessoal".

"Ele estava sempre prestando atenção, mas, em certos momentos, parecia que estava pegando no sono ou apagado, e então, de repente, chegava sua parte e bum! Lá estava ele. Mas eles o mostravam sentado lá, de olhos fechados, por vários compassos, e então não o mostravam quando era o momento dele cantar – cortavam para Jerry ou Mike, ou para alguma outra coisa, de modo que parecia que ele estava dormindo o tempo todo durante certas músicas". Wright forneceu algumas sugestões de mudanças por meio de anotações específicas e marcações de tempo daquilo que ele queria que fosse consertado, e a MTV obedeceu. O show foi ao ar em 28 de maio de 1996 e o álbum foi lançado em 30 de julho, estreando no 3º lugar da parada da *Billboard*[2].

Ken Deans recebeu um telefonema de Susan pedindo ajuda para reagrupar a banda e prepará-la para uma turnê com o KISS, cujos quatro membros originais tinham se reunido. Jerry e Sean estavam animados – Sean especialmente, porque ele fizera parte do KISS Army quando mais novo. Layne insistia que não queria fazer a turnê, e, depois disso, a banda basicamente abandonou a ideia. Ele enfim mudou de ideia e concordou em fazê-la[3].

Segundo Deans, a banda alugou o Moore Theatre para três semanas de ensaios. "Foi muito desafiador", disse. "Mike Inez chegava por volta das três ou quatro da tarde. Eu e ele ficávamos lá matando tempo. E então Sean chegava, e depois Jerry, e Layne aparecia por volta das nove da noite. Eles então passavam talvez umas duas músicas, para depois ir embora". Deans estima que chegou a passar oito horas por dia esperando que os integrantes da banda aparecessem. "A essa altura, estava ficando bem evidente que tanto Layne quanto Jerry tinham alguns problemas, Jerry não tanto, na época, mas Layne definitivamente estava começando a ter. Era possível notar que os anos usando drogas estavam começando a afetá-lo".

"Eu não via Layne há algum tempo quando o encontrei para os ensaios. Parte dele já se fora, àquela altura".

Susan estava lidando com a situação "o melhor que podia", recordou-se Deans. "Me lembro de pensar que aquela turnê não duraria muito, nem chegaria muito longe. Foi um tanto quanto devastador para mim voltar a trabalhar com aqueles caras e ver essa que eu acreditava, e ainda acredito, que poderia e deveria ter sido a maior banda de Seattle naquela situação".

Durante uma entrevista de *backstage* para a MTV News, Sean respondeu quais eram suas memórias mais queridas do KISS de quando era criança e mostrou sua coleção de pôsteres e livros de turnê da banda dos anos 1970.

"Quantos anos você tinha e onde estava quando conseguiu esses?".

"Esses foram em Seattle. Eu tinha provavelmente uns dez anos", respondeu, folheando o material. "E esses aqui são da turnê de 79 e, olha só, consegui isso com um contrarregra", disse ele, apontando para um passe de *backstage* original daquela turnê.

"Não pergunte o que ele teve de fazer para conseguir isso", interveio Jerry.

"Eu era jovem. Precisava do dinheiro. É só o que vou dizer"[4].

Alex Coletti foi ao show de Detroit, no dia 28 de junho. Foi ver o KISS como fã, e viajara com alguns amigos. "Fomos direto para a frente do palco para ver o Alice e assistimos o KISS da mesa de som. Eles foram ótimos. Fiquei muito contente em ver o Alice tocar um show de rock para tanta gente". O *frontman* do Smashing Pumpkins, Billy Corgan, também estava lá, e posteriormente recordaria: "Vi um dos últimos shows do Alice in Chains, abrindo para o KISS no Tiger Stadium. Tocaram a céu aberto, de dia, e foram incríveis". Ele descreveu Layne como "um homem verdadeiramente belo, de um talento quase incomparável. Meu cantor favorito dos anos 90"[5]. O show em Louisville, Kentucky, em 30 de junho, foi significativo não por algo que tenha acontecido no palco, mas por conta de quem estava na plateia – como foi o caso em tantas outras vezes. Desta vez, em meio ao público estava um músico de Atlanta chamado William DuVall, cujo próprio futuro com o Alice in Chains ainda estava a uma década de distância[6].

No dia 3 de julho de 1996, o Alice in Chains subiu ao palco na Kemper Arena, em Kansas City, Missouri. "*Tarrde*, Kansas City", disse Layne, e a banda entrou com tudo em "Again". Susan estava na mesa de som com Kevan Wilkins, o gerente de turnê. Assim que a banda entrou, ela se voltou para Wilkins e disse: "Algo me diz que esta é a última vez que veremos esses caras no palco, Kevan"[7]. Ela estava certa.

Depois de "Angry Chair", Sean foi até o microfone de Layne e falou ao público. "OK, caras, calem a boca por um minuto. Isso é sério, de verdade". Limpou a garganta e começou a cantar os primeiros versos de "Beth", a balada do KISS cantada pelo baterista, Peter Criss. O público ficou dividido – Sean foi imediatamente aplaudido e vaiado, ao mesmo tempo.

"O que foi, vocês não gostaram da música? Ah, eu estou sem maquiagem, certo? Se eu usar botas gigantes e maquiagem, aí vocês vão me adorar, né? Bom, vai se foder, Kansas City!", observou ele antes de voltar para a bateria para tocar "A Little Bitter".

Layne então se dirigiu ao público: "Temos mais uma para vocês. Faz uma semana que estamos em turnê; vocês definitivamente foram a plateia mais legal. Não estou falando por falar. Agora é a hora do sucesso obrigatório para agradar o público", disse, enquanto a plateia aplaudia e a banda começava "Man in the Box". Depois dessa música, os quatro integrantes deram as mãos e fizeram uma reverência juntos. *Bootlegs* em vídeo mostram a banda em boa forma no palco. O que ninguém ali sabia é que tinham acabado de testemunhar a última apresentação em público de Layne[8].

Uma reviravolta sinistra aconteceu depois do show, quando Layne teve uma overdose. Susan voltaria para Seattle na manhã seguinte. Depois que seu avião pousou, ela recebeu uma ligação dizendo que não tinham conseguido reacordar Layne e ele acabou internado num hospital de Kansas City[9].

"Aqueles foram os últimos shows que fizemos. Foram ótimos e divertidos. Foi legal estar lá e tocar naquela turnê. Foram apenas cinco ou seis shows, e, ao final dessa leva, no último deles, era polícia e ambulâncias por todo lado, e '*Subam no avião! Escondam as drogas!*', aconteceu a mesma merda de sempre", disse Sean. Em retrospecto, logo após o sucesso do *Unplugged*, disse ele, "foi então que eu me dei conta: '*OK, se nós nunca mais fizermos nada, por mim tudo bem.*"[10]

CAPÍTULO 22

Estarei morta antes dos trinta.

— Demri Parrott

Layne e Demri cancelaram o noivado em algum momento entre 1991 e 1994. Ele falou brevemente sobre o rompimento durante a entrevista com Jon Wiederhorn: "Posso dizer que, definitivamente, o rock and roll foi um fator que pesou muito no nosso rompimento. Quando se está num relacionamento, a garota geralmente alimenta a grande ideia de que se está atado pela cintura. Então, quando chegam as brigas, é muito doloroso". Layne ainda acrescentou: "Isso não é uma alfinetada nas mulheres... mas acho que elas são tão quimicamente diferentes dos homens que isso torna difícil sustentar um relacionamento. Elas menstruam, passam por instabilidades emocionais horríveis, lamentáveis, e tentar agir de forma lógica com uma pessoa que tem toda uma lógica completamente diferente rolando no cérebro é simplesmente impossível".

"Quando se está num relacionamento, a garota geralmente alimenta uma grande verdade que diz que vocês foram colocados na Terra para ficar juntos. E depois de ficar com uma pessoa por muito tempo e se convencer de que vocês são almas gêmeas, você pode ficar completamente arrasado se as coisas eventualmente acabarem. Quando terminei com a minha última namorada de verdade, a vida ficou muito deprimente. Eu não sabia como viver, nem o que fazer. E então tive de cair na real: '*OK, eu me virei por vinte anos antes de conhecê-la, e me diverti*'. Mas, no momento, estou sozinho, e totalmente de bem com isso"[1].

Embora a relação de Demri com os outros membros da banda fosse boa no início – segundo a mãe dela, uma vez Jerry lhe deu um casal de periquitos de aniversário –, há evidências de que algumas pessoas do círculo do Alice in Chains a culpavam pelo menos parcialmente pelos problemas de Layne com drogas. Certa vez, Randy Biro recebeu telefonema de Mary Kohl, que o pediu para ir com ela e Kevan Wilkins até um hotel onde Layne e Demri estavam morando, em Seattle. Disseram a Biro que precisavam da ajuda dele para levar Layne até o aeroporto e transportar sua bagagem. Sem que Biro soubesse, Kohl e Wilkins estavam arquitetando uma intervenção e mandando Layne para a Hazelden.

"Não fiquei muito contente com aquilo", disse Biro. "Layne olhou para mim, eu estava olhando para ele e ele disse: 'Que porra você está olhando, seu cuzão?'.

E foi muito incômodo, porque eu não fazia ideia. Não tive parte naquilo". Ninguém mais estava presente para a intervenção. "Foi ridículo, porque Demri estava no quarto com ele, e esse foi o momento em que todo mundo dizia que ela era o demônio, e ela não era. Estavam tentando manter os dois separados, tipo, durante as turnês, eu era a única pessoa que eles deixavam entrar no quarto deles, porque eu era o único que não estava decidido a separá-los. Eu não tinha nenhum interesse nisso, porque eles sabiam o que estavam fazendo. A dependência de Layne em drogas não era culpa de ninguém".

Randy explica: "Ele era apaixonado por aquela garota. Então, quando tentaram separá-los ou fazer joguinhos com ele, o que ele fez foi se fechar ainda mais. Cheguei no apartamento e descobri que estavam fazendo uma intervenção. Pensei, *'puta merda'*. Foi um choque, eu não fazia ideia. Então fiquei um tempo lá, fizeram as malas, fizeram o check-out do hotel numa tentativa de se certificar de Demri fosse embora, o que por si só já foi uma ideia de merda".

Layne e Demri foram para a reabilitação juntos pelo menos uma vez, quando deram entrada no Exodus Recovery Center, em Los Angeles – provavelmente a mesma clínica de onde Kurt Cobain fugiu pouco antes de sua morte. Certa noite, Layne ligou para Kathleen Austin e disse a ela: "Não sei o que fazer. Eles nos dão drogas demais aqui. A Demri está mais chapada aqui dentro do que fora. A pressão dela está tão baixa que ela não consegue se levantar sem desmaiar". Pelo que Austin se lembra, "ele estava muito preocupado, e, naquele lugar em particular, pelo que entendi, você chegava lá e eles lhe davam um monte de drogas, as que você já tinha tomado e as que não tinha, para então lhe desintoxicar de tudo".

Embora a pressão externa possa tê-la influenciado, Demri instigou o rompimento, segundo o que ela disse a Randy Biro. "Ela parou de vê-lo. Tentou fugir dele, porque achava que ia arruinar a vida dele. Ele estava apaixonado por ela". Biro acrescentou: "Todo mundo sabia que Layne constantemente a culpava por várias merdas. Constantemente. E as pessoas tentavam mantê-los separados o tempo todo. Assim, tive a impressão de que ela tentou fugir dele para dar a ele uma chance de viver a vida".

O problema dessa visão unilateral é que ela não leva em consideração o histórico de Layne com drogas antes de ele começar a usar heroína, antes mesmo da formação do Alice in Chains, antes de ele e Demri se conhecerem. Além disso, absolve Layne de qualquer responsabilidade por seus problemas.

"Heroína" é a resposta de Kathleen Austin quando questionada do porquê do noivado ter sido cancelado. "Não é possível ter um relacionamento e usar drogas junto. Ninguém consegue".

Ela também esclarece a explicação sobre o "rock and roll" dada por Layne: "À medida que a banda ficou famosa e garotas começaram a enviar roupas íntimas para Layne pelo correio e coisas do tipo, Demri ficou muito incomodada". Austin acrescentou: "Layne e Demri, não importa o motivo deles terem se separado – aquelas foram apenas palavras. Os dois nunca deixaram de se amar. Amavam-se profundamente".

Diversas fontes relataram que Demri tinha muito orgulho de sua disposição em conseguir suas drogas sozinha, apesar do fato de Layne estar mais do que disposto a fornecer a ela. "Àquela altura, chuto que Layne já tivesse cerca de um milhão de dólares, se não mais. Ou ele valia bastante, pelo menos. E daria a ela qualquer coisa que ela quisesse. Ele daria tudo o que tinha para que ela parasse de usar drogas. E ela simplesmente disse não", explicou Biro.

Talvez porque tinham terminado, ou talvez porque Layne estava em turnê e não deixara dinheiro nem drogas para ela, ou, ainda, talvez porque ela não quisesse mesmo a ajuda dele, Demri, por fim, fez o que foi preciso para manter seu vício.

Embora Layne não gostasse de intervenções, ele se envolveu numa intervenção para Demri. Estava na Europa quando recebeu um telefonema de Kathleen Austin para informá-lo do plano, possivelmente em 1993. Voou da Alemanha para Seattle e Austin e Demri foram buscá-lo no aeroporto. O plano era ir até a casa de Austin, ao norte da cidade, onde a intervenção aconteceria na manhã seguinte.

Pararam num bar depois de sair do aeroporto. Depois que Demri terminou seu drink, Austin disse que o dela estava com um gosto estranho e pediu para Demri experimentar. Demri bebeu o drink de Austin também. "O plano era embebedá-la, calar a boca dela e agir a partir daí. Então, foi o que aconteceu, depois fomos para a minha casa e dormimos lá", disse Austin. Na manhã seguinte, vários amigos e parentes de Demri estavam reunidos na sala de estar, incluindo seus avós maternos, irmãos e Layne. Em algum momento da manhã, Austin disse a Demri para ir se deitar no quarto dela, onde Austin tinha desligado o telefone para evitar que Demri acordasse ou percebesse alguma coisa. Quando Demri desceu até a sala, soube exatamente o que estava acontecendo.

"Vocês não vão fazer uma porra de uma intervenção comigo, e eu não vou para a porra da reabilitação", disse ela, e subiu de volta. Por fim, conseguiram convencê-la a descer e ouvir o que todos tinham a dizer. Segundo Austin, o comentário mais profundo foi o de seu filho Devin, que disse: "Você é minha irmã, eu te amo e não quero que você morra".

Austin fez planos de interná-la em três clínicas possíveis, para dar a Demri algumas escolhas durante o processo. Ela escolheu uma clínica em Port Angeles, uma cidade no Condado de Clallam às margens do Estreito de Juan de Fuca. Conhecida como The Lodge, a clínica supostamente era especializada no tratamento da dependência em heroína, disse Austin. Demri passou por alterações de humor durante todo o caminho até lá.

"Ela dizia coisas do tipo: 'Vou embora assim que chegar naquela porra'. 'Assim que chegar lá, vou entrar pela porta da frente e sair pela porta dos fundos'. E eu respondia: 'Bem, Dem, você vai fazer o que quiser. Meu trabalho é levar você até lá'", disse Austin. "Eu piscava para Layne. Depois, ela dizia: 'Bom, espero que a comida seja boa'".

Austin e Layne a internaram e voltaram para Seattle. Brincaram que Demri daria um jeito de chegar a Seattle antes deles. Austin deixou Layne na casa dele por volta da meia-noite; chegou em casa cerca de uma hora depois e foi para a cama.

Um aspecto da personalidade de Demri, segundo Austin, era a incapacidade dela de lidar com a culpa. Nas palavras de Austin, "se ela lhe ofendesse, e você não tivesse um celular ou qualquer coisa assim, ela começaria a ligar para sua casa, esperando você chegar para que ela pudesse se desculpar". Por causa de seu temperamento no caminho para a clínica, ela se sentiu culpada depois de ter dado entrada. Uma vez internada, ela deveria ser proibida de receber telefonemas ou de ter qualquer tipo de comunicação externa por uma semana.

A equipe concordou em abrir uma exceção e a deixou ligar para Austin e Layne. "O argumento dela foi: 'Preciso pedir desculpas à minha mãe e a Layne. Preciso dizer a eles que sinto muito. Preciso dizer a eles que os amo. Vou ficar. Vou ficar e me comportar bem, se vocês me deixarem pedir desculpas'".

Ela não conseguiu falar com nenhum dos dois. O telefone no quarto de Austin ainda estava desligado desde a intervenção e Layne provavelmente estava exausto da viagem de volta da Alemanha. Demri saiu da clínica por conta própria algumas horas depois. Segundo Austin, ela foi para reabilitação mais duas vezes, sendo que a estadia mais longa foi no Sundown M Ranch, de onde ela saiu alguns dias antes da "formatura". "Na verdade, ela foi expulsa de lá por falar com as pessoas", disse Austin. "Ela foi bem, lá". Este foi o único tratamento pelo qual a própria Austin pagou. Ela disse que não se surpreenderia se outros tiverem sido pagos por Layne ou por seus empresários, ou por sua gravadora.

A saúde de Demri começou a piorar por volta do Dia de Ação de Graças de 1993. Ela disse à mãe que vinha tendo febres de mais de 38 ºC. Austin disse a Demri que ela deveria ir ao hospital quando isso acontecesse de novo. A primeira das hospitalizações aconteceu pouco depois disso. "Ela foi para o hospital pela primeira vez no final de novembro de 93. Ficou internada até janeiro de 94. Voltou em março de 94 e, desta vez, foi entubada", recordou-se Austin. "Ela chegava ao pronto socorro e era encaminhada para atendimento médico; de lá, ia para a UTI e era entubada, e então não morria. Então voltava para a ala médica – lá, ficava no soro e tomando antibióticos por um mês. Isso aconteceu repetidas vezes. Fez duas cirurgias nos pulmões. Duas cirurgias no coração. O sofrimento dela foi horrível".

Austin disse que, na UTI, Demri estava consciente, mas entubada – ou seja, com um tubo inserido na garganta para ajudá-la a respirar, algo que ela detestava. Ela dizia à mãe: "Odeio estar entubada. Não consigo falar, e essas pessoas vêm aqui e ficam me fazendo umas porras de perguntas, e eu não consigo falar, caralho, me sinto como uma porra de um peixe numa porra de um aquário". Ela se comunicava escrevendo com giz numa lousinha.

Demri visitou o Bad Animals Studio algumas vezes durante as sessões de *Alice in Chains*, recordou-se Sam Hofstedt. "Ela não parecia bem. Estava muito, muito esquelética. E acho que, em algum momento da gravação do disco, ela foi para o hospital, e sobreviveu, mas a certa altura os médicos disseram que os órgãos dela basicamente pararam de funcionar por um momento. Ela estava batendo na porta da morte".

Apesar das várias internações e flertes com a morte, Demri continuou a usar drogas. Aparentemente, ela tinha aceitado o fato de que seu vício iria matá-la. Certa vez, foi visitar sua mãe num final de semana. Depois da visita, Austin levava Demri de volta a Seattle de carro quando um outro veículo a cortou na estrada.

"Meu Deus, mãe! Odeio que você dirija por essa estrada todo dia. Se alguma coisa acontecesse com você, eu não sei o que faria", disse Demri, uma vez passado o susto. E então completou: "Não sei por que eu disse isso. Vou morrer antes de você".

Austin virou-se para ela e disse: "Ah, ótimo. Você me ama tanto que vai me fazer ter de te enterrar? Você tem alguma noção de como eu me sentiria?".

Demri ficou em silêncio e então respondeu: "Bem, eu nunca pensei nisso dessa forma, mas eu sei que vou morrer antes de você. Estarei morta antes dos trinta anos". Ela estava certa.

Segundo Austin, embora o relacionamento de Demri e Layne tivesse acabado, eles ainda tinham carinho um pelo outro. "Demri estava doente e agonizando durante aqueles dois anos e meio finais. Layne ia visitá-la e passava a noite no hospital com ela". Austin trabalhava no Harborview Medical Center, onde Demri era paciente, e deixava Layne entrar no hospital com sua credencial. Ele passava a noite lá e ia embora no anonimato nas primeiras horas da manhã. Susan também visitou Demri enquanto ela estava internada.

Russell – um pseudônimo – é um músico estrangeiro que foi para Seattle em 1996[2]. Ele extrapolou o período de validade de seu visto e permaneceu lá, vivendo e trabalhando como imigrante ilegal, fazendo uma variedade de serviços para pagar sua parte no aluguel de um apartamento no centro da cidade. Vendia heroína para conseguir algum dinheiro extra por fora e, ocasionalmente, também usava a droga.

Certa noite em maio ou junho de 1996, um grupo de pessoas foi visitá-lo em seu apartamento, e Demri era uma delas. Ela e Russell se deram bem e começaram a sair como amigos. Por fim, ela perguntou se podia ficar na casa dele por um tempo. Russell concordou, e ela dormiu em seu apartamento ocasionalmente por cerca de seis a oito semanas naquele verão. Demri não tinha muitas posses, apenas algumas malas pequenas nas quais carregava suas roupas e alguns livros. Às vezes, ela visitava a mãe ou algum amigo por alguns dias e voltava.

"Muitos dos amigos que eu meio que conhecia em Seattle, eu não andava muito com eles por uma série de razões", disse Russell sobre quando conheceu Demri. "Era bom ter uma amiga. Nós íamos a bares e a shows de rock – era bom ter uma amiga com quem sair".

Segundo Russell, Demri disse a Layne que "estava ficando na casa de um cara. Ele é músico e é muito legal, blá, blá, blá". Embora Russell traficasse heroína, Layne não era um de seus clientes – e não ficou muito feliz com esse esquema. Ligava para o apartamento de Russell e deixava mensagens na secretária eletrônica com comentários do tipo: "Você não é músico – você é traficante".

"Eu não tive uma impressão muito boa de Layne", disse Russell. "Toda vez que eu dizia que ele era um babaca, ela sempre o defendia". Demri disse a ele que Layne e ela tinham se conhecido no ensino médio – história que ele não sabia ser falsa até ser entrevistado para este livro, quinze anos depois. Russell não se lembra se Demri chegou a contar a ele o motivo de Layne e ela terem terminado. Porém, se lembra dela dizer que, depois que Layne ficou rico e famoso, ele começou a andar com prostitutas, mas ele não sabe se isso é verdade.

Demri disse a Russell que ia até a casa de Layne uma vez por semana para fazer a faxina. Disse que Layne tinha ficado muito paranoico com as pessoas indo até lá a qualquer hora do dia e da noite e tinha instalado uma câmera de segurança na porta, de modo a receber apenas quem ele quisesse. Tanto Michelle Ahern-Crane quanto Jon Wiederhorn se recordam que Layne reclamava sobre pessoas aleatórias aparecendo em sua casa e que ele se preocupava muito com sua segurança[3].

Se Demri ia até lá para fazer faxina, para sexo casual ou para usar drogas, ou alguma combinação entre essas três coisas, Russell não sabe. Porém, ele diz que toda vez que ela voltava da casa de Layne, trazia cocaína dada a ela por ele. Russell começou a usar cocaína depois que Demri compartilhou um pouco com ele.

Ela contou a Russell sobre seus problemas de saúde – que ela tinha endocardite bacteriana e que suas válvulas cardíacas tinham sido substituídas. Mostrou a ele a cicatriz de trinta centímetros que atravessava o centro de sua caixa torácica. Russell ficou preocupado com o uso contínuo que ela fazia da cocaína. Ele disse a ela: "Não ligo para heroína e tal – isso eu te dou. Você não precisa se preocupar. Mas por que você tem que usar cocaína? Faz mal para o coração". Russell ficou com a impressão de que "ela estava meio que resignada que as drogas iam matá-la de qualquer forma".

Em algum momento daquele verão, James Burdyshaw encontrou Demri por acaso, num ônibus perto da Pioneer Square. "E aí, tudo bem?", Dermi perguntou a Burdyshaw, que não via há vários anos. Burdyshaw ficou consternado com a aparência da amiga. "O fato de ela estar muito, muito esquelética a fazia parecer mais velha. O rosto dela estava fundo. Ela não tinha aquela aparência.

Tinha o rosto bem jovial e sadio". Era possível ver os ossos através da pele dela. Ela lhe mostrou a cicatriz no peito, dizendo a ele que foi de quando os médicos precisaram massagear seu coração e que ela quase morreu. Foi a última vez que Burdyshaw a viu.

Demri sumiu por vários dias e Russell não tinha notícias dela, então ele ligou para a casa de Austin, porque ficou preocupado e imaginou que ela pudesse estar lá. Não estava, Austin disse a ele. Quando Demri finalmente voltou para o apartamento de Russell, estava lívida. "O que você está fazendo, querendo saber de mim? Não quero que você ligue para a casa da minha mãe!".

Russell estava desenvolvendo um vício em cocaína, que afetava sua capacidade de ganhar a vida. Ele deu entrada numa clínica de reabilitação na Califórnia em agosto de 1996. "Eu costumava usar só heroína, foi só quando conheci Demri que comecei a usar cocaína, e acho que foi isso o que me levou à reabilitação, na verdade, então conhecê-la foi o que provavelmente salvou minha vida", disse Russell.

Ao final de agosto, Russell se preparava para ir embora. Demri tinha deixado uma mala em seu quarto, e ele tentou, sem sucesso, contatá-la para dizer que ia embora e ainda estava com algumas coisas dela. "Só consigo presumir que ela voltou para buscar suas coisas depois que eu fui embora. Não sei". Ele acredita que a última vez que viu Demri foi em agosto de 1996, antes de partir para a Califórnia. Em retrospecto, ele disse que foi triste o fato de não ter tido a oportunidade de se despedir dela.

Pouco antes de sua morte, Demri tinha saído de um hospital e passado cerca de um mês numa casa de repouso, onde a maioria dos pacientes eram idosos. "Os velhinhos faziam brincadeiras para ela", recordou-se Austin. Certo dia, numa visita à filha, uma senhora sem dentes foi até Demri e disse algo a ela.

"E aí, estou conversando com a minha mãe agora. Mas daqui a pouco eu falo com você. Mostre um dos seus truques pra minha mãe". Então, disse Austin, "a mulher botou a língua pra fora e a colocou entre os olhos. Dem caiu na gargalhada, e eu e aquela senhora também".

Outro paciente, que tinha sido um arquiteto proeminente em Seattle décadas antes, fugiu certa noite em sua cadeira de rodas motorizada, depois de tomar seus remédios. Foi até um supermercado Red Apple para comprar donuts, refrigerante e batatas fritas. No caminho de volta, bateu numa árvore e quebrou os óculos. Quando o recolheram depois do acidente, ele disse: "Vou fazer uma festa com a Demri – me deixem!".

Em algum ponto em outubro de 1996, Mike Starr e Jason Buttino entravam no Harborview Medical Center quando viram Demri saindo. Segundo Buttino, ela foi até eles para dar um oi, e eles conversaram por alguns minutos antes de seguirem seus caminhos. Foi a última vez que a viram. Austin não contesta esse relato, apontando que não era incomum vê-la no Harborview. "Ela [praticamente] morou lá por dois anos e meio, e eu trabalhava lá, então ela entrava e saía [o tempo todo]".

Cerca de uma semana antes de sua morte, Demri foi até a casa de Austin com um cartão para ela. Sussurrou algo para Sam, que dividia o apartamento com sua mãe, algo que Austin não conseguiu ouvir. Ela presumiu que fosse algo sobre a filha dele de onze anos, que na época estava desaparecida e, depois, foi encontrada morta, assassinada por um serial killer. Foi a última vez que Austin viu Demri viva.

Depois que Demri foi embora, Austin perguntou: "O que Dem queria?".

"Ah, te conto depois", foi a resposta dele. Austin não quis insistir e deixou o assunto de lado. Depois da morte de Demri, Sam revelou a Austin o teor da conversa: "Ela me disse que algo ia acontecer. Que não sabia quando, mas que ia acontecer, e eu tinha de estar aqui, porque você ia precisar de mim".

"Dem sabia", disse Austin, em retrospecto. "Antes de morrer, ela buscou entrar em contato com as pessoas, e depois de morrer, também".

Em seus últimos dias, Demri estava morando com um homem mais velho, pai de um amigo dela, na casa dele em Bothell. Ela vivia uma existência algo nômade, se hospedando com diferentes pessoas por períodos que variavam de alguns dias a algumas semanas. Ao fim de sua vida, encontrar um lugar para ficar se tornou muito difícil. "As pessoas tinham medo de hospedar Dem, porque ninguém queria que ela morresse em sua casa", explicou Austin.

Austin alega que o homem estava isolando Demri, afastando-a das pessoas até o ponto em que ninguém, incluindo a mãe, era capaz de contatá-la. A certa altura, Austin ligou e disse a ele: "Quero falar com a minha filha". Ele inventou uma desculpa do porquê dela não poder falar. Austin não se convenceu. "Se eu não tiver notícias da minha filha nos próximos vinte minutos, vou chamar a polícia e nós vamos aparecer aí na sua porta".

"Bem, vou ver se consigo acordá-la", respondeu ele. Demri ligou para a mãe pouco depois.

Na tarde de 28 de outubro de 1996, o homem levou Demri de carro até Seattle. Ela disse a ele que queria algumas coisas de um mercado Fred Meyer. Ele estacionou numa loja da rede às 17h, mas Demri estava inconsciente e ele não conseguiu acordá-la. Entrou no mercado para comprar as coisas para ela, e deixou o motor do carro ligado, de modo que ela não sentisse frio. Saiu da loja, voltou para casa e ainda não conseguiu acordá-la. Deixou-a inconsciente no carro enquanto lavava roupa. Enfim ele se deu conta de que havia algo seriamente errado. Dirigiu até a casa de Jim e Marlene – dois dos pacientes de Austin – surtando, dizendo: "Ela está morta! Ela está morta! O que eu faço? O que eu faço?".

Jim chegou e percebeu que Demri ainda tinha pulso, embora estivesse fraco. Assumiu o volante e disse a Marlene e ao homem que o seguissem num outro carro até o hospital. Demri foi enfim levada ao pronto socorro do Evergreen Hospital, em Kirkland, às 19h30 – duas horas e meia depois de ter perdido a consciência.

Austin recebeu um telefonema do hospital avisando que Demri estava lá. Disseram a ela que o homem mais velho – erroneamente identificado, no telefonema e no relatório médico, como namorado de Demri – a tinha levado até o pronto socorro. Quando Austin chegou lá, ele já tinha ido embora do hospital. Por fim, ele ligou para Austin e explicou a ela o que acontecera naquela tarde. Austin ficou consternada. "Pensei, *mas que idiota do caralho, por que você não a levou para o hospital quando não conseguiu acordá-la?*".

A irmã de Austin, Patricia Dean Austin, chegou ao hospital pouco depois. A essa altura, Demri ainda estava viva, mas inconsciente. Kathleen perguntou aos médicos se Demri podia ouvi-la. Disseram a ela que achavam que sim. Ela segurou firme a mão de Demri e disse: "Dem, se você tem a escolha de ficar ou ir, você não precisa mais ficar por mim". Durante as internações anteriores, Austin sempre disse a ela para lutar, para sobreviver. Desta vez foi diferente. "Foi a única vez que dei permissão a ela para partir". Austin descobriu depois que Patricia disse essencialmente a mesma coisa para Demri. Passaram a noite com Demri, saindo apenas para dormir um pouco. Bem cedo na manhã seguinte, Patricia e Kathleen Austin entraram no quarto onde Demri estava. Kathleen voltou-se para a irmã, que imediatamente temeu pelo pior.

"Oh, meu Deus, ela se foi", disse Patricia.

Kathleen foi até a filha, tocou o rosto dela e viu que seu peito estava mexendo. "Eu disse: 'O peito dela está mexendo'. E então: 'Não, não. São os aparelhos. Ela se foi'. Não sei como explicar o *nada*, aquela sensação de nada. Na noite anterior, senti a presença dela".

"Acredito que ela faleceu quando fui dormir. Ela sabia que a minha família estaria lá na manhã seguinte. Sabia que minha irmã estava lá. Sabia que eu não estaria sozinha. Sabia que eu estava bem, e eu tinha dado a ela permissão para partir. Então, quando fui dormir, ela se foi".

Demri ainda estava ligada aos aparelhos, mas já se fora. Depois de ficarem alguns minutos com ela, Kathleen e Patricia saíram do quarto. Os médicos chegaram alguns minutos depois e perguntaram se Kathleen gostaria de estar presente quando desligassem Demri dos aparelhos.

"Não há razão para que eu esteja. Minha filha já se foi", respondeu ela.

Um dos médicos saiu do quarto e confirmou a conclusão de Austin de que os aparelhos é que estavam a mantendo viva. "Você estava certa. Quando desligamos o equipamento, não houve resposta alguma". Eram 19h40 – doze horas desde que Demri dera entrada no pronto socorro. Ela tinha vinte e sete anos. Um legista determinou que ela morreu de intoxicação aguda devido aos efeitos combinados de opiáceos, meprobamato e butalbital[4].

Jim Elmer recebeu um telefonema de Austin naquela manhã, informando-lhe que Demri tinha falecido. "Fui até o Evergreen, dei-lhe um beijo de adeus na testa, e ela parecia estar em paz", recordou-se. Ele conversou com a família de Demri antes de ir embora. Contatou Susan e os dois combinaram de ir visitar Layne. Ele já tinha recebido as más notícias. Quando chegaram à casa dele, Layne estava à espera de Mark Lanegan, que chegou alguns minutos depois. "Layne obviamente sabia o que tinha acontecido e estava muito perturbado; embora o relacionamento deles fosse muito dinâmico, eles certamente tinham muito carinho um pelo outro e se amavam. Assim, Susan e eu nos despedimos e deixamos Layne com Mark, o que era a melhor coisa a se fazer". Essa visita foi uma das últimas vezes em que Susan viu Layne[5].

Ela convidou Jim para almoçar para que pudessem conversar em particular. Levou-o ao Ruins, um restaurante e clube privado em Seattle. Sugeriu que ele se tornasse membro, e ele o fez. Os dois se encontrariam nesse lugar novamente em circunstâncias semelhantes, alguns anos depois.

A morte de Demri devastou Layne. Austin acha que ele sentiu um peso muito grande: ouviu dizer que Layne tinha falado para alguém, "Eu deveria ter nos tirado daqui. Eu tinha o dinheiro. Poderia ter feito isso. Deveria ter nos tirado daqui". Austin definiu esse "fora daqui" como "fora de Seattle, longe de todas essas pessoas batendo à porta querendo dar drogas a ele". Jim Elmer concordou que Layne tinha os recursos para fazer isso, se tivesse levado a questão a sério, mas nunca o fez.

Alguns meses depois da morte de Demri, Layne pediu a Austin o ursinho de pelúcia que ela tinha consigo no hospital e alguns outros pertences dela. Combinaram um horário para Austin encontrá-lo em seu apartamento no U District. Austin chegou e tocou a campainha repetidas vezes, sem resposta. Voltou para o carro, esperou por cerca de meia hora e tentou mais uma vez. Novamente, ninguém atendeu. Austin foi para casa. Recebeu um telefonema de Layne às dez da noite, perguntando por que ela não tinha aparecido. Austin disse a ele que esteve lá no horário marcado, ao que Layne respondeu que precisou sair.

Austin suspeitou que ele saiu para comprar drogas. Ela o encontrou por acaso na Broadway Avenue algumas semanas depois. Ainda estava com o ursinho e as outras coisas de Demri no porta-malas do carro, então entregou os pertences a Layne nesse momento. Foi a última vez que Austin o viu. O consenso geral entre aqueles que conheciam bem Layne é que ele nunca superou a morte de Demri. "Ele nunca se recuperou da perda dela", disse Austin. Jim Elmer concordou.

"Eu sei o quanto ele amava Demri, e só posso imaginar o quanto aquilo o obliterou", disse Nick Pollock.

"Quando ela morreu, acabou. Foi o fim de Layne", disse Randy Biro.

"Depois que ela faleceu, só me lembro de pensar: '*Oh, não*'. Era quase possível prever o que aconteceria, porque ela era a alma gêmea de Layne", disse Jeff Gilbert. "Sempre que eu via os dois juntos, havia esse elo muito forte, então pensei que o que viria não seria nada bom".

"Acho que é muito provável que ele tenha usado a morte dela como desculpa para jogar a toalha, porque é isso que fazemos. O viciado está sempre à procura de desculpas para usar drogas, e esse era um motivo muito bom", disse Michelle Ahern-Crane.

Se essa opinião geral for aceita e tida como correta, então a morte de Demri desencadeou uma queda em espiral irreversível, na qual Layne levaria seu uso de drogas a níveis que poucos seriam capazes de imaginar ou sustentar.

PARTE IV
1996–2001

✖

Layne não quer sair em turnê. Eu gostaria de fazer, mas, por razões óbvias, Layne desistiu de aparecer em público. Todo mundo sabe que razões são essas.
— **Sean Kinney**

CAPÍTULO 23

Se eu usar heroína de novo, vou morrer.
— John Baker Saunders

Em 1996, Dan Gallagher e sua esposa se mudaram para a casa ao lado da pequena residência de dois quartos onde John Baker Saunders vivia, nos arredores de Crown Hill. À noite, ouviam Saunders tocar baixo. "Tudo o que me lembro é que era muito melodioso. Era um contrabaixo, então era muito grave e você conseguia sentir tanto quanto ouvir, era algo realmente muito belo", disse Gallagher. Saunders tocava tarde da noite – geralmente começava às 23h e, às vezes, parava às 3h da madrugada.

Depois de formalmente apresentados, Saunders admitiu que era ele quem tocava. Descobriram que ambos tinham laços na mesma região na zona norte de Chicago e vários interesses em comum. Na época, Gallagher tinha deixado seu escritório de advocacia para trabalhar em casa e cuidar de sua primogênita, Rachel, de forma que sua esposa pudesse continuar a carreira de cientista. Saunders e Gallagher começaram a passar bastante tempo juntos. "Ele era realmente um cara muito simpático, muito legal, de verdade", descreveu Gallagher. "Um tipo introvertido... uma pessoa muito sensível, muito inteligente e com um ótimo senso de humor, muito engraçado, muito sarcástico, de um senso de humor muito ácido, e que adorava dar risada". Gallagher e Saunders frequentemente levavam Rachel à praia. De vez em quando, Saunders ia à casa de Gallagher, "comia um pote de doces em cerca de dez minutos e então ia embora".

Quando Saunders contou a ele sobre sua história e as diferentes bandas com as quais tocou, Gallagher não fazia a mínima ideia de quem eram. "Acho que ele gostava do fato de eu não ser um fã ou não conhecer muito bem o trabalho dele", disse. Ocasionalmente, Gallagher ia à casa de Saunders e pedia que ele tocasse, e Saunders então improvisava algo. Gallagher só ouviu *Above* cerca de um ano depois de ter conhecido Saunders.

Embora Gallagher não estivesse por dentro de todos os detalhes da vida pessoal de Saunders, sabia que ele andava com amigos músicos em Seattle. Saunders mencionou visitas a Layne, embora estas possam ter acontecido antes de ele conhecer Gallagher. Dizia a Gallagher, brincando, que estava orgulhoso de seu autocontrole e de sua disposição em estar sóbrio, apesar de conviver com drogas na casa de Layne. "Havia uma pilha enorme de heroína bem na minha frente e eu nem tentei roubar", ele disse a Gallagher, que acrescentou: "Ele foi muito bem na reabilitação, ao ponto de ter a droga bem na sua frente e não usar".

Por fim, Layne parou de atender a porta e não mais recebia Saunders. Gallagher disse que ele estava preocupado com Layne, mas, ao mesmo tempo, respeitava a privacidade alheia. "Se essa era a posição de Layne e o que ele queria fazer, acredito que [Saunders] diria: 'Bem, é a decisão dele', e simplesmente respeitaria".

Depois do sucesso de *Above*, Saunders ganhou algum dinheiro e estava ansioso para continuar a trabalhar com o Mad Season. Quando chegou o momento de fazer um segundo álbum, em 1996, ele, McCready e Martin compuseram e gravaram faixas instrumentais para dezessete músicas. A ideia era continuar o que tinham feito no primeiro álbum, mas havia um problema significativo: Layne e Mark Lanegan nunca apareceram no estúdio. Segundo Krisha Augerot, "acredito que [Layne] estava basicamente desaparecido, naquela época. Durante as gravações do segundo álbum do Mad Season, ele não conseguia nem ir ao estúdio e cantar, de tão fodido que estava".

O plano inicial de McCready era colocar Lanegan como vocalista no lugar de Layne e mudar o nome da banda para Disinformation, mas, segundo Martin, Lanegan também não apareceu[1]. Com o Mad Season em animação suspensa, Saunders começou a sentir certa instabilidade financeira. Segundo seu irmão, ele recebeu um adiantamento de US$ 50 mil para o segundo álbum do Mad Season, porém, como o disco nunca foi terminado, a gravadora passou a reter os royalties de *Above* para recuperar o dinheiro do adiantamento.

Saunders enfim se juntou aos Walkabouts, banda de Seattle. Em 1997, fizeram duas turnês pela Europa. Num festival na Bélgica, em setembro, na plateia vendo a banda estava uma pós-graduanda belga chamada Kim De Baere. Os dois se conheceram e se deram bem, e ela viajou com Saunders por duas semanas naquela turnê, o que então levou a um relacionamento à distância.

Alguns meses depois, Saunders a convidou para visitá-lo em Seattle por duas semanas, durante as festas de fim de ano, depois das quais ela teria de voltar para os estudos. Ele a visitou na primavera de 1998 e, depois de terminar suas provas, ela ficou em Seattle de junho até outubro – o máximo que pôde com um visto de turista. Ainda tinha de escrever sua dissertação, então voltou para a

Bélgica e fez planos de conseguir um visto de estudante, que a permitiria ficar mais tempo nos EUA; retornou ao país em novembro. Saunders a levou a Chicago, onde sua mãe morava. Levou-a para conhecer os lugares onde ele tinha tocado e onde costumava comprar heroína. Ele tinha dito a ela que estava se recuperando da dependência em heroína, e De Baere nunca o viu usar a droga. Porém, perto do Natal, ela o fez largar os comprimidos que andava tomando. Ela não sabe o que eram, mas disse que ele teve crises de abstinência. Disse, ainda, que ele foi mandado embora dos Walkabouts, mas ela não soube o porquê.

Sem fonte estável de renda, Saunders descobriu o eBay e rapidamente se deu conta do potencial do site. Disse a Dan Gallagher que Eddie Vedder tinha lhe dado uma caixa de compactos raros do Pearl Jam, e começou a vendê-los no eBay. "Ele dizia: 'Sabe, descobri que você não pode anunciar dez deles de uma vez, senão o valor abaixa muito. Você tem que anunciar um ou dois de cada vez, e aí as pessoas vão pagar quinze dólares ou algum valor assim por um compacto'", recordou-se Gallagher. "Ele passava o tempo fazendo isso, comercializando os compactos e conseguindo dinheiro suficiente para comer e comprar algumas coisas".

Quando o dinheiro encurtava, Saunders ia até a loja de Evan Sheeley, a Bass Northwest, para penhorar equipamentos ou instrumentos. Cada vez que fazia isso, conseguia algumas centenas de dólares. Sheeley disse: "Não acho que ele se importava de fato em ter uma grande mansão, ou um carro de luxo, nem nada dessas coisas. Ele só queria ser reconhecido como um bom baixista numa boa banda. E não estava recebendo esse reconhecimento, os outros caras é que estavam. Ele era, na verdade, o cara estranho naquela banda. Então, basicamente—sempre que nós nos encontrávamos e conversávamos na minha loja, era mais ou menos disso que falávamos".

No final de dezembro de 1998 ou início de janeiro de 1999, Johnny Bacolas foi até a casa de Saunders. Ele se lembra de Saunders estar passando por estresse devido ao segundo álbum do Mad Season não estar acontecendo. Foi a última vez que Bacolas o viu[2].

Na manhã de 15 de janeiro de 1999, Saunders levou De Baere de carro até o Aeroporto Internacional de Seattle-Tacoma. Embora De Baere planejasse inicialmente ficar por seis meses, ela decidiu voltar à Bélgica para terminar sua dissertação. A situação do relacionamento ficou ambígua, mas De Baere disse que eles não tinham terminado. "Não sei se ele acreditou em mim, mas o plano era definitivamente algo do tipo: 'Nos vemos em breve'", disse ela.

De Baere notou que ele tinha instrumentos no porta-malas, mas não sabia quais eram os planos dele para depois. Ela teve uma sensação estranha no aeroporto. "Eu soube, quando nos despedimos... Quando entrei no avião, quase desembarquei, porque – não sei – algo me deixou muito preocupada, na maneira como saiu andando. Sempre terei essa visão na cabeça, dele descendo as escadas rolantes, meio que o nosso último olhar". Aquela foi a última vez que ela o viu.

Mais tarde, naquele dia, Saunders foi à Bass Northwest penhorar um Fender Jazz Bass preto, que ele disse a Evan Sheeley que ganhou de seus pais quando era adolescente. "Ele disse que precisava vender aquele baixo porque precisava do dinheiro do aluguel, ou ele meio que seria despejado, basicamente a mesma história que ele contava toda vez", disse Sheeley, que deu a Saunders um cheque de US$ 800 ou 850. O banco no qual a loja tinha conta ficava a um quarteirão dali. Saunders foi até lá e descontou o cheque. Essa foi a última vez que Sheeley o viu.

Barrett Martin, que morava perto de Saunders, frequentemente o recebia para o café da manhã. Naquela noite, Martin ligou para ele sugerindo que se encontrassem para o café ou para o almoço no dia seguinte num restaurante, ao invés de sua casa. Saunders concordou. Martin disse ser a última pessoa a falar com Saunders[3].

De acordo com o laudo médico, Saunders passou "a maior parte do dia com seu amigo, o Sr. Christopher Williams". Estavam tomando cerveja, e por volta das 21h injetaram heroína. Williams descreveu Saunders às autoridades como muito alterado, e notou que Saunders tinha "parado de usar drogas há muito tempo, até este incidente". Saunders ficou "letárgico e sem reação" antes de desmaiar no chão da cozinha. Williams tentou reavivá-lo derramando água gelada e cubos de gelo nele, antes de ligar para a polícia. Os paramédicos chegaram ao local e o declararam morto. Tinha quarenta e quatro anos[4].

Dan Gallagher andava preocupado com Saunders, porque ele vinha tendo muitas crises de abstinência e porque levaria De Baere ao aeroporto naquele dia. Ao mesmo tempo, sua filha de quatro meses estava com gripe ou um resfriado sério. "Eu quis ir à casa dele naquela noite para ver como ele estava, mas eu literalmente tinha duas crianças doentes e basicamente estava tentando manter a bebê viva". Ia constantemente até a porta dos fundos para dar uma olhada na casa de Saunders, até que notou as luzes dos carros de polícia e uma ambulância. Foi até lá. Os paramédicos enfim saíram da casa, seus esforços infrutíferos. Sabendo que eles estavam lá para Saunders, Gallagher perguntou se ele tinha sobrevivido. Disseram-lhe que não. Gallagher estava na varanda quando Williams saiu. "Ele apareceu na varanda e parecia muito desconcertado, chapado de heroína, como era de se esperar. Eu cheguei a dizer aos policiais: 'Vocês têm que prender esse cara. Foi ele quem trouxe a merda pra cá'".

"E então houve um bate boca. Eu berrava com ele, e ele comigo. Muitos xingamentos e acusações".

A polícia pediu a Gallagher para identificar o corpo. "Ele estava deitado de costas no chão da cozinha, com a máscara do respirador, que ainda estava ligado. Àquela altura, ele já se fora. Olhei para ele, e era Baker, mas também não era Baker. Ele se fora".

Por volta das três ou quatro da madrugada, horário da Flórida, Joseph H. Saunders acordou com um telefonema de Gallagher, que o informou da má notícia. Joseph ligou para a mãe e a irmã para contar a elas. "Foi chocante e de partir o coração, e fez sentido, porque ele não vinha se comunicando conosco, e eu sabia que, quando ele não se comunicava, isso significava que algo estava errado", disse sua irmã, Henrietta Saunders, sobre como reagiu.

Normalmente, ela falava com irmão cerca de uma vez por mês, mas notou que, no final da vida, entrar em contato com ele tinha se tornado mais difícil. "Ele estava muito infeliz nos últimos meses de vida, em busca de um significado para as coisas, a meu ver", recordou-se ela. A última vez que se falaram foi no Natal de 1998.

"Acredito que haja um aspecto de suicídio na morte de John", disse Henrietta, citando as incertezas do relacionamento dele com De Baere, as pressões financeiras e o hiato do Mad Season. Ela apontou que, em algum momento no início dos anos 1990, ele disse a ela: "Se eu usar heroína de novo, vou morrer". Não há evidências de que Saunders tenha cometido suicídio intencionalmente. Ele planejava se encontrar com Barrett Martin no dia seguinte. Sua irmã reconhece que houve um elemento de autodestruição na decisão dele de usar heroína de novo.

Kim De Baere estava em casa, em Bruxelas, quando Dan Gallagher ligou. Ela tinha trabalhado ocasionalmente como babá das crianças de Gallagher. Como, em suas palavras, "eu não sou boa em despedidas", e porque ela tinha total intenção de retornar a Seattle, não se despedira de Gallagher antes de deixar a cidade. Quando conseguiu falar com ela, a primeira coisa que Gallagher disse foi: "Ei, você não disse tchau". Depois de uma conversa amena, ele disse a ela que Saunders tinha morrido. De Baere entrou em choque. "Minha reação inicial foi incredulidade e raiva. Pouco depois, me dei conta de que só podia ser verdade, porque ninguém no mundo faria uma brincadeira doente dessas, muito menos Dan", escreveu ela. "Eu continuei com raiva, primeiro de Baker, mas, na maior parte, de mim mesma, por não ter previsto aquilo e por sentir que a minha partida foi o principal gatilho (dentre vários outros) para o que ele fez. Não que eu achasse que ele queria morrer. Acho que ele apenas queria algum alívio". Nos dias que se passaram após receber a notícia, ela teve a esperança de receber uma carta de Saunders. Nenhuma carta chegou.

Evan Sheeley estava em sua loja quando recebeu um telefonema de alguém perguntando: "Você soube do Baker?". Sheeley nem sabia que ele tinha problemas com drogas e se lembrou dos acontecimentos do dia anterior. "Foi aquele dinheiro, infelizmente, e desde então eu meio que carrego esse fardo comigo. Foi o dinheiro que eu dei a ele que acabou pagando pela overdose de heroína que o matou", disse.

Barrett Martin foi até o restaurante no dia seguinte para se encontrar com Saunders, como combinado, mas ele nunca apareceu. "Quando Baker morreu, acabou. Foi o fim da banda", disse ele a Mark Yarm[5]. Seu irmão, Joseph, e sua mãe foram para Seattle. Joseph assumiu a responsabilidade de fazer o inventário dos pertences de Saunders e esvaziar a casa. Ele e a mãe ainda se encontraram com Williams.

"Buscamos o cara com quem ele estava injetando heroína e nos encontramos com ele para descobrir o que tinha acontecido. Era um cara mais novo, e ele disse: 'Ah, meu Deus'. O sujeito chamou a polícia e os paramédicos vieram, mas ele disse que 'Baker era tipo o farmacêutico amador mais experiente que eu já tinha visto, então eu confiava completamente nele quanto às doses, a qualidade e tudo mais, e não conseguia acreditar no que tinha acontecido'", recordou-se Joseph. Ele e sua mãe queriam conversar com Williams porque era quem estava com Saunders no final. Joseph descreveu Williams como "um moleque desorientado" que pode ter "idolatrado" Saunders como músico.

Um memorial foi realizado em Seattle, com a presença de duzentas a trezentas pessoas. Representando a família estavam seu irmão, sua mãe e seu padrasto. Joseph foi quem discursou primeiro, seguido de Mike McCready, que escreveu um artigo para a *The Rocket* em memória de seu amigo[6]. Dan Gallagher falou em seguida. Barrett Martin falou por último. Segundo Gallagher, Martin lamentou o fim do Mad Season em seu discurso. Layne não compareceu à cerimônia.

O corpo de Saunders foi cremado e suas cinzas enterradas no Crown Hill Cemetery, localizado a alguns quarteirões da casa onde ele passara os últimos anos de sua vida. "Um cemitério bem minúsculo e discreto, que acho que ele tinha comentado com a mãe que gostava... Ele costumava ir até lá sozinho para relaxar", explicou Dan Gallagher.

Na tumba, há uma série de pequenas placas que listam os nomes e as datas de nascimento e morte de todas as pessoas cujos restos estão contidos ali. Na metade da coluna do lado direito, uma placa diz: BAKER SAUNDERS 1954–1999, com uma clave de fá ao lado do ano de nascimento.

CAPÍTULO 24

Layne ainda estava no interior daquela casca. O humor e a inteligência dele estavam ali.
— Jimmy Shoaf

Em abril de 1997, uma entidade conhecida como Larusta Trust comprou um apartamento de 450 m² e três quartos no quinto andar de um prédio no University District, em Seattle, por US$ 262 mil. Uma análise das escrituras, em referência cruzada com os créditos dos álbuns e outros registros públicos do Alice in Chains, mostra que o Larusta Trust compartilhava o mesmo endereço, em Bellevue, do VWC Management, firma de gerenciamento de negócios e contabilidade que teve o Alice in Chains entre seus clientes. O nome Larusta vem de John Larusta, pseudônimo que Layne usava na época, segundo Ken Elmer. A propriedade foi adquirida por meio desse mecanismo, presumivelmente para manter o nome de Layne fora dos registros públicos relacionados à transação. O apartamento seria o lar de Layne pelos seus cinco últimos anos de vida[1].

Depois que Layne se mudou para lá, Toby Wright montou um home studio para ele. Wright descreveu o sistema: "Ele tinha uma pequena mesa Alesis lá. Montei canais de guitarra. Uns dois canais de vocal, e acho que havia um canal de teclado também, e várias outras coisas, de modo que ele pudesse apenas entrar lá, apertar um botão e gravar... Ele tinha uma pequena bateria eletrônica e outros equipamentos para gravar demos".

Jerry aparentemente confirmou a existência de gravações solo ou demos de Layne durante uma entrevista de 2009, na qual disse: "Eu ia até a casa dele e ele me mostrava algumas coisas, ele compunha o tempo todo. Eu também. Ele tocava as coisas dele para mim, e eu tocava as minhas para ele". Ele não especificou quando foi que ouviu essas gravações, se elas eram do período em que o Alice in Chains ainda estava em atividade, ou se eram dos últimos anos de Layne. Na mesma entrevista, Jerry disse ainda que não há mais gravações do Alice in Chains com os vocais de Layne ainda não lançadas, embora Sean não tenha eliminado por completo essa possibilidade. "Se há, não é nada que gostaríamos, ou que ele gostaria que fosse lançado"[2].

Jamie, Jim e Ken Elmer não têm conhecimento de nenhuma demo solo que Layne possa ter gravado em seus anos finais, embora ele tivesse os meios para fazê-lo. A única pessoa que saberia ao certo é sua mãe, que se recusou a ser entrevistada para este livro. Layne fez pelo menos uma gravação confirmada como convidado nesse período. Seu amigo Jesse Holt – conhecido como Maxi quando era vocalista e guitarrista do Second Coming – estava trabalhando em um novo projeto chamado Despisely Brothers – o nome provavelmente uma brincadeira com o do grupo de rhythm & blues The Isley Brothers. Layne regravou sua participação vocal no refrão da música "The Things You Do", musicalmente diferente de uma versão anterior que ele gravara com Ron Holt em 1988.

Há pelo menos duas versões gravadas dessa música, a primeira datada da primavera ou do verão de 1996 e a segunda, de 3 de novembro de 1997. Em termos de música e letra, essas duas versões são iguais. Estilisticamente, o vocal de Layne soa muito diferente de todos os seus trabalhos anteriores. A diferença é que, na versão de 1997, ele soa indiferente, não se ouve potência nem sentimento em sua performance. Jason Buttino, que tem gravações das duas versões, atribui a mudança ao fato de que a segunda foi gravada mais de um ano depois da morte de Demri. Buttino disse ainda que Jesse Holt – que se recusou a ser entrevistado para este livro – teve de subir o volume do vocal de Layne em 1997, porque sua voz estava muito suave e silenciosa[3].

O Soundgarden se separou na primavera de 1997, em meio a tensões crescentes. A banda fez o que seria seu último show até então em 9 de fevereiro, em Honolulu. Chris Cornell decidiu sair pouco depois. A Susan Silver Management e a A&M Records publicaram uma declaração conjunta anunciando o rompimento da banda[4].

Em outubro de 1997, segundo uma reportagem do *Seattle Times*, Susan foi palestrante num debate sobre gerenciamento de rock na North by Northwest Music and Media Conference. Susan respondeu à pergunta se seu gênero já tinha atravancado seu progresso profissional dizendo: "Isso nem passou pela minha esfera da realidade". A reportagem nota ainda que "ela deu a entender, com um suspiro, que o Alice estava prestes a 'se autodestruir'"[5].

Naquele outono, Susan anunciou que estava fechando sua firma. A notícia foi mencionada na seção Lip Service da *The Rocket*, que fez ainda o seguinte comentário sarcástico: "Fontes de dentro da companhia informam que Silver vai fechar a lojinha no final de dezembro. É claro que o Soundgarden não precisa mais de uma empresária, mas e agora, quem vai limpar e trocar as fraldas do Alice in Chains?"[6].

Algum tempo depois da publicação dessa edição, a revista recebeu um pacote contendo uma jarra com urina e uma sacola com fezes. Junto, um bilhete que dizia: "Limpem e troquem isso aqui, filhos da puta!". Presume-se que foi enviado por Layne[7].

A Susan Silver Management organizou uma festa de Natal naquele ano, que aconteceu num bar no U District. Randy Biro foi à festa, acompanhado de seu ex-colega de quarto Kevin Shuss, que trabalhou com o Alice in Chains e o Pearl Jam ao longo dos anos.

"Ei, o Layne quer te ver", Shuss disse a Biro na festa.

"Legal, onde está ele?".

"Bem atrás de você".

Biro virou-se para trás. "Olho para além de um cara muito esquelético e de aparência detonada, tentando ver onde estava Layne, e ele era o Layne. Me senti muito mal".

"Ele estava com um boné de baseball. Estava com óculos na ponta no nariz e só tinha alguns dentes. De cara, fiquei chocado. Parecia a morte. Dava nojo". Jim Elmer não sabe exatamente quando Layne começou a perder os dentes, mas acredita que foi entre 1995 ou 1996, e disse que foi um processo gradual.

Layne convidou Biro para conhecer seu apartamento, que ficava no mesmo quarteirão do bar. Ele descreveu Layne como muito orgulhoso do novo lar. Layne tinha uma enorme TV de projeção traseira. "Aquela porra era enorme. Eu nunca tinha visto uma TV tão grande. Ele tinha conseguido por meio da gravadora, de algum modo, e tudo o que fazia o dia inteiro era ficar lá sentado se drogando e jogando videogames".

Biro, que estava limpo, perguntou: "Uau, você tem alguma coisa?" – se referindo a drogas.

"Sim, mas não vou te dar".

"Por que não?".

"Porque você está limpo. Não vou tomar parte nisso. Se você precisa usar drogas, vai fazer isso em outro lugar. Não quero ter a ver com isso. Não quero que você acabe como eu novamente". Foi a última vez que Biro o viu.

Com o Alice in Chains em hiato, Jerry contatou Toby Wright. "Ele vinha compilando músicas há algum tempo, e me ligou perguntando se eu o ajudaria com um disco solo, o que fiz de bom grado", disse Wright.

Jerry convidou Sean para tocar bateria e uma série de outros músicos para as gravações, incluindo Mike Inez, Norwood Fisher, do Fishbone, Rex Brown, do Pantera, e Les Claypool, do Primus[8]. Três dos quatro membros do Alice in Chains faziam parte do álbum, com a exceção de Layne. "Àquela altura, eles não estavam de fato se falando, por alguma razão. Havia algo acontecendo. Não sei a causa, nem o porquê", foi a explicação de Wright sobre se Jerry tentou ou não chamar Layne para participar. Ele disse ainda que havia mais pressão sobre Jerry, porque, além de ser o principal compositor e guitarrista, ele tinha de cantar.

O álbum foi intitulado *Boggy Depot* – uma referência à região de Oklahoma onde o pai de Jerry cresceu. Rocky Schenck, Mary Mauer e uma equipe viajaram para Atoka, Oklahoma, em 7 de setembro de 1997, para fazer as fotos para o álbum. "Uma ótima viagem, apesar de todos nós quase termos sido presos por entrar com bebida alcoólica escondida num restaurante num local em que havia lei seca em vigência", escreveu Schenck. A capa mostra Jerry coberto de lama, mergulhado até a cintura num braço do Rio Boggy. Jerry fez várias viagens a Oklahoma enquanto compunha o álbum e dirigia sua caminhonete até a beira do rio, no local onde a foto da capa foi tirada[9].

Jerry enviou a Rex Brown uma fita com onze músicas nas quais ele gostaria que Brown tocasse. Ele concordou, enxergando uma oportunidade de expandir seus horizontes e também de se afastar de alguns dos problemas do Pantera. Foi até Sausalito, Califórnia, para gravar suas partes. Segundo o livro de memórias de Brown, ele estava entrando em conflito com Toby Wright durante a produção do álbum. Brown notou ainda que Jerry estava lidando com seu próprio vício. "Digamos que eu passava na frente da casa dele de tempos em tempos e via o cachorro acorrentado sem comida na tigela por malditos três dias, o que indicava que algo bem errado estava rolando"[10], disse ele.

Quando o álbum foi concluído, disse Wright, "muita ansiedade tinha sido acumulada durante as gravações, quanto ao resultado, ao sucesso que teria, às expectativas, esse tipo de coisa. E acho que, uma vez que o disco estava pronto e mixado e Jerry aprovou tudo, foi um grande alívio para ele". O lançamento, programado originalmente para outubro de 1997, foi adiado para a primavera seguinte[11].

Boggy Depot foi lançado em 7 de abril de 1998 e chegou à 28ª posição na parada da *Billboard* na primeira semana[12]. Depois do lançamento, Jerry deixou claro que o Alice in Chains era sua prioridade, mas que ele não daria uma resposta definitiva sobre o status da banda naquele momento. "É algo que eu nunca realmente quis fazer, mas, pelo modo como as coisas se desenrolaram, foi tipo, por que não?", disse ele à *Guitar World* sobre a decisão de fazer um disco solo. "Para ser sincero, eu ficaria contente em ser só o guitarrista e cantor no Alice in Chains. Sempre foi o meu primeiro amor e sempre será, mas, na situação atual... estamos juntos há muito tempo, e agora meio que se esgotou. É tempo de se deixar estar". Questionado se a banda tinha se separado, ele disse: "Não fomos a público e dissemos que nos separamos, porque como é que você diz que algo como essa banda simplesmente acabou? Não queremos fechar essa porta. Eu amo aqueles caras e tenho a esperança de que seremos capazes de fazer algo de novo, mas só daqui a algum tempo". Ele se recusou a responder perguntas sobre a saúde de Layne[13].

Rocky Schenck dirigiu o videoclipe de "My Song", filmado em locação em Los Angeles nos dias 6 e 7 de junho de 1998. "Consigo me lembrar que a gravadora ficou muito aborrecida comigo quanto ao conceito e me disse que 'nunca passaria na MTV'", escreveu Schenck. Jerry apoiou o diretor durante todo o projeto, e o clipe foi filmado como planejado. Há uma segunda versão dele, que é "um pouco mais ousada" do que a versão editada que foi ao ar na MTV[14].

Para divulgar o álbum, Jerry montou uma banda que consistia em Sean, Chris DeGarmo, ex-guitarrista do Queensrÿche, o baixista Nick Rhinehart, do Old Lady Litterbug, e Chris Dowd, ex-tecladista do Fishbone. O grupo conseguiu o posto de abertura para o Metallica numa turnê pelos EUA, que foi de junho a setembro de 1998[15]. Jerry frequentemente encerrava os shows com covers de "Brain Damage" e "Eclipse", do Pink Floyd, as duas últimas músicas de *The Dark Side of the Moon*[16].

Em agosto de 1998, Dave Jerden, Bryan Carlstrom e Annette Cisneros estavam trabalhando no álbum *Americana*, do Offspring, no estúdio de Jerden, o El Dorado. Jerden recebeu um telefonema: o Alice in Chains queria gravar duas músicas novas com Layne para *Music Bank*, o box set que estava por vir. Exceto por Mike Inez, seria uma reunião da banda e da equipe de produção que fizera *Dirt*, seis anos antes.

Como o Offspring tinha o estúdio reservado e estava com todo o equipamento ajustado, o único momento em que o Alice in Chains poderia gravar era o final de semana de 22 e 23 de agosto. O Offspring concordou em deixar o Alice in Chains usar o estúdio. O fato de ambas as bandas serem contratadas da Columbia Records provavelmente ajudou que isso acontecesse. Jerden não precisou quebrar a cabeça. "Temos de fazer isso", disse ele a seu engenheiro de som, Bryan Carlstrom. Carlstrom estava cansado devido às muitas horas de trabalho, e inicialmente não queria participar, até que Jerden o convenceu do contrário. "Eu basicamente disse a ele: 'Você tem de fazer isso'. Foi a única vez na vida que eu disse isso a Bryan".

Jerden tinha a impressão de que a banda ficaria no estúdio o final de semana inteiro, baseado no que ouvira de seu agente, que tinha conversado com Susan. Seu plano era gravar uma música em cada dia – bases, *overdubs* e mixagem. Como Carlstrom estava esgotado, Jerden estava preparado para mixar as músicas ele mesmo.

Na manhã de sábado, 22 de agosto, Cisneros, a engenheira de som assistente, e Elan Trujillo, assistente do estúdio, documentaram detalhadamente todos os volumes e regulagens dos equipamentos do Offspring e do equipamento da técnica antes de desmontarem tudo e prepararem para o Alice in Chains. Trujillo estava empolgado. Ele tinha se mudado de volta para Los Angeles especificamente para trabalhar com Jerden, em grande parte por causa do trabalho do produtor com o Jane's Addiction e o Alice in Chains. Dois anos depois, tinha a oportunidade de trabalhar com o Alice in Chains. "Tive de me conter o melhor que pude, porque eu estava surtando. Eu era um moleque e uma das minhas bandas favoritas de todos os tempos estava prestes a entrar no estúdio. Tipo, vou ter a oportunidade de trabalhar com esses caras? É isso aí! Aquilo foi a culminação de tudo o que planejei", disse Trujillo, o entusiasmo ainda evidente em sua voz mesmo depois de muitos anos.

Às dez da manhã a equipe de produção já estava pronta para trabalhar. O técnico de bateria de Sean, Jimmy Shoaf, e o técnico de guitarra de Jerry, Darrell Peters, foram os primeiros a chegar e montaram todo o equipamento. Este dia também calhava de ser o trigésimo primeiro aniversário de Layne. Quando Trujillo descobriu, disse a Cisneros que deveriam dar um bolo para ele. Ela concordou e deu a Trujillo dinheiro para comprar um bolo e velas.

Jerry, Sean e Mike chegaram no final da manhã ou começo da tarde. Sean concluiu suas partes em cerca de quatro *takes*, recordou-se Shoaf. Mike gravou as linhas de baixo e então Jerry gravou as guitarras base e alguns *overdubs*. Cisneros estava com sua câmera e tirou várias fotos durante a sessão.

Havia um clima de empolgação antes da chegada de Layne. Os relatos variam quanto ao horário exato em que ele chegou ao estúdio, mas foi tarde – é possível que tenha sido às 3h da madrugada, de acordo com Jerden. Quando ele enfim chegou, a mudança em sua aparência foi chocante até mesmo em relação a suas últimas apresentações ao vivo, dois anos antes, e mais ainda em relação a 1992, quando Jerden, Carlstrom e Cisneros o tinham visto pela última vez. Tinha deixado o cabelo crescer para além dos ombros, na cor natural, um loiro acastanhado. Usava um boné branco e óculos. Vestia uma camisa cinza escuro e um casaco azul dos Dallas Cowboys. Em torno do pescoço, trazia um colar ou corrente com o que parecia ser um cachimbo pendurado. Carregava, ainda, uma bolsa de couro preta[17].

"Quando Layne apareceu no estúdio, eu não o reconheci. Ele parecia um homem de oitenta anos. Estava sem dentes. Fiquei chocado, para dizer o mínimo", recordou-se Carlstrom.

Trujillo teve uma reação similar. "Quando Layne chegou, todos nós ficamos muito chocados, porque ele definitivamente não tinha a mesma aparência de antes. Era óbvio que ele tinha sido muito afetado pelo abuso de drogas àquela altura, porque tinha atrofia nas pernas. Parecia um velho. Estava sem dentes. Foi muito triste, eu fiquei com muita pena". Embora o vocalista estivesse "obviamente chapado", Jimmy Shoaf disse que ainda havia lampejos do Layne de antigamente. "Acho que a primeira coisa que ele fez foi apertar a minha bunda. Layne ainda estava no interior daquela casca. O humor e a inteligência dele ainda estavam ali".

Trujillo notou ainda como Layne aparentava estar viajando e, segundos depois, mostrava-se focado. Fizeram um pedido de batatas assadas, e algumas pessoas no estúdio quiseram manteiga. Trujillo colocou a manteiga no micro-ondas para descongelar, quando Layne, que estava sentado na cozinha aparentemente sem prestar atenção, disse a ele: "É melhor tomar cuidado, cara. Essa manteiga está no papel alumínio. Isso é perigoso no micro-ondas". Layne também conversou com Trujillo sobre videogames – havia um Sony PlayStation no lounge do estúdio, e Layne deu dicas a ele de como avançar em certos jogos.

Levaram Layne a uma técnica, onde ele poderia ouvir as bases e trabalhar nas letras. Trujillo recebeu a tarefa de ficar de olho nele e ajudá-lo. Pouco depois, Layne foi até o banheiro e ficou lá por muito tempo. Quando enfim voltou à técnica, encontrou o frigobar estocado com refrigerantes. Pegou uma garrafa de refrigerante. Cisneros e Trujillo o encontraram sentado num sofá na técnica, apagado, com o refrigerante derramado no chão. Trujillo limpou a sujeira.

Ron Welty, o baterista do Offspring, tinha instalado uma bateria eletrônica na técnica, para que pudesse praticar ou trabalhar suas partes. Era um kit pequeno que podia ser programado com diferentes efeitos sonoros a partir de um banco de memória. Layne começou a brincar com a bateria. Trujillo mostrou a ele como mudar e programar os diferentes sons. Layne foi à loucura quando descobriu que podia programar efeitos de desenhos animados nos diferentes *pads* do kit.

"Foi disso que ele gostou de fato – os sons de desenho animado", disse Trujillo. "Ele se divertiu horrores com aquilo. Ficou passando os bancos de sons da memória da bateria eletrônica, testando todos. Adorou aquela porra. Ele dizia: 'Isso é demais. Quero uma dessas. De onde vem isso?'". Os outros membros do Alice in Chains e equipe assistiam isso, felizes em ver Layne alegre e se divertindo. Pouco depois, trouxeram o bolo, cantaram parabéns e deram a ele um cartão de aniversário assinado por todos. Cisneros tirou uma foto de Layne na bateria eletrônica quando ele estava prestes a assoprar as velas.

Enquanto brincava, Layne não deu sinal nenhum de que estava pronto para trabalhar. Por fim, disse que queria fazer tudo – escrever as letras e gravar os vocais – naquela noite. Àquela altura, já eram quase cinco da manhã e todos estavam exaustos, alguns dos presentes estavam no estúdio havia quase vinte e quatro horas. Jerden, com a impressão de que eles ainda tinham o dia seguinte para trabalhar, se reuniu com a banda e decidiu encerrar a noite, dizendo a eles que Carlstrom estava cansado e que eles voltassem no domingo para terminar.

A essa altura, Layne disse que tinha de voltar para Seattle para ir ao casamento da irmã, mas Jerry o interrompeu laconicamente. Segundo Jerden, ele disse: "Laaaaaayne", num tom de voz exasperado. "[Então] Layne se transformou num garotinho que tinha sido repreendido severamente pelos pais. Provavelmente não era nada de mais, mas posso dizer que foi uma das coisas mais estranhas que já vi, como Jerry já não tolerava mais os melindres de Layne, e Layne, que tinha uma personalidade tão forte, tinha se transformado completamente num nada".

"Ele não estava chorando, mas parecia que estava prestes a chorar. Ele se transformou num menino de quatro anos", explicou Jerden. "Layne agiu como se estivesse aterrorizado, com medo de Jerry. Ele simplesmente congelou. Não me lembro dele dizer mais nada naquela noite. Jerry tinha me entendido totalmente. Ele estava de acordo com o fato de que tínhamos de fazer uma pausa, e não discutiu nada comigo. Jerry não discordou, o resto da banda não discordou. Jerry sabia que eu estava avisado que teria Layne disponível até domingo – e Layne vem com aquele papo furado, do nada, de que tinha que ir a um casamento?".

"Então eu estourei, e disse a Layne: 'Escuta, eu não estou aqui para ser seu amigo. Tenho trabalho a fazer'", disse Jerden. Trujillo acha que Layne pode ter pensado que Jerden estava furioso com ele, possivelmente por conta das lembranças das sessões de *Dirt*, quando Jerden o confrontou quanto a seu uso de drogas.

Jerden estava cético, achando que Layne estava usando o casamento como desculpa para voltar a Seattle para conseguir drogas. Quaisquer que fossem suas intenções, há evidências de que o ceticismo de Jerden fazia sentido. Segundo registros públicos de um cartório do Condado de King, Liz Elmer e seu noivo, Greg Coats, pediram uma licença de casamento em 26 de maio de 1998, se casaram no dia 1º de junho e registraram a certidão de casamento em 11 de junho – mais de dois meses antes daquela sessão de gravação. Segundo a outra irmã de Layne, Jamie Elmer, "eles se casaram só com um juiz de paz, acompanhados de seus dois melhores amigos. Ninguém mais esteve presente".

"Vi fotos da minha irmã e do marido dela, Greg, no tribunal com a melhor amiga dela e um amigo de Greg. Mas só os quatro, e tenho toda certeza de que Layne não estava lá". Houve uma festa de casamento em meados de junho, à qual "Layne pode muito bem ter planejado ir, mas não foi, porque às vezes era o que acontecia. Então, para crédito dele, ele pode ter definitivamente tentado ir a uma festa de casamento, ou ter feito planos para tanto. Mas não me lembro dele lá". Jim Elmer, Ken Elmer e Kathleen Austin foram à festa. Os três disseram que Layne não estava lá.

Nesse momento, os integrantes da banda foram embora. Jerden tentou agendar um estúdio em Seattle, para a conveniência de Layne, para a gravação dos vocais, mas a essa altura Layne não queria mais trabalhar com ele. Susan ficou furiosa. "Susan Silver me ligou revoltada pra caralho. Disse que eu devia minha carreira ao Alice in Chains, o que é uma completa besteira. Trabalhei com muita gente famosa antes deles. Produzi muitos discos de sucesso antes do deles", recordou-se Jerden. A *Rolling Stone* ficou sabendo desse episódio e publicou uma matéria a respeito[18].

Toby Wright recebeu um telefonema de Layne e Kevan Wilkins, perguntando-lhe se ele estaria disposto a concluir o projeto. Wright reservou o Robert Lang Studios para gravar os vocais e mixá-los com o material gravado com Jerden. "Àquela altura, Jerry e Layne não estavam se dando nada bem. Então um deles vinha ao estúdio, e o outro só vinha depois que o primeiro terminava. Aquelas duas músicas precisaram de muita edição no ProTools. Foi uma das primeiras vezes que o Alice in Chains precisou de ProTools. Porque Layne gravava algo e ia para casa; Jerry então vinha e eu mudava a pedido dele, e ele ia para casa. Layne então voltava, ouvia o que tínhamos feito e mudava de novo. Então houve muita manipulação digital", disse Wright. Foi difícil gravar os vocais de Layne por causa da perda de seus dentes, que resultara num sibilar que afetava sua fala e sua habilidade de cantar. Consequentemente, tentaram evitar letras que acentuavam esse ceceio. "Foi meio difícil fazer isso, porque aparece por todas aquelas músicas. Porém, para mim foi fácil, porque Layne e eu nos dávamos muito bem. Então, não tive problema algum com ele. Foi só questão de colocá-lo no estúdio e deixá-lo ser criativo".

"Get Born Again" e "Died" foram as últimas músicas que Layne gravou com o Alice in Chains.

No final do verão ou início do outono de 1998, o compositor e produtor Matt Serletic e o guitarrista do Rage Against the Machine, Tom Morello, estavam montando um supergrupo chamado Class of '99 para gravar um cover de "Another Brick in the Wall", do Pink Floyd, para o filme de ficção científica e terror *The Faculty* (no Brasil, *Prova Final*), do diretor Robert Rodriguez. "Meu pensamento era: como pegar uma música tão essencialmente inglesa – da produção ao coral de crianças inglesas, a tudo na música, aquela coisa sombria inglesa – e fazer algo como uma versão americana soturna dela?", disse Serletic.

Decidiram que queriam Martyn LeNoble (Porno for Pyros) no baixo e Stephen Perkins (Jane's Addiction) na bateria, com Serletic nos teclados. Os quatro músicos se reuniram no Conway Studios, em Los Angeles, para gravar suas partes. O *frontman* do Nine Inch Nails, Trent Reznor, auxiliou com parte das programações dos teclados. A Sony enviou uma equipe ao estúdio para filmar a gravação da música. Até onde Serletic sabia na época, as imagens seriam para um documentário sobre a produção da música, mas elas seriam, por fim, usadas para um videoclipe.

Eles ainda não tinham um cantor, e Morello e Serletic se perguntavam: "Quem poderia cantar isso?". Alguns nomes foram discutidos, incluindo Zack de la Rocha, do Rage Against the Machine. "Que tal Layne Staley?".

Serletic não se lembra quem exatamente propôs Layne, mas acha que pode ter sido Morello. Todos na banda eram fãs dele e, nas palavras of Serletic, "foi um *sim* instantâneo, se ele estivesse a fim e pudesse participar".

O produtor contatou a Sony Records para agir como intermediária e passar a proposta a Layne. Serletic enfim ouviu que Layne queria participar. A essa altura, a banda estava correndo contra o relógio e tinha apenas cerca de três dias para finalizar a música, para a qual ainda faltavam os vocais de Layne e o coro de crianças. Serletic foi até Seattle para gravar Layne numa sexta-feira, acompanhado de um engenheiro de som e de um editor de ProTools. Layne deveria chegar ao estúdio às nove horas – deveria. Serletic acredita que já era por volta da uma da madrugada quando ele finalmente apareceu, trazido por Todd Shuss, um dos empregados de Susan.

"Até então eu não conhecia Layne. Não sabia o que esperar, mas ele parecia judiado", recordou-se Serletic. "Àquela altura, ele tinha perdido a maioria dos dentes. Era incrivelmente tímido. Vê-lo foi meio que um choque".

Susan também ficou impressionada com a mudança na aparência de Layne. "Eu não o via talvez desde quando fui a seu apartamento contar a ele que sua namorada tinha morrido", recordou-se ela, anos depois. "Eu quase não o reconheceria. Ele parecia diferente – não se parecia mais com ele mesmo. Mas tinha a mesma inteligência brilhante. Eu olhava para ele e pensava: '*Meu Deus, ele mudou muito fisicamente*', mas era a mesma pessoa doce e engraçada – citando falas bobas dos programas de TV da Nick at Nite"[19].

Segundo Serletic, "ele vai para o lounge, no andar de cima, com um saco de cheeseburgers do McDonald's. Fica lá sentado num canto, muito tímido. Eu digo olá, ele continua comendo os cheeseburgers. Não conversa muito, basicamente fica lá sentado por duas horas. Então, lá pelas duas ou três da manhã, algo assim, ele finalmente sai do casulo depois que converso um pouco com ele. Conversamos apenas amenidades. '*Oh, meu Deus, ele é um grande vocalista. Estou animado em trabalhar com ele*', penso, qualquer coisa para que ele se sinta confortável".

Layne não queria mais ninguém por perto para a gravação. O que complicava as coisas, da perspectiva dele, segundo Serletic, era que aquela era uma das primeiras vezes que ele trabalharia com pessoas com quem nunca tinha trabalhado antes. Serletic e sua equipe tentaram tornar a sessão a mais confortável possível para ele, que finalmente desceu para cantar, às três ou quatro da manhã. Serletic pediu para seu engenheiro de som se esconder sob a mesa para operar os volumes do pré-amplificador e do microfone enquanto ele operava o ProTools, "para tornar a experiência mais direta e cara a cara, de modo que Layne não sentisse que estava sendo observado e julgado".

Serletic disse ainda: "Você só sabe o que sabe sobre a voz que lhe é tão familiar a partir do rádio, dos álbuns e coisa e tal. A voz ainda estava lá, mas, em especial no início, estava muito frágil, quase um sussurro, um fantasma dele mesmo. Ganhou força quando ele se sentiu confortável com a faixa e acertou a mixagem em seu fone de ouvido".

Como era a marca registrada de Layne, seus vocais foram sobrepostos. "Fizemos sobreposições; colocamos as harmonias por baixo. Quando você começa a fazer aquelas harmonias, é aí que realmente começa a emergir aquela grande sonoridade do Alice in Chains", disse Serletic. Demorou um pouco até que Layne aquecesse a voz, mas, uma vez pronto, ele acertou em cheio seus *takes*. "Assim que ele superou isso, tomou o controle. Não precisei orientá-lo. Ele mesmo dizia: 'Ei, deixe-me dobrar', 'OK, vou tentar uma harmonia agora'. Ele sabia como gostava de abordar os vocais, e ainda estava consciente o bastante para ser profissional".

O sibilar de Layne estava aparente, então Serletic teve de refazer parte dos vocais, especialmente onde havia a pronúncia da letra s. "Acho que mesmo no *take* final tivemos de remover os s em alguns trechos, para que não saltassem na faixa". Acabaram por volta das 4h30 da manhã. "Ele parecia bem empolgado com a música. Tinha saído discretamente de sua zona de conforto. Gostou da faixa. Parecia animado em fazer parte dela. É triste dizer, mas ele foi pago para fazer a gravação, então pode ter havido certo interesse financeiro também. Mas acho que ele gostou de verdade, pelo que pude perceber quando terminamos", disse Serletic. Para as cenas de Layne no videoclipe, a Sony/Columbia usou imagens de arquivo de *Live at the Moore*, do Mad Season.

Assim que a sessão terminou, Serletic foi direto para o aeroporto, porque o coro infantil seria gravado em Los Angeles dali a algumas horas. No caminho, ligou para Don Ienner, presidente da Columbia Records, e disse a ele: "Vocês têm de ajudar o cara". Nas palavras de Serletic, "dava para notar que ele não estava nada bem".

Segundo Serletic, a resposta de Ienner foi: "'Nós tentamos. De verdade. Nós já o mandamos várias vezes para reabilitação, num avião particular'. Sempre vou me lembrar disso, ele me disse algo como: 'Não se pode ajudar as pessoas se elas mesmas não querem se ajudar'".

Em retrospecto, Serletic disse: "Acho que há um quê fantasmagórico no vocal final gravado por Layne que, por si só, já é muito assombroso e comovente. Do ponto de vista da produção, ele era um cara que tinha perdido todos os dentes; não estava nada bem. Foi muito triste".

Anos depois, respondendo a uma pergunta sobre como foi trabalhar com Layne no Class of '99, Morello postou no Twitter: "Em grande parte, triste. Ele não estava bem, que Deus o tenha". Há duas coisas dignas de nota quanto à sessão: primeiro, foi provavelmente a última gravação de Layne em estúdio – não está claro qual aconteceu primeiro, esta ou as de *Music Bank*; segundo, foi a última vez que Susan o viu[20].

Depois da turnê com o Metallica, Jerry agendou uma turnê pelos EUA como *headliner* ao longo do mês de outubro, que encerraria com um show de Halloween em casa, no Showbox, em Seattle[21]. Layne foi ao show, mas se manteve discreto. Segundo Jimmy Shoaf, Layne assistiu ao show do *backstage* e, talvez, da plateia. Ele não cantou. Durante a festa pós-show, Layne, Shoaf e uma terceira pessoa posaram para uma foto, que apareceu na internet vários anos depois. É uma das últimas fotos de Layne de que se tem conhecimento. Essa noite foi a última vez que Shoaf o viu[22].

Em 19 de julho de 1999, Jerry, Sean e Mike tinham marcada uma participação ao vivo em rede nacional do programa de rádio *Rockline*, para promover uma coletânea e um box set da banda. Jerry e Mike estavam no estúdio, ao passo que Sean participava por telefone, de Albany, Nova York. Porém, uma surpresa aconteceu quase na metade do programa. Layne, que estava ouvindo de casa, ligou para a emissora e participou até o final.

Quando foram questionados sobre a possibilidade de a banda se reagrupar para gravar material novo além daquelas duas músicas, houve uma certa desconexão. Jerry disse: "Nós avisaremos vocês". Layne respondeu sem hesitar: "OK".

"Layne, qual é a sua posição quanto a isso? Você está pronto para gravar?", perguntou o apresentador, Bob Coburn.

"Claro, eu gravaria a qualquer momento".

Um ouvinte disse: "Quero saber quem é Alice e se ela gosta de estar acorrentada".

Jerry passou a bola para Layne, apontando que ele nunca tinha respondido a essa questão. "A história é basicamente a seguinte, um bando de caras bêbados tinham planos de começar uma banda de death metal vestidos de mulher. A banda nunca foi formada, então eu peguei o nome", disse Layne. Não há evidências de que Layne tenha feito plano algum de montar uma banda de death metal com ninguém, segundo seus ex-colegas de Alice 'N Chains Johnny Bacolas e James Bergstrom. "Não, nós nunca íamos formar uma banda de death metal. Provavelmente ele estava só tentando soar *cool*, ao invés de dizer que era [originalmente] de uma banda glam", escreveu Bacolas num e-mail. Há evidências fotográficas de pelo menos um show do início do Alice in Chains em que os quatro integrantes subiram ao palco vestidos com o que Mike Starr descreveu como "vestidos dos anos 70 de mau gosto"[23]. Só Layne saberia como e por que ele transformou isso tudo numa história sobre uma banda de death metal travestida.

O senso de humor de Layne estava a todo vapor. Uma ouvinte perguntou: "De todos os seus CDs e músicas, qual cada um de vocês considera o trabalho mais bem sucedido?".

"Não, *baby*", interveio Layne. "O que *você* considera meu trabalho mais bem sucedido?". Os outros membros da banda e o apresentador Bob Coburn caíram na gargalhada[24]. Essa foi a última entrevista de Layne.

Em algum momento no final dos anos 1990 ou começo dos 2000, Layne fez uma rara aparição social numa festa na casa de Ann Wilson. No livro de memórias das irmãs Wilson, *Kicking and Dreaming*, ela escreveu: "Ele ainda não era recluso como se tornaria no meses que antecederam sua morte em 2002, mas vê-lo em público já era raro o bastante para que a presença dele se tornasse o assunto da festa".

Depois que os outros convidados foram embora, só sobraram Layne e Wilson, que decidiu dar um mergulho. Layne foi com ela até a piscina, mas não entrou.

Sentou-se numa cadeira, observando o céu e bebendo uma cerveja enquanto Wilson nadava. Disse a ela que, quando criança, foi um exímio nadador. "Eu adorava mergulhar", contou-lhe, acrescentando que era todo um "mundo diferente".

"De repente, um enorme meteoro passou sobre nós", escreveu Wilson. "Parecia um pedaço iluminado de carvão ardente e, por um segundo, iluminou o rosto de Layne. Ele parecia jovem de novo, como uma criança que não amava nada mais do que mergulhar na água. Naquele momento, não havia nada sombrio na vida dele".

"Você viu isso?", perguntou Layne, muito animado, segundo a lembrança de Wilson. "O quanto você acha que ele estava perto da gente, Ann? Você acha que ele quase nos atingiu, Ann? Quanta sorte nós temos de ter visto isso?".

"Foi *muito* lindo", disse Wilson.

"Você tem ideia... de como é raro um meteoro desse tamanho, e tão brilhante, passar tão perto assim de nós? Nós *temos* muita, muita sorte, Ann. Você e eu".

Essa foi a última vez que ela viu Layne[25].

Ao final de 1999, Susan estava no que ela chamou de "meu próprio inferno particular" ao lidar com o vício de seu marido. Ela também estava fazendo tratamentos para fertilidade e enfim conseguiu engravidar. Jerry estava com novos empresários e lidava com seus próprios problemas de vício nessa época. Durante esse período de inatividade, chegou um marco na vida de Susan. Em 28 de junho de 2000, ela deu à luz Lillian Jean Cornell, a primeira e única filha do casal[26].

Cerca de uma semana depois do fim da turnê de *Boggy Depot*, Jerry começou a compor material para um próximo álbum. "Em 98, me tranquei em casa, fiquei muito louco e escrevi 25 músicas. Eu raramente tomava banho durante esse período de composição, mandava irem buscar comida para mim, eu realmente não saí de casa por três ou quatro meses. Foi uma experiência infernal e tanto", disse Jerry em sua biografia oficial para a Roadrunner Records[27].

Degradation Trip foi concebido originalmente como um álbum duplo, potencialmente triplo, chegando a trinta músicas – Jerry tinha ganhado *All Things Must Pass*, o álbum triplo de George Harrison[28]. Ele montou uma banda de apoio que consistia no ex-baixista do Suicidal Tendencies, Rob Trujillo, e o ex-baterista do Faith No More, Mike Bordin. Na época, os dois formavam a cozinha da banda de Ozzy Osbourne.

Pouco mais de um ano depois da sessão de gravação para *Music Bank*, Jerry decidiu trabalhar com Jerden de novo em *Degradation Trip*. Segundo Jerden, Jerry e a banda chegaram ao estúdio, ajustaram os equipamentos e testaram os volumes no primeiro dia. A essa altura, já estava ficando tarde, e Jerden disse: "Vamos voltar amanhã. Chegamos cedo e começamos a gravar". Quando Jerden voltou ao estúdio, na manhã seguinte, a banda ainda estava lá e tinha varado a noite gravando pelo menos dezessete músicas.

"Que porra é essa, Jerry?".

Jerry tocou algumas das gravações para Jerden, que não gostou do que ouviu. "Era horrível. Estava tudo fora do tempo, e as músicas duravam sei lá quanto, de tão longas. Pareciam *jam sessions* muito ruins", disse ele. "Precisamos fazer isso direito. Nós já trabalhamos juntos antes".

"Não, eu gosto do jeito que está".

A essa altura, Jerden disse: "Jerry, isso não vai funcionar", e, com efeito, encerrou seu papel no projeto. Com Jerden fora, seu agente – que também era dono do estúdio – ligou para Elan Trujillo e lhe deu instruções explícitas de que não trabalhasse nem gravasse nada com Jerry. Trujillo sabia que algo tinha acontecido, mas não estava por dentro dos detalhes. Em certo momento, ele estava sozinho na técnica com Jerry, que disse: "Vamos! Vamos gravar essa porra! Ponha a fita pra gravar, cara!". Embora fosse muito penoso para ele, porque ele queria muito gravar, Elan teve de dizer a Jerry que ele não podia, pois eram ordens de seu chefe. Jerry ficou furioso e saiu batendo a porta do estúdio. Ele depois diria: "Comecei com Dave Jerden. Trabalhei com ele por um dia e então o despedi!"[29].

Em retrospecto, Jerden disse que se Jerry gostava tanto assim do material, ele mesmo deveria estar produzindo, que foi o que aconteceu. Ele disse ainda que, desde então, os dois fizeram as pazes. "Jerry e eu conversamos a respeito desde então e não há ressentimentos. Eu nunca vou dizer nada de ruim sobre Jerry Cantrell. Jerry Cantrell é um grande cara".

A produção de *Degradation Trip* não se tornaria mais fácil. Jerry deixou a Columbia Records no meio da produção. "Depois que nos demos conta de que não sairia pela Columbia, acertamos as contas, seguimos cada um para um lado e encerramos dez anos de parceria", disse Jerry. Para acertar as contas, Jerry colocou sua casa em hipoteca para reembolsar à Columbia o dinheiro que já tinha sido gasto e usou o restante para bancar o álbum. Ele assinou com a Roadrunner Records. Os executivos da gravadora elogiaram a ideia ambiciosa de Jerry, mas disseram que não achavam que o mercado estava receptivo a álbuns duplos. A decisão foi enxugar *Degradation Trip* em um só disco.

"Foi difícil transformá-lo em um álbum simples", disse Jerry. "Mas eu estava numa gravadora nova e já estava havia um ano tentando achar uma companhia que quisesse lançá-lo. Ninguém queria. Então o acordo foi que o disco seria lançado como álbum simples primeiro, com a promessa de que, em algum momento, ele seria relançando como eu pretendia". Quanto às letras, Jerry descreveu o material como "o que eu estava passando com a parada do Alice, diante de uma situação em que eu tinha de seguir em frente, e não estava nada contente com isso". O lançamento do álbum foi marcado para o dia 25 de junho de 2002[30].

Segundo fontes, Layne tinha pelo menos quatro traficantes diferentes que lhe forneciam drogas em algum momento ou outro, embora não necessariamente todos eles no mesmo período. Desses quatro, apenas um – Tom Hansen, ex-guitarrista dos Fartz – admitiu isso publicamente. Em seu livro de memórias, *American Junkie*, ele escreveu sobre ir até a casa de Layne para levar drogas, em julho de 1997. Sobre Layne e Demri, ele escreveu: "Ela sempre quis que ele parasse, e ele sempre quis que ela parasse, e nenhum dos dois jamais foi capaz". Depois de ficar chapado de heroína e crack, Layne decidiu dar uma volta de moto, com Hansen de carona. Foi até o Bad Animals Studio, onde entraram numa cabine de som e Layne colocou *Above* para tocar[31].

Embora não se saiba se Layne tentou largar as drogas em seus anos finais, isso não impediu que outros tentassem ajudá-lo. Mark Lanegan foi ao apartamento de Layne para tentar conversar com ele. Krist Novoselic ia até lá e deixava comida para ele[32].

Nancy Layne McCallum contatou o aconselhador de dependentes Bob Forrest e perguntou se ele e o guitarrista do Red Hot Chili Peppers, John Frusciante – ambos dependentes de heroína em recuperação –, estariam dispostos a conversar com Layne, ao que os dois concordaram.

"Layne tem um senso de humor estranho", disse McCallum a Forrest. "Eu disse a ele que John [Frusciante] teve gangrena certa vez. Ele disse: 'No braço? Isso é terrível, mãe. O John é guitarrista. Ele precisa das mãos e dos braços. Eu? Eu sou só um cantor. Consigo me virar sem eles'. Eu sabia que ele estava brincando, mas não gosto de ouvir esse tipo de coisa. Você conseguiria colocar um pouco de noção na cabeça dele?".

Forrest e Frusciante se encontraram com Layne em seu apartamento. Segundo Forrest, "sua cabeça funcionava, mas ele estava a um milhão de quilômetros de distância". Ficou jogando videogame durante a conversa inteira.

"E aí, Layne, o que anda fazendo?", perguntou Forrest.

"Nada. Eu sei por que vocês estão aqui", disse Layne.

"A sua mãe está preocupada, cara. Você não parece muito bem". Sobre a aparência de Layne, Forrest disse: "A pele dele estava da cor de um pergaminho esbranquiçado, ele estava pesando menos de 40 quilos... Tinha entrado nos estágios finais".

"Mas eu estou bem. Sério", insistiu Layne, enquanto fingia ouvir. Os dois enfim foram embora.

"Não acho que ele vai sair dessa", Forrest disse a Frusciante.

"É a vida dele, cara", respondeu Frusciante[33].

PARTE V
2001-2002

✖

As vidas, e não as mortes dos homens são o que têm significado.
— George R. R. Martin, A Dança dos Dragões

Pesados infortúnios nos acometeram; mas deixemo-nos agarrar mais firmemente ao que resta, e transferir nosso amor por aqueles que perdemos aos que ainda vivem. Nosso círculo será pequeno, mas unido fortemente pelos laços do afeto e do infortúnio mútuo. E quando o tempo houver de amenizar vosso desespero, novos e queridos objetos de carinho nascerão para substituir aqueles dos quais fomos tão cruelmente desprovidos.
— Mary Shelley, Frankenstein

CAPÍTULO 25
Desse jeito, não... não vá embora assim.
— Layne Staley

Em abril de 2000, a jornalista argentina Adriana Rubio viajou para Seattle determinada a encontrar Layne para escrever um livro sobre ele. A primeira viagem foi infrutífera, mas ela retornou à cidade em setembro daquele mesmo ano e travou contato com a mãe de Layne e a irmã dele, Liz Coats[1]. Layne não gostou de saber sobre o livro, nem do fato de sua mãe e irmã estarem colaborando com a autora. Quando Coats contou a Layne sobre o livro, ele disse que não queria ter parte alguma nele. Rubio retornou aos EUA em junho de 2001, quando se encontrou com Coats e Nancy Layne McCallum por vários dias para entrevistas, em Seattle e em Haines, Alaska, onde McCallum morava na época[2].

Era raro ver Layne em público durante seus últimos anos. Segundo Charles R. Cross, jornalista musical de Seattle, Layne, próximo do fim da vida, tinha perdido a maioria dos dentes e seus braços estavam cobertos por abscessos[3]. Ele também estava excessiva e perigosamente magro. Embora já fosse naturalmente magro, pessoas que conheciam Layne disseram que seu peso normal variava entre 68 e 77 kg. Aqueles que o viram em seus anos finais estimaram que ele estivesse pesando 45 kg ou menos.

Pode-se presumir que sua rotina consistia em quatro coisas: seus brinquedos e videogames, sua gata, Sadie, seus projetos de arte e suas drogas. A menos de dez minutos de caminhada do apartamento de Layne há um pet shop PETCO e uma loja de suprimentos de arte. Ambos os estabelecimentos já funcionavam no período em que Layne morava na vizinhança e é possível que ele os tenha frequentado. Porém, nenhum dos funcionários da PETCO trabalhavam lá naquela época; os funcionários da loja de artes dizem que o negócio mudou de dono no início de 2002, e não se lembram de terem visto Layne na loja. Disseram ainda que havia outra loja do mesmo ramo ali perto, não mais em funcionamento.

Perto dali, a University Avenue, repleta de bares, restaurantes e lojas, bem como de estudantes da Universidade de Washington, conta com muitos estabelecimentos que poderiam ter itens do interesse de Layne. Empregados desses lugares dizem que, devido às constantes mudanças dos estudantes e de funcionários, e da abertura e fechamento dos negócios, seria improvável encontrar lojas que foram frequentadas por Layne ou por pessoas que podem tê-lo visto.

Morgen Gallagher se encontrou com Layne por acaso numa festa para assistir ao Super Bowl, em janeiro de 2001. Layne disse a Gallagher que ia largar as drogas e ir para reabilitação, de modo que pudesse fazer um teste para a vaga recentemente aberta de vocalista do Rage Against the Machine. Levando em conta relatos das últimas sessões de gravação de Layne em 1998, é improvável que isso seja mais do que falatório dele ou do que ele pensando alto, apenas.

No início de 2001, Nick Pollock estava comprando comida num supermercado QFC no bairro de Capitol Hill. Ele viu uma pessoa vestida com o que ele descreveu como uma "fantasia ridícula", que consistia num chapéu extravagante, uma peruca e um sobretudo, andando como um idoso. Era Layne. Pollock o abordou, sem saber o que esperar, porque em ocasiões anteriores Layne não o tinha reconhecido. Desta vez, o reconheceu de primeira.

"Nick!", disse ele, dando-lhe um abraço forte.

Pollock ficou assustado. "Foi tão perturbador para mim que tive dificuldade até de colocar as palavras em ordem", recordou-se. "Ele parecia um morto-vivo. Até onde me lembro, estava sem dentes. A pele dele estava cinza. Parecia um homem de oitenta anos. Realmente parecia um esqueleto coberto de pele. Eu não ficaria surpreso se ele estivesse pesando uns 45 kg".

Os dois conversaram por cerca de dez minutos, disse Pollock, amenidades que ele tentou dar continuidade. Não perguntou sobre o Alice in Chains. "Eu sabia que não ia perguntar a ele sobre namoradas, não era absolutamente o caso, o que ele vinha fazendo, onde ele tinha estado... Não era o Layne que eu conhecia. Sério, mesmo: era como se um fantasma dele mesmo estivesse ocupando seu corpo".

Layne e Pollock fizeram planos vagos de se encontrar. Pollock ficou tão abalado que quase saiu do supermercado com o carrinho sem pagar pelas compras. Foi para casa e caiu em prantos.

Jeff Gilbert caminhava pela University Avenue à procura de lugares para comer e onde comprar discos, no final de 2001 ou início de 2002. Layne o reconheceu na rua, o abordou e disse: "E aí, Jeff, como vai, cara?". Gilbert se lembra que fazia frio, e Layne estava usando um casaco comprido, uma touca de lã, cachecol e luvas. "As calças estavam muito largas para ele. Parecia uma versão dele mesmo com oitenta anos, e foi assustador".

Conversaram por cerca de dez minutos, e Gilbert disse que Layne estava lúcido. "Ele ainda conseguia sorrir. De vez em quando, dava para ver um pequeno brilho".

"Parecia cansado, muito cansado, como se tivesse terminado duas semanas de quarenta horas de trabalho, sem folgas". Ele se lembra ainda que Layne cheirava mal.

Mike Korjenek, funcionário de uma empresa de impermeabilização, recordou-se de ter visto Layne duas vezes no Rainbow Tavern, um bar que ficava a menos de cinco minutos a pé de onde Layne morava na época. "Ele vinha pra cá e se sentava num canto", sozinho, no final da tarde. Korjenek acha que isso foi no final de 2001 ou no início de 2002. Embora ele tenha dito que outras pessoas viram Layne no bar durante esse período, seria exagero considerá-lo um cliente frequente.

"Ele tinha uma aparência fantasmagórica. Parecia muito esquelético", disse Korjenek. "Me lembro que pensávamos que não deveríamos ficar olhando para ele espantados". Apesar de sua aparência, ele ainda era reconhecível. Layne se sentava numa mesa sozinho a uns dez metros de distância, levemente curvado e olhando para baixo, mas acordado.

Um empregado de uma loja de quadrinhos local, que concordou em ser entrevistado com a condição de anonimato, disse que Layne ia até a loja "semirregularmente" entre 2000 e 2002. O então dono da loja disse a ele: "Aquele é o Layne Staley. Ele vai gastar muito dinheiro, então é bom ficarmos abertos até tarde para ele".

"Ele meio que vagava pela loja, olhava algumas coisas, deixava a loja toda bagunçada, de vez em quando derrubava alguma coisa, mas nada de mais", disse o funcionário. "Ele parecia bem chapado. Sempre estava viajando. Então eu concluía que ele estava só vagando por aqui e de repente pensava: '*Ah, vamos dar uma olhada nessas coisas!*'".

Segundo o empregado, Layne costumava comprar histórias em quadrinho e bonecos e pagar em dinheiro, mas não se recorda especificamente o que ele comprava, apenas que a seleção era aleatória. "Qualquer coisa que chamasse a atenção dele; não havia um padrão", disse. Layne ia a loja acompanhado de algumas pessoas. "Normalmente havia umas duas pessoas com ele. Eles o ajudavam a ficar em pé e o auxiliavam muito". Ele não sabe quem eram. A última vez que viu Layne foi em fevereiro ou março de 2002.

Layne foi até a casa de Jim Elmer, em Bellevue, no Natal de 2000 ou 2001 para passar o fim de ano com a família. Houve um pequeno empecilho – ele estava um ou dois dias atrasado.

"Ele era engraçado", disse Jamie Elmer, recordando-se daquele final de ano. "Ele aparecer, e conseguir se ajeitar o bastante para sair de casa e aparecer, e estar diante da família – não sei como foi isso para ele mentalmente... passar por esse processo. Mas quando ele de fato apareceu e estava lá entre nós, foi divertido e natural, muito simpático, exatamente como eu me lembro dele".

"Lembro-me de que ele chegou com sacolas com pequenos presentes de Natal – coisas que ele tinha comprado para nós e coisas que ele tinha feito, pequenos objetos artísticos que ele tinha feito para nós, com nossos nomes. Ele parecia doente, mas estava com o humor, a energia e a disposição em geral dos quais eu me lembrava". Jamie nunca mais o viu.

Aconteceu um grande marco na família no início de 2002. Liz deu à luz seu primeiro filho. Perto do dia 14 de fevereiro daquele ano, Layne foi até a casa de Jim Elmer para conhecer Oscar. Levou uma filmadora para a ocasião, mas Jim não se lembra se ele chegou a usá-la naquele dia.

"Não o víamos havia algum tempo, e ele parecia bem. Decerto tinha vergonha da questão dos dentes, mas parecia bem, e dava para notar o brilho nos olhos dele quando viu Oscar, porque ele nunca tinha passado por isso", disse Jim. "Então ele meio que soube o que é a vida e qual seria a próxima geração, e ele poderia fazer parte dela, ou talvez não, mas foi um momento tocante; não durou muito, mas foi tocante ver a chegada daquela nova geração".

Tiraram uma foto de Layne segurando Oscar. Essa á última foto que a família tem dele e a única imagem dele nos meses finais de sua vida da qual se tem conhecimento. É provável que tenha sido a última foto dele.

Sobre a aparência de Layne, Jamie Elmer – que não estava lá, mas viu a foto –, disse: "Ele estava como da última vez que o vi. Estava sorrindo, e parecia Layne, mas parecia mais velho do que era, além de muito doente. Não parecia nada bem de saúde. Estava sorridente e parecia feliz".

Apesar da má aparência, Jim Elmer disse que o clima geral em torno da visita de Layne foi de esperança e otimismo. "Ele estava sorridente e falante, então havia um bom sinal de que ou ele estava melhorando, ou tentando melhorar, e isso é algo mais esperançoso do que se pensássemos, '*Vamos perdê-lo depois de amanhã*' ou algo do tipo. Não tive essa sensação". Jim, Nancy, Liz e Greg nunca mais o viram com vida.

Sua mãe disse a Greg Prato: "Acho que Layne sabia que estava morrendo, mas não planejava isso. Tinha acabado de renovar a carteira de motorista e estava no meio de projetos de arte. Eu realmente esperava que Layne sobreviveria àquele suplício"[4].

No final de março ou início de abril, Toby Wright estava num estúdio em Los Angeles produzindo *Welcome*, o segundo álbum do Taproot. A banda tinha composto uma música instrumental com o título provisório de "Spacey", porque tinha "um quê obscuro, etéreo/espacial", escreveu o baixista da banda, Phil Lipscomb, num e-mail. Como fãs de Layne, quiseram que ele cantasse na faixa. Segundo Wright, "era uma música muito boa, e Layne gostou muito, quis muito cantar nela. Eu tinha enviado algumas demos da música a ele, e ele disse: '*Yeah!* Vamos fazer!'".

Wright disse que o humor de Layne parecia bom durante suas conversas por telefone. "Acho que ele decerto estava empolgado com a faixa, e honrado com o convite para cantar nela". Os membros do Taproot queriam estar presentes na sessão de gravação, mas Layne pediu que Wright fosse sozinho, porque ele não estava "com boa aparência, nem se sentindo muito bem, e não queria ser visto".

O plano era que Layne fizesse algo "ao estilo dele" e escrevesse sua própria letra, para que então o vocalista do Taproot, Stephen Richards, trabalhasse em cima do que Layne tivesse feito. "Obviamente, qualquer coisa que ele fizesse teria sido mágica", disse Richards, citado por Lipscomb via e-mail.

Wright reservou algumas horas no Robert Lang Studios em meados de abril para gravar os vocais de Layne. Embora ele tivesse preparado o home studio de Layne, e Layne soubesse preparar seus vocais em gravações demo, Wright duvida que ele tenha gravado alguma coisa antecipadamente. "Acho que estava tudo na cabeça dele; seria feito na hora".

As evidências disponíveis apontam que a última pessoa a ver Layne com vida foi Mike Starr. Em 4 de abril de 2002 – o 36º aniversário de Mike –, os dois se encontraram no apartamento de Layne. "Estou doente", disse Layne ao amigo. Além do desgaste em seu corpo por conta dos anos de vício, Layne ainda tinha hepatite C, presumivelmente resultante do uso de drogas injetáveis.

Layne estava zapeando a TV e parou no programa *Crossing Over*, de John Edward, no qual o apresentador e médium fazia leituras psíquicas para membros da plateia. Layne virou-se para Mike e disse: "Demri esteve aqui ontem à noite.

Não me importo se você acredita em mim ou não, cara. Mas te digo: Demri esteve aqui ontem à noite". A mãe de Demri, Kathleen Austin, ouviu essa história de Mike Starr depois da morte de Layne e a recontou. Ela disse que acredita que a filha esteve lá naquela noite, "para estar com Layne durante a transição dele"[5]. Jason Buttino, que também ouviu essa história de Mike, corroborou com o relato de Austin sobre a conversa de Mike e Layne.

Mike, que estava chapado de benzodiazepina, disse posteriormente que esteve com Layne naquele dia "para tentar mantê-lo vivo" e se ofereceu para ligar para a emergência. Layne se recusou e ameaçou nunca mais falar com ele de novo, se ele fizesse isso. Layne ficou agitado e disse a Mike que ele estava chapado demais. Layne ficava furioso com Mike quando ele tomava a droga. "Você vira um idiota com esses comprimidos", disse ele a Mike.

Mike estava cheio. "Tá legal, então só vou embora", disse.

Layne, talvez pensando que tinha cometido um erro, disse: "Desse jeito, não... não vá embora assim", ou "Assim, não. Não acredito nisso". Essas seriam suas últimas palavras ao amigo que conhecia há quase quinze anos. Mike foi para a casa de sua mãe e apagou no porão. Esse encontro final o assombraria por anos[6].

Em algum momento de 5 de abril de 2002, Layne usou heroína e cocaína. Conhecida como *speedball*, essa combinação matou outros usuários célebres de drogas, incluindo os atores John Belushi e River Phoenix. Ninguém jamais saberá precisamente o que Layne fez no último dia de sua vida, ou qual seu estado de espírito naquele momento. Ele refletira sobre espiritualidade e morte numa entrevista à *Rolling Stone* em 1996, dizendo: "Vou ficar por aqui por um tempo do caralho... Tenho medo da morte, especialmente se causada por mim mesmo. Tenho medo do lugar para onde iria. Não que eu considere fazer isso, porque não considero". Ele se contradiz na entrevista, porque também é citado numa contemplação do pós-vida, ao declarar: "Acredito que há um lugar maravilhoso aonde ir depois desta vida, e não acredito que haja danação eterna para ninguém. Não sou ligado em religião, mas tenho uma boa apreensão da minha espiritualidade. Apenas acredito que não sou a maior força neste mundo. Não criei a mim mesmo, pois eu teria caprichado muito mais"[7].

Ele estaria morto pouco mais de seis anos depois, aos 34 anos.

CAPÍTULO 26

Estou com uma sensação ruim.

— Sean Kinney

Segundo Kathleen Austin, aconselhadora de dependentes químicos com quase quarenta anos de experiência na área, viciados continuarão a usar drogas enquanto estiverem dispostos a aceitar as consequências. Uma vez que não mais estiverem dispostos a aceitá-las, eles param de usar. Layne disse a Sean certa vez: "Não tenho mais volta. Não vou parar de usar drogas. Vou morrer assim – é isso e acabou"[1].

A fortuna de Layne permitia a ele abusar do vício sem moderação. Também evitava que ele precisasse recorrer a medidas drásticas ou ilegais para manter esse vício. Charles R. Cross relatou que foi o dinheiro que sustentava o vício em drogas de Layne que alertou seus contadores que havia algo errado – especificamente, a falta de atividade em suas contas bancárias[2].

Segundo Susan, "ninguém tinha notícias dele, nem as pessoas que mantinham contato com ele para nos dizer que ele ainda estava bem. Seus pequenos hábitos semanais esquisitos tinham parado. Sean recebeu um telefonema de uma dessas pessoas e disse: 'Vou até lá e vou arrombar a porta. Estou com uma sensação ruim'". Susan disse a ele que precisavam envolver a família de Layne nisso[3].

"Recebi uma ligação de Susan naquela manhã, e foi então que liguei para Nancy e expliquei a situação, que aquilo não se tratava de uma questão da banda, mas de uma questão de família, e que eles não conseguiam falar com ele e tudo mais", recordou-se Jim Elmer. Às 17h41 do dia 19 de abril de 2002, sexta-feira, Nancy Layne McCallum ligou para a polícia de seu celular, na frente do prédio de Layne. Ela disse à telefonista que não tinha notícias do filho havia duas semanas e que ele era viciado em heroína, e pediu que policiais estivessem a postos enquanto ela checava o bem-estar dele[4].

Os agentes Kevin Grossman e Joseph P. Mahar, do Departamento de Polícia de Seattle, chegaram ao prédio às 17h50. O agente Brett J. Rogers autorizou a entrada forçada no apartamento de Layne, no quinto andar. Mahar arrombou a porta da frente, causando danos ao batente no valor de cerca de duzentos dólares, segundo o boletim de ocorrência obtido pelo site The Smoking Gun[5]. Quando entraram, os piores medos de McCallum e Elmer se confirmaram.

"Acho que eu sabia. Eu sabia que não seria um cenário agradável, porque a porta estava fechada com tranca por dentro, e ninguém tinha notícias dele havia pelo menos duas semanas, o cartão de crédito não tinha sido usado, e esses não são bons presságios do que você vai encontrar", disse Elmer. "Assim que os policiais entraram e deram uma olhada rápida, disseram: 'Vocês não vão querer ver isso', e Nancy soube de imediato. Eu disse aos policiais: 'Vocês não podem distanciar uma mãe de seu filho, então deixem-na ver o que aconteceu'".

Layne estava no sofá, segurando o que parecia ser uma seringa cheia na mão direita, iluminado pela tela da TV ligada e cercado por várias latas de tinta spray pelo chão e uma pequena quantidade de cocaína e dois cachimbos de crack na mesa de centro. Quando removeram o corpo, descobriu-se que ele estava "sentado sobre muitas outras seringas", segundo o laudo do legista. O corpo foi descrito como encontrado num "estado avançado de decomposição", e a pele tinha "uma aparência coriácea e escurecida". De acordo com documentos obtidos pelo *Seattle Weekly*, Layne tinha morfina, codeína e cocaína em seu organismo, e seu corpo pesava 39 kg. O legista concluiria que "intoxicação aguda [...] combinada aos efeitos de opiáceo (heroína) e cocaína" foi a causa da morte. Quando a polícia chegou à secretária eletrônica de Layne, nela havia duas semanas de mensagens de pessoas tentando saber dele[6].

Havia parafernália de drogas por todo o apartamento. Manchas amarronzadas de heroína iam do chão do banheiro – onde foram encontrados US$ 501 em dinheiro ao lado do vaso sanitário – à sala de estar[7]. Levadas em consideração junto com o fato de a porta estar fechada com tranca pelo lado de dentro, essas evidências sugerem que Layne morreu sozinho. Se outra pessoa tivesse estado lá, poderia ter ligado para a polícia ou levado todo o dinheiro ou drogas que encontrasse antes de ir embora.

O legista determinou que Layne morreu em algum momento do dia 5 de abril de 2002 – exatos oito anos desde o suicídio de Kurt Cobain[8]. Segundo Jim Elmer, não havia uma carta, nem nenhuma outra evidência que sugeriria que Layne se matou deliberadamente. O fato de que ele tinha acabado de renovar a carteira de motorista e estava prestes a gravar vocais para a música do Taproot reforçam a noção de que Layne não cometeu suicídio.

Incrivelmente, Sadie ainda estava viva e muito faminta, considerando que fazia duas semanas que ela não era alimentada. "Ela quase morreu de susto" quando os policiais arrombaram a porta, disse Jim Elmer, de modo que ficou "um pouco arisca", a princípio. Sadie foi adotada por Jerry e viveu o resto da vida no rancho dele em Oklahoma, até falecer em outubro de 2010[9].

"Quando o encontramos, eu entrei na sala de jantar do apartamento dele. Fui até ele e perguntei à polícia se eu podia tirar as coisas do sofá, e eles disseram que sim", McCallum recordou-se anos depois, às lágrimas. "Então me sentei com Layne e conversei com ele, disse a ele que sentia muito que as coisas acabaram daquele jeito, porque eu sempre acreditei que ele era esperto, que ele tinha o dinheiro e o tempo, que ele tinha ido para a reabilitação treze vezes, para a emergência três vezes, e que tinha morrido três vezes – eu sabia que ele tinha o que precisava [para largar as drogas]. E, mesmo assim, as drogas o levaram"[10].

Segundo Elmer, "vimos Layne no sofá, com a agulha na perna, e a cor dele estava claramente deteriorada. Nancy saiu e se encolheu num canto da sala, completamente devastada, como se pode imaginar. Eu me despedi de Layne pela última vez, disse a ele que Demri estava esperando por ele, e foi o fim".

CAPÍTULO 27

O que eu poderia ter feito? O que todos nós poderíamos ter feito?
— **Ken Elmer**

Com seus piores medos confirmados, Jim Elmer e Nancy Layne McCallum começaram o processo de avisar os parentes, amigos e parceiros de banda de Layne. Jim falou com Susan e acabou deixando mensagens para Liz e Jamie.

Jamie Elmer estava num cinema em Santa Mônica, Califórnia. Depois que o filme acabou, ela viu que seus pais tinham ligado diversas vezes. Sua mãe deixou uma mensagem de voz que dizia: "Querida, você precisa ligar para mim e para o seu pai". O fato de os dois estarem juntos era sinal de que algo estava errado, porque eles estavam divorciados por quase quatorze anos.

"Eu soube que era o telefonema que há anos pensava que receberia", disse Jamie. Ela ligou para a mãe, que lhe disse calmamente: "Layne se foi". Jamie pegou um voo para Seattle no dia seguinte. "É óbvio que todos nós ficamos absolutamente tristes e inconsoláveis, mas foi também um alívio. Porque acho que todos nós sabíamos que Layne estava sofrendo muito, ao vê-lo tão debilitado fisicamente, nada bem. Eu diria que a maioria de nós sentiu algum tipo de alívio, com certeza, ao saber que ele não estava mais sofrendo", recordou-se Jamie.

A reação predominante entre os amigos e parentes à morte de Layne foi que, apesar de trágico, seu fim não foi uma surpresa. "Quando alguém se encontra naquela situação por anos a fio, você sabe qual é o resultado, então não foi uma surpresa. Foi, ainda assim, um choque? Claro que sim, mas era algo que se esperaria", disse Jim Elmer.

Ken Elmer estava em casa quando recebeu o telefonema de Jim. "Meu pai me ligou bem rapidamente depois do que aconteceu. Eu acho que ele não queria que eu descobrisse pela imprensa. Ele estava em choque, mas era aquele tipo de choque de 'sabíamos que esse dia chegaria'", disse Ken. Ele não via Layne desde o final dos anos 1980 ou início dos 1990, e ficou arrasado. "Durante as vinte e quatro horas seguintes, eu só conseguia pensar: '*O que eu poderia ter feito? O que todos nós poderíamos ter feito?*'".

"Eu o amava e sempre vou amar", disse Susan a Charles R. Cross. "Ele era como um irmão para mim. Tinha um espírito despedaçado, mas gentil. Fizemos tudo o que pudemos pensar em fazer para ajudá-lo a escolher viver, mas, infelizmente, ao invés disso, a doença venceu". Jerry e Sean disseram a Cross que não falavam com Layne há pelo menos dois anos[1].

Mike Inez tinha acabado de voltar para casa, em Big Bear Lake, Califórnia, do funeral de seu ex-companheiro da banda de Ozzy Osbourne, Randy Castillo, em Albuquerque, Novo México. Recebeu uma ligação de Sean.

"Você está sentado? Layne se foi".

"Meu Deus, você está de brincadeira"[2].

Johnny Bacolas recebeu um telefonema de Nancy Layne McCallum ou de Jim Elmer e falou com ambos. "Vai sair na imprensa muito em breve. Layne se foi; ele faleceu", disseram a ele. Bacolas ligou a TV, e em vinte minutos a notícia estava no ar.

James Bergstrom estava atravessando a Tacoma Narrows Bridge de carro quando ficou sabendo. Ele acha que ouviu no rádio ou recebeu uma ligação de Bacolas. "Doeu muito fundo, porque era parte da minha juventude", disse Bergstrom. "Todos nós sabíamos a direção para onde a vida dele ia. Nós rezávamos por ele, mas, mesmo assim, quando se ouve esse tipo de notícia, as coisas entram em reflexão instantaneamente. Minha mente simplesmente afundou. Só me lembro que, por bastante tempo, sempre que eu ouvia a música e a voz dele, meus olhos se enchiam de lágrimas, que caíam por muito tempo. Ainda choro".

Alguém tentou contatar Nick Pollock na casa da mãe dele. A pessoa disse à mãe de Pollock o que acontecera, e ela imediatamente entrou em contato com o filho, antes que ele ficasse sabendo por meio da mídia. "Fiquei devastado com a notícia e não estava exatamente bem quando a recebi. Fiquei muito perturbado por várias horas. Então, foi bom ter ouvido a notícia da minha mãe. Foi bom ouvir dela ao invés da imprensa, porque eu não gostaria de ter desabado enquanto estivesse no trabalho, ou na escola, ou o que quer que eu estivesse fazendo na época", disse Pollock.

Toby Wright e sua esposa estavam na metade do caminho até o aeroporto de Burbank, de onde tomariam um voo para Seattle para gravar os vocais de Layne. Wright recebeu uma ligação de Susan com a notícia de que Layne tinha falecido. Todos choraram. Wright disse a ela que já estava a caminho, e ela disse a ele para ir para o memorial. "Spacey" – a música na qual Layne deveria cantar – não entrou em *Welcome* nem em nenhum outro disco do Taproot, embora a banda a tenha tocado ao vivo no formato instrumental original[3].

Dave Jerden ficou sabendo da morte de Layne pelo noticiário e começou a receber telefonemas e e-mails. "Eu fiquei devastado, é claro – ainda estou. Me senti péssimo. Tudo o que ouvi foi a partir do noticiário. Foi algo realmente muito triste. O mundo perdeu um talento enorme. É isso que a heroína faz. É a razão pela qual eu odeio traficantes – [como o traficante de Layne] que foi até o estúdio e me disse para mudar a mixagem. Ele não conseguiu mudar aquela mix, mas ele mudou Layne, aquele filho da puta. Aquele cara deveria morrer".

Randy Biro estava numa prisão na região de San Diego assistindo ao noticiário quando foi anunciado que "astro do rock morre de overdose de heroína", sem identificar Layne. A primeira reação de Biro foi: "Oh, meu Deus, não. Por favor, que não seja ele".

"Quando o noticiário voltou e disseram que era ele, eu quase desmaiei. Olhando para trás, foi provavelmente um dos momentos mais tristes da minha vida. Me lembro de onde eu estava sentado", recordou-se Biro. "Eu sabia que ele estava morto havia algum tempo, mas, na época, eu estava na prisão. Não se pode chorar, nem nada disso. Então nunca consegui extravasar, nunca tive a oportunidade".

Randy Hauser estava numa prisão federal de segurança média em Sheridan, Oregon, quando outro detento, que tinha sido músico em Seattle, o abordou em particular e contou a ele. "Fiquei devastado", disse Hauser. "Comecei a chorar, e ele garantiu que ninguém me visse. É preciso manter certa reputação para sobreviver na prisão. E lá estava eu, chorando porque um dos meus filhos tinha morrido".

Chrissy Chacos tinha acabado de dar à luz seu segundo filho e ainda estava no hospital. Ela precisou ficar internada por mais uma semana porque teve de passar por uma cirurgia de hérnia. "Eu estava assistindo o noticiário. Disseram: 'corpo de Layne Staley, Alice in Chains, blá blá blá'. Eu perdi a noção bem ali. Não conseguia acreditar". Uma coincidência que tornou a morte de Layne ainda mais difícil para ela foi o fato de que o corpo dele foi encontrado no dia 19 de abril – o aniversário de seu filho mais velho.

Ron Holt recebeu um telefonema de Dave Hillis. "Duas noites depois, Raj Parashar e Dave foram até minha casa em Everett e nós bebemos absinto caseiro que eu fazia, eu tomei Xanax e nós saímos para farrear em homenagem a Layne".

O Pearl Jam estava em estúdio trabalhando no álbum Riot Act quando a notícia foi dada. Eddie Vedder escreveu a música "4/20/02" – sobre a morte de

Layne – na mesma noite. Segundo McCready, "ele a gravou às duas ou três da madrugada, sozinho com o produtor Adam Kasper. Acho que ele simplesmente ficou com tanta raiva que precisou externalizar". A música apareceria como faixa escondida em algumas edições de *Lost Dogs*, coletânea de lados B da banda. "Acredito que a razão para a faixa estar escondida é que [Eddie] não queria que fosse algo explorativo", explicou McCready. "Creio que ele quis que ela ficasse escondida para que os ouvintes a encontrassem e pensassem a respeito"[4].

Fãs se reuniram em luto na International Fountain, no Seattle Center, numa vigília organizada por Cain Rarup, fã do Alice in Chains. O evento começou por volta das 18h do sábado, 20 de abril – aproximadamente 24h depois de o corpo de Layne ter sido descoberto. Estimou-se que duzentas pessoas compareceram. Os três membros sobreviventes do Alice in Chains foram, bem como Mike Starr, Susan e Chris Cornell. Jerry abraçou amigos e fãs, mas não falou muito. Sean foi citado ao dizer, em meio às lágrimas: "Meu coração está em pedaços. Já perdi muitos amigos. Mas isto…"[5].

Jeff Gilbert compareceu à vigília. "Parecia que todos estavam numa espécie de torpor. Sabíamos que era só uma questão de tempo para Layne, mas, quando aconteceu, é algo para o qual não há como se preparar, foi devastador".

Três dias depois de o corpo ter sido encontrado, os membros sobreviventes do Alice in Chains publicaram uma declaração no site da banda que dizia que eles estavam "com os corações partidos pela morte de nosso belo amigo" e descrevia Layne como "um homem bom, com um senso de humor afiado e um profundo senso de humanidade" e "um músico incrível, que levou inspiração e conforto a tantas pessoas". A declaração terminava da seguinte forma: "Nós te amamos, Layne. Profundamente. E vamos sentir sua falta… para sempre."[6]

Alguns dias depois, Jim Elmer e Nancy Layne McCallum organizaram um jantar no restaurante Ruins. Além da família de Layne, entre os convidados estavam os demais membros do Alice in Chains e seus agentes, bem como integrantes do Pearl Jam e do Soundgarden e outros amigos próximos de Layne. Jamie Elmer elogiou Eddie Vedder em especial, descrevendo-o como "a pessoa mais simpática e solidária de todas que estavam lá, nunca vou me esquecer disso".

Jamie disse: "Ele e sua namorada se sentaram comigo e com minha irmã do lado de fora, e ele foi muito legal e verdadeiro, enquanto que a maioria das outras pessoas da banda nem conversaram conosco, da família. Foi muito estranho. Mas [Eddie] foi muito caloroso e simpático conosco, e foi muito educado, do tipo, foi até os pais para dar suas condolências, foi realmente muito bondoso".

Uma segunda vigília no Seattle Center foi organizada para o dia 26 de abril, sexta-feira, e divulgada por meio de sites de fãs e boca a boca. Apesar do tempo chuvoso, cerca de quatrocentas pessoas compareceram. Os pais, o padrasto e a irmã de Layne conversaram com os presentes, deram abraços e aceitaram as condolências[7].

O corpo de Layne foi cremado e suas cinzas estão em posse de sua mãe. Um memorial privado aconteceu no Kiana Lodge no dia 28 de abril, domingo. Localizada na Bainbridge Island, ao longo da enseada de Puget Sound, a propriedade é frequentemente alugada para eventos como casamentos, recepções ou bailes de formatura. É o mesmo local onde Layne e Demri teriam se casado anos antes[8].

Enquanto os preparativos eram concluídos, Nancy Layne McCallum ligou para Kathleen Austin, um dia antes, e disse: "Kathleen, só gostaria de avisá-la antes, haverá muitas fotos de Demri".

Austin explicou: "Como Layne basicamente se tornou recluso depois que Dem se foi, muitas das histórias de Layne acabaram quando Demri faleceu. Então, das pessoas que se pronunciaram, muitas contaram histórias que envolviam 'Layne, Demri e eu', e havia fotos dela que eu nunca tinha visto antes. Foi como estar num memorial para minha filha seis anos depois". Quando as pessoas entravam no recinto, havia um grande quadro onde os convidados poderiam exibir suas fotos. Jamie Elmer estimou que metade das fotos incluía Demri.

Havia um pequeno palco de madeira no meio do salão para as pessoas discursarem. O pai de Jim Elmer, o Reverendo William Elmer – pastor da Evangelical Church of North America –, falou, bem como Jim, Nancy Layne McCallum e Liz Coats. Segundo Jim, "meus comentários foram no sentido de que, se havia uma única coisa pela qual se lembrar de Layne, era a coragem dele de ser ele mesmo, e não ser falso. Era essa a palavra [coragem] que eu tipicamente associava a Layne, não quando criança – quer dizer, quando criança, ele também era corajoso. Ao crescer, ele sabia mais ou menos o que queria saber, mas teve a coragem de ir atrás, e essa foi a minha palavra do dia; é como eu sempre me lembrarei dele".

"Lembrando agora, muitos de nós obviamente mencionaram Demri ao discursar na cerimônia. Acho que a maioria das pessoas tinha uma noção do tipo: *'Bem, agora pelo menos eles estão juntos'*", disse Elmer.

Ken Elmer não discursou, mas buscou conforto nas memórias de infância de seu irmão de criação: férias em família, brincadeiras juntos, momentos compartilhados muito antes da fama ou da dependência em drogas terem entrado na vida de Layne. "No funeral, eu estava muito relutante em deixar aquele Layne ir. E, na minha cabeça, ainda é o Layne que conheço, e o que me deixa contente", disse ele.

Depois que a família de Layne discursou, o microfone foi aberto. Barrett Martin escreveu a elegia[9].

Tanto Jerry quanto Susan também discursaram, segundo várias fontes que estiveram presentes, embora estas não se lembrem de detalhes das falas dos dois.

Foi um momento muito difícil para Johnny Bacolas. "Aquele dia foi como um pesadelo para mim. Eu estava basicamente em choque. Eu queria falar, mas não conseguia. Não conseguia simplesmente subir lá. Sentia-me como se estivesse congelado. Eu simplesmente funcionei no automático, cheguei lá de alguma forma, presenciei a cerimônia e voltei para casa".

Para Nick Pollock, que tinha se afastado da vida pública e mantinha certa distância de seu passado na música, foi a primeira vez que ele reviu muitos de seus amigos da cena musical, incluindo Bacolas e Bergstrom. "Foi meio surreal passar por aquilo. Eu não acreditava no que estava acontecendo e que estávamos realizando aquilo".

Chris Cornell se uniu a Ann e Nancy Wilson para cantar "Wild Horses", dos Rolling Stones. Eles também interpretaram "Sand", música que as irmãs Wilson gravaram originalmente no álbum *Whirlygig*, dos Lovemongers[10]. A música tinha sido composta alguns anos antes, em homenagem ao jardineiro de Ann, que morreu de AIDS[11].

Foi o fim do Alice in Chains, pelo menos por enquanto.

PARTE VI
2002-2014

✖

Eis o que eu acredito. As merdas acontecem. Essa é a regra número um.
Qualquer um que caminhe sobre este planeta sabe disso. Regra número dois:
as coisas raramente acabam como você planejou. Três: todo mundo pode ser nocauteado.
Quatro, e a mais importante: depois de você levar esses tiros, é hora de levantar
e seguir em frente – continuar a viver.
— **Jerry Cantrell**

A verdadeira glória é ser derrubado de joelhos e então voltar a levantar.
Essa é a verdadeira glória. É a essência disso.
— **Vince Lombardi**

CAPÍTULO 28

Viu, seu guarda, o senhor já ouviu falar no Alice in Chains?
— Mike Starr

Na noite em que voltou do Brasil, depois de ter sido despedido da banda, Mike estava no porão da casa da mãe quando ligou para um amigo. "Alley, cara, preciso de você aqui, agora". Steve Alley não falava com Mike há muito tempo, mas foi até lá. Mike trouxe uma cópia da demo de 24 pistas do Alice in Chains que tinha conseguido um contrato para a banda, e os dois ficaram no carro de Alley até as cinco da manhã, conversando e ouvindo a fita. "Ele queria escutá-la repetidas vezes, e perguntava: 'E aí, cara, o que você acha dessa linha de baixo?'", recordou-se Alley. "Ele estava tentando se agarrar a tudo no que consistia nosso passado, foi mais ou menos isso. Apenas uma tentativa frustrada de trazer de volta uma época inocente".

Em algum momento no início de 1993, Bryan Carlstrom estava encostando no estacionamento do El Dorado Studios. Havia uma reentrância na frente do prédio, bem na saída para a Sunset Boulevard, e ele viu Mike parado ali. "E aí, Mike, o que você está fazendo?", perguntou.

"Ele foi até o meu carro e tinha na mão o fundo de uma lata. Obviamente, ele estava preparando heroína num fundo de lata, naquela pequena reentrância do prédio, e não me reconheceu. Ele nem sabia que estava bem na frente do estúdio onde já tinha gravado. Não sabia nem onde estava. Foi um momento triste".

Mike, por alguma razão, ainda tinha rancor de Biro. Alguns anos depois de sua demissão da banda, quando ambos estavam morando em Los Angeles, Mike ligou para ele. Nessa conversa, disse Biro, Mike "berrava e gritava, chapado pra caralho, me culpando por ter sido chutado da banda. Ele disse que eu manipulei todos para fazerem aquilo… Eu nem tinha esse poder. Era uma ideia insana".

Segundo Aaron Woodruff, o único membro do Alice in Chains com quem Mike se manteve em contato depois de ter sido demitido foi Layne. Ele teve dificuldades em se ajustar à vida depois do Alice in Chains. Além de seu vício em drogas ter se agravado, aqueles que conheceram Mike tendem a concordar que ele nunca superou não fazer mais parte da banda. Apresentava-se às pessoas como Mike Starr do Alice in Chains, embora estivesse fora da banda há anos.

Mike foi contratado para tocar baixo no Sun Red Sun, a nova banda formada por Ray Gillen, ex-vocalista do Black Sabbath. Jason Buttino disse ter "quase 100% de certeza" de que foi Susan quem conseguiu o trabalho para ele. Além de problemas pessoais internos à banda, Gillen tinha contraído AIDS e não conseguiu terminar de gravar os vocais. Faleceu em 3 de dezembro de 1993, aos 32 anos[1].

Mike deu entrada no Lakeside-Milam Recovery Center em Kirkland, Washington, onde conheceu outro paciente, Jason Buttino, que foi seu colega de quarto nessa clínica de reabilitação. Buttino não fazia ideia de quem Mike era e só descobriu quando começou a ouvir rumores de que o baixista do Alice in Chains estava lá. "Achei que ele era só mais um roqueiro, assim como eu, e só uma pessoa comum". Mike começou a se sentir desconfortável com a atenção e deixou a clínica um dia depois de os rumores começarem a circular. Buttino entrou em contato com John Starr e, depois, com Mike e Gayle. Ele e Mike começaram a se encontrar e se tornaram amigos.

Segundo Woodruff, quando Mike estava sóbrio, ele era legal e um grande cara. Porém, quando estava sob o efeito de drogas, se tornava uma pessoa completamente diferente. "[Quando] Mike estava sob o efeito de comprimidos, ele era outra pessoa – não egoísta de fato, mas autocentrado, e só queria saber de ficar chapado e fazer o que quisesse".

Em 12 de abril de 1994, Mike foi preso por tentar roubar bagagens no Aeroporto Intercontinental George Bush, em Houston, e por posse de maconha e "de drogas perigosas", identificadas como Valium. Segundo o boletim de ocorrência, "testemunhas perceberam o suspeito pegando malas da área de retirada de bagagens do aeroporto e tirando itens de dentro delas para colocá-los em outras malas e trocando as etiquetas das bagagens". Mike, que no momento estava sob o efeito de drogas, disse depois a Woodruff que a companhia aérea tinha perdido a bagagem dele. Disse a Buttino que pensava estar abrindo sua própria mala. Segundo registros do tribunal, ele passou noventa dias na Penitenciária do Condado de Harris[2].

Mike foi morar com Buttino em meados dos anos 1990. Na época, ele não estava compondo e estava fundo no vício em heroína. Buttino estimou que Mike usasse entre dois e cinco gramas por dia, gastando em média quinhentos dólares por dia. Mike tinha consciência de que cometera um erro, em primeiro lugar, ao experimentar a droga. Certa vez, depois que Mike e Buttino obtiveram heroína, Mike injetou e apagou. Buttino estava prestes a injetar quando Mike acordou, tirou a seringa da mão dele e a esvaziou no chão. Começou a chorar e disse a Buttino: "Você nunca vai usar heroína. Não vou deixar você usar. Eu gostaria de nunca ter começado. Gostaria de nunca ter tocado nisso".

Em algum momento durante esse período, Mike mencionou interesse em escrever um livro para contar sua história, um livro estilo *coffee table* que seria intitulado *Unchained*. Em julho de 1998, Mike conheceu John Brandon, um jornalista com experiência na televisão local e na mídia impressa. Depois do lançamento da caixa *Music Bank*, em 1999, Mike pediu a Brandon que o ajudasse a produzir um videoclipe para "Fear the Voices" usando material da coleção particular de Mike de 25 fitas de vídeo com imagens que ele gravou quando membro da banda. O clipe foi enviado para a banda, os empresários e a gravadora, mas nunca veio à tona. Enquanto trabalhavam no clipe, Mike perguntou a Brandon se ele escreveria o livro. Para o projeto, Brandon entrevistou Mike, sua família e alguns de seus amigos.

Publicado em 2001, *Unchained: The Story of Mike Starr and His Rise and Fall in Alice in Chains* é caracterizado pela má escrita e a pesquisa preguiçosa, com várias imprecisões contidas no texto. Há duas em particular que merecem correção.

A primeira é a alegação de que Mike disse à banda e aos empresários, durante a viagem ao Brasil em janeiro de 1993, que daria um tempo da banda e estava saindo por sua própria vontade. Várias fontes, incluindo o próprio Mike, disseram publicamente que Mike foi despedido.

A segunda imprecisão envolve a morte de Demri. Um parágrafo traz a seguinte afirmação, sem fontes: "Em Seattle, com médicos, um aconselhador e John Starr a seu lado – Demri faleceu". Depois de ler isso, Kathleen Austin negou veementemente. "Isso é uma completa mentira. Demri morreu no Evergreen Hospital, em Kirkland, e havia duas pessoas lá – eu e minha irmã. E nós fomos as únicas pessoas lá. É uma mentira do começo ao fim". O atestado de óbito de Demri confirma que ela morreu no Evergreen[3].

Em 5 de maio de 2003, Mike e John Starr embarcaram no voo 584 da Southwest Airlines de Los Angeles para Salt Lake City, Utah. Mike passou quase meia hora no banheiro antes de retornar a seu assento. Pouco depois, uma comissária de bordo viu John tentando injetar uma agulha em seu filho. O piloto foi informado e pediu à torre de comando que contatasse as autoridades locais. Dois policiais de Salt Lake City entraram no avião assim que ele encostou no portão de desembarque e levaram os Starrs até a delegacia do aeroporto.

Ao chegar à delegacia, ambos consentiram que a polícia revistasse suas bagagens. Os agentes encontraram heroína e parafernália de drogas. Os dois foram presos e levados para a cadeia. Mike foi acusado de portar parafernália de drogas para uso pessoal, conduta desordeira e posse de substância controlada. Uma agência de fianças local pagou US$ 10.650 pela fiança. Mike e seu advogado de defesa decidiram que ele se declararia culpado pela posse ilegal de substância controlada. O advogado, o promotor e juiz assinaram o acordo. Porém, Mike não apareceu no tribunal para receber a sentença, em 25 de agosto de 2003. O juiz emitiu um mandado de prisão e determinou a fiança em US$ 20 mil. Esse mandado voltaria para assombrá-lo muitos anos depois[4].

No verão de 2009, uma mulher entrou na Bass Northwest e abordou Evan Sheeley. "Tem uma pessoa que quer muito falar com você. Você se importa se eu o trouxer até aqui?", perguntou ela. Era Mike. Sheeley não falava com ele há anos, porque Mike se esquecera de agradecer ou dar crédito a ele nas notas de encarte de *Dirt*. Segundo Sheeley, "ele entrou na loja e disse: 'Sinto muito pelo que fiz'. Eu disse: 'Do que você está falando?'. E ele: 'Bem, eu não lhe dei crédito'. E eu: 'É, eu sei. Tudo bem; aceito suas desculpas. Qual o motivo real de você vir até aqui?'".

"Ele estava tentando descobrir como obter dinheiro do Alice in Chains. Acreditava que eles deviam milhões de dólares a ele. E eu tive de lembrar a Mike que ele, na verdade, não contribuía muito para o processo de composição e que ele deveria checar seus documentos, porque provavelmente tinha vendido seus direitos autorais a certas coisas por algum dinheiro, naquela época".

Sheeley encorajou Mike a seguir com sua vida. Os dois tiraram uma foto juntos antes de Mike ir embora. Foi a última vez que Sheeley o viu. Mike foi para a Califórnia para gravar o reality show *Celebrity Rehab*, do VH1, pouco depois.

No início de 2010, Mike voltou à vida pública quando a terceira temporada de *Celebrity Rehab* foi ao ar. Segundo sua biografia oficial para o programa, ele já havia passado por tratamentos de reabilitação trinta vezes. A culpa de seu último encontro com Layne ainda pesava em suas costas sete anos depois.

Relembrando de sua overdose no Brasil, Mike disse ao Dr. Drew Pinsky que "eu deixei [Layne] morrer também, e ele tinha salvo a minha vida. Não é horrível? No meu aniversário". Numa narração em off, Pinsky descreveu Mike como alguém "claramente assombrado por sentimentos muito intensos acerca da morte de seu amigo Layne Staley", e acrescentou que isso ameaçava sua sobriedade e precisava ser discutido no tratamento. Com o incentivo de Pinsky, Mike finalmente disse a Nancy Layne McCallum seus sentimentos sobre a última vez que viu Layne.

Ele olhou nos olhos dela e falou: "Eu gostaria de ter percebido que ele estava morrendo. Gostaria de ter ligado para a polícia. Ele me disse que, se eu fizesse isso, nunca mais falaria comigo, mas não há desculpa. Eu deveria ter ligado mesmo assim. Gostaria que eu não estivesse chapado de benzodiazepam e de não ter simplesmente ido embora".

"Você viu Layne morrer?", perguntou McCallum.

"Não, eu não vi Layne morrer", respondeu Mike.

"Ele ficou irritado porque eu estava muito chapado. Ele costumava ficar furioso comigo quando eu tomava comprimidos. Ele dizia: 'Você fica um idiota com esses comprimidos'. E então eu fiquei furioso com ele, e disse: 'Tá legal, vou embora, então'. E as últimas palavras dele para mim foram: 'Desse jeito, não... não vá embora assim'. E eu o deixei lá sentado. Suas últimas palavras foram: 'Assim, não. Não acredito nisso'. Tenho muita vergonha disso".

"Sabe, Mike, ele poderia ter ligado para a polícia", disse McCallum.

"Ele não ligaria".

"Eu sei".

"Não, eu sei disso. Só estou dizendo, não sei por que ele não ligaria".

"Porque ele estava envergonhado. Um homem maravilhoso, com um talento enorme, tinha desperdiçado a vida e esse talento. Isso não é um julgamento; é só a declaração de um fato, e ele sabia disso. E foi uma coisa horrível, mas eu não te culpo, e nunca culpei. Layne teria perdoado você. Ele diria: 'Ei, eu fiz isso, não você'"[5].

Aaron Woodruff acredita que Mike nunca superou esse sentimento e se culpou até o fim da vida. Depois que as gravações do programa terminaram, ele participou da série subsequente *Sober House*. Tocou com alunos da School of Rock, juntamente com o ex-baterista do Guns N' Roses, Steven Adler, e o antigo guitarrista do KISS, Ace Frehley, durante um show no Henry Fonda Theatre, em Hollywood, que contou com covers de "Man in the Box" e "Shout It Out Loud" e "Rock and Roll All Nite", do KISS. Mike estava voltando a se envolver com música, com pelo menos duas novas empreitadas diferentes, segundo uma entrevista que concedeu a Pinsky no programa *Loveline*. Disse estar colaborando com o guitarrista de Iggy Pop, Whitey Kirst, com quem gravara onze faixas. Mencionou ainda um segundo projeto: no início de 2010, foi para Los Angeles para tocar com a cantora Leiana num cover de "Kool Thing", do Sonic Youth. Leiana disse ao site Blabbermouth.net que foi a primeira sessão de gravação sóbria de Mike em cerca de vinte anos. Foi também a última gravação dele[6].

Os primeiros sinais de Mike depois dos tratamentos e dos programas foram bons. Ele foi convidado para participar de uma palestra no Pasadena Recovery Center. Pinsky falou radiantemente sobre seu paciente, afirmando que "Mike, apesar de ter tido uma das recaídas mais sérias que já documentamos no programa, está numa condição fantástica. Eu o vi ontem à noite e mal posso esperar para recebê-lo no programa de rádio e deixá-lo falar por si mesmo. Ele está indo incrivelmente bem"[7].

Os ex-companheiros de banda de Mike fizeram críticas ao programa publicamente, mas não a ele. "A dependência em drogas não é brincadeira, e nós sabemos disso em primeira mão. Perdemos um grande amigo por conta disso. Mike merece uma vida melhor", disse Jerry durante uma entrevista a uma rádio em Atlanta. "Já aquele programa em particular, acho que é uma tremenda e vergonhosa farsa, que pega pessoas que estão numa situação muito vulnerável e as transforma em entretenimento para quem quiser ver... Na verdade, para mim é simplesmente desprezível. Não apoio aquilo de forma alguma".

Ele acrescentou: "Eu apoio Mike por completo, e apoio seus esforços para ficar sóbrio, ele segue sendo alguém por quem eu e a banda temos muito carinho – ele é nosso amigo, sabe, e nós desejamos o melhor para ele".

Sean expressou sentimentos semelhantes durante uma entrevista à rádio WMMR, da Filadélfia, ao dizer: "O programa explora pessoas [que estão] em seu momento mais vulnerável, quando elas não estão psicologicamente bem, e a parte triste é que, para os espectadores, é entretenimento, quando na verdade se trata de uma situação de vida e morte. Acho que o programa não ajuda ninguém, e transforma a possível morte de alguém em entretenimento, o que é patético e estúpido. Então, não apoio o programa de maneira alguma, acho que é bem nojento. Porém, Mike acertar a vida dele, e quem quer que esteja fazendo o mesmo, isso sim eu apoio"[8].

Durante a entrevista ao programa *Loveline*, os momentos nos quais Mike soava mais feliz eram quando falava sobre sua família, em particular sobre a mãe, para quem ele tinha comprado alguns móveis recentemente, disse ele, com um orgulho radiante na voz. Ao discutir o show beneficente anual organizado por Nancy McCallum em memória de Layne, ele expressou interesse em montar uma banda para o evento.

Mike ainda sentia saudades do amigo. "Me sinto nu sem Layne nesta vida", explicou. "Não me importo sobre essa coisa da banda. Não me importo que eles tenham me dispensado. Eu nunca larguei a banda, para começo de conversa. Não sou um desertor, disso eu tenho certeza. Não me importo com nada disso. Eu amo Layne pelo ser humano que ele é, e só... Eu realmente sinto falta dele".

Ao ser questionado sobre a possibilidade de se reunir com Jerry e Sean, Mike disse: "Jerry Cantrell e Sean Kinney são meus irmãos. Para sempre o serão. Passei dez anos com eles, e eles sempre serão meus irmãos, sempre estarão em meu coração, e eu faria qualquer coisa por eles. Então, se eles um dia me chamarem para tocar, eu com certeza tocaria com eles"[9].

Mike foi para San Diego em agosto de 2010 para visitar Aaron Woodruff, pegando um ônibus até a praia próxima de onde ele vivia. Havia uma rua interditada, onde estava acontecendo uma festa no quarteirão com uma banda ao vivo. Mike subiu no palco e tocou com a banda. "Ele subiu lá para fazer um som e todos o reconheceram, enquanto eu observava a atenção que ele estava recebendo. Fiquei muito orgulhoso dele e eu tive muita, mas muita vontade de chorar, de tão orgulhoso".

"Ele simplesmente foi chegando – o velho Mike estava de volta. Eu não tinha visto aquela animação desde o colégio, provavelmente. Foi carismático – uma energia positiva. Sabe, todo mundo adorou, ele estava muito bem e foi bem recebido". Foi a última vez que Woodruff o viu.

Naquele mesmo verão, Brooke Bangart – uma das amigas de infância de Mike – fazia check-in num hotel de San Diego com Melinda e Mike. Havia um grande piano de cauda no lobby, e ela ouviu "Hello", de Lionel Richie, vindo do instrumento. Era Mike tocando. Ao mesmo tempo, ela pensou: "Sei que é ele. Vamos ser expulsos daqui, certeza", disse Bangart no memorial de Mike[10].

No final de 2010 ou início de 2011, Mike se mudou para Salt Lake City para começar uma banda com Travis Meeks, o ex-vocalista do Days of the New. Na noite de 17 de fevereiro de 2011, Mike estava no banco do passageiro de uma van dirigida por Meeks, quando foram parados por uma viatura da polícia devido a uma violação de trânsito – Meeks tinha passado por cima de um canteiro ao fazer uma curva e Mike não estava usando cinto de segurança. Buttino ficou surpreso ao saber que Mike não estava de cinto. "É a coisa pela qual Mike mais me criticava, não colocar o cinto de segurança".

"Viu, seu guarda, o senhor já ouviu falar no Alice in Chains? Eu era o baixista deles. Estamos aqui em Utah, eu e o Travis, montando uma banda nova", disse Mike, segundo o boletim de ocorrência. O policial então fez uma verificação dos antecedentes de Meeks e Mike. Enquanto ele aguardava as informações na viatura, seu parceiro lhe entregou um frasco com comprimidos que Mike estava tomando, posteriormente identificados como seis comprimidos de Opana e seis comprimidos de alprazolam[11].

Meeks recebeu uma multa por dirigir com a habilitação suspensa e foi liberado. O policial descobriu o mandado de prisão de 2003 de Mike. Ele foi preso e mandado para a cadeia em Salt Lake City. Foi solto com base nas novas acusações, com a condição de que ele aparecesse no tribunal para a audiência. Alguém pagou a fiança de 20 mil dólares[12].

No final de fevereiro ou início de março, Mike conversou por telefone com Nancy Layne McCallum. Segundo ela relembrou durante o memorial dele, "ele tinha virado a página. Não estava obcecado com coisas antigas. Estava muito positivo e feliz, e eu sei que ele estava um degrau mais alto em sua escada para o Paraíso"[13].

No dia 7 de março, Travis Meeks, sua esposa, Micaela, e Mike foram de carro até Orem, Utah, para buscar uma receita de metadona. Mike fez diversos telefonemas ao longo do dia. Ligou para o noivo de Melinda, Chris Jurebie, e deixou uma mensagem de voz para ele. Suas últimas palavras na gravação foram: "Você é meu irmão mais novo. Eu te amo; somos irmãos para a vida"[14].

Em algum momento, ele deixou uma mensagem de voz de 35 segundos para um traficante, pedindo maconha, que depois foi postada no site TMZ[15].

Os Meekses passaram a noite acordados arrumando as malas para uma viagem de carro no dia seguinte. Por volta da meia-noite, Micaela foi ao banheiro do andar de cima, ao lado do quarto de Mike. Ela o viu ouvindo música e tentando dormir.

Segundo o boletim de ocorrência, Travis tentou acordar Mike entre as 5h e as 7h da manhã seguinte, para seguirem viagem. Ele foi descrito como "sonolento, mas respondeu a Travis". Foi a última vez que o viram com vida. Um motorista deveria passar para pegá-los naquela manhã, mas não apareceu. Ao invés de seguirem viagem, acabaram adormecendo de novo. Micaela estima que ela e Travis dormiram das 8h às 13h. Em algum momento da tarde, os Meekses encontraram Mike, vestindo uma camiseta e shorts de ginástica, deitado na cama perto de um laptop, desacordado. Ligaram para Spencer Roddan, o dono da casa. Roddan chegou alguns minutos depois e, às 13h42, ele chamou a polícia[16].

Agentes de polícia e bombeiros chegaram pouco depois. Os bombeiros determinaram que ele estava morto e que não havia mais nada que pudessem fazer. Mike tinha 44 anos. Os policias interrogaram os amigos de Mike que estavam na casa. Travis Meeks disse a eles que Mike estava em recuperação do vício, mas especulou que a pressão de voltar à música e cair na estrada pudesse ter sido demais para ele. Disse também que Mike vinha usando *benzos* – uma mistura de metadona e diazepam. Roddan disse à polícia que Mike estava usando Percocet, metadona e, segundo o boletim de ocorrência, "outras substâncias, incluindo uma descrita [por Roddan] como Opana, um opiáceo forte". Os agentes ainda encontraram frascos vazios de comprimidos controlados, com o nome de Mike, e comprimidos brancos não identificados[17].

Um dos agentes ligou para Gayle Starr para informá-la da morte do filho. Ela disse a ele que Mike tinha "muita ansiedade e problemas de coluna", mas que desconhecia outros problemas de saúde. Ela disse ainda que ele teve problemas com drogas por vários anos[18].

O Alice in Chains postou uma declaração no site da banda, que dizia: "Jerry e Sean lamentam a perda de seu amigo e pedem que a mídia respeite sua privacidade – bem como a da família Starr – durante esse período difícil. Seus pensamentos & preces estão voltados para a família Starr". Em sua página pública no Facebook, Mike Inez escreveu: "Descanse em paz, Michael Christopher Starr. Vou tocar suas grandes linhas de baixo com integridade e verdade. Você quebrava tudo. Ponto final".

Outros músicos usaram o Twitter para oferecer condolências e prestar homenagens a Mike, incluindo o ex-membros do Guns N' Roses Steven Adler, Matt Sorum e Slash, o ex-baterista do Dream Theater, Mike Portnoy, e o baixista do Mötley Crüe, Nikki Sixx. Duas colegas de Mike do elenco de *Celebrity Rehab*, Mackenzie Phillips e Lisa D'Amato, também prestaram suas homenagens, bem como o Dr. Drew Pinsky e Jennifer Gimenez, a coordenadora da casa em *Sober House*[19].

Em seu testamento, Mike apontou a mãe, Gayle, como inventariante de seu espólio e sua irmã Melinda como substituta, caso Gayle estivesse impossibilitada de atuar nessa capacidade. O testamento afirma que Mike pretendia fazer uma lista de suas propriedades pessoais para serem doadas como presentes posteriormente. O restante de seu espólio e patrimônio deveria ser distribuído igualmente entre seus pais e irmã. Segundo um documento do tribunal, o espólio de Mike estava avaliado em US$ 350 mil – primordialmente em pagamentos futuros de royalties – e que suas dívidas não passavam de US$ 240 mil, o que significava que seu espólio seria solvente[20]. Não há estimativas disponíveis publicamente do valor atual do espólio de Mike, cinco anos após sua morte.

Um memorial privado aconteceu no Experience Music Project em 20 de março de 2011, seguido imediatamente de um memorial público na International Fountain[21]. Fotos foram compiladas para um slideshow, que foi projetado num telão durante os discursos. O baixo Spector branco de Mike, sua marca registrada, foi colocado em exposição no palco. Seus amigos e familiares compartilharam lembranças de sua época de escola até seus últimos dias.

"[Um momento] muito duro" foi como Buttino descreveu o memorial. "Kathleen [Austin] veio até mim e simplesmente me abraçou por um momento, e depois ficou um tempo comigo, ela sabia o quão difícil era para mim. Eu não conversava com Gayle havia algum tempo, e foi muito difícil para mim ir até ela. Ela só me deu um grande abraço, e eu disse que a amava e que tinha tentado, e nós dois ficamos prestes a cair em prantos, então me afastei. Foi o momento mais difícil pelo qual já passei".

O Dr. Drew Pinsky e Mike Bloom, cofundador do Pasadena Recovery Center, enviaram depoimentos em vídeo com suas condolências, que foram incluídos numa montagem com os momentos de destaque de Mike em *Celebrity Rehab* e *Sober House*.

Ken Kramer, guitarrista do SATO, disse: "Me lembro dele apenas como uma pessoa incondicionalmente amorosa. Não importava, qualquer um de vocês, quem quer que fosse, se você o conhecia, ele te amava incondicionalmente, não importava o que acontecesse".

Xana La Fuente, a noiva de Andrew Wood, recordou-se: "Da última vez que vi Mike, eu disse a ele que não desistiria dele mesmo que eu estivesse sobre seu túmulo. Ontem se completaram vinte e um anos, dezesseis horas e... bem, vocês sabem [da morte de Wood]. As pessoas que estiveram ao meu lado durante aquele momento foram Jerry, Mike – vocês deixaram tudo muito melhor para mim. Não dizemos adeus para Mike. Dizemos olá para o céu".

Happenin' Harry, um promoter e músico de Los Angeles, disse que, quando os dois moravam juntos, um dia Mike saiu de seu closet usando suas roupas, porque queria se fantasiar de Harry para o Halloween. Ele também se recordou de Mike distribuindo, em shows, notas de cem dólares para guitarristas famintos que não tinham gasolina suficiente para voltar para casa. Harry certa vez foi à casa de Mike, que estava "muito orgulhoso" de ter comprado um carro novo. "Cara, olha só!". Harry achou que ia pegar uma carona no passeio, mas Mike entrou no carro sozinho e deu uma volta no quarteirão.

Jerry e Sean estavam presentes. Jerry disse: "É incrível ver todas essas fotos. Me fez pensar de quando o conheci, acho que foi em Burien. Minha mãe e minha avó tinham acabado de falecer, e eu realmente não tinha para onde ir. Eu tinha conhecido um cara, Tim Branom, que me convidou para ficar em sua casa por alguns dias. Eu meio que acampei no porão dele, e ele me disse que um cara estava vindo para tocar baixo conosco, para fazer um teste para o Gypsy Rose, acho. Mike chegou de moto, com um visual muito *cool*, cara. Ele foi um grande cara. Passamos cerca de uma semana juntos. Eu, na verdade, não entrei na banda. Brock [Graue] foi quem entrou. Acho que Mike durou um pouco mais do que eu".

"Conheci Layne [...] pouco depois disso", explicou Jerry. "Ele me apresentou a Sean, e nós conversamos sobre talvez nos juntarmos para fazer um som. Ele disse: 'Cara, você tem alguma ideia de baixista?'. E eu: 'Conheci esse cara, Mike Starr, que é muito maneiro'. E ele: 'Isso é muito esquisito, porque ele é meu amigo e eu estou saindo com a irmã dele. Acho que dá pra rolar'. Então ele chamou Mike, e foi assim que tudo começou para nós".

"Só estou pensando nas coisas boas, e há muitas delas. Criamos música incrível juntos. Isso sempre continuará vivo. Estamos no processo de tocá-la, ainda vivemos isso. Essa parte está sempre viva, e Mike teve um grande papel nisso. Éramos um bando de moleques desordeiros, cara. Criamos vínculos; moramos debaixo de um cais no Music Bank. Fazíamos bicos – Layne e eu fazíamos bicos para comprar comida congelada. Mike, Sean e eu íamos ao 7-Eleven às quatro da manhã para comprar a comida seca já velha. Contávamos uns com os outros e éramos uma família. Gayle nos deu um lugar para morar, e nós moramos naquela casa por muito tempo. John morou conosco por um tempo. Mel era parte da família. Ele foi um bom homem. Tinha uma alma boa. Um grande coração. Ouvi um grande amigo meu, que não está mais conosco, dizer que o melhor que podemos esperar é sermos humanos, e isso Mike certamente foi. Ele era meu amigo. Eu o amo e vou sentir sua falta"[22].

CAPÍTULO 29

"Há uma história que não deve ser esquecida, e há uma história prestes a ser feita".
— Susan Silver

Como Layne morreu sem um testamento, não era casado e não tinha filhos, seus pais biológicos tiveram de entrar na justiça para serem nomeados coadministradores de seu espólio. Segundo um documento do tribunal, o espólio de Layne estava avaliado "no valor aproximado de mais de US$ 500.000" e suas dívidas em "menos de US$ 100.000"[1]. Não há estimativas disponíveis publicamente do valor atual desse espólio, quatorze anos depois da morte de Layne.

O processo de vasculhar o apartamento de Layne e listar o inventário de seus bens pessoais não foi fácil. Devido a preocupações sanitárias envolvendo a parafernália de drogas encontrada no apartamento e o diagnóstico de hepatite C de Layne, uma equipe de limpeza especializada foi contratada para desinfetar todo o apartamento antes que começassem a guardar as coisas dele.

Mike Korjenek, funcionário da empresa de impermeabilização que já tinha feito serviços no prédio, foi contratado para trabalhar no apartamento menos de uma semana depois da morte de Layne. Quando Korjenek e um colega entraram no apartamento – sabendo da identidade do falecido proprietário – notaram que o carpete tinha sido trocado e todos os móveis retirados.

"Estava basicamente vazio, e parecia que alguém já tinha feito algum trabalho no interior do imóvel", recordou-se Korjenek. Enquanto trabalhava, o apartamento já estava sendo mostrado a compradores em potencial. "Uma das corretoras veio falar comigo e deu a entender o seguinte: 'Não mencione nada sobre o astro do rock que morreu aqui'".

Depois de sua morte, descobriu-se que vários depósitos de Layne tinham sido arrombados, de modo que alguns de seus bens tinham sido roubados ou estavam desaparecidos. Entre os itens levados e posteriormente recuperados estavam: obras de arte, que colocaram o espólio na frustrante posição de ter de comprá-las de volta de pessoas que achavam que "Layne gostaria que [as obras] ficassem com elas"; sua moto Harley Davidson, que tinha sido pilotada por oitenta quilômetros com os dois pneus furados e se encontrava exposta na sala de estar de alguém; itens retirados de seu carro, que também foi extremamente depredado. Depois de ficar sabendo da morte de Layne, o Departamento de Polícia de Lynwood contatou o de Seattle para informar que estava com a estatueta do MTV Video Music Awards de Layne em sua sala de provas. Os diários de Layne também foram roubados, mas, até o momento da escrita deste livro, não foram recuperados[2].

Susan disse, posteriormente: "Passei por um incidente em 2002 com outro cliente que tinha sido um dependente sério de drogas e tinha vários de seus pertences guardados em depósitos que foram arrombados. Em dado momento, uma caixa de pertences seus foi parar nas mãos de um cara que tentou extorquir US$ 50.000 dele e de seus companheiros de banda pela caixa, foi uma sensação terrível"[3].

Alguns desses itens podem ter sumido por outras razões que não roubo. Segundo várias fontes, Layne era muito generoso. Um exemplo: vários anos antes, ele tinha dado a Ron Holt letras manuscritas e obras de arte, itens que Holt desde então perdeu. Há um mercado para memorabília de Layne Staley que é potencialmente muito lucrativo. Segundo Darren Julien, presidente e CEO da Julien's Auctions, em Beverly Hills, suas letras manuscritas e obras de arte podem valer vários milhares de dólares por item. Dependendo do conteúdo, seus diários podem valer dezenas de milhares de dólares. O desenho original de Layne para a capa de *Above*, juntamente com as cartas manuscritas de Layne para a gravadora referentes ao mesmo disco, foi vendido na Christie's por mais de dez mil dólares[4].

Menos de um ano depois da morte de Layne, o livro de Adriana Rubio, *Layne Staley: Angry Chair – A Look Inside the Heart and Soul of an Incredible Musician*, foi publicado, em janeiro de 2003. Mal escrito, o livro traz como valor informativo apenas uma série de citações atribuídas a Layne que Rubio alegou serem de uma entrevista que ele concedeu a ela num telefonema às 3h da manhã no dia 3 de fevereiro de 2002. Como o livro foi publicado depois de sua morte, Layne não foi capaz de comentar sobre as citações atribuídas a ele. Evidências sugerem que essa conversa nunca aconteceu.

No e-book atualizado, reintitulado *Layne Staley: Get Born Again*, Rubio disse que conversou com Layne por duas horas e meia e iria publicar a transcrição completa dessa conversa. Baseando-nos no que Rubio escreveu, fica claro que ela não falou com Layne por duas horas e meia. O trecho do livro que detalha essa conversa tem aproximadamente seis páginas. Em contraste, minhas entrevistas com Randy Hauser – um total de duas horas e trinta e três minutos – têm 101 páginas; com Mark Pellington – vinte e sete minutos –, 11 páginas. Não há como o conteúdo publicado por Rubio ser a transcrição de uma entrevista de duas horas e meia.

Durante minha pesquisa, li ou ouvi comentários de Layne em muitas entrevistas ao longo dos anos e obtive citações atribuídas a ele. Ao fazer isso, me familiarizei com seu modo de falar, suas escolhas de palavras e com os tipos de assunto que ele discutiria ou não. Deixando de lado a substância dos comentários no livro de Rubio, é necessário atentar à linguagem. Não parece nem soa como algo que ele teria dito. Há pelo menos dez momentos em que ela cita Layne fazendo referências específicas a letras ou títulos de canções do Alice in Chains ou do Mad Season. Ao longo dos três anos em que realizei minha pesquisa, não encontrei Layne se referindo uma única vez sequer a suas próprias letras ou títulos de canções, da maneira como Rubio alega que ele o fez em sua entrevista.

Na primeira edição do livro, há uma citação atribuída a Layne na qual ele estaria falando sobre a poesia de Jim Morrison, que termina assim: "Por favor, vá ler sobre Morrison e Deus, veja como os governos de todos os países nos matam, assista ao noticiário... e aí me diga se eu estou errado: posso ser como meu DEUS SOU?". Além da referência à letra de "God Am" ["*Can I be as my God Am*"], Layne supostamente teria tocado num tema caro a Rubio: ela escreveu um livro intitulado *Jim Morrison: Ceremony – Exploring the Shaman Possession*, e, vale notar, para este livro ela tentou entrevistar um homem do Oregon que alegava ser Morrison, que supostamente forjou sua própria morte décadas antes[5].

Rubio e John Brandon estavam colaborando numa cinebiografia de Layne, com Rubio a cargo do roteiro e Brandon responsável pela direção e contribuições ao argumento. Segundo Rubio, um dos produtores envolvidos recebeu uma carta de um escritório de advocacia representando o Alice in Chains. Um trecho da carta, citado no blog de Rubio, diz: "A obra literária na qual seu projeto se baseia contém informações errôneas sobre nossos clientes e os retrata sob uma luz negativa e falsa. Já que nossos clientes não podem se envolver em seu filme e não apoiarão nenhum projeto baseado por completo ou em parte em qualquer obra literária escrita pela Sra. Rubio e pelo Sr. Brandon, nossos clientes gostariam que os senhores abandonassem o projeto e buscassem outros que não envolvessem a participação de nossos clientes, nem as obras literárias da Sra. Rubio e do Sr. Brandon".

Segundo o blog de Rubio, o projeto foi abandonado porque "o espólio de Staley não autorizou". Por e-mail, Rubio disse que passou meu pedido de entrevista a John Brandon, mas não tinha uma resposta dele. Ela recusou ser entrevistada, citando problemas de saúde de sua mãe. "Com todo respeito", escreveu, "tanto Layne Staley quanto o AIC não são uma prioridade em minha vida no momento". O livro contribuiu para informações equivocadas sobre Layne, tanto que, mais de uma década depois, sua "entrevista" ainda é citada na página da Wikipédia sobre ele, até o momento desta escrita. A família de Layne repudiou o livro de Rubio[6].

Em 9 de dezembro de 2011, um advogado entrou com um pedido junto ao Departamento de Marcas e Patentes dos Estados Unidos no intuito de registrar o nome Alice in Chains como propriedade da Nancylayneco LLC, companhia com base em Seattle controlada por Nancy Layne McCallum, também sua dona. Advogados representando o Alice in Chains com um aviso de oposição em janeiro de 2013, contestando o pedido de McCallum e solicitando que este fosse negado pelo Departamento de Marcas e Patentes. Até o momento da escrita deste livro, a propriedade da marca Alice in Chains ainda não foi determinada, mas, segundo arquivos legais datados de 9 de julho de 2014, foi pedida uma extensão do período de determinação porque ambas as partes estão "discutindo um acordo"[7].

Em 2001, Chris Cornell começou a trabalhar com o Audioslave. Segundo registros do tribunal, ele deu entrada numa clínica de reabilitação no final de 2002 e, enquanto esteve lá, ele e Susan se separaram. Cornell entrou com um pedido de divórcio um ano depois[8]. Segundo um documento entregue à corte pelos advogados de Susan, Cornell queria finalizar o divórcio rapidamente porque sua namorada, a publicitária Vicky Karayiannis, que residia em Paris, estava grávida, e ele queria começar uma família com ela. Posteriormente, os dois viriam a se casar. Ele propôs um acordo a Susan, que aceitou, e o divórcio foi concluído em 2 de março de 2004[9].

O processo do divórcio se estenderia por vários anos, envolvendo múltiplos casos, tribunais e advogados em Washington e na Califórnia. Houve mais disputas legais por bens pessoais de Cornell que tinham ficado na residência do casal em Seattle, agora de propriedade de Susan, incluindo estatuetas do Grammy, letras e demos de canções e uma coleção de guitarras que Cornell usara ao longo da carreira.

No início da década, o Alice in Chains ainda estava em hiato. Embora tivesse deixado a porta aberta para uma reunião do Alice, contanto que os quatro membros estivessem "vivos", Jerry fez outro álbum solo[10]. Dave Hillis se mudou para Los Angeles em 2000 e encontrou Jerry por acaso no Sunset Marquis, em West Hollywood. Os dois começaram a andar juntos. Na época, Hillis morava num apartamento studio em Hollywood e estava esperando um de dois quartos vagar no mesmo prédio. Quando ele enfim se mudou, Jerry acabou ficando com seu antigo apartamento.

Segundo Hillis, havia muitos músicos e atores morando nesse prédio, incluindo o Comes with the Fall, uma banda de Atlanta da qual Jerry era fã. Foi o começo da amizade de Jerry com William DuVall.

"O Comes with the Fall tinha acabado de se mudar de Atlanta para LA", disse William numa entrevista em 2013. "[Jerry] veio até mim e se apresentou, no Dragonfly Club, no Santa Monica Boulevard, em LA. Foi assim que nos conhecemos. Então, ele passou a aprender nossas músicas conosco em nosso apartamento. Ele ia até lá e dizia: 'Me mostrem isso aí que vocês estão fazendo'. Ele estava concluindo *Degradation Trip* e nos convidou para sair em turnê com ele, então isso meio que cimentou nossa amizade"[11].

A carreira musical de William começara com o Neon Christ, banda de hardcore de Atlanta na qual ele tocava guitarra, no outono de 1983. O Neon Christ lançou um disco gravado e produzido pela própria banda em 1984, pela Social Crisis Records – nome inventado por William. Além de músicos e produtores, os integrantes do Neon Christ tinham de ser empreendedores de negócios, responsáveis por vender os próprios discos. "No início da cena hardcore nos EUA, era tudo muito pequeno. Eu até estenderia isso à cena inteira do mundo todo – pequenos grupos na Finlândia, e então você descobria um outro pequeno grupo no Japão, mais um na Itália, e trocava cartas", disse William numa entrevista ao zine *Drowned in Sound* em 2013. "Você tentava criar músicas no próprio quarto, e então enviava correspondência e recebia encomendas da Rússia no quarto de um amigo, recebia cartas em inglês errado... isso era antes da internet, no início dos anos 80, e era tudo tão pequeno e inocente, e tão passional".

Sobre a significância da cena hardcore, William disse: "Foi o primeiro momento em que a molecada de fato assumiu o controle dos meios de produção, de uma maneira significativa, que estava acontecendo ao redor do mundo, sem que você e a sua pequena cena ficassem sabendo de mais ninguém. Foi algo curioso no inconsciente coletivo, que simplesmente tinha de acontecer"[12].

Segundo Randy DuTeau, vocalista e colega de William no Neon Christ, a banda começou muito influenciada pelo thrash, mas a música passou da ênfase na velocidade à ênfase na estrutura e na melodia. Essa evolução musical se deu, em grande parte, como resultado da vasta gama de influências que William tinha até aquele momento[13].

Jerry convidou o Comes with the Fall e mais uma banda, o Swarm, para serem as atrações de abertura de uma turnê solo por clubes e casas pequenas em março e abril de 2001. Além disso, o Comes with the Fall exerce uma segunda função, a de banda de apoio de Jerry, porque Rob Trujillo e Mike Bordin não estavam disponíveis para a turnê[14].

Depois de voltar para Seattle e de comparecer ao memorial de Layne, Jerry decidiu não cancelar nenhum dos shows que restavam. Na primavera e no verão daquele ano, ele se viu numa situação estranha ao abrir para o Nickelback e o Creed, duas bandas influenciadas pelo Alice in Chains.

A turnê Nickelback/Jerry Cantrell passou por Seattle um mês depois da morte de Layne. Jerry dedicou "Down in a Hole" e "Brother" a ele, e esta contou com a participação de Ann e Nancy Wilson. Ele encerrou seu set com "Them Bones"[15].

Sean e o ex-guitarrista do Queensrÿche, Chris DeGarmo, formaram um projeto paralelo em 1999, depois que terminaram a turnê de *Boggy Depot*. Mike Inez e Vinnie Dombroski foram recrutados para completar a banda. O grupo foi batizado de Spys4Darwin – em referência a um dos sem-teto que viviam perto do estúdio onde eles trabalhavam em Seattle. Em 2001, a banda lançou um EP de seis músicas intitulado *microfish*. Depois que Jason Newsted saiu do Metallica, Mike foi considerado para substituí-lo, mas o posto acabou com Robert Trujillo.

Mike se juntou ao Heart em 2002, trabalho que duraria quatro anos. Em 22 de outubro de 2004, a sociedade Alice in Chains – que consistia, nessa época, em Jerry e Sean – recebeu uma carta da Sony Music que declarava: "A Sony BMG foi recentemente avisada que tanto Jerry Cantrell quanto Sean Kinney deixaram de atuar como membros do grupo 'Alice in Chains'. A Sony BMG vem por meio desta notificar [...] a decisão de encerrar o contrato", referindo-se ao contrato assinado com a banda em setembro de 1989[16]. Pela primeira vez em quinze anos, o Alice in Chains estava sem gravadora.

Mais de dois anos depois da morte de Layne e dois meses depois de serem dispensados da Sony, foi preciso outra tragédia – esta, de proporções cataclísmicas – para reunir os membros do Alice in Chains. Em 26 de dezembro de 2004, um terremoto de magnitude entre 9.1 e 9.3 no Oceano Índico causou uma série de tsunamis devastadores, matando mais de 227 mil pessoas e desabrigando quase 1,7 milhão de pessoas em quatorze países por todo o Sudeste Asiático. Foi o terceiro terremoto mais forte já registrado desde que a medição de magnitudes começou, em 1899[17].

Alguns meses depois, Sean estava ajudando na organização de um show beneficente em Seattle, cuja renda seria integralmente encaminhada para auxílio às vítimas. O show foi anunciado na rádio KISW. O burburinho e a demanda por ingressos foram imediatos. Segundo Jeff Gilbert, "foi algo que explodiu pela cidade toda. Os ingressos esgotaram tão rápido que havia gente à procura de cambistas, na tentativa de conseguir um".

O plano para o show era que Sean, Jerry e Mike – em sua primeira apresentação em público como Alice in Chains desde 1996 – tocassem com uma série de cantores, incluindo Maynard James Keenan, do Tool, Wes Scantlin, do Puddle of Mudd, Ann Wilson, do Heart, e Pat Lachman, do Damageplan. O show terminou com Wilson, Keenan, Lachman e Scantlin se revezando numa versão de "Rooster" descrita pelo *Seattle Post-Intelligencer* como à la 'We Are the World'". O concerto levantou mais de US$ 100 mil para as vítimas do tsunami[18].

A resposta do público foi absolutamente positiva. "Foi algo muito legal de se fazer em nossa cidade natal, e provavelmente não pensamos muito a respeito até estarmos no palco. Nossa reação ao tocar aquelas músicas sem Layne foi: 'Nossa...'. Lidar com aquela realidade foi algo pesado e, de certa maneira, cicatrizante também", se recordaria Jerry[19].

"O público foi à loucura. Acho que foi esse o ponto onde os caras realmente pararam e pensaram: '*OK, acho que podemos fazer isso novamente*'. E eles estavam ótimos – soavam muito poderosos", disse Gilbert. "Foi brilhante. Foi um momento muito renovador, vê-los retornar como se dissessem: 'Ainda não estamos mortos'. Eles arrasaram, e em grande escala".

Depois que a banda se reuniu, na primavera de 2006, Duff McKagan se juntou brevemente ao Alice in Chains como guitarrista base. Embora a banda tenha sido um pouco criticada por continuar sem Layne, McKagan foi aberta e completamente favorável ao retorno. "Aqueles caras tinham de seguir em frente, porque ainda tinham muito o que oferecer ao mundo do rock and roll. Numa era de rock corporativo pasteurizado, nós precisamos da porra do Alice in Chains", escreveu ele em seu livro de memórias. Durante o primeiro ensaio com William, o plano era deixá-lo à vontade aos poucos, mas ele foi direto para "Love Hate Love", canção cujos vocais são mais desafiadores, e foi perfeito. Depois que terminaram de tocar, Sean olhou para William e disse: "Acho que a procura basicamente acabou"[20].

A primeira apresentação de William em público como vocalista do Alice in Chains aconteceu no dia 10 de março de 2006 no Trump Taj Mahal, em Atlantic City, Nova Jersey. O Alice in Chains, juntamente com outros artistas, tinha sido convidado para participar de um episódio de *Decades Rock Live!*, do VH1, em homenagem ao Heart. Foi a segunda vez que a banda se apresentou em público em uma década – e o maior show desde os últimos shows de Layne, em 1996 – e a apresentação seria filmada para um especial de TV[21].

O plano era que o Alice in Chains tocasse "Would?" com o ex-*frontman* do Pantera, Phil Anselmo, nos vocais – performance que ele dedicou a Layne e a seu antigo companheiro de banda Dimebag Darrell, assassinado em 2004; "Rooster" com Ann Wilson e "Man in the Box" com William. Durante um ensaio geral, Wilson ainda não tinha chegado, então William cantou "Rooster" no lugar dela. Wilson chegou no meio da música e, depois de ouvi-lo, disse a ele: "OK, você vai ter de cantar essa música".

Sobre a decisão de Ann Wilson de ceder o lugar a ele, William disse: "'Rooster' deveria ser o momento dela, estavam falando sobre isso na imprensa e tudo mais, 'esperem até ouvir Ann cantar "Rooster"', e então ela passou a música para mim! Desmantelou a coisa toda. Foi ótimo, porque, ao fazer isso, ela garantiu a minha participação no programa durante a transmissão, o que deu vazão à ressurreição da banda propriamente dita"[22].

A filmagem foi significativa para Susan, que tinha assinado alguns acordos com Chris Cornell alguns dias antes. "Eu me dei conta de que estava tudo bem. Por mais angústia mental que tivéssemos passado – 'É certo continuar sem *Layne?*' – havia um mantra se repetindo na minha cabeça enquanto eu assistia aos ensaios: '*Escolha viver, escolha viver*'. Eles escolheram viver e escolheram o que eles amam fazer – tocar música. Foi muito inspirador", disse ela. Susan comparou o que Ann fez por William naquela noite ao que Cornell fizera por Eddie Vedder quase dezesseis anos antes – ela tinha dado sua bênção ao novato durante um programa de televisão exibido em rede nacional. "Eu sei que é algo muito pessoal para mim, mas foi também um momento histórico. Aquele reconhecimento específico de como as coisas estão agora, de que há uma história que não pode ser esquecida, e de que há uma história a ser feita"[23].

O segundo show de William teria proporções bem menores: uma apresentação fechada, somente para convidados, no Moore Theatre, em Seattle. Mas provavelmente a pressão era ainda maior, não só porque a casa tinha grande significância histórica para o Alice in Chains, mas também porque na plateia estavam os pais de Layne e Kim Thayil[24]. Jeff Gilbert estava presente no show exclusivo e ficou impressionado com o que viu e ouviu. "No momento em que ele abriu a boca, pensei: '*Deus do céu! De onde ele tira esse som e essa potência?*'. Você não imaginaria que alguém tão magro conseguiria empurrar ar o suficiente pela boca para conseguir aquela sonoridade", recordou-se ele. "[William] estava numa panela de pressão, numa cidade que tanto amava aquela banda, e no lugar que fora de Layne. Quero dizer, não consigo nem imaginar o quão aterrorizante deve ser. Mas ele desempenhou seu papel com muita classe, graça e potência, e a banda entregou um set perfeito. Me lembro de virar para alguém e dizer: 'Você acredita nisso? Eles conseguiram realizar o impossível'".

Sobre William assumir o posto que pertencera a Layne, Mike disse: "Eu nunca vi um cara simplesmente se postar diante de um público, olhá-los nos olhos, e não que ele estivesse tentando substituir Layne, mas aquilo foi basicamente uma coisa muito corajosa de se fazer"[25].

Nunca houve planos de mudar o nome da banda, apesar de algumas discussões entre os fãs do Alice in Chains. Há dois precedentes de bandas que seguiram em frente depois da morte de seus vocalistas: o Joy Division, que passou a se chamar New Order, e o AC/DC, que seguiu com o nome original. O Alice in Chains optou por esse segundo caminho. "Nunca nem passou pela nossa cabeça mudar o nome", disse Sean à jornalista Gillian Gaar. "Poderíamos passar a nos chamar Leather Snake, tocar nossas músicas e as pessoas diriam: 'Os caras do Alice in Chains vão tocar em tal lugar!'. Elas nunca diriam: 'Ei! O Leather Snake detona!'"[26]. Depois de sair em turnê com William por quase dois anos, a banda começou a explorar a ideia de compor e gravar material novo pela primeira vez em uma década. Terminada a turnê Alice in Chains / Velvet Revolver, em outubro de 2007, Jerry planejava tirar algumas semanas de folga. Ao invés de descansar, ele começou a compor músicas novas logo no primeiro dia em casa. A banda alugou um casa com um estúdio e gravou uma demo. Pouco depois, assinaram contrato com a Virgin/EMI para o lançamento do próximo álbum[27].

Dave Grohl sugeriu que a banda gravasse no Studio 606, o estúdio do Foo Fighters no Vale de San Fernando, com o produtor Nick Raskulinecz. Quando Raskulinecz recebeu um telefonema com a notícia de que o Alice in Chains queria que ele produzisse seu próximo álbum, ficou hesitante, a princípio. Ele crescera ouvindo Alice in Chains. "Como pode haver Alice in Chains sem Layne Staley?". Depois de se conhecerem, a banda tocou "Check My Brain" para ele, que topou de imediato. Ele disse à revista *Mix*: "Como fã e, agora, produtor do Alice in Chains, eu sabia o que queria ouvir: o disco seguinte a *Dirt*, que eu não sentia que eles tinham feito". Jerry e William não tiveram problemas em recriar as harmonias de duas vozes, marca registrada da banda. Segundo o engenheiro de som do álbum, Paul Figueroa, "aquela parte do Alice não morreu; quando se ouve aquelas harmonias, é quase como ouvir um fantasma"[28].

"Check My Brain" é conduzida por repetidas tensões e relaxamentos de duas notas nas guitarras, o que dá à música uma sensação de vai-e-vem, de náusea em alto mar. A letra fala sobre "se encontrar na barriga da besta, e estar completamente de acordo com viver ali", segundo Jerry. "Toda banda de rock tem uma música sobre a Califórnia, então [essa] é meio que a canção da Califórnia anti-Califórnia, sem realmente abandonar o lugar"[29]. Houve discussões preliminares para a banda se aliar novamente a Mark Pellington para o videoclipe, mas não deu certo e outro diretor foi escolhido.

A peça central emocional do álbum é a faixa-título, "Black Gives Way to Blue", o tributo musical da banda a Layne. Jerry escreveu a música e disse o seguinte sobre ela: "Lidamos com tudo aquilo intimamente, e continuamos a fazê-lo, a realidade da morte de Layne e a realidade do que fazer com o restante da vida, então eu tentei colocar isso numa canção. Acho que foi a primeira vez que disse essas coisas em voz alta"[30]. Quando chegou a hora de gravar "Black Gives Way to Blue", houve um debate sobre quem deveria tocar a parte de piano. Baldy, o responsável pelo blog da banda e membro da equipe há vários anos, deu uma sugestão aparentemente implausível: "Por que vocês não chamam Elton?".

Num primeiro momento, deram risada da ideia de chamar Elton John, com Jerry observando ceticamente: "Ah, claro! Tenho certeza de que ele tem muito mais o que fazer do que vir até aqui para tocar na nossa música".

Mas Baldy, que já tinha trabalhado para Elton John anteriormente, persistiu. "Você só vai saber se perguntar a ele", apontou. Jerry enviou um e-mail a Elton, explicando o quanto a música dele significava para a banda e sobre o que tratava a canção, bem como uma gravação demo. Para a surpresa de todos, Elton respondeu, dizendo que gostara da música e que tocaria nela.

"Ele estava muito relaxado e gracioso no estúdio, e tem um ótimo senso de humor", recordou-se Jerry. "Nós estávamos tentando manter as aparências: 'Ah, claro, nada de mais'. Mas estávamos empolgados. [Sean] e eu tivemos de sair do estúdio algumas vezes para fumar, e dizíamos: 'Puta merda, isso é demais'. É um daqueles pontos altos da vida que não se pode esperar, e é preciso ser muito sortudo para vivenciá-los de vez em quando. Foi definitivamente um desses".

"Fiquei surpreso em receber um convite do Alice in Chains. Nunca pensei que tocaria num disco deles", disse Elton à *Entertainment Weekly*. "Quando ouvi a música, eu quis muito participar. Gostei do fato de que ela é tão linda e muito simples. Eles tiveram uma ótima ideia do que gostariam que eu fizesse e o resultado foi excelente".

Foi assim que Elton John – o homem cujo show foi o primeiro que Layne viu na vida, levado por Jim Elmer, cujas músicas Layne cantou ao piano, bebendo cerveja barata, durante as madrugadas no Music Bank, que teve uma influência profunda na decisão de Jerry de se tornar músico – acabou tocando piano numa canção do Alice in Chains sobre Layne[31].

No início de julho de 2009, Susan deu uma festa em sua casa em West Seattle, e cerca de cinquenta convidados compareceram, todos amigos próximos, incluindo Jeff Gilbert. Em dado momento durante a festa, ela disse: "Vou colocar umas músicas novas para tocar lá embaixo". Gilbert e cerca de doze outros convidados a seguiram até o cômodo, onde, sem que ninguém soubesse do que se tratava, ela colocou Black Gives Way to Blue para tocar inteiro – foi a estreia do álbum, para um grupo pequeno de amigos mais chegados.

"Ela colocou o álbum e, rapaz, já começa com aquele *riff* de 'Check My Brain'. E na hora percebi um arrepio de adrenalina atravessar a sala", recordou-se Gilbert. Não havia receio de que o álbum estivesse sendo gravado em segredo para ser vazado na internet, porque os convidados eram todos amigos próximos de Susan e foram todos pegos de surpresa.

Black Gives Way to Blue foi lançado em 29 de setembro de 2009 e entrou na parada da Billboard na 5ª posição, ganhando depois um disco de ouro da RIAA. Uma mudança importante na indústria musical desde que o Alice in Chains havia lançado um álbum pela última vez, quatorze anos antes, foi a emergência do formato MP3 e das tecnologias de compartilhamento de arquivos. O álbum vazou duas semanas antes da data de lançamento. Durante uma entrevista à rádio Q101, Sean comparou o fato, na brincadeira, a um estupro na prisão: "É como ir para a cadeia – você sabe que vai ser estuprado, mas não está pronto para isso. Todos acham que estão preparados, mas na verdade ninguém está preparado para um estupro tão violento"[32].

Depois do sucesso de Black Gives Way to Blue, a banda fez uma pausa. Havia algumas ideias musicais que tinham surgido durante a turnê – Jerry criou o *riff* de "Hollow" enquanto se aquecia para o último show, em Las Vegas –, mas o próximo álbum precisaria esperar. Jerry teve de passar por uma cirurgia devido a um esporão ósseo no ombro – procedimento pelo qual já havia passado seis anos antes, no outro ombro. Ele gravou uma demo de "Voices" antes da cirurgia. Enquanto se recuperava, criou o *riff* de "Stone" na cabeça, mas, como não podia tocar guitarra ainda, gravou a melodia cantada em seu iPhone[33].

Assim que Jerry se recuperou, o trabalho no álbum começou para valer, novamente com Nick Raskulinecz como produtor. Antes disso, em 31 de maio de 2012, Jerry foi homenageado pela MusiCares – uma fundação criada pela National Academy of Recording Arts and Sciences para servir de apoio a músicos durante emergências financeiras, médicas ou pessoais. Ele recebeu o Stevie Ray Vaughan Award por sua "dedicação e apoio ao MusiCares MAP Fund e por seu compromisso em ajudar outros dependentes a abandonar o vício e passar pelo processo de recuperação". O fundo MAP permite que os músicos tenham acesso a tratamentos para dependência química e a recursos para a vida sóbria. Naquele ano, ele recebeu o prêmio no show beneficente do MusiCares MAP Fund, em Los Angeles, no qual o Alice in Chains tocou. Mike brincou que aquele era o prêmio de "Junkie do Ano". Embora Jerry tenha ficado honrado com o prêmio, ele destacou o histórico de sua banda numa entrevista à *Rolling Stone*: "'Não sou um exemplo para ninguém', diz ele. Há muita pressão: 'Todo mundo é humano, todo mundo tem falhas, todo mundo cai. É a porra de um fato consumado. E muita gente consegue se levantar e colocar as coisas em ordem depois de cair. Já outros não têm essa chance. Minha banda é um exemplo duro disso – o que acontece quando não se sabe lidar com essas coisas'"[34].

Ele fez um breve discurso ao aceitar o prêmio, no qual agradeceu a seus companheiros de banda, a Susan, ao coempresário da banda, David "Beno" Benveniste, aos outros músicos que estavam se apresentando no evento e a seu conselheiro. Ele também contou a história de como ficou sóbrio: "Eu caí com tudo [no vício] aqui em Los Angeles, nove anos atrás. Sean estava à minha porta, junto com meu irmão. Então minhas escolhas eram abrir a porta e ir para a reabilitação, ou pular pela janela dos fundos e cair num penhasco sobre os pés de amora silvestre – e optei por essa alternativa. Por sorte, eles me pegaram, porque eu não poderia ir para nenhum outro lugar. Fiquei preso num arbusto no pé do penhasco, sangrando, e acabei aqui".

"Tive muita ajuda, e tudo o que posso reivindicar por mim é ter vindo até aqui e feito o trabalho", apontou Jerry. "Sou imperfeito como qualquer um. Tento simplesmente fazer o que posso para não ficar chapado, e foi basicamente isso o que me trouxe até onde estou hoje. Eu simplesmente não fico chapado a cada dia, e no dia seguinte procuro fazer a mesma coisa". Jerry comemorou dez anos de sobriedade em Vancouver, durante a turnê, em 1º de julho de 2013[35].

Os trabalhos no álbum continuaram. A música "The Devil Put Dinosaurs Here" trouxe um comentário social da parte da banda, numa crítica à religião. Esse foi também o título escolhido para o álbum, anunciado no site da banda por meio de um anagrama a ser decodificado pelos fãs. O álbum foi lançado em 28 de maio de

2013, e estreou na 2ª posição na parada da Billboard[36]. Quando a banda começou a turnê para divulgar o álbum, Sean passou a usar uma nova pele de bumbo, com as letras LSMS – as iniciais de Layne Staley e Mike Starr – pintadas.

Quase quatro semanas antes do lançamento do álbum, Nancy Layne McCallum entrou com um processo contra a sociedade Alice in Chains, bem como contra Jerry, Mike e Sean individualmente. No processo, ela buscava uma declaração da parte de Jerry e Sean com a solicitação de pagamento direto a ela, sem dedução, de metade dos royalties devidos a Layne segundo o contrato assinado pela banda em 1989; da contabilidade de todo o dinheiro recebido pela sociedade relacionado ao contrato de 1989 e a venda e o uso da obra de Layne; de um inventário de todos os ativos que pertenciam a Layne ou à sociedade sob o controle de Jerry, Mike e Sean, pedido que cobre "filmes, vídeos, gravações e mixagens não lançadas, fotografias, pôsteres, merchandise e obras de arte"; e de determinação judicial temporária que impediria a banda de "licenciar ou explorar de outra forma os direitos de personalidade do Sr. Staley sem a permissão por escrito da parte queixosa" e de reter quaisquer royalties dela de lucro relativo a Layne. O processo não especifica o valor monetário buscado, apenas que ele seria "provado em julgamento"[37].

Segundo o registro mais recente disponível até o momento da escrita deste livro, assinado pelos advogados tanto de McCallum quanto da banda, "as partes estão envolvidas na troca voluntária de informações em particular. Elas acreditam que tal intercâmbio é uma maneira mais eficiente de conduzir à descoberta neste estágio do que a preparação e troca de informações e valor em público"[38].

O ano de 2015 marcou o 25º aniversário de lançamento do EP *We Die Young* e de *Facelift*, o que torna a banda elegível para o Rock and Roll Hall of Fame. Além da idade, os critérios para a indução incluem "influência e significância das contribuições do artista ao desenvolvimento e à perpetuação do rock and roll". A decisão final quanto à indução de um artista cabe a um corpo de votação internacional, composto por mais de seiscentos artistas, historiadores e membros da indústria musical. Os músicos com o maior número de votos ou que obtêm mais de 50% dos votos são introduzidos, e em geral são de cinco a sete a cada ano[39].

Um fator que poderia atuar favoravelmente ao Alice in Chains é o fato de que muitos de seus contemporâneos do grunge e do rock alternativo se tornaram elegíveis nos últimos anos. Por outro lado, a sorte deles no Hall of Fame poderia acabar em compasso com a que eles têm no Grammy – ainda não ganharam nenhuma estatueta do prêmio, apesar das várias indicações ao longo de mais de duas décadas. O Hall of Fame tem atiçado artistas como The Cure, Willie Nelson e Soundgarden, que são elegíveis há anos, mas até o momento não foram incluídos[40].

Numa entrevista ao site Radio.com, questionado sobre a possibilidade de indução do Alice in Chains, Jerry respondeu: "Não pensamos muito nisso, não. Não estamos nessa para ganhar prêmios, ou para fazer parte de algo. Tenho de dizer que foi com essa atitude que fui [à cerimônia de 2013, quando o Heart foi incluído no Hall of Fame]". Ele acrescentou: "Também preciso dizer, para ser sincero, que a minha opinião mudou um pouco depois que pude observar por dentro, como convidado do Heart, ao lado da banda, e ver o quanto aquilo significou para eles e o sucesso que alcançaram. Foi um show legal e feito com muito respeito... É sempre legal ser reconhecido por seu trabalho, coloquemos assim"[41].

Sobre o legado da banda, durante uma entrevista à revista *The Skinny*, Jerry disse: "Uma das coisas das quais mais me orgulho – correndo o risco de soar presunçoso – é que acredito que essa tem sido uma banda importante. Somos um elo na corrente. Ela importou para nós e importou muito para outras pessoas também".

"Com sorte, estamos fazendo música boa e somos uma banda muito boa. Acredito que sejamos. Acho que se resume a isso. Quer dizer, se fôssemos uma merda, não acho que teríamos chegado até aqui. Devemos estar fazendo algo certo. Somos *old school*, só pelo fato de estarmos velhos! Estaremos com 50 anos daqui a alguns anos. Vivemos uma vida bem interessante – eu não mudaria nada, nem as coisas ruins. Continuamos a fazer o que nos comprometemos a fazer. Tenho um ditado que é o seguinte: aquilo que fazíamos quando garotos para não ter que trabalhar, agora se tornou o trabalho de nossas vidas. Isso é muito legal"[42].

Scott Hunt publicou este anúncio divulgando um novo espaço de ensaios num depósito em Ballard em setembro de 1984. Era o início do Music Bank. *(The Rocket)*

O Sleze e Tim Branom no London Bridge Studios, *circa* 1986. *Em pé, da esquerda para a direita:* mulher desconhecida, Tim Branom, Peter Barnes, Johnny Bacolas e Nick Pollock. *Ajoelhados, da esquerda para a direita:* Layne e um homem desconhecido. *(Nick Pollock)*

O Sleze ensaiando em sua primeira sala no Music Bank, *circa* 1985. *Da esquerda para a direita:* Layne Staley, Jim Sheppard e James Bergstrom. *(Nick Pollock)*

Layne e Nick Pollock num show no Kane Hall com o Alice 'N Chains, *circa* 1987. Layne está vestindo o traje roxo que pertencera a Prince, emprestado a ele por sua namorada, Chrissy Chacos. *(Nick Pollock)*

Nick Pollock se juntando ao Alice in Chains (que, na época, usava o nome Diamond Lie) no palco em "Queen of the Rodeo" durante o primeiro show da história da banda, que aconteceu no Kane Hall em 15 de janeiro de 1988. Mike Starr está à direita. *(Nick Pollock)*

Essas fotos, datadas da primavera/verão de 1988, fora tiradas provavelmente semanas ou meses depois que Layne e Demri começaram a namorar. *(Cortesia de Randall Hauser)*

Layne, Jerry Cantrell e Sean Kinney no London Bridge Studios, trabalhando na demo que, por fim, lhes renderia um contrato com a Columbia Records no verão de 1988. *(Cortesia de Randall Hauser)*

Mike Starr e Rick Parashar durante as sessões de gravação da demo. Além de ser um dos donos e de ter fundado o London Bridge Studios e de trabalhar com o Alice in Chains, Parashar trabalhou com várias bandas daquela era, mais notoriamente com o Pearl Jam.
(Cortesia de Randall Hauser)

Layne se apresentando de moicano. Esta foto foi tirada durante o show de 11 de agosto de 1988 no Kent State King, no qual estava presente Diana Wilmar, que teve a ideia de fazer uma reportagem sobre a banda para o canal KING 5. *(David Fox – Fox Wilmar Productions)*

O Alice in Chains e o diretor Paul Rachman no set do clipe de "Man in the Box", no Malibu State Park, em dezembro de 1990. Em seis meses, o clipe impulsionaria a carreira da banda graças à exibição constante na MTV. *(© Bob Gruen/www.bobgruen.com)*

Layne e John Baker Saunders se apresentando com o Mad Season no Crocodile Café, 22 de abril de 1995. *(© Karen Mason-Blair/www.karenmasonblair.com)*

Apesar das dificuldades nos preparativos, o show *Unplugged* foi um sucesso. Randy Biro, Susan Silver e Michele Anthony choraram durante "Nutshell". *(Frank Micelotta/Getty Images)*

Layne com o assistente de estúdio Elan Trujillo, que foi designado para ajudá-lo. Layne e Trujillo conversavam sobre videogames, e Trujillo o ensinou a usar a bateria eletrônica de Ron Welty, do Offspring. 22 de agosto de 1998. *(Annette Cisneros)*

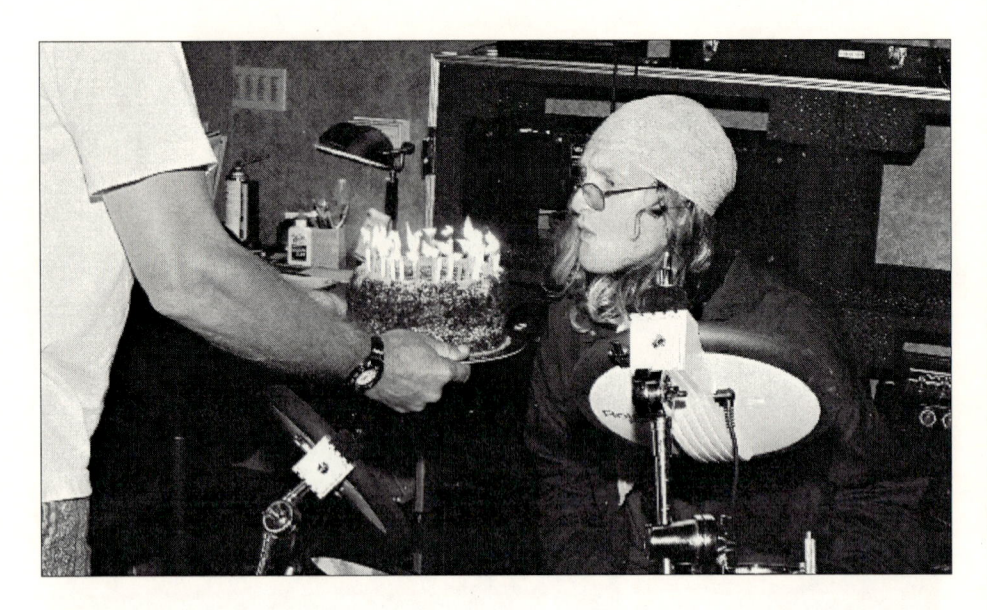

Layne assoprando as velas do bolo de seu 31º aniversário enquanto brinca com a bateria eletrônica de Ron Welty, 22 de agosto de 1998. *(Annette Cisneros)*

O Alice in Chains se reagrupou enquanto Jerry e Sean estavam em turnê com o Metallica para gravar duas músicas novas com Dave Jerden, mas não foi capaz de terminá-las com ele. Tiveram de pedir a Toby Wright para gravar os vocais em Seattle e montar as músicas a partir de *takes* das diferentes sessões de gravação. Essas foram as últimas músicas gravadas por Layne. *(Annette Cisneros)*

Sean e Jerry se abraçando depois do show beneficente K-ROCK Tsunami Continued Care Relief Concert, em 18 de fevereiro de 2005. Foi o primeiro show deles como Alice in Chains em quase uma década e o primeiro desde a morte de Layne, três anos antes. *(Kevin Casey/Getty Images)*

O Alice in Chains no evento beneficente MusiCares MAP Fund em 2012, quando Jerry foi homenageado por seu apoio à organização e por ajudar outros dependentes químicos. Jerry comemorou dez anos de sobriedade em julho de 2013. *(Frazer Harrison/Getty Images)*

AGRADECIMENTOS

Houve dois princípios básicos pelos quais me guiei ao fazer a pesquisa e escrever este livro. O primeiro: a ideia de que o Alice in Chains não aconteceu num vácuo por si só. A cada passo dado havia pessoas que ajudaram a banda a se tornar o que ela é hoje. O mesmo pode ser dito deste livro – embora a pesquisa e a escrita sejam minhas, eu certamente não teria conseguido chegar neste ponto sozinho.

O segundo princípio: ninguém sozinho tinha todas as peças do quebra-cabeça para contar esta história. O cineasta James Cameron descreveu a história como "uma espécie de alucinação de consenso". A memória humana é algo curioso ao revisitar o passado, especialmente com a passagem do tempo, o fim de relacionamentos ou o uso de substâncias que alteram a mente. Busquei as mais diferentes fontes possíveis para obter validações independentes de fatos que, em alguns casos, aconteceram décadas atrás. Isso foi especialmente importante ao tratar daqueles que faleceram e não podem mais falar. Também é preciso aceitar que há certas coisas das quais nunca se saberá, porque muitas das pessoas nessa história faleceram.

Um de meus objetivos explícitos era ser o mais preciso possível, não somente quanto aos fatos, mas também quanto ao *timing* e à sequência dos acontecimentos, algo que não foi fácil, porque, em muitos casos, as pessoas não sabiam as datas. Quando nenhuma data ou outro tipo de evidência estava disponível, fiz a melhor dedução que pude quanto a onde e quando um determinado fato aconteceu. Como autor, tenho a responsabilidade final pelo conteúdo do livro. Quaisquer erros contidos nele são culpa minha e serão corrigidos em edições futuras.

Gostaria de agradecer às muitas pessoas que tornaram este livro possível. Primeiro e principalmente, meu agente, Anthony Mattero, da Foundry Literary + Media, bem como Rob Kirkpatrick, Jennifer Letwack e todos da St. Martin's Press, que deram uma chance a um escritor de primeira viagem, viram o potencial nesta história e foram resolutos em seus esforços para tornar este livro uma realidade. Eu não teria chegado ao final sem sua orientação e apoio.

Obrigado a Jim, Jamie e Ken Elmer por compartilharem a perspectiva e os *insights* da família sobre a vida de Layne, algo que só eles poderiam fazer.

Obrigado a Gayle Starr por me colocar em contato com vários dos amigos de Mike, bem como me enviar um DVD do memorial de Mike. Obrigado a Steve

Alley, Aaron Woodruff, Jason Buttino, Evan Sheeley e Jeff Gilbert por seus relatos sobre a vida de Mike antes, durante e depois do Alice in Chains. As páginas do Facebook do SATO e de Mike Starr (*in memoriam*) foram também fontes excelentes de relatos, fotos, artigos e gravações em áudio e vídeo.

As citações atribuídas aos membros da banda e a Susan Silver são de conteúdo previamente publicado, ou de fontes com conhecimento direto sobre algum assunto, acontecimento ou conversa. Fiz todos os esforços para retratar seus pontos de vista e experiências da maneira mais justa e precisa possível.

Obrigado a Kathleen Austin por todos os inestimáveis *insights* e relatos sobre Demri e Layne, que só mesmo uma mãe saberia. Gostaria também de agradecer profundamente a Karie Pfeiffer-Simmons, que, além de ser uma ótima entrevistada, me colocou em contato com muitos dos amigos de Demri da época do ensino fundamental e médio em Arlington, bem como Chris Schulberg, Nanci Hubbard-Mills, Damon Burns, e o antigo professor de Demri, Lyle Forde. Obrigado a Chris por me levar em um tour dos lugares que Demri frequentava em Arlington. Obrigado a Tony por seu relato sobre Demri do verão de 1996, alguns meses antes de sua morte.

Meus agradecimentos mais sinceros aos muitos funcionários de arquivos públicos que lidaram com meus vários pedidos de forma eficiente e com absoluto profissionalismo: Rodger Stephenson e Elizabeth Marsh, no Departamento de Polícia de Seattle; Colin Jones, no instituto médico legal do Condado de King; Candee Allred, no Departamento de Polícia de Salt Lake City; Kathy Kunkel, na Delegacia de Salt Lake City; Jacquie Thornton, no gabinete do Secretário de Justiça do Condado de Harris; Barbara Lester e Ann West, na Delegacia do Condado de Harris; e a equipe do escritório dos Arquivos Nacionais em Seattle.

Gostaria de agradecer também à equipe da Biblioteca Pública de Seattle e da Suzzallo Library, da Universidade de Washington, por me concederem acesso a seus ricos acervos físicos, digitais e em microfilme. Os velhos exemplares da *The Rocket* foram uma verdadeira mina de ouro, assim como os antigos arquivos de jornais locais e ferramentas de pesquisa genealógica. Obrigado à equipe e aos estudantes da Lauinger Library, na Universidade de Georgetown, pelo ótimo lugar para trabalhar – tanto como estudante de pós-graduação quanto como escritor. Passei muitas horas nessa biblioteca escrevendo e reescrevendo este livro ao longo de três anos.

Obrigado aos muitos produtores e engenheiros de som que trabalharam com o Sleze/Alice 'N Chains, Alice in Chains, Mad Season e Jerry Cantrell ao longo dos anos – Peter Barnes, Tim Branom, Bryan Carlstrom, Ronnie Champagne, Annette Cisneros, Dave Hillis, Sam Hofstedt, Dave Jerden, Jonathan Plum, Elan Trujillo e Toby Wright –, que foram cruciais ao explanar como as bandas desenvolveram seu som e como os discos foram feitos. Gostaria de exaltar Annette Cisneros por compartilhar comigo seu calendário de produção das sessões de *Dirt*, de 1992, bem como suas fotos da sessão para *Music Bank*, de 1998. Tive o privilégio de entrevistar Bryan Carlstrom extensivamente a respeito de seu papel na gravação de *Facelift* e *Dirt* antes de seu falecimento, em janeiro de 2013. Gostaria de desejar meus mais sinceros pêsames a seus amigos e família por essa perda.

Ao fazer a pesquisa para este livro, eu esperava entrevista Rick Parashar, mas descobri que ele tinha um princípio rígido de não dar entrevistas. Ele faleceu em agosto de 2014, quando este livro estava no final do processo de edição. Quando ele e seu irmão Raj fundaram o London Bridge Studios, em 1985, criaram um lugar onde muitos músicos jovens e promissores da região puderam afiar seu talento e gravar seu repertório, incluindo Layne Staley e Jerry Cantrell em suas bandas pré-Alice in Chains. A lista de bandas que gravaram no London Bridge do final dos anos 1980 a meados dos anos 1990 é um "quem é quem" dessa era. Como se isso não fosse o bastante, o talento formidável de Parashar como produtor foi crucial para muitas dessas bandas: a demo do Alice in Chains, que rendeu um contrato com a Columbia Records, bem como *Sap*, "Would?" e a demo de *Dirt*; o álbum de estreia do Blind Melon; o álbum do Temple of the Dog; e seu trabalho mais conhecido – *Ten*, do Pearl Jam. Não seria hipérbole dizer que a cena grunge de Seattle não teria sido o que foi sem Rick Parashar. Meus pêsames a sua família e amigos.

Tim Branom foi uma fonte inestimável de informações sobre o Music Bank e a época do Sleze, Alice 'N Chains, Gypsy Rose e Diamond Lie. Sua pesquisa e arquivo pessoal sobre esse período são a fonte para muitas datas de acontecimentos ao longo desta história. Sua rede de contatos também foi essencial para o meu contato com diversas outras fontes.

David Ballenger, Scott Hunt e Darrell Vernon foram fontes enciclopédicas de conhecimento sobre a história, as operações diárias, a equipe e as bandas do Music Bank. Sou extremamente grato a David por me permitir passar algum tempo com ele em Dallas para percorrer seus arquivos sobre a época em que gerenciava o Music Bank. Seu caderno de espiral, que os visitantes tinham de assinar ao entrar no Music Bank, também ajudou a confirmar os relatos de outras fontes de que Demri tinha estado no estúdio e, assim, ajudou a datar o relacionamento dela com Layne.

James Burdyshaw foi uma grande fonte sobre o Music Bank e o início do Alice in Chains, e foi de uma ajuda inestimável para encontrar outras fontes.

Obrigado aos membros sobreviventes do Sleze/Alice 'N Chains – Johnny Bacolas, James Bergstrom, Morgen Gallagher, Byron Hansen, Nick Pollock e Ed Semanate –, que forneceram perspectivas e *insights* cruciais sobre esse período de formação na vida e carreira de Layne. Eu gostaria de agradecer a Nick Pollock em especial pelas fotos de 1985-1989, que incluíram alguns achados históricos. Obrigado a Ron Holt e James Bergstrom por elucidarem o projeto 40 Years of Hate, que durou pouco. Obrigado a Paul Plumis, do Distrito Escolar de Shoreline, por me levar em um tour pelo antigo prédio da Shoreline High School, onde Layne se apresentou em público pela primeira vez, em fevereiro de 1985, pouco antes da demolição no verão de 2013. Obrigado à equipe da Meadowdale High School, em Lynwood, que me ajudou a pesquisar os antigos anuários escolares de Layne e me forneceu as datas de matrícula dele. Obrigado a Rick Throm por compartilhar seus relatos de Layne como estudante e funcionário.

Obrigado a Matt Muasau, Bobby Nesbitt e Scott Nutter pelas lembranças e *insights* sobre o Diamond Lie e a vida de Jerry Cantrell em Tacoma, antes de se mudar para Seattle. Também gostaria de agradecer a Bobby Nesbitt pelas fotos promocionais da banda.

Obrigado a Randy Hauser, que, além de ter sido o primeiro a descobrir o Alice in Chains, forneceu *insights* sobre o início da banda, quando era seu empresário, e me mostrou sua inestimável coleção de Polaroids desse período.

Obrigado a Lori Barbero, Randy Biro, Martin Feveyear, Maureen Herman, Jimmy Shoaf e Aaron Woodruff por seus relatos das turnês do Alice in Chains.

Obrigado aos muitos jornalistas, chefes de redação, fotógrafos e editores das publicações *The Rocket*, *The Seattle Times*, *Seattle Post-Intelligencer* e *Seattle Weekly*, que fizeram a cobertura em tempo real da cena musical que acontecia em seu quintal. Gostaria ainda de creditar os repórteres e editores da *Rolling Stone* por sua cobertura do Alice in Chains ao longo dos anos, que citei extensivamente. Gostaria de creditar, também, a Faceculture.tv por sua entrevista de sete partes com Jerry Cantrell e Sean Kinney, que é um dos melhores relatos em primeira mão sobre a história da banda, em especial sobre seu início, que encontrei.

Estaria sendo omisso se não agradecesse às outras obras sobre a cena grunge, todas as quais vale a pena ler ou assistir: *Malfunkshun: The Story of Andrew Wood*, de Scot Barbour, *Heavier Than Heaven: A Biography of Kurt Cobain*, de Charles R. Cross, *Taking Punk to the Masses: From Nowhere to Nevermind*, de Jacob McMurray, o livro e o documentário *Pearl Jam Twenty*, *Grunge Is Dead: The Oral History of Seattle Rock Music*, de Greg Prato, *Hype!*, de Doug Pray, e *Everybody Loves Our Town: An Oral History of Grunge*, de Mark Yarm. *Grunge Seattle*, de Justin Henderson, é um guia fantástico de datas e lugares chave daquela era, em especial para alguém como eu, que chegou a este livro como um completo *outsider*, que nunca havia ido a Seattle.

Sou extremamente grato a Jacob McMurray por ter fornecido scans do kit promocional de 1988 da banda, preparado por Jenny Bendel, bem como a transcrição da entrevista de 1995 do Experience Music Project com o falecido John Baker Saunders. Obrigado a Joseph e Henrietta Saunders, que forneceram muitos detalhes sobre a história de vida de Baker, bem como fotos de sua coleção particular. Obrigado a Evan Sheeley, Dan Gallagher e Kim De Baere por seus *insights* sobre os anos finais de Baker.

Obrigado a Toby Wright, Phil Lipscomb e Stephen Richards por seus relatos sobre a colaboração planejada de Layne com o Taproot, que deveria ter acontecido na época de sua morte em abril de 2002.

Obrigado aos muitos fãs do Alice in Chains que subiram, escanearam ou transcreveram *bootlegs* de áudio e vídeo, entrevistas, artigos e fotos e os colocaram na internet. São muitos para serem listados individualmente, mas o conteúdo foi um material inestimável para o registro histórico. Obrigado também aos sites oficiais e não oficiais do Jane's Addiction, KISS, Megadeth, Metallica, Ministry, Slayer e Van Halen, que ajudaram a corroborar com datas específicas de shows e turnês do Alice in Chains.

Heroin: Its History, Pharmacology, and Treatment, de Humberto Fernandez e Therissa A. Libby, foi uma referência de valor inestimável para me ajudar a entender a história e os efeitos médicos da heroína. Doze anos depois da morte de

Layne, a dependência em heroína ainda é notícia e continua a ceifar vidas. Ao longo da escrita deste livro, Philip Seymour-Hoffman, Cory Monteith, Peaches Geldof e Dave Brockie morreram de causas relacionadas à heroína. Nesse mesmo período, várias organizações de imprensa reportaram a epidemia de heroína em Vermont. A história se repete.

Obrigado aos meus mentores acadêmicos e profissionais, sob a orientação dos quais afiei meus talentos ao longo dos anos: Mike Maltas, Pam Kelley, Robert Yoon, Sharona Schwartz, Phil Hirschkorn, Scott Bronstein, Adam Levine, Jim Barnett, Don Hecker, Henry Schuster, James Pomfret, John Ruwitch, o falecido George Marcopoulos, o falecido Gerald Gill, David Dow, Richard Reeves, Mike Chinoy, Matt Lait, Scott Glover, Bryce Nelson, David Edelstein, Jim Rabon, Daniel Byman, Paul Pillar, Celina Realuyo, Thomas McNaugher e Michael Dennis. Foi com eles que aprendi a mistura de narrativa jornalística com disciplina acadêmica que tornou este livro o que é. Obrigado aos muitos colegas na CNN, *60 Minutes* e Reuters – agentes, repórteres, fotojornalistas, editores, produtores, pauteiros, técnicos, assistentes de produção, estagiários, entre outros – com quem tive o prazer de trabalhar ao longo dos anos. Não consigo imaginar um grupo melhor de pessoas com quem estar diariamente nas trincheiras da imprensa. Trabalhar com todos vocês foi uma escola e um privilégio, pelos quais sou eternamente grato. Eu não conseguiria escrever este livro sem ter aprendido o trabalho na prática com vocês todos.

Por último, mas não menos importante, gostaria de agradecer aos meus amigos, bem como às famílias De Sola, Magaña e Castrillo por seu amor incondicional e apoio antes e durante este projeto.

ENTREVISTAS E FONTES

As seguintes pessoas foram entrevistadas publicamente – de modo que as informações fornecidas podem ser atribuídas a elas por nome – em uma ou mais ocasiões; essas entrevistas foram feitas pessoalmente ou por telefone, Skype ou e-mail.

Michelle Ahern-Crane, Lisa Ahern Rammell, Steve Alley, Krisha Augerot, Kathleen Austin, Johnny Bacolas, David Ballenger, Lori Barbero, Peter Barnes, James Bergstrom, Randy Biro, Duane Lance Bodenheimer, Tim Branom, James Burdyshaw, Damon Burns, Jason Buttino, Thad Byrd, Bryan Carlstrom, Chrissy Chacos, Ronnie Champagne, Craig Chilton, Annette Cisneros, Alex Coletti, Ken Deans, Kim De Baere, Duffy Delgado, Jamie Elmer, Jim Elmer, Ken Elmer, Martin Feveyear, Lyle Forde, Eric Frederick, Gillian Gaar, Dan Gallagher, Morgen Gallagher, Jeff Gilbert, Jack Hamann, Byron Hansen, Randy Hauser, Maureen Herman, Dave Hillis, Sam Hofstedt, Ron Holt, Nanci Hubbard-Mills, Scott Hunt, Dave Jerden, Leslie Ann Jones, Mike Korjenek, Rick Krim, Phil Lipscomb, Robert Lunte, Jacob McMurray, Matt Muasau, Bobby Nesbitt, Dean Noble, Scott Nutter, Mark Pellington, Karie Pfeiffer-Simmons, Jonathan Plum, Nick Pollock, Sally Pricer Portillo, Paul Rachman, Stephen Richards, Scott Rockwell, Henrietta Saunders, Joseph H. Saunders, Rocky Schenck, Chris Schulberg, Ed Semanate, Matt Serletic, Duncan Sharp, Evan Sheeley, Jimmy Shoaf, George Stark, Josh Taft, Rick Throm, Elan Trujillo, Darrell Vernon, Jon Wiederhorn, Diana Wilmar, Aaron Woodruff e Toby Wright.

Outras concordaram em ser entrevistadas anonimamente (de modo que eu pudesse usar as informações fornecidas por elas, mas não identificá-las por nome) ou sob sigilo completo (de modo que eu pudesse usar as informações fornecidas por elas, mas não fazer referência alguma à existência ou à natureza da fonte). Outras falaram de forma privada e sem registro, no sentido de que certas informações foram compartilhadas comigo para o meu melhor entendimento de alguns indivíduos, assuntos ou acontecimentos em particular, mas eu não poderia colocá-las no livro, a menos que outra fonte compartilhasse o mesmo e estivesse disposta a permitir que eu usasse seu relato. Sob essas três condições, essas fontes não podem ser nomeadas. Elas sabem quem são, e eu agradeço a elas.

No esforço para ser o mais apurado possível, tentei verificar as informações que recolhi com o maior número de fontes que pude, mas, em alguns casos, as informações se baseiam em uma única fonte. Em algumas ocasiões, também notei discrepâncias entre os diferentes relatos. Os membros do Alice in Chains, Susan Silver, Nancy Layne McCallum, Phil Staley, Liz Coats, Melinda Starr e Gayle Starr não aceitaram, nem recusaram os pedidos de entrevistas para este livro.

David Ignatius, colunista do *Washington Post*, disse certa vez: "O porquê das pessoas dizerem coisas aos repórteres é um dos grandes mistérios da vida". Um jornalista é apenas tão bom quanto suas fontes, e, para este livro, tive a sorte de muitas das pessoas que conheceram os membros do Alice in Chains no âmbito profissional e no pessoal confiarem que eu contaria a história da banda de maneira correta. Parafraseando a dedicatória de Bob Woodward e Carl Bernstein a suas fontes em *Todos os Homens do Presidente*: sem essas pessoas, não haveria uma história do Alice in Chains que eu pudesse contar. A todas elas, a minha mais profunda gratidão.

NOTAS

CAPÍTULO 1
As fontes para este capítulo incluem entrevistas do autor com Jamie Elmer, Jim Elmer e Ken Elmer.

1. Para evitar confusão, Layne Staley e seus parentes são citados pelo primeiro nome. Ao longo do livro, Layne será citado pelo primeiro nome para enfatizar seu papel como personagem principal da história. O nome do meio de Layne foi obtido e confirmado durante entrevistas do autor com Johnny Bacolas, James Bergstrom, Jim Elmer, Ken Elmer e Nick Pollock, bem como pelos registros de divórcio de Phil Staley e Nancy Staley, que identificam Layne como "Layne R. Staley".

2. *Seattle Times*, 23 de agosto de 1977, p. 77. Revisto em microfilme na Bellevue Library, em Bellevue, Washington.

3. Certidão de casamento de Phil Staley e Nancy Layne, obtido pelo autor por meio de registros públicos; *Seattle Times*, "Nancy Layne, Phillip Staley to Be Wed", 29 de janeiro de 1967.

4. *Seattle Times*. "Mrs. Phillip B. Staley", 7 de março de 1967. A idade de Phil em relação a seus três irmãos é evidente no registro dos Staleys no Censo dos EUA de 1940, no qual Phil é o único filho de seus pais listado.

5. Para a localização e a história da família, ver o registro dos Staley no Censo dos EUA de 1900. *Seattle Sunday Times*. "Old Studebaker Shows Class in Speedy Races", 12 de outubro de 1913; *Seattle Sunday Times*, "Success Marks First Season of New Automobile Association", 13 de setembro de 1914; *Seattle Sunday Times*, "Staley Quits Vulcan", 31 de julho de 1921; *Seattle Sunday Times*, "Two Leases Negotiated", 2 de outubro de 1921; *Seattle Daily Times*, "Earl B. Staley Will Move Shop on June 25", 19 de junho de 1927; *Seattle Daily Times*, "Incorporations", 20 de dezembro de 1927.

6. Jon Wiederhorn, "Alice in Chains: To Hell and Back", *Rolling Stone*, 8 de fevereiro de 1996: www.rollingstone.com/music/news/alice-in-chains-to-hell-and-back-rolling-stones-1996-feature-20110405.

7. Conjunto de montar composto de varetas coloridas e rodinhas de madeira, popular nos EUA. (N. do T.)

8. Registros de divórcio de Phil Staley e Nancy Staley, obtidos pelo autor por meio de registros públicos.

9. Registros de divórcio de Phil Staley e Nancy Staley, obtidos pelo autor por meio de registros públicos; certidão de casamento de Jim Elmer e Nancy Staley, obtida pelo autor por meio de registros públicos; Wiederhorn, "Alice".

10. Esporte que se trata de uma versão simplificada do baseball e do softball. (N. do T.)

11. Para as datas e setlists dos shows de Elton John em Seattle em outubro de 1975, ver: www.eltonography.com/tours/

12. Jon Wiederhorn, "Famous Last Words", *Revolver*.

13. A data de nascimento de Jamie Elmer foi obtida dos registros de divórcio de Jim Elmer e Nancy Elmer, obtidos pelo autor por meio de registros públicos. As idades dos irmãos em relação uns aos outros, a partir de uma entrevista do autor com Ken Elmer.

14. Greg Prato, *Grunge Is Dead: The Oral History of Seattle Rock Music* (Toronto: ECW Press, 2009), p. 214; Wiederhorn, "To Hell and Back".

15. Wiederhorn, "Famous Last Words".

16. Wiederhorn, "Famous Last Words".

17. Tom Scanlon, "Alice in Chains singer's legacy lives on through music", *Seattle Times*.

18. Scanlon, "Legacy Lives On".

CAPÍTULO 2
1. Greg Prato, *Grunge Is Dead: The Oral History of Seattle Rock Music* (Toronto: ECW Press, 2009), p. 214.

2. Entrevista do autor com Jim Elmer. A data da suposta formatura de Layne e a data na qual seu histórico escolar foi enviado para a Chrysalis School são de um documento conferido na Meadowdale High School.

3. Tom Scanlon. "Alice in Chains Singer's Legacy Lives on Through Music". *Seattle Times*, 24 de agosto de 2007.

4. Uma transcrição da audiência do PMRC pode ser lida em www.joesapt.net/superlink/shrg99-529/; Gore, citada no *New York Times*, "Tipper Gore Wides War on Rock", 4 de janeiro de 1988: www.nytimes.com/1988/01/04/arts/tipper-gore-widens-war-on-rock.html.

5. Paul Andrews, "Parents, Artists Disagree Over Rock-Labeling Issue", *Seattle Times*, 4 de outubro de 1985.

6. *Drum Magazine*, "Sean Kinney"; Sean Kinney, entrevista para o EPK do Alice in Chains, 1996.

7. Chris Gill, "Dirt", *Guitar Legends*, edição 117; Jerry Cantrell e Sean Kinney, entrevista para Faceculture.tv, 2009: www.youtube.com/watch?v=tJW77uMEHdI.

8. Para o relato de Layne sobre ter de esconder a jaqueta, ver: Jon Wiederhorn, "Alice in Chains: To Hell and Back", *Rolling Stone*, 8 de fevereiro de 1996. A veracidade da citação foi confirmada em entrevistas do autor com Johnny Bacolas e James Bergstrom.

CAPÍTULO 3
Fontes para esse capítulo incluem entrevistas do autor com David Ballenger, Tim Branom, Scott Hunt e Robert Lunte.

1. National Collegiate Athletic Association, associação que organiza e regulamenta competições esportivas entre universidades nos EUA. (N. do T.)

2. Do contrato de aluguel assinado por Bengt Von Haartman, Gabriel Marian e a Rosen Investment Company, datado de 20 de setembro de 1984, obtido pelo autor por meio de uma solicitação de registros públicos junto aos Arquivos Federais de Seattle, como parte dos arquivos do caso *U.S. v. Marian*.

CAPÍTULO 4
Fontes para este capítulo incluem entrevistas com Johnny Bacolas, James Bergstrom, Tim Branom, Thad Byrd, Morgan Gallagher, Jeff Gilbert, Dave Hillis, Robert Lunte e Nick Pollock.

1. Entrevista do autor com Robert Lunte. Para um lista dos ex-alunos de David Kyle, ver a biografia de Robert Lunte em seattlevoicetraining.com/bio/.

2. A época aproximada da mudança de nome para Alice 'N Chains se baseia em três evidências: primeiro, quando Thad Byrd filmou a banda, em setembro de 1986, eles ainda se chamavam Sleze; segundo, várias das mixagens iniciais das demos de Tim Branom, do final de 1986, já trazem o nome Alice 'N Chains; terceiro, quando a demo foi enfim lançada, em janeiro de 1987, a mudança de nome já tinha acontecido.

3. Greg Prato, *Grunge Is Dead: The Oral History of Seattle Rock Music* (Toronto: ECW Press, 2009), p. 216.

4. *The Rocket*, junho de 1987, p. 10.

CAPÍTULO 5

Fontes para este capítulo incluem entrevistas do autor com Johnny Bacolas, David Ballenger, James Bergstrom, Duane Lance Bodenheimer, Tim Branom, Morgen Gallagher, Jeff Gilbert, Dave Hillis, Ron Holt, Scott Hunt, Matt Muasau, Bobby Nesbitt, Scott Nutter, Nick Pollock e Darrell Vernon.

1. Mark Yarm, *Everybody Loves Our Town: An Oral History of Grunge* (Nova York: Crown Archetype, 2011), p. 168.

2. Os detalhes da morte de Rob Brustad constam do relatório do médico legista de King County, obtido pelo autor por meio de um pedido de registros públicos.

3. Um *scan* do cartaz do show de 1º de maio de 1987, que contou com as bandas Slaughter Haus 5, Devol e Alice 'N Chains foi postado na página do Music Bank no Facebook. As citações do show são de um *bootleg* disponível no YouTube: www.youtube.com/watch?v=oePWygNmqLc.

4. Medicamento para tratamento e prevenção de acne. (N. do T.)

5. Sobre Jerry saber que queria ter uma banda com Layne depois de assisti-lo no show no Tacoma Little Theatre, ver Greg Prato, *Grunge Is Dead: The Oral History of Seattle Rock Music* (Toronto: ECW Press, 2009), p. 217.

6. O nome de solteira de Gloria Jean Cantrell foi checado em seu atestado de óbito, obtido pelo atuor por meio de um pedido de registros públicos; Jon Wiederhorn, "Alice in Chains: To Hell and Back", *Rolling Stone*, 8 de fevereiro de 1996.

7. Wiederhorn, "Alice".

8. Ibid.

9. Alice in Chains, entrevista, *Rockline*, 19 de julho de 1999: www.youtube.com/watch?v=VwgIGhwl-Deo&list=PL764A777926D8EF70.

10. Wiederhorn, "Alice".

11. Marc Ramirez, "These Teachers Did More Than Make the Grade, They Made a Difference", *Seattle Times*, 1º de setembro de 1991.

12. Gene Stout, "Cantrell Seeks Out a Solo Identity on First Tour Away from Alice", *Seattle Post-Intelligencer*, 30 de outubro de 1998.

13. Jerry Cantrell, entrevista à G&L Guitars, abril de 2013: www.youtube.com/watch?v=w6T9tY1ioKQ; *Guitar World*, "Alice Keepers", junho de 2013: nemi72.tumblr.com/post/49303015723/jerry-cantrell-shares-the-tales-behind-some-of

14. Para o nome e fotos do Raze, ver www.metalsludge.tv/home/index.php?option=com_content&task=view&id=171&Itemid=39. Para confirmar o nome de Vinnie Chas, o autor recebeu de Tim Branom uma foto de sua lápide, que também traz suas datas de nascimento e falecimento.

15. Os detalhes biográficos de Dorothy Krumpos foram obtidos em seu obituário publicado no *Tacoma News Tribune*, 10 de outubro de 1986; Wiederhorn, "Alice"; Yarm, *Everybody Loves Our Town*, p. 170.

16. As informações a respeito da data e da causa de morte de Gloria Jean Cantrell são de seu atestado de óbito, obtido pelo autor por meio de um pedido de registros públicos. Seus detalhes biográficos foram obtidos a partir do obituário publicado no *Tacoma News Tribune*, 15 de abril de 1987. Wiederhorn, "Alice".

17. Espécie de Centro de Valorização à Vida dos condados de Thurston e Moore. (N. do T.)

18. Anúncio da Ticketmaster/Capital Rock-Off, publicado na edição de junho de 1987 da *The Rocket*.

19. Entrevista com Jerry Cantrell e Sean Kinney, Faceculture.tv, 2009.

20. DVD da cerimônia em memória de Mike Starr, 20 de março de 2011 (Gayle Starr forneceu uma cópia do DVD ao autor).

21. Yarm, *Everybody Loves Our Town*, p. 169.

22. DVD do memorial service de Mike Starr; *Hit Line Times*, "Burien-Based SATO Wins the Latest Battle of the Bands", 1º de dezembro de 1982; Mark Ralston, "SATO: An Exciting Talent", *The Profile*, 3 de maio de 1983, oferece detalhes sobre os shows e gravações do SATO. Fotos, bem como gravações em áudio e vídeo, são postados no grupo do SATO no Facebook: www.facebook.com/pages/SATO/143587999040388?-fref=photo.

23. Informações sobre a coletânea *Northwest Metalfest* estão disponíveis em www.thecorroseum.com/comps/nwmetalfest.html.

24. Layne Staley, entrevista para o EPK (Electronic Press Kit) *Alice in Chains*, 1996: www.youtube.com/watch?v=ALAJkqgGgVM.

25. Jerry Cantrell e Sean Kinney, entrevista, Faceculture.tv, 2009; Prato, *Grunge Is Dead*, p. 217-18.

CAPÍTULO 6
Fontes para este capítulo incluem entrevistas do autor com Kathleen Austin, David Ballenger, James Bergstrom, Tim Branom, Ken Deans, Jamie Elmer, Randy Hauser, Ron Holt, Bobby Nesbitt, Scott Nutter, Nick Pollock, Sally Pricer Portillo e Darrell Vernon.

1. Jerry Cantrell e Sean Kinney, entrevista, Faceculture.tv, 2009; notas de encarte de *Music Bank*; Jeff Resner, "Alice in Chains: Through the Looking Glass", *Rolling Stone*, 26 de novembro de 1992.

2. Algo como FODA (A BANDA), em tradução livre do trocadilho. (N. do T.)

3. Ressner, "Alice"; Cantrell e Kinney, entrevista, Faceculture.tv, 2009.

4. "Vou estender sua pele na moldura dela e pintá-la...", em tradução livre.

5. Cantrell e Kinney, entrevista, Faceculture.tv, 2009.

6. Notas de encarte de *Music Bank*; Prato, *Grunge Is Dead*, p. 221.

7. Um flyer do show de 15 de janeiro de 1988 no Kane Hall foi leiloado na página de Mike Starr no Facebook. Foi descrito como "flyer DO PRIMEIRÍSSIMO SHOW da banda!".

8. Jenny Bendel, "Diamond Lie—The Show and Beyond", *City Heat*, por volta de janeiro/fevereiro de 1988. Tim Branom forneceu uma cópia escaneada do artigo ao autor. A origem do cover de "Suffragette City" foi apresentada ao autor numa entrevista com Scott Nutter.

9. Museu sem fins lucrativos, localizado em Seattle, dedicado à cultura pop contemporânea. (N. do T.)

10. Material promocional do Diamond Lie enviado à Columbia Records, 17 de maio de 1988. Scans desse material foram fornecidos ao autor por Jacob Murray, curador sênior do EMP Museum.

11. Jon R. Zulauf, "Memorando de Sentença do Réu", 15 de julho de 1991; Randall Hauser, "Re: U.S.v. Hauser", 12 de julho de 1991. Ambos os documentos foram obtidos pelo autor por meio de um pedido de registros públicos como parte do arquivo do caso *United States of America v. Randall C. Hauser*.

12. Pearl Jam, *Pearl Jam Twenty* (Nova York: Simon and Schuster, 2011), p. 28.

13. Mark Yarm, *Everybody Loves Our Town: An Oral History of Grunge* (Nova York: Crown Archetype, 2011), p. 173.

14. A história de Tim Branom sobre o Gypsy Rose, incluindo fotos e um flyer do show de 14 de julho de 1988, pode ser lida em timbranom.tumblr.com/gypsyrose.

15. A assinatura de Demri foi vista pelo autor ao examinar o livro de convidados do Music Bank, atualmente de posse do ex-gerente David Ballenger. O autor observou mais evidências do envolvimento de Demri com Layne ao examinar a coleção de Randy Hauser de fotos polaroides da primavera e verão de 1988.

16. Yarm, *Everybody Loves Our Town*, p. 178; Richard Bienstock, "Excerpt: Kim Thayil on the Secrets Behind His Tunings", *Guitar World*, 12 de novembro de 2012: www.guitarworld.com/excerpt-kim-thayil-secrets-behind-his-tunings; Richard Bienstock, "Jerry Cantrell Tells How Alice in Chains Buried Their Past with 'The Devil Put Dinosaurs Here'", *Guitar World*, 18 de junho de 2013: www.guitarworld.com/jerry-cantrell-tells-how-alice-chains-buried-their-past-devil-put-dinosaurs-here.

17. Yarm, *Everybody Loves Our Town*, p. 272.

CAPÍTULO 7
Fontes para este capítulo incluem entrevistas do autor com Steve Alley, David Ballenger, Ken Deans, Jack Hamann, Randy Hauser, Scott Hunt, Dean Noble, George Stark, Darrell Vernon e Diana Wilmar.

1. Sobre Jerry Cantrell dar a Axl Rose uma cópia da demo da banda, ver a entrevista de Jerry e Duff McKagan à Soundwave TV, 3 de março de 2014: www.youtube.com/watch?v=DUKaLN8FcaA; para a data do show do Iron Maiden com o Guns, ver www.heretodaygonetohell.com/history/history88.php

2. Registros médicos de King County obtidos pelo autor por meio de um pedido de registros públicos.

3. Ibid.

4. Checagem das notas de capa de *Facelift* pelo autor.

5. Entrevista com Hunt; contrato de aluguel de Marian e Von Haartman, datado de 3 de fevereiro de 1987, obtido pelo autor por meio de um pedido de registros públicos junto ao Arquivo Federal em Seattle, onde se encontra arquivado entre os documentos do caso *U.S. v. Marian*.

6. Mike McKay e Richard A. Jones, "Government's Response to Defendant Marian's Motions to Suppress", 19 de abril de 1991, obtido pelo autor por meio de um pedido de registros públicos junto aos Arquivos Federais em Seattle, onde se encontra arquivado entre os documentos do caso *U.S. v. Marian*.

7. Depoimento sem assinatura e sem data, possivelmente escrito por Mike Severance.

8. Gordon, depoimento; R. Joseph Wesley, mandado de busca, 20 de julho de 1988, obtido pelo autor por meio de um pedido de registros públicos junto aos Arquivos Federais em Seattle, onde se encontra arquivado entre os documentos do caso *U.S. v. Marian*.

9. Mac Gordon, relatório, 26 de julho de 1988, obtido pelo autor por meio de um pedido de registros públicos junto aos Arquivos Federais em Seattle, onde se encontra arquivado entre os documentos do caso *U.S. v. Marian*.

10. Geraldo Rivera é um conhecido apresentador americano de programas sensacionalistas, e neste especial ele abre e explora um depósito secreto que havia sido do gângster Al Capone. (N. do T.)

11. Entrevista do autor com Ken Deans; Greg Prato, *Grunge Is Dead: The Oral History of Seattle Rock Music* (Toronto: ECW Press, 2009), p. 221-22. A citação sobre membros da banda terem dormido no VW Dasher de Layne aparece nas notas de encarte de *Music Bank*.

12. Depoimento do detetive S. J. Ameden, obtido pelo autor por meio de um pedido de registros públicos; entrevistas do autor com Darrell Vernon e David Ballenger.

13. Documentos de polícia e processos obtidos pelo autor por meio de um pedido de registros públicos; Bruce Sherman, "'$30 Million-a-Year' Pot Farm Found in Ballard", *Seattle Post-Intelligencer*, 22 de julho de 1988.

14. Sherman, "'$30 Million-a-Year' Pot Farm"; Terry J. Franklin, relatório da perícia, obtido pelo autor por meio de um pedido de registros públicos junto ao Arquivo Federal em Seattle, onde se encontra arquivado entre os documentos do caso *U.S. v. Marian*.

15. Brad Fridell, "Pot Case Goes to Feds; No Arrest Made Yet", *Ballard Tribune*, 24 de agosto de 1988.

16. Entrevistas do autor com Ken Deans e Randy Hauser; notas de encarte de *Music Bank*.

17. Um flyer escaneado desse show se encontra disponível na internet. Diana Wilmar confirmou ao autor que ela foi a este show.

18. Jerry Cantrell e Sean Kinney, entrevista, Faceculture.tv, 2009.

19. Transcrição da audiência em que Gabriel Marian se declara culpado, 30 de maio de 1991; transcrição da audiência de sentença de Gabriel Marian, 28 de agosto de 1991; Richard Jones, "Affidavit of Richard Jones in Support of Motion for Search Warrant", 5 de março de 1991; Irwin H. Schwartz, "Defendant Gabriel Marian's Motion to Conduct Depositions", 28 de março de 1991. Todos esses documentos foram obtidos pelo autor por meio de um pedido de registros públicos.

CAPÍTULO 8
Fontes para este capítulo incluem entrevistas do autor com Krisha Augerot, James Burdyshaw, Thad Byrd, Ken Deans e Randy Hauser.

1. Jon R. Zulaf, "Defendant's Sentencing Memorandum", 15 de julho de 1991. O documento é parte dos arquivos do caso *U.S. v. Randall C. Hauser* e foi obtido pelo autor por meio de um pedido de registros públicos.

2. Mark Yarm, *Everybody Loves Our Town: An Oral History of Grunge* (Nova York: Crown Archetype, 2011), p. 177.

3. Sobre a família de Susan Silver, ver o obituário de William Silver na funerária Boulger Funeral Home: boulgerfuneralhome.com/obits/obit.php?id=1929; Susan Silver, "Silver's Golden Touch", *Rip*, janeiro de 1996: web.stargate.net/soundgarden/articles/rip_1-96.shtml.

4. Biografia de Poki (Hugo) Piottin; Yarm, *Everybody Loves Our Town*, p. 47.

5. O célebre estúdio de Andy Warhol em Nova York, polo da contracultura dos anos 1960 aos 1980. (N. do T.)

6. Patrick MacDonald, "'Dry' Club Hopes That Music, Films Will Keep Place Afloat", *Seattle Times*, 29 de julho de 1983; Yarm, *Everybody Loves Our Town*, p. 47.

7. MacDonald, "'Dry' Club".

8. Silver, "Silver's Golden Touch"; Yarm, *Everybody Loves Our Town*, p. 47-48.

9. Jacob McMurray, "The Metropolis: Birthplace of Grunge?", *Seattle Post-Intelligencer*, 9 de novembro de 2009.

10. Yarm, *Everybody Loves Our Town*, p. 44-47; Jim Walsh e Dennis Pemu, *The Replacements: Waxed-Up Hair and Painted Shoes: The Photographic History* (Minneapolis: Voyageur Press, 2013), p. 61.

11. Yarm, *Everybody Loves Our Town*, p. 48; a caricatura de Fred Flintstone pode ser vista em Walsh e Pernu, *Replacements*, p. 62.

12. Yarm, *Everybody Loves Our Town*, p. 49.

13. Yarm, *Everybody Loves Our Town*, p. 132-133.

14. Silver, "Silver's Golden Touch"; site da Dr. Martens, www.drmartens.com/us/history; Charles R. Cross, *Here We Are Now: The Lasting Impacto f Kurt Cobain* (Nova York: It Books, 2014), p. 94-95.

15. Greg Prato, *Grunge Is Dead: The Oral History of Seattle Rock Music* (Toronto: ECW Press, 2009), p. 72, 98.

16. Yarm, *Everybody Loves Our Town*, p. 47, 60.

17. Greg Prato, *Grunge Is Dead*, p. 105-106; Yarm, *Everybody Loves Our Town*, p. 157-158.

18. Prato, *Grunge Is Dead*, p. 275.

19. Prato, *Grunge Is Dead*, p. 100, 105-106; Yarm, *Everybody Loves Our Town*, p. 60, 64.

20. "Miro a minha caveira sorridente em você".

21. Biografia do Alice in Chains, circa 1989, cópia fornecida por Ken Elmer.

22. Sean Kinney e Layne Staley, entrevista para *Guest List*, circa 1991.

23. *The Hard Report*, 17 de fevereiro de 1989, cópia do artigo fornecida por Ken Elmer.

24. *Pulse*, abril de 1989, cópia do artigo fornecida por Ken Elmer.

25. *Seattle Times*, "Alice in Chains Hopes to Link Up with a Major Deal", 19 de maio de 1989, cópia do artigo fornecida por Ken Elmer.

26. Don Kaye, Deathvine, *Kerrang*, 15 de julho de 1989, cópia do artigo fornecida por Ken Elmer.

27. *Rip*, setembro de 1989, cópia do artigo fornecida por Ken Elmer.

28. Jeffrey Ressner, "Alice in Chains: Through the Looking Glass", *Rolling Stone*, 26 de novembro de 1992.

29. A duração estimada das negociações entre o Alice in Chains e a Columbia Records foi informada ao autor por Ken Deans numa entrevista e corroborada por Sean Kinney numa entrevista de 2010 com Kinney e Jerry Cantrell em Faceculture.tv: www.youtube.com/watch?v=Sm511Gt3J0o.

30. Jerry Cantrell e Sean Kinney, entrevista, Faceculture.tv.

31. *Press release* da Sony Music, "Michele Anthony Named President and Chief Operating Officer of Sony Music Label Group U.S.", 2 de dezembro de 2005.

32. Alice in Chains, contrato com a CBS Records, 11 de setembro de 1989. O documento é parte dos arquivos do caso *Nancy McCallum v. Alice in Chains Partnership et al.*, arquivado no Tribunal Superior de King County em 2 de maio de 2013, e foi obtido pelo autor por meio de um pedido de registros públicos.

CAPÍTULO 9
Fontes para este capítulo incluem entrevistas do autor com Steve Alley, Bryan Carlstrom, Ronnie Champagne, Dave Hillis, Dave Jerden, Leslie Ann Jones e Evan Sheeley.

1. Greg Prato, *Grunge Is Dead: The Oral History of Seattle Rock Music* (Toronto: ECW Press, 2009), p. 261; notas de encarte de *Music Bank*; entrevistas com Jerden e Champagne.

2. Efeito de guitarra que mescla a voz ao que é executado no instrumento, criando uma sonoridade sintetizada semelhante a um *vocoder*. (N. do T.)

3. Mark Yarm, *Everybody Loves Our Town: An Oral History of Seattle Rock Music* (Toronto: ECW Press, 2009), p. 273-274; Jeffrey Ressner, "Alice in Chains: Through the Looking Glass", *Rolling Stone*, 26 de novembro de 1992.

4. Entrevista com Layne Staley e Sean Kinney, Fuse TV, 1991: www.youtube.com/watch?v=0wdaClCmFXw.

5. Entrevista do autor com Evan Sheeley; Sheeley permitiu que o autor inspecionasse e fotografasse as marcas no amplificador de Mike em agosto de 2011, quando o equipamento se encontrava em sua loja Bass Northwest; depois da morte de Mike, o amplificador foi vendido a pedido de sua família.

6. Prato, *Grunge Is Dead*, p. 261; Yarm, *Everybody Loves Our Town*, p. 273.

CAPÍTULO 10
Fontes para este capítulo incluem entrevistas do autor com Bryan Carlstrom, Ronnie Champagne, Ken Deans, Jeff Gilbert, Dave Jerden, Jacob McMurray, Nick Pollock e Rocky Schenck.

1. Leone Pope, "Andrew Wood's Poetry Revealed a Young Man 'Angry Too Long'", *Seattle Times*, 29 de março de 1990; *Malfunkshun: The Andrew Wood Story*.

2. Dawn Anderson, "Malfunkshun", *The Rocket*, dezembro de 1986.

3. A. Wood, "Drugalog outline". Sobre o momento da intervenção e o tratamento de reabilitação de Wood, ver Pearl Jam, *Pearl Jam Twenty* (Nova York: Simon and Schuster, 2011), p. 29; Yarm, *Everybody Loves Our Town: An Oral History of Grunge* (Nova York: Crown Archetype, 2001), p. 154-155.

4. Greg Prato, *Grunge Is Dead: The Oral History of Seattle Rock Music* (Toronto: ECW Press, 2009), p. 231; Pope, "Andrew Wood's Poetry".

5. Pearl Jam, *Pearl Jam Twenty*, p. 32.

6. Citação de David Duet tirada da transcrição de sua entrevista a Yarm para *Everybody Loves Our Town* (Yarm forneceu ao autor o excerto que contém a citação completa).

7. Prato, *Grunge Is Dead: The Oral History of Seattle Rock Music*, p. 231-233; Yarm, *Everybody Loves Our Town: An Oral History of Grunge*, p. 226-231; os horários da overdose e da internação de Wood no hospital constam em *Malfunkshun: The Andrew Wood Story*.

8. Yarm, *Everybody Loves Our Town: An Oral History of Grunge*, p. 228.

9. Yarm, *Everybody Loves Our Town: An Oral History of Grunge*, p. 229.

10. Prato, *Grunge Is Dead*, p. 233.

11. Prato, *Grunge Is Dead*, p. 231-233; Greg Prato, "Andrew Wood", Allmusic.com; *Malfunkshun: The Andrew Wood Story*; Yarm, *Everybody Loves Our Town*, p. 226-231; Jacob McCurray, *Taking Punk to the Masses: From Nowhere to Nevermind* (Seattle: Fantagraphics Book, 2011), p. 151; entrevista do autor com McMurray; Lonn M. Friend, "Lament for a Starchild": www.glampunk.org/mlb2.html; Pop, "Andrew Wood's Poetry"; atestado de óbito de Andrew Wood, obtido pelo autor por meio de um pedido de registros públicos.

12. Para a data da homenagem no Paramount Theatre, ver Pearl Jam, *Pearl Jam Twenty*, p. 32; entrevista do autor com Ken Deans; Yarm, *Everybody Loves Our Town*, p. 232-233; Pope, "Andrew Wood's Poetry"; uma gravação parcial em áudio do discurso de David Wood na homenagem a Andrew pode ser ouvido no início de *Malfunkshun: The Andrew Wood Story*.

13. Entrevista com Deans; Chris Cornell, "Essence of Dreams", 14 de outubro de 2008; Ann Wilson e Nancy Wilson, com Charles R. Cross, *Kicking and Dreaming: A Story of Heart, Soul, and Rock and Roll* (Nova York: It Books, 2012), p. 192.

14. Cornell, "Essence of Dreams".

15. Yarm, *Everybody Loves Our Town*, p. 234-235.

16. Filme *Pearl Jam 20*.

17. "Rekindled: Candlebox's Kevin Martin Talks to AA", *All Access Magazine*, 24 de julho de 2008: www.allaccessmagazine.com/vol6/issue11/candlebox.html; entrevista com Chris Cornell, Jeff Ament e Stone Gossard na KISW 99.9 FM, 14 de abril de 1991.

18. Rocky Schenck se recusou a ser entrevistado por telefone, mas concordou em responder por escrito às perguntas do autor. O resultado foi um documento em PDF de 17 páginas intitulado "AIC Memories", enviado por Schenck ao autor, com um relato muito detalhado de suas experiências com a banda.

19. Schenck, "AIC Memories". Mais informações sobre a sessão de fotos para *Facelift* e o título do álbum surgiram durante uma conversa seguinte entre o autor e Schenck, via e-mail; notas de encarte de *Music Bank*.

20. Schenck, "AIC Memories".

CAPÍTULO 11
Fontes para este capítulo incluem uma entrevista do autor com Jimmy Shoaf.

1. Para a duração da turnê do Alice in Chains com o Extreme, ver citação de Jerry Cantrell em Greg Prato, *Grunge Is Dead: The Oral History of Seattle Rock Music* (Toronto: ECW Press, 2009), p. 263.

2. Prato, *Grunge Is Dead*, p. 263.

3. Patrick MacDonald, "Screaming Trees: A Band with Bark Has a New EP", *Seattle Times*, 12 de outubro de 1990.

4. John D'Agostino, "Rock in the Reptile House: Iguanas in Tijuana Is a Bizarre, Almost-Anything-Goes Venue Just 15 Minutes from San Diego but Light-Years from Most Other Clubs", *Los Angeles Times*, 14 de julho de 1991.

5. Nome original da banda que se tornaria o Pearl Jam. (N. do T.)

6. Pearl Jam, *Pearl Jam Twenty* (Nova York: Simon and Schuster, 2011), p. 44.

7. Patrick MacDonald, "Word", *Seattle Times*, 7 de dezembro de 1990.

8. Pearl Jam, *Pearl Jam Twenty*, p. 44.

CAPÍTULO 12
Fontes para este capítulo incluem entrevistas do autor com Michelle Ahern-Crane, Kathleen Austin, Johnny Bacolas, Randy Biro, Duane Lance Bodenheimer, Jim Elmer, Rick Krim, Paul Rachman e Aaron Woodruff.

1. Sobre as datas da turnê pela Costa Oeste de fevereiro de 1991, ver Pearl Jam, *Pearl Jam Twenty* (Nova York: Simon and Schuster, 2011), p. 52; para a guerra de comida na autoestrada, ver Mark Yarm, *Everybody Loves Our Town: An Oral History of Grunge* (Nova York: Crown Archetype, 2011), p. 274.

2. Para detalhes sobre o show, incluindo a data e os setlists, ver: www.metalsetlists.com/showthread.php?t=10581.

3. Yarm, *Everybody Loves Our Town*, p. 274.

4. Patrick MacDonald, "It's a Concert for Peace at the Paramount", *Seattle Times*, 22 de fevereiro de 1991.

5. Patrick MacDonald, "Established Acts Take Big Awards", *Seattle Times*, 4 de março de 1991.

6. Para o início da turnê europeia com o Megadeth, o Almighty e o Alice in Chains, ver a seção "History" do site oficial do Megadeth.

7. Os vídeos estão disponíveis no canal de Aaron Woodruff no YouTube: www.youtube.com/OBSSMEDIA; os comentários são do DVD do memorial a Mike Starr. Uma cópia do DVD foi fornecida ao autor por Gayle Starr.

8. Kyle Anderson, *Accidental Revolution: The Story of Grunge* (Nova York: St. Martin's Press, 2007), p. 99.

9. Yarm, *Everybody Loves Our Town*, p. 234.

10. Prato, *Grunge Is Dead: The Oral History of Seattle Rock Music* (Toronto: ECW Press, 2009), p. 340; notas de encarte de *Music Bank*.

11. Entrevista com o Alice in Chains, *Rockline*, 19 de julho de 1999.

12. Yarm, *Everybody Loves Our Town*, p. 385.

13. Ibid., p. 277-278; Charles R. Cross, *Heavier Than Heaven: A Biography of Kurt Cobain* (Nova York: Hyperion Books, 2001), p. 180-181. A informação sobre a locação da filmagem do Alice in Chains para *Singles* vem de um e-mail enviado ao autor por Michelle Panek, datado de 23 de setembro de 2011. Na época, Panek trabalhava no escritório de Cameron Crowe. Crowe se recusou a ser entrevistado para este livro.

14. Sobre o acidente de ônibus do Death Angel, ver Jon Wiederhorn e Katherine Turman, *Louder Than Hell: The Definitive Oral History of Metal* (Nova York: HarperCollins, 2013), p. 264-265. Para as datas da turnê Clash of the Titans, ver www.slayerized.com.

15. Alice in Chains, entrevista para o *Headbangers Ball*, 1991.

16. Chris Gill, "Dirt", *Guitar Legends*, nº 117; Wiederhorn e Turman, *Louder Than Hell*, p. 265-266.

17. Especial "Buzz" da MTV, circa 1998-1999, www.youtube.com/watch?v=hepqBckLhW8.

18. Prato, *Grunge Is Dead*, p. 263-264.

19. Everett True, *Nirvana* (Cambridge, MA: Da Capo Press, 2007), p. 294-295.

20. Jon Wiederhorn, "Famous Last Words", *Revolver*.

21. Para informações sobre o anel Claddagh, ver www.claddaghring.com.

22. Sobre a escolha de Layne e Demri para o local de seu casamento, o autor entrevistou Kathleen Austin; para informações sobre o Kiana Lodge, ver www.kianalodge.com.

23. Entrevista e correspondência via e-mail do autor com Paul Rachman; bilhete manuscrito de Demri Parrott para Paul Rachman, sem data, 1991. Rachman enviou uma cópia escaneada do bilhete para conferência do autor.

CAPÍTULO 13
Fontes para este capítulo incluem entrevistas do autor com Krisha Augerot, Kathleen Austin, Johnny Bacolas, Randy Biro, James Burdyshaw, Jason Buttino, Dave Hillis, Dave Jerden, Jonathan Plum, Nick Pollock, Paul Rachman e Evan Sheeley.

1. Para as datas e o itinerário da turnê do Van Halen com o Alice in Chains, ver www.vanhalenencyclopedia.com. As histórias sobre o anuário escolar de Mike e o telefonema para Ken Kramer durante a turnê com o Van Halen vêm do DVD do memorial a Mike Starr, de 20 de março de 2011. Uma cópia do DVD foi fornecida ao autor por Gayle Starr.

2. Gene Stout, "Van Halen Frontman Fires Band's Heavy-Metal Decibels to the Top", *Seattle Post-Intelligencer*, 8 de novembro de 1991.

3. Para a data, os indicados e os vencedores do VMA de 1991 da MTV, ver www.mtv.com/ontv/vma/1991.

4. Duff McKagan, *It's So Easy and Other Lies* (Nova York: Touchstone Books, 2011), p. 4; 51.

5. Vanessa Ho, Linda Keene, Kery Murakami e Peyton Whitely, "'Seattle Scene' and Heroin Use: How Bad Is It?", *Seattle Times*, 20 de abril de 1994.

6. Ho, Keene, Murakami e Whitely, "'Seattle Scene'".

7. *Hype!*, Helvey-Pray Productions, 1996. A informação sobre o vício em heroína de Bruce Silver vem da entrevista do autor com James Burdyshaw; Susan Silver é citada em Prato, *Grunge Is Dead*, p. 340. Segundo registros do instituto médico legal de Denver, Bruce Silver morreu de hipotermia quando adormeceu em um carro estacionado em Denver em dezembro de 1996. Tinha trinta e quatro anos.

8. John Brandon, *Unchained: The Story of Mike Starr and His Rise and Fall in Alice in Chains* (Evansdale, Iowa: Xanadu Enterprises, 2001), p. 61.

9. Prato, *Grunge Is Dead*, p. 266. Bacolas confirmou a citação durante entrevista com o autor.

10. Yarm, *Everybody Loves Our Town: An Oral History of Grunge* (Nova York: Crown Archetype, 2011), p. 399.

11. Ibid.

12. Jeff Gilbert, "Rain Man: Alice in Chains' Jerry Cantrell Cleans Up His Act and Hits Pay Dirt", *Guitar World*, janeiro de 1992; Jerry Cantrell, entrevista à *Total Guitar*, 7 de novembro de 2013.

13. Jerry Cantrell, entrevista à Jim Dunlop, 3 de junho de 2013. A foto pode ser vista em loudwire.com/alice-in-chains-jerry-cantrell-epic-prank-war-van-halen.

14. Chris Gill, "Dirt", *Guitar Legends*, edição 117.

15. Jeffrey Ressner, "Alice in Chains: Through the Looking Glass", *Rolling Stone*, 26 de novembro de 1992.

16. Jon Wiederhorn, "Alice in Chains: To Hell and Back", *Rolling Stone*, 8 de fevereiro de 1996.

17. Entrevistas do autor com David Ballenger, James Bergstrom, Tim Branom, James Burdyshaw, Chrissy Chacos, Dean Noble, Nick Pollock e Darrell Vernon.

CAPÍTULO 14
Fontes para este capítulo incluem entrevistas do autor com Kathleen Austin, Chrissy Chacos, Dave Hillis, Ron Holt, Jonathan Plum e Rocky Schenck.

1. Prato, *Grunge Is Dead: The Oral History of Seattle Rock Music* (Toronto: ECW Press, 2009),

p. 340; para a data das sessões de gravação de *Sap*, ver as notas de encarte de *Music Bank*. O período de novembro de 1991 também foi corroborado por Rocky Schenck em "AIC Memories".

2. Layne Staley e Jerry Cantrell, entrevista no YouTube, fonte e data desconhecidas: www.youtube.com/watch?v=ebYt8mGFz8U; notas de encarte de *Music Bank*.

3. Prato, *Grunge Is Dead*, p. 340.

4. Schenck, "AIC Memories".

5. Para a estimativa de Nancy Layne McCallum de quantas vezes Layne foi para reabilitação, ver *Celebrity Rehab*, do VH1, episódio 307, "Family Weekend", 19 de fevereiro de 2010; Jim Elmer concordou com essa estimativa durante uma entrevista ao autor.

CAPÍTULO 15

Fontes para este capítulo incluem entrevistas do autor com Kathleen Austin, Randy Biro, Bryan Carlstrom, Annette Cisneros, Dave Hillis, Dave Jerden, Jonathan Plum, Rocky Schenck, Duncan Sharp, Evan Sheeley e Josh Taft.

1. Para informações sobre o Skywalker Sound, ver www.skysound.com/about_ranch.html.

2. Prato, *Grunge Is Dead*, p. 341.

3. Jocelyn Y. Stewart, "Addiction Specialist Worked with Celebrities", *Los Angeles Times*, 8 de março de 2008; Vanessa Ho, Linda Keene, Kery Murakami e Peyton Whitely, "'Seattle Scene' and Heroin Use: How Bad Is It?", *Seattle Times*, 20 de abril de 1994.

4. Jocelyn Y. Stewart, "Addiction Specialist Worked with Celebrities", *Los Angeles Times*, 8 de março de 2008.

5. Marc Lacey and Shawn Hubler, "Rioters Set Fires, Loot Stores; 4 Reported Dead", *Los Angeles Times*, 30 de abril de 1992; Richard A. Serrano e Tracy Wilkinson, "All 4 in King Beating Acquitted: Violence Follows Verdicts; Guard Called Out", *Los Angeles Times*, 30 de abril de 1992; Amy Wallace e David Ferrell, "Verdicts Greeted with Outrage and Disbelief", *Los Angeles Times*, 30 de abril de 1992; Stan Wilson, "Riot Anniversary Tour Surveys Progress and Economic Challenges in Los Angeles", CNN, 25 de abril de 2012.

6. Nick Bowcott, "Seattle Do Nicely: Jerry Cantrell", *Guitarist*, abril de 1993.

7. Prato, *Grunge Is Dead*, p. 341.

8. Para informações sobre o toque de recolher da cidade durante os tumultos, ver Matt Moody e Brian MacDonald, "A Rapidly Expanding Curfew Area", *Los Angeles Times*, 24 de abril de 2012.

9. Jeffrey Ressner, "Alice in Chains: Through the Looking Glass", *Rolling Stone*, 26 de novembro de 1992.

10. "Qual é a minha droga de preferência? Bem, qual você tem aí"; "Nós somos nossa própria raça de elite / Os *stoners, junkies* e *freaks*" (ambos versos de "Junkhead"); "Estenda seu braço para experimentar um pouco de diversão de verdade" (de "God Smack").

11. Jon Wiederhorn, "Alice in Chains: To Hell and Back", *Rolling Stone*, 8 de fevereiro de 1996; sobre Lou Reed, ver Jim DeRogatis, *Let It Blurt: The Life and Times of Lester Bangs, America's Greatest Rock Critic* (Nova York: Broadway Books, 2000), p. 210.

12. VH1, *Celebrity Rehab*, episódio 301, "Intake", 5 de janeiro de 2010.

13. Mark Yarm, *Everybody Loves Our Town: An Oral History of Grunge* (Nova York: Crown Archetype, 2011), p. 379.

14. Jonathan Gold, "Record Rack", *Los Angeles Times*, 27 de setembro de 1992.

15. Recording Industry Association of America, associação que representa as gravadoras dos EUA. O disco de platina quádruplo certifica que o álbum teve mais de quatro milhões de cópias vendidas. (N. do T.)

CAPÍTULO 16
Fontes para este capítulo incluem entrevistas do autor com Randy Biro, Martin Feveyear, Mark Pellington, Norman Scott Rockwell e Jimmy Shoaf.

1. Mark Yarm, *Everybody Loves Our Town: An Oral History of Grunge* (Nova York: Crown Archetype, 2011), p. 272.

2. Jeff Gilbert, "Love Hate Love: Alice in Chains Have a Gold Record and We Don't", *The Rocket*, outubro de 1992.

3. As datas e o itinerário da turnê Alice in Chains / Gruntruck se baseiam numa entrevista do autor com Norman Scott Rockwell e no exame da jaqueta comemorativa da turnê de Rockwell, que contém as datas e locais.

4. A data aproximada do acidente de triciclo de Layne vem de uma entrevista conduzida por uma apresentadora do canal de TV canadense Musique Plus em novembro de 1992, na qual Layne mencionou que o acidente aconteceu em setembro e fez a declaração sobre não ter uma desculpa para não tocar. Ver www.youtube.com/watch?v=YhQ2aB2TVr0.

5. Fotografias e *bootlegs* em vídeo da turnê de outubro de 1992 com Ozzy Osbourne analisadas pelo autor mostram Layne se apresentando de muletas, ou sentado numa cadeira de rodas ou sofá; a citação de Mike Starr sobre Layne fazendo *mosh* ainda engessado é da entrevista de novembro de 1992 ao Musique Plus.

6. Jeffrey Ressner, "Alice in Chains: Through the Looking Glass", *Rolling Stone*, 26 de novembro de 1992.

7. Layne Staley e Mike Starr, entrevista, Musique Plus, novembro de 1992.

8. Ann Powers, "Misery Loves Company", *SPIN*, março de 1993.

9. Ressner, "Alice".

10. Tipo de anfetamina. (N. do T.)

11. As datas das duas turnês do Alice in Chains com o Gruntruck estão estampadas numa jaqueta comemorativa de propriedade de Norman Scott Rockwell.

12. Barrett Martin, eulogia de Layne Staley, 28 de abril de 2002: www.layne-staley.com/?page_id=753.

13. Mark Yarm, *Everybody Loves Our Town: An Oral History of Grunge* (Nova York: Crown Archetype, 2011), p. 385.

14. Yarm, *Everybody Loves Our Town*, p. 384.

15. Lynn Hirschberg, "Strange Love", *Vanity Fair*, setembro de 1992; Charles R. Cross, *Heavier Than Heaven: A Biography of Kurt Cobain* (Nova York: Hyperion Books, 2001), p. 273; Greg Prato, *Grunge Is Dead: The Oral History of Seattle Rock Music* (Toronto: ECW Press, 2009), p. 286-287; Yarm, *Everybody Loves Our Town*, p. 365.

16. Vídeos *bootleg* analisados pelo autor, disponíveis online em vimeo.com/26750014.

CAPÍTULO 17
Fontes para este capítulo incluem entrevistas do autor com Krisha Augerot, Johnny Bacolas, Lori Barbero, James Bergstrom, Randy Biro, Jason Buttino, Ken Deans, Jim Elmer, Maureen Herman, Nick Pollock, Rocky Schenck e Toby Wright.

1. Há vários *bootlegs* circulando online do show do Alice in Chains de 8 de janeiro de 1993 em Honolulu, que aconteceu na Aloha Tower. Um set list pode ser visto em www.setlist.fm/setlist/alice-in-chains/1993/aloha-tower-honolulu-hi-73d65acd.html.

2. Al Jourgensen e Jon Wiederhorn, *Ministry: The Lost Gospels According to Al Jourgensen* (Nova York: Da Capo Press, 2013), p. 96-97.

3. "Ministry Tour Dates": www.prongs.org/ministry/tour92-93.

4. Mark Yarm, *Everybody Loves Our Town: An Oral History of Grunge* (Nova York: Crown Archetype, 2011), p. 399.

5. Greg Prato, *Grunge Is Dead: The Oral History of Seattle Rock Music* (Toronto: ECW Press, 2009), p. 344-345; Jon Wiederhorn, "Alice in Chains: To Hell and Back", *Rolling Stone*, 8 de fevereiro de 1996; Chris Gill, "Dirt", *Guitar Legends*, ed. 117, p. 58.

6. Prato, *Grunge Is Dead*, p. 345; Yarm, *Everybody Loves Our Town*, p. 398-399; Wiederhorn, "Alice"; vídeo *Behind the Player: Mike Inez*, 2008, www.youtube.com/watch?v=7nyZeROPlt8.

7. Mary Kohl é identificada como funcionária da Susan Silver Management e empresária associada do Alice in Chains em duas reportagens diferentes, datadas de 1993. Ver Don Adair, "Dark Dirges Mark Alice's Local Return", *Spokesman-Review*, 17 de setembro de 1993, e Associated Press, "So You Wanna Be a Rock 'n' Roll Star? Dozens of Entrepreneurs Eager to Lead Seattle Musicians to the Promised Land", 6 de junho de 1993.

8. John Brandon, *Unchained: The Story of Mike Starr and His Rise and Fall in Alice in Chains* (Evansdale, Iowa: Xanadu Enterprises, 2001), p. 88.

9. Yarm, *Everybody Loves Our Town*, p. 399.

10. VH1, *Celebrity Rehab*, episódio 301, "Intake", 5 de janeiro de 2010; Mike Starr, entrevista à KROQ, *Loveline*, 17 de fevereiro de 2010.

11. *Newsletter* do Alice in Chains Fan Club, primavera de 1993. A *newsletter* está postada na parede do banheiro masculino do Feedback Lounge, em Seattle; Daina Darzin, "The Real Dirt", *Rolling Stone*, 24 de fevereiro de 1994. Uma versão arquivada do site original da banda pode ser vista em web.archive.org/web/20000301091634/www.aliceinchains.net/bio.html.

12. Análise do autor do show do Alice in Chains no Rio de Janeiro, no dia 22 de janeiro de 1993. Um vídeo completo do show pode ser visto online em www.youtube.com/watch?v=Ydz6tG06P9I.

13. VH1, *Celebrity Rehab*, episódio 307, "Family Weekend", 19 de fevereiro de 2010.

14. Vídeo *Behind the Player: Mike Inez*, 2008.

15. Para informações sobre o estúdio, John Henry's, ver www.johnhenrys.com; Prato, *Grunge Is Dead*, p. 343-345; Yarm, *Everybody Loves Our Town*, p. 398-400. Para o *timing* da turnê europeia de 1993, ver o *newsletter* do Alice in Chains Fan Club, *circa* primavera de 1993.

16. Imagens *bootleg* de Layne convidando o *skinhead* a subir ao palco e desferindo-lhe os socos podem ser vistas online em www.youtube.com/watch?v=P91fz-cNgU8. O incidente completo pode ser visto em contexto com a performance a partir de 4min20s do vídeo em youtu.be/DCPAu_ge6_U.

17. Uma gravação *bootleg* do show de 10 de fevereiro de 1993 em Helsinki pode ser encontrada em concertsgalore.net.

18. Sobre a turnê pelos EUA com o Circus of Power e o Masters of Reality, ver a *newsletter* do Alice in Chains Fan Club, primavera de 1993. Para a data da primeira sessão de gravação com Mike Inez, ver a biografia da banda no site original, aliceinchains.net, acessado pela Wayback Machine; Prato, *Grunge Is Dead*, p. 345.

19. Mike Inez e Layne Staley, entrevista, *Headbangers Ball*, 1993.

20. *Newsletter* do Alice in Chains Fan Club, *circa* primavera de 1993. As datas da turnê europeia com o Metallica durante a primavera e o verão de 1993 podem ser vistas em https://metallica.com/tour/past.

21. As datas e o itinerário da turnê de 1993 do Lollapalooza pode ser vista em www.janesaddiction.org/lollapalooza/lollapalooza-93.

22. Yarm, *Everybody Loves Our Town*, p. 424.

23. Sandra Schulman, "Lollapalooza Line-Up a Nod to Diversity: The Eclectic Summer Tour Adds Underground Acts on a Second Stage", *Sun-Sentinel*, 16 de junho de 1993.

24. Sobre as colaborações no palco entre as diferentes bandas da turnê de 1993 do Lollapalooza, ver Yarm, *Everybody Loves Our Town*, p. 423. Há muitos *bootlegs* em áudio e vídeo de Layne cantando "Opiate" ao vivo com o Tool. Sobre a amizade de Layne com Tom Morello, ver Joe D'Angelo e Jennifer Vineyard, "'An Angry Angel' - Layne Staley Remembered by Bandmates, Friends", MTV News, 22 de abril de 2002.

25. Datas da turnê Lollapalooza 1993 em www.janesaddiction.org/lollapalooza/lollapalooza-93.

26. Darzin, "The Real Dirt".

27. *Rooster*, o apelido do pai de Jerry no exército (daí o título da música), em inglês, significa "galo". (N. do T.)

28. Imagens das pegadinhas do Alice in Chains e Les Claypool aparecem no DVD do Primus *Animals Should Never Try to Act Like People*.

29. Alice in Chains, entrevista, *Rockline*, 19 de julho de 1999; Yarm *Everybody Loves Our Town*, p. 423.

30. Darzin, "The Real Dirt".

31. Ann Wilson e Nancy Wilson, com Charles R. Cross, *Kicking and Dreaming: A Story of Heart, Soul, and Rock and Roll* (Nova York: It Books, 2012), p. 209-210; Yarm, *Everybody Loves Our Town*, p. 538-539.

32. Yarm, *Everybody Loves Our Town*, p. 378.

CAPÍTULO 18
Fontes para este capítulo incluem entrevistas do autor com Dave Hillis, Jonathan Plum e Toby Wright.

1. Greg Prato, *Grunge Is Dead: The Oral History of Seattle Rock Music* (Toronto: ECW Press, 2009), p. 405.

2. Notas de encarte de *Jar of Flies*.

3. Em tradução livre, "importar-se dói, estou caindo". (N. do T.)

4. Em tradução literal, "E agora, vaca marrom?", expressão idiomática do inglês usada para expressar justamente a questão "e agora?", mas de forma bem humorada devido à rima e ao ritmo da fonética das palavras *how, now, brown* e *cow*. (N. do T.)

5. "*Jar of flies*", em inglês. (N. do T.)

6. Charles R. Cross, *Heavier Than Heaven: A Biography of Kurt Cobain* (Nova York: Hyperion Books, 2001), p. 322-325.

7. Para o telefonema de Courtney Love para Susan Silver, ver Prato, *Grunge Is Dead*, p. 383. Para mais detalhes da intervenção de março de 1994, ver Cross, *Heavier Than Heaven*, p. 331-335.

8. Cross, *Heavier Than Heaven*, p. 340-356.

9. Prato, *Grunge Is Dead*, p. 387-388; Cross, *Heavier Than Heaven*, p. 360; Charles R. Cross, *Here We Are Now: The Lasting Impact of Kurt Cobain* (Nova York: It Books, 2014), p. 147.

10. Jon Wiederhorn, "Alice in Chains: To Hell and Back", *Rolling Stone*, 8 de fevereiro de 1996.

11. Everett True, *Nirvana* (Cambridge, MA: Da Capo Press, 2007), p. 460.

12. "Rock Singer Lay Dead for Two Weeks", *Seattle Post-Intelligencer*, 21 de abril de 2002. Na internet há várias gravações de áudio piratas de Layne cantando "Opiate" com o Tool no Rockstock em maio de 1994.

13. Wiederhorn, "Alice"; Prato, *Grunge Is Dead*, p. 407.

14. Wiederhorn, "Alice"; Gene Stout, "Cancellations Raise Questions about Future of Alice in Chains", *Seattle Post-Intelligencer*, 22 de julho de 1994; Mark Yarm, *Everybody Loves Our Town: An Oral History of Grunge* (Nova York: Crown Archetype, 2001), p. 470-271.

15. Há vídeos *bootleg* disponíveis no YouTube. Há dois vídeos diferentes do Metallica zombando do Alice in Chains ao tocar "Man in the Box" durante essa turnê, disponíveis em www.youtube.com/watch?v=u-WYnSEZKcVw e www.youtube.com/watch?v=jSq626zbMyk.

16. Wiederhorn, "Alice".

CAPÍTULO 19
Fontes para este capítulo incluem entrevistas do autor com Michelle Ahern-Crane, Krisha Augerot, Johnny Bacolas, James Bergstrom, Sam Hofstedt, Ron Holt, Henrietta Saunders e Joseph H. Saunders.

1. Michelle Ahern-Crane, e-mail ao autor, 15 de outubro de 2011.

2. Jeff Gilbert, "Alive: Pearl Jam's Mike McCready Says Goodbye to Drugs and Alcohol and Is a Better Man for It", *Guitar World*, abril de 1995; Pearl Jam, *Pearl Jam Twenty* (Nova York: Simon and Schuster, 2011), p. 146; Mike McCready, entrevista, fonte desconhecida, abril de 1995: www.youtube.com/watch?v=6yUAuwmxjyc.

3. New York Times, "Paid Notice: Deaths SAUNDERS, BAKER", 26 de janeiro de 1999; entrevista do autor com Joseph H. Saunders.

4. Entrevista de John Baker Saunders ao projeto de história oral do EMP, 20 de outubro de 1995. Uma cópia da transcrição da entrevista foi fornecida ao autor pelo curador sênior do EMP, Jacob McMurray.

5. Em inglês, "*what we have here is a failure to give a shit*", provavelmente uma sátira de uma famosa fala do personagem interpretado pelo ator Strother Martin no filme *Cool Hand Luke* (no Brasil, *Rebeldia Indomável*), "*what we've got here is failure to communicate*" ("o que temos aqui é uma falha de comunicação"). O áudio desta fala do filme foi usado na introdução de "Civil War", do Guns N' Roses, de 1990. (N. do T.)

6. Mike McCready, "Mike McCready Remembers Seattle Bassist John Baker Saunders, 1954–1999", *The Rocket*, 27 de janeiro de 1999; McCready, entrevista de 1995.

7. Mark Yarm, *Everybody Loves Our Town: An Oral History of Grunge* (Nova York: Crown Archetype, 2011), p. 482; Gilbert, "Alive".

8. Charles R. Cross, "The Last Days of Layne Staley", *Rolling Stone*, 1º de junho de 2002.

9. Gilbert, "Alive".

10. Página do Mad Season no Facebook, 17 de abril de 2013: www.facebook.com/MadSeason/posts/286025078192141?stream_ref=10.

11. Audição do autor de uma gravação *bootleg* do show do Mad Season de 12 de outubro de 1994. Intitulada "Season of Myst", uma cópia da gravação foi fornecida ao autor por Jason Buttino.

12. McCready, entrevista de 1995.

13. Gilbert, "Alive".

14. Yarm, *Everybody Loves Our Town*, p. 483.

15. Darren Davis, "Alice in Chains' Staley Remembered by Mad Season Mate & Rage's Morello", *Yahoo! Music*, 23 de abril de 2002.

16. Processo *Nancy McCallum v. Alice in Chains Partnership ET al.*, aberto no Tribunal Superior de King County em 2 de maio de 2013. Obtido pelo autor por meio de registros públicos.

17. O set list completo e a escalação de bandas que tocaram na "Self Pollution Radio" podem ser vistos em www.fivehorizons.com/tour/cc/spr_set.html.

18. Greg Prato, *Grunge Is Dead: The Oral History of Seattle Rock Music* (Toronto: ECW Press, 2009), p. 408.

19. Ibid., p. 408. Sobre a sigla FTA, ver Paul Gargano, "Second Coming", *Maximum Ink*, maio de 1999; Steve Stav, "The Second Coming of Second Coming", *Rock Paper Scissors*, 2001.

20. Carta de Layne Staley para Johnny Bacolas, sem data, *circa* 1994-1995. Bacolas não permitiu que o autor examinasse as cartas, as quais guarda num cofre, mas parafraseou a citação sobre a "nuvem negra", atribuída a uma das cartas de Layne durante uma entrevista.

CAPÍTULO 20
Fontes para este capítulo incluem entrevistas do autor com Gillian Gaar, Jeff Gilbert, Sam Hofstedt, Scott Rockwell, Rocky Schenck, Duncan Sharp, Jon Wiederhorn e Toby Wright.

1. Para a coincidência das sessões demo com o trabalho de Layne no Mad Season, ver Jeff Gilbert, "Go Ask Alice", *Guitar World*, janeiro de 1996.

2. Notas de encarte de *Music Bank*.

3. Gilbert, "Go Ask Alice".

4. O Alice in Chains gravou seu terceiro álbum no Studio X, que, na época, era parte do Bad Animals Studio. Em 1997, o Studio X se desligou do Bad Animals e se tornou um estúdio à parte. Para ficar em concordância com o nome na época e com o que consta nas notas de encarte, neste livro o Studio X será referido como Bad Animals.

5. Mark Yarm, *Everybody Loves Our Town: An Oral History of Grunge* (Nova York: Crown Archetype, 2011), p. 484-485.

6. Gilbert, "Go Ask Alice".

7. Sobre a gravação de "Grind", ver as notas de encarte de *Music Bank*; sobre Layne ter lido rumores sobre si mesmo na internet, ver Jon Wiederhorn, "Alice in Chains: To Hell and Back", *Rolling Stone*, 8 de fevereiro de 1996.

8. "Me ligam para dar parabéns, esse não é o verdadeiro porquê / Não há pressão além do brilhantismo, digamos, daqui a nove dias / A ignorância corporativa me deixa controlar o tempo / Por sinal, por sinal".

9. Diferentes teorias sobre o som no início de "Intolerance", do Tool, são exploradas na questão F9 em toolshed.down.net/faq/faq.html.

10. "Volte pra dentro, Sam, e jogue fora seu bolo".

11. Greg Prato, *Grunge Is Dead: The Oral History of Seattle Rock Music* (Toronto: ECW Press, 2009), p. 409-410.

12. Notas de encarte de *Music Bank*.

13. *The Nona Tapes*: www.youtube.com/watch?v=poCIt4KfDBo.

14. Para a data de lançamento do álbum, ver www.allmusic.com/album/alice-in-chains-r227636/review; Wiederhorn, "Alice".

15. Wiederhorn, "Alice".

16. Wiederhorn, "Alice".

CAPÍTULO 21
Fontes para este capítulo incluem entrevistas do autor com Randy Biro, Alex Coletti, Ken Deans, Rick Krim e Toby Wright.

1. Greg Prato, *Grunge Is Dead: The Oral History of Seattle Rock Music* (Toronto: ECW Press, 2009), p. 412.

2. A data de lançamento e a posição na parada da *Billboard* do álbum *Unplugged* estão em www.allmusic.com/album/mtv-unplugged-mw0000183677. A data de exibição do programa está em www.imdb.com/title/tt0276768.

3. Prato, *Grunge Is Dead*, p. 411.

4. Jerry Cantrell e Sean Kinney, entrevista para a MTV News, *circa* junho/julho de 1996, www.youtube.com/watch?v=cU5rWmq7UTc.

5. Joe D'Angelo e Jennifer Vineyard, "'An Angry Angel': Layne Staley Remembered by Bandmates, Friends", MTV News, 22 de abril de 2002; Billy Corgan, Twitter, 15 de outubro de 2012. Sobre as datas em que o Alice in Chains abriu para o KISS no verão de 1996, ver www.kissasylum.com/ReunionDatesArchive.html.

6. Blair Fischer, "Alice in Chains Frontman Talks about Band's Spectacular Second Act", *Lowcountry Current*, 30 de abril de 2014.

7. Mark Yarm, *Everybody Loves Our Town: An Oral History of Grunge* (Nova York: Crown Archetype, 2011), p. 486.

8. Análise do autor de vídeos *bootleg* do show de 3 de julho de 1996 em Kansas City.

9. Prato, *Grunge Is Dead*, p. 411.

10. Prato, *Grunge Is Dead*, p. 412.

CAPÍTULO 22
Fontes para este capítulo incluem entrevistas do autor com Michelle Ahern-Crane, Kathleen Austin, James Bergstrom, Randy Biro, James Burdyshaw, Jason Buttino, Jim Elmer, Jeff Gilbert, Nanci Hubbard--Mills, Karie Pfeiffer-Simmons, Nick Pollock e Jon Wiederhorn.

1. Jon Wiederhorn, "Alice in Chains: To Hell and Back", *Rolling Stone*, 8 fevereiro de 1996; Jon Wiederhorn, "Famous Last Words", *Revolver*.

2. Russell pediu anonimato por preocupação de que as informações atribuídas a ele possam complicar seu pedido de visto caso ele precise viajar para os Estados Unidos de novo. Alguns dados biográficos, tais como sua nacionalidade e o nome de sua banda, foram omitidos para proteger sua identidade.

3. Wiederhorn, "Famous Last Words".

4. Laudo médico do Condado de King, 29 de outubro de 1996, obtido pelo autor por meio de um pedido de registros públicos; atestado de óbito de Demri Parrott, 4 de novembro de 1996, obtido pelo autor por meio de um pedido de registros públicos. No atestado de óbito de Demri a grafia de meprobamato (*meprobamate*) está incorreta, constando como *meptobamate*.

5. Sobre a afirmação desta ter sido uma das últimas vezes que viu Layne, ver Greg Prato, *Grunge Is Dead: The Oral History of Seattle Rock Music* (Toronto: ECW Press, 2009), p. 416.

CAPÍTULO 23
Fontes para este capítulo incluem entrevistas do autor com Krisha Augerot, Johnny Bacolas, Kim De Baere, Dan Gallagher, Henrietta Saunders, Joseph H. Saunders e Evan Sheeley.

1. Mark Yarm, *Everybody Loves Our Town: An Oral History of Grunge* (Nova York: Crown Archetype, 2011), p. 487.

2. Yarm, *Everybody Loves Our Town*, p. 487.

3. Barrett Martin, notas de encarte de *Above*; Yarm, *Everybody Loves Our Town*, p. 487.

4. Laudo médico do Condado de King, 15 de janeiro de 1999, obtido pelo autor por meio de um pedido de registros públicos.

5. Barrett Martin, notas de encarte de *Above*; Yarm, *Everybody Loves Our Town*, p. 487.

6. Mike McCready, "Mike McCready Remembers Seattle Bassist John Baker Saunders, 1954–1999", *The Rocket*, 27 de janeiro de 1999.

CAPÍTULO 24
Fontes para este capítulo incluem entrevistas do autor com Johnny Bacolas, James Bergstrom, Randy Biro, Jason Buttino, Bryan Carlstrom, Annette Cisneros, Jamie Elmer, Jim Elmer, Ken Elmer, Dave Jerden, Matt Serletic, Jimmy Shoaf, Elan Trujillo e Toby Wright.

1. Escrituras do Condado de King, acessadas online pelo autor. Análise do autor dos créditos dos álbuns do Alice in Chains e dos registros públicos da banda.

2. Jerry Cantrell e Sean Kinney, entrevista, Faceculture.tv, 2009.

3. Análise do autor de gravações de "The Things You Do", dos Despisely Brothers. As gravações, que não estão disponíveis ao público, foram disponibilizadas ao autor por Jason Buttino.

4. Patrick MacDonald, "Soundgarden's History: One of Seattle's First and Loudest Grunge Bands Calls It Quits After 12 Years of Setting the Pace for Alternative Rock", *Seattle Times*, 10 de abril de 1997; Greg Prato, *Grunge Is Dead: The Oral History of Seattle Rock Music* (Toronto: ECW Press, 2009), p. 427-436; Mark Yarm, *Everybody Loves Our Town: An Oral History of Grunge* (Nova York: Crown Archetype, 2011), p. 515-521. Vale notar que, em 2010, o Soundgarden se reuniu.

5. Patrick MacDonald, "Internet Dominates Talk at Music Conference", *Seattle Times*, 20 de outubro de 1997.

6. Lip Service, *The Rocket*, 5–19 de novembro de 1997.

7. Charles R. Cross, "The Last Days of Layne Staley", *Rolling Stone*, 1 de junho de 2002.

8. Marc Weingarten, "Unchained", *Guitar World*, junho de 1998.

9. Gene Stout, "Cantrell Seeks Out a Solo Identity on First Tour Away from Alice", *Seattle Post-Intelligencer*, 30 de outubro de 1998; Rocky Schenck, "AIC Memories".

10. Rex Brown com Mark Eglinton, *Official Truth, 101 Proof: The Inside Story of Pantera* (Boston: Da Capo Press, 2013), p. 156-157. O livro foi lançado no Brasil em 2014 pela Edições Ideal, com o título: *Verdade Oficial: nos bastidores do Pantera*.

11. MTV News, "Cantrell Solo Nixed for October", 15 de setembro de 1997.

12. Troy Carpenter, "News on Jerry Cantrell, Richard Ashcroft, Waylon Jennings", *Billboard*, 2002.

13. Weingarten, "Unchained".

14. Schenck, "AIC Memories".

15. Para a formação da banda de turnê de Jerry no verão e no outono de 1998, ver MTV News, "Jerry Cantrell Sets Headlining Tour", 18 de setembro de 1998. Para as datas em que Jerry abriu para o Metallica, ver MTV News, "Jerry Cantrell Takes 'Boggy Depot' Online", 30 de março de 1998.

16. Chat online de Jerry Cantrell para a MTV, 22 de julho de 1998. Um vídeo *bootleg* dos covers pode ser visto em www.youtube.com/watch?v=skHETecWxO4.

17. A descrição de Layne se baseia na análise do autor de fotografias tiradas durante as sessões de *Music Bank* por Annette Cisneros.

18. Blair R. Fischer, "Malice in Chains?", *Rolling Stone*, 4 de setembro de 1998, www.rollingstone.com/music/news/malice-in-chains-19980904.

19. Prato, *Grunge Is Dead*, p. 416.

20. Tom Morello, Twitter, 25 de maio de 2013, twitter.com/tmorello/status/338497113958805504; Prato, *Grunge Is Dead*, p. 416; Yarm, *Everybody Loves Our Town*, p. 534.

21. Para as datas e locais da turnê de outubro de 1998 de Jerry como *headliner*, ver MTV News, "Jerry Cantrell Sets Headlining Tour".

22. Análise do autor de uma fotografia de Layne Staley e Jimmy Shoaf tirada no *backstage* no Showbox em 31 de outubro de 1998, publicada pela primeira vez no site Alternative Nation, www.alternativenation.net/?p=10483. Shoaf confirmou a autenticidade da foto.

23. Johnny Bacolas, e-mail ao autor, datado de 5 de dezembro de 2013. A citação de Mike Starr está em Yarm, *Everybody Loves Our Town*, p. 174. Uma foto de Layne e Mike se apresentando travestidos pode ser vista em grungebook.tumblr.com/post/11443878907/mike-starr-on-diamond-lie-becoming-alice-in-chains.

24. Alice in Chains, entrevista, *Rockline*, 19 de julho de 1999.

25. Ann Wilson e Nancy Wilson, com Charles R. Cross, *Kicking and Dreaming: A Story of Heart, Soul, and Rock and Roll* (Nova York: It Books, 2012), p. 210-211.

26. Yarm, *Everybody Loves Our Town*, p. 535; Kara Manning, "Chris Cornell Feels 'Euphoria' with Newborn Daughter", MTV News, 6 de julho de 2000.

27. Bob Gulla, "Into the Flood Again", *Guitar One*, junho de 2001; Jerry Cantrell, biografia para a Roadrunner Records.

28. Don Kaye, "A Long, Strange Trip", notas de encarte de *Degradation Trip Volumes 1 & 2*.

29. Gulla, "Into the Flood Again".

30. Kaye, "A Long, Strange Trip"; Gulla, "Into the Flood Again"; Gene Stout, "Making Music Sees Cantreel Through Death and Dark Times", *Seattle Post-Intelligencer*, 16 de maio de 2002.

31. Tom Hansen, *American Junkie* (Nova York: Emergency Press, 2010), p. 245-248. Hansen se recusou a ser entrevistado para este livro.

32. Prato, *Grunge Is Dead*, p. 417; Yarm, *Everybody Loves Our Town*, p. 535.

33. Bob Forrest, com Michael Albo, *Running with Monsters: A Memoir* (Nova York: Crown Archetype, 2013), p. 213-216.

CAPÍTULO 25
Fontes para este capítulo incluem entrevistas do autor com Kathleen Austin, Jason Buttino, Jamie Elmer, Jim Elmer, Morgen Gallagher, Jeff Gilbert, Mike Korjenek, Phil Lipscomb, Nick Pollock, Stephen Richards e Toby Wright.

1. Adriana Rubio, *Layne Staley: Get Born Again* (Evansdale, Iowa: ARTS Publications, 2006), p. xii.

2. Ibid., p. xii-xvi.

3. Charles R. Cross, "The Last Days of Layne Staley", *Rolling Stone*, 1º de junho de 2002.

4. Tom Scanlon, "Alice in Chains Singer's Legacy Lives on Through Music", *Seattle Times*, 24 de agosto de 2007; Greg Prato, *Grunge Is Dead: The Oral History of Seattle Rock Music* (Toronto: ECW Press, 2009), p. 423.

5. A informação sobre Layne ter visto Demri na noite anterior foi dada a Kathleen Austin por Mike Starr depois do memorial privado de Layne.

6. VH1, *Celebrity Rehab*, episódio 307.

7. Jon Wiederhorn, "Alice in Chains: To Hell and Back", *Rolling Stone*, 8 de fevereiro de 1996.

CAPÍTULO 26
Fontes para este capítulo incluem entrevistas do autor com Kathleen Austin e Jim Elmer.

1. Greg Prato, *Grunge Is Dead: The Oral History of Seattle Rock Music* (Toronto: ECW Press, 2009), p. 415.

2. Charles R. Cross, "The Last Days of Layne Staley", *Rolling Stone*, 1º de junho de 2002.

3. Prato, *Grunge Is Dead*, p. 421.

4. Gravação telefônica computadorizada do Departamento de Polícia de Seattle, 19 de abril de 2002, obtida pelo autor por meio de um pedido de registros públicos.

5. Ibid.; boletim de ocorrência do Departamento de Polícia de Seattle, 19 de abril de 2002, publicado pelo The Smoking Gun, www.thesmokinggun.com/documents/crime/alice-chains-singer-death.

6. Boletim de ocorrência do Departamento de Polícia de Seattle; laudo do legista do Condado de King, 19 de abril de 2002, obtido pelo autor por meio de um pedido de registros públicos; Rick Anderson, "Smack Is Back", *Seattle Weekly*, 9 de outubro de 2006, www.seattleweekly.com/2003-01-08/news/smack-is-back. Atestado de óbito de Layne Staley, 20 de abril de 2002, obtido pelo autor por meio de um pedido de registros públicos.

7. Anderson, "Smack Is Back".

8. Laudo do legista do Condado de King, 19 de abril de 2002.

9. Sobre Sadie ter sido adotada por Jerry Cantrell, ver o episódio do programa *MTV Cribs* com ele, *circa* 2002-2003, www.youtube.com/watch?v=gDQCZ14f0Rs. Sobre a morte de Sadie, ver www.layne-staley.com/?page_id=753.

10. VH1, *Celebrity Rehab*, episódio 307, "Family Weekend", 19 de fevereiro de 2010.

CAPÍTULO 27
Fontes para este capítulo incluem entrevistas do autor com Kathleen Austin, Johnny Bacolas, James Bergstrom, Randy Biro, Chrissy Chacos, Jamie Elmer, Jim Elmer, Ken Elmer, Jeff Gilbert, Randy Hauser, Ron Holt, Dave Jerden, Nick Pollock e Toby Wright.

1. Charles R. Cross, "Last Days of Layne Staley", *Rolling Stone*, 1º de junho de 2002.

2. Mark Yarm, *Everybody Loves Our Town: An Oral History of Grunge* (Nova York: Crown Archetype, 2011), p. 538.

3. E-mail do baixista do Taproot, Phil Lipscomb, ao autor, 7 de abril de 2014.

4. Pearl Jam, *Pearl Jam Twenty* (Nova York: Simon and Schuster, 2011), p. 282.

5. Gene Stout, "Fans Mourn Death of Alice in Chains Singer", *Seattle Post-Intelligencer*, 19 de abril de 2002.

6. A declaração publicada no antigo e hoje desativado site do Alice in Chains pode ser encontrada em web.archive.org/web/20020522235447/http://www.aliceinchains.net.

7. Candice Heckman, "In Seattle Gloom, Fans Honor Staley", *Seattle Post-Intelligencer*, 26 de abril de 2002; Jennifer Vineyard, "Layne Staley Memorialized at Second Candlelight Vigil", MTV News, 29 de abril de 2002.

8. Para a data do memorial, ver cópia do programa postada em www.layne-staley.com/?page_id=753.

9. Barrett Martin, "Memoriam for Layne Staley", 28 de abril de 2002. O texto completo pode ser encontrado no programa do memorial em www.layne-staley.com/?page_id=753.

10. Projeto paralelo ao Heart lançado pelas irmãs Wilson em 1992.

11. Sobre a performance de "Sand" no memorial de Layne Staley, ver a conversa entre Mike Inez e Nancy Wilson em *Decades Rock Live!*, do VH1, aos 0:26 deste vídeo: www.youtube.com/watch?v=O_HJ-V1BuQEE. Para a história por trás de "Sand", ver o vídeo de entrevista com Ann e Nancy Wilson no EMP, em 8 de outubro de 2010, www.youtube.com/watch?v=H5uJy34GBEU

CAPÍTULO 28
Fontes para este capítulo incluem entrevistas do autor com Steve Alley, Randy Biro, Jason Buttino, Bryan Carlstrom, Evan Sheeley e Aaron Woodruff.

1. Sobre o histórico de Ray Gillen e o projeto Sun Red Sun, ver www.artistswithaids.org/artforms/music/catalogue/gillen.html.

2. Andy Greene, "Alice in Chains Bassist Mike Starr Dies at 44", *Rolling Stone*, 9 de março de 2011. Informações sobre as acusações e a sentença encontradas nos registros do Condado de Harris e do Departamento de Polícia de Houston, obtidos pelo autor por meio de um pedido de registros públicos.

3. John Brandon, *Unchained: The Story of Mike Starr and His Rise and Fall in Alice in Chains* (Evansdale, Iowa:

Xanadu Enterprises, 2001), p. vii-x, 1-5, 107; atestado de óbito de Demri Parrott, obtido pelo autor por meio de um pedido de registros públicos.

4. Boletim de ocorrência do Departamento de Polícia de Salt Lake City, 6 de maio de 2003; juízo fundado de suspeita aberto na corte de Salt Lake City, Utah, em 9 de maio de 2003; ficha criminal da Delegacia do Condado de Salt Lake, 6 de maio de 2003; sentença de arresto proferida em ação ajuizada perante a corte de Salt Lake City, Utah, em 3 de maio de 2004; declaração de culpa apresentada à corte de Salt Lake City, Utah, em 22 de julho de 2003; mandado de prisão emitido pela corte de Salt Lake City, Utah, em 25 de agosto de 2003. Todos esses documentos foram obtidos pelo autor por meio de um pedido de registros públicos.

5. VH1, *Celebrity Rehab*, episódio 307, "Family Weekend", 19 de fevereiro de 2010. A biografia oficial de Mike para o programa pode ser vista em www.vh1.com/shows/celebrity_rehab_with_dr_drew/season_3/cast_member.jhtml?personalityId=13233.

6. Vídeos das performances de "Man in the Box", "Shout It Out Loud" e "Rock and Roll All Nite" podem ser vistos no YouTube; entrevista de Mike Starr no programa *Loveline*, da rádio KROQ, 17 de fevereiro de 2010; Blabbermouth.net, "Mike Starr Featured on Leiana's Cover of Sonic Youth's 'Kool Thing'; Audio Available", 24 de março de 2011. Uma gravação em áudio parcial de "Kool Thing" pode ser ouvida em www.alternativenation.net/?p=3287.

7. Mike Starr, entrevista ao *Loveline*.

8. KROQ, "Jerry Cantrell of Alice in Chains Slams Dr. Drew's Celeb Rehab", 21 de fevereiro de 2010; WMMR. com, "Alice in Chains Dummer Slams 'Celebrity Rehab' as 'Disgusting'", 18 de fevereiro de 2010.

9. Mike Starr, entrevista ao *Loveline*.

10. DVD do memorial de Mike Starr, 20 de março de 2011. Uma cópia foi fornecida ao autor por Gayle Starr.

11. Boletim de ocorrência do Departamento de Polícia de Salt Lake City, 17 de fevereiro de 2011.

12. Ficha criminal registrada no Departamento de Polícia de Salt Lake City, 17 de fevereiro de 2011, obtida pelo autor por meio de um pedido de registros públicos.

13. DVD do memorial de Mike Starr.

14. A mensagem de voz de Mike para Chris Jurebie foi descrita no DVD do memorial de Mike.

15. TMZ, "Mike Starr's Last Voicemail—I 'Need' Drugs", 10 de março de 2011.

16. Boletim de ocorrência do Departamento de Polícia de Salt Lake City, 8 de março de 2011, obtido pelo autor por meio de um pedido de registros públicos. Log do Departamento de Polícia de Salt Lake City, 8 de março de 2011.

17. Boletim de ocorrência do Departamento de Polícia de Salt Lake City, 8 de março de 2011.

18. Ibid.

19. Gil Kaufman, "Mike Starr Mourned by Former Alice in Chains Bandmates", MTV News, 9 de março de 2011; Facebook, *Official Mike Inez Page*, 9 de março de 2011; Ryan J. Downey, "Mike Starr Remembered by Dr. Drew, Nikki Sixx, Steven Adler", MTV News, 8 de março de 2011.

20. Testamento de Michael Christopher Starr, 4 de dezembro de 2004; Peter F. Cowles, ""Motion for Appointment of Personal Representative; Adjudicating Estate Solvent; Directing Administration Without Bond or Court Intervention and Issuance of Letters Testamentary", 5 de maio de 2011, obtido pelo autor por meio de registros públicos.

21. Sobre o memorial público no Seattle Center, ver Melissa Alisson, "Memorial Held for Alice in Chains Bassist Mike Starr", *Seattle Times*, 20 de março de 2011.

22. DVD do memorial de Mike Starr.

CAPÍTULO 29
Fontes para este capítulo incluem entrevistas do autor com Annette Cisneros, Jamie Elmer, Jim Elmer, Gillian Gaar, Jeff Gilbert, Dave Jerden, Mike Korjanek e Elan Trujillo.

1. Allen B. Draher, "Verified Application for Order Adjudicating Intestacy and Solvency, Appointing Co-Administrators, and Granting Nonintervention Powers", 24 de abril de 2002, obtido pelo autor por meio de registros públicos.

2. Rick Anderson, "Smack Is Back", *Seattle Weekly*, 9 de outubro de 2006; Nancy Layne McCallum, newsletter, Layne-Staley.com, www.layne-staley.com/?page_id=678.

3. Susan Silver, transcrição de depoimento, 23 de abril de 2007, obtida pelo autor por meio de registros públicos.

4. E-mail de Darren Julien para o autor. Sobre a venda da arte original de Layne para o álbum do Mad Season, ver www.christies.com/lotfinder/memorabilia/mad-season-layne-staley-details.aspx?from=-searchresults&intObjectID=5144945&sid=b3876a3a-2da0-469b-bbcf-2a6407ecc8a4.

5. Adriana Rubio, *Layne Staley: Angry Chair – A Look Inside the Heart and Soul of An Incredible Musician* (Evansdale, Iowa: Xanadu Enterprises, 2003), p. 59-77, 91. Sobre as tentativas de Rubio de entrevistar um homem que alegava ser Jim Morrison, ver Adriana Rubio, *Jim Morrison: Ceremony – Exploring the Shaman Possession* (Evansdale, Iowa: ARTS Publications, 2005), p. 124-148.

6. David de Sola, "Setting the Alice in Chains Record Straight", *Icepicks and Nukes*, 16 de dezembro de 2011; David de Sola, "Statement from Liz Coats", *Icepicks and Nukes*, 2 de janeiro de 2012; e-mail de Adriana Rubio para o autor, 16 de dezembro de 2011; e-mail de Liz Coats para o autor, 29 de dezembro de 2011.

7. Pedido TEAS Plus, número de série 85491584, 9 de dezembro de 2011; "Motion for an Execution of Answer or Discovery or Trial Periods with Consent", 9 de julho de 2014 – ambos os documentos foram acessados online em http://uspto.gov.

8. Silver, depoimento; Chris Cornell, transcrição de depoimento, 10 de setembro de 2008, obtido pelo autor por meio de registros públicos; Janet George, "Findings of Fact and Conclusions of Law (FNFCL)", 22 de setembro de 2005, obtido pelo autor por meio de registros públicos; Susan Silver, queixa, 18 de maio de 2007, obtido pelo autor por meio de registros públicos; Susan Silver, declaração, 9 de setembro de 2008, obtido pelo autor por meio de registros públicos; registros do Tribunal Superior do Condado de King, obtido pelo autor por meio de registros públicos.

9. "Motion and Declaration to Appoint Arbitrators and to Strike Order to Show Cause", 29 de julho de 2005, obtido pelo autor por meio de registros públicos; Chris Cornell, "Declaration of Chris Cornell in Support of Motion to Enforce Property Settlement Agreement", 26 de junho de 2007, obtido pelo autor por meio de registros públicos; Scott Johnson e Aneehal Afzali, "Opposition to Cornell's Motion to Enforce Property Settlement Agreement", 17 de setembro de 2008, obtido pelo autor por meio de registros públicos.

10. Bob Gulla, "Into the Flood Again", *Guitar One*, junho de 2001.

11. Fuse, "Alice in Chains Talk New Album and the Band's Evolution", 30 de maio de 2013.

12. Marc Burrows, "No Barricades: William DuVall on Hardcore, Grunge and Alice in Chains", *Downed in Sound*, 8 de novembro de 2013.

13. Randy DuTeau, "A Crackberry Interview with My Former Bandmate William 'Kip' DuVall, Now Lead Singer for Alice in Chains", *Metro Spirit*, 18 de setembro de 2007.

14. Blabbermouth.net, "Archive News", 7 de março de 2001.

15. Michael Christopher, "Degradation Trip: An Interview with Jerry Cantrell", Popmatters.com, 26 de dezembro de 2002; Joe D'Angelo, "Jerry Cantrell Perseveres in Wake of Staley's Death", MTV News, 24 de abril de 2002; Leah Greenblatt, "Jerry Cantrell Delivers Bittersweet, AIC-Heavy Set at Seattle Nickelback Gig", MTV News, 20 de maio de 2002.

16. Gary Graff, "Rockers Team Up in Spys4Darwin", ABC News, 31 de maio de 2001; David Basham, "Bassist Jason Newsted Leaves Metallica", MTV News, 17 de janeiro de 2001. Sobre Mike Inez ter sido considerado como substituto para Newsted, ver a biografia de Mike Inez no site da Ampeg; Ann Wilson e Nancy Wilson, com Charles R. Cross, *Kicking and Dreaming: A Story of Heart, Soul, and Rock and Roll* (Nova York: It Books, 2012), p. 279/ carta da Sony Music Entertainment para a sociedade Alice in Chains e Peter Paterno, 22 de outubro de 2004, obtida pelo autor por meio de registros públicos como parte do processo *Nancy McCallum v. Alice in Chains Partnership et al.*, aberto no Tribunal Superior do Condado de King em 2 de maio de 2013.

17. CNN, "Tsunami of 2004 Fast Facts", www.cnn.com/2013/08/23/world/tsunami-of-2004-fast-facts.

18. Travis Hay, "Alice in Chains Owns Stage in Tsunami-Relief Show Full of Surprises", *Seattle Post-Intelligencer*, 20 de fevereiro de 2005. Set lists completos da apresentação estão disponíveis em www.blabbermouth.net/news/alice-in-chains-photos-from-tsunami-benefit-concert-postedonline/ e em www.last.fm/music/Alice+in+Chains/Tsunami+Relief+Benefit+Show.

19. Jerry Cantrell e Sean Kinney, entrevista ao Voice of America, 26 de maio de 2010, www.youtube.com/watch?v=E5yQ7z6TJFM.

20. Duff McKagan, *It's So Easy and Other Lies* (Nova York: Touchstone Books, 2011), p. 337–38; Alice in Chains, *electronic press kit* (EPK) de *Black Gives Way to Blue* (daqui em diante, referido como BGWTB EPK), www.youtube.com/watch?v=-mYbTnLgJsE.

21. VH1, *Decades Rock Live!*, www.decadesrocklive.com/artists/mainlist.php; VH1 Classic, anúncio, 17 de abril de 2006, www.prnewswire.com/news-releases/vh1-classic-and-world-productions-present--all-star-line-up-for-live-television-concert-series-decadesrock-live-heart-premiering-on-vh1-classic--on-friday-may-5-at-800-pm-etpt-56413912.html.

22. Burrows, "No Barricades".

23. Greg Prato, *Grunge Is Dead: The Oral History of Seattle Rock Music* (Toronto: ECW Press, 2009), p. 461.

24. Burrows, "No Barricades".

25. BGWTB EPK.

26. Gillian G. Gaar, "Alice in Chains Homecoming", *Seattle Weekly*, 2 de fevereiro de 2010.

27. McKagan, *It's So Easy*, p. 342–43; Benny Doyle, "Songs in Their Sails", *Music*, 13 de novembro de 2013; As datas da turnê de 2007 do Alice in Chains com o Velvet Revolver podem ser vistas em www.blabbermouth.net/news/velvet-revolver-alice-in-chains-more-north-american-tourdates-announced; BGWTB EPK; Jerry Cantrell e Sean Kinney, entrevista ao site Radio.com,
26 de agosto de 2013.

28. Bud Scoppa, "Alice in Chains", *Mix*, 1º de setembro de 2009.

29. "Check My Brain - The Making Of", www.youtube.com/watch?v=zARYZk1gi7g.

30. BGWTB EPK.

31. Dan Snierson, "Alice in Chains' Jerry Cantrell and Elton John on Their 'Black Gives Way to Blue' Collaboration", *Entertainment Weekly*, 1º de outubro de 2009; Jerry Cantrell e Sean Kinney, entrevista ao Voice of America, 26 de maio de 2010. Para informações sobre a história e os marcos da carreira de Elton John, ver Edna Gundersen, "Elton Still Standing for Gay Rights, Home, Tammy Faye", *USA Today*, 23 de setembro de 2013. A informação de que Layne costumava tocar músicas de Elton John no Music Bank provém de Tim Branom, em entrevista ao autor.

32. Base de dados de discos de ouro e de platina da RIAA, www.billboard.com/artist/278597/alice-chains/chart?f=305; Blabbermouth.net, "Alice in Chains Drummer Compares Having New Album Illegally Downloaded to Prison Rape", 27 de setembro de 2009.

33. Steve Baltin, "Lessons Learned with Jerry Cantrell", Grammy.com, 30 de maio de 2012, www.grammy.com/news/lessons-learned-with-jerry-cantrell; Steve Baltin, "Jerry Cantrell Gives the Dirt on Alice in Chains' New Album", Grammy.com, 23 de maio de 2013, www.grammy.com/news/jerry-cantrell-gives-the-dirt-on-alice-in-chains-new-album.

34. Steve Baltin, "Jerry Cantrell on New Alice in Chains Record: 'Time to Get to Work'", *Rolling Stone*, 10 de maio de 2012; Steve Baltin, "Alice in Chains' Jerry Cantrell Honored with Stevie Ray Vaughan Award", *Rolling Stone*, 1º de junho de 2012; Michael Moses, *press release*, "Alice in Chains' Jerry Cantrell to Be Honored at May 31st MusiCares Benefit Concert; Alice in Chains to Perform", 22 de março de 2012, site da MusiCares, www.grammy.org/musicares.

35. Um vídeo do discurso de Jerry à MusiCares pode ser visto em www.youtube.com/watch?v=8zxbm-q4TpIs. Sobre os dez anos de sobriedade de Jerry, ver Backstage with Baldy, "July 1st—Vancouver", em aliceinchains.umg-wpstage.com/blog/july-1st-vancouver.

36. Kyle McGovern, "Alice in Chains Vow 'The Devil Put Dinosaurs Here' Will Be Unsurprising Yet Unique", *SPIN*, 14 de fevereiro de 2013; base de dados da Billboard.com.

37. Processo *Nancy McCallum v. Alice in Chains Partnership et al.*, aberto no Tribunal Superior do Condado de King em 2 de maio de 2013, obtido pelo autor por meio de registros públicos.

38. O. Yale Lewise, Jr. e Michael D. Hunsinger, "Stipulation re the Exchange of the Disclosure of Possible Primary Witnesses", 26 de fevereiro de 2014, obtido pelo autor por meio de registros públicos como parte do processo *McCallum v. Alice in Chains*.

39. Rock and Roll Hall of Fame, "Induction Process".

40. Para uma lista parcial das indicações do Alice in Chains ao Grammy, ver www.grammy.com/news/hope-is-on-its-way-for-alice-in-chains. Troy L. Smith, "Rock and Roll Hall of Fame snubs: 25 acts that should be inducted", *Cleveland Plain Dealer*, 17 de dezembro de 2013.

41. Jerry Cantrell e Sean Kinney, entrevista ao Radio.com, 26 de agosto de 2013.

42. Dave Kerr, "A Looking in View: Jerry Cantrell on Alice in Chains' Legacy", *Skinny*, 13 de novembro de 2013.

ALICE IN CHAINS

Introdução	**10**
Parte I: 1967–1984	**14**
Parte II: 1984–1989	**38**
Parte III: 1989–1996	**116**
Parte IV: 1996–2001	**264**
Parte V: 2001–2002	**290**
Parte VI: 2002–2014	**306**
Agradecimentos	**342**
Entrevistas e Fontes	**348**
Notas	**350**
Bibliografia	**378**
Outras Fontes	**382**

INTRODUÇÃO

INTRODUÇÃO

O que importa é a história, não quem a conta.
– Stephen King

Os últimos quatro anos têm visto uma renovação de interesse pela cena grunge de Seattle que dominou a música do início dos anos 1990. Aniversários de álbuns importantes, mortes e induções ao Rock and Roll Hall of Fame, concretizadas ou pendentes, tudo isso inspirou um interesse pelo lugar e pelas pessoas que fizeram a música daquela era. Dos "Big Four" de Seattle, o Nirvana domina a maior parcela das atenções, em grande parte devido à vida e ao talento de Kurt Cobain, bem como ao sucesso pós-Nirvana de Dave Grohl e às polêmicas envolvendo Courtney Love e o espólio de Cobain. O Pearl Jam também atrai um bom tanto de atenção e conta com a distinção de ser a única das quatro bandas a se manter continuamente na estrada há quase vinte e cinco anos, até a publicação deste livro. O Soundgarden se separou e Chris Cornell prosseguiu como artista solo e como integrante do Audioslave, até a banda se reunir em 2010.

Mas a história do Alice in Chains é a mais interessante, por diversas razões: como Layne Staley emergiu como um dos vocalistas mais influentes de sua geração, inspirando legiões de imitadores; seu catálogo prolífico, apesar de um tempo relativamente curto em atividade – três álbuns de estúdio, dois EPs e um álbum ao vivo durante o período entre 1989 e 1996; como esta foi a primeira banda de Seattle a conseguir atenção nacional, alta rotação na MTV e um disco de ouro; e também por ser uma história que serve como um aviso sobre como uma banda talentosa quase perdeu tudo, e nem todos viveram para contá-la.

No fim das contas, tudo se resume à música, que ainda vive nos corações e nas casas das pessoas, no rádio, nos filmes e programas de TV e na internet. Mozart e Beethoven morreram há séculos, mas ainda se ouve *As Bodas de Fígaro* e a Nona Sinfonia. O Alice in Chains passou no teste do tempo e envelheceu bem, apesar das circunstâncias difíceis com as quais a banda teve de lidar. O fato de que eles continuam a gravar material novo e tocar ao vivo atesta o poder duradouro e a qualidade de seu trabalho.

No verão de 2011, eu estava entre meu primeiro e segundo anos de pós-graduação na Universidade de Georgetown e trabalhando no *60 Minutes*. Entre o trabalho e os estudos, eu tinha muito para fazer, e isso incluía muitas leituras de madrugada. Durante uma dessas leituras, sem nenhum motivo em particular, coloquei *Dirt* para tocar, algo que eu não fazia havia muito tempo. Eu sempre tive esse álbum em algum formato ou mídia desde 1992 ou 1993 – primeiro em cassete, depois em CD e, agora, em MP3.

Ouvi até o final e me lembrei do quão bom ele é. Naquele momento, fiz uma pequena pesquisa na internet. Tinha ouvido falar que a banda tinha se reunido com um novo cantor e lançado um novo álbum. Procurei online por alguma biografia ou livro sobre eles, achando que alguém deveria ter escrito algo durante os anos que se passaram desde a morte de Layne Staley, e não encontrei nada na linha do que eu estava procurando. Foi nesse momento que tive pela primeira vez a ideia de escrever este livro. Suponho que minha razão para escrevê-lo seja similar à resposta que George Mallory deu quando o perguntaram por que ele queria escalar o Monte Everest: porque está lá.

Comecei a trabalhar no livro em agosto de 2011, assim que terminei minhas obrigações com o trabalho e com a pós-graduação. Fiz a primeira de várias viagens a Seattle para pesquisa de campo. Três anos, dezenas de entrevistas gravadas e centenas de páginas de documentos depois, terminei o que é a primeira biografia do Alice in Chains.

Oficialmente, a história da banda começou no que hoje é um buraco gigante no chão de Ballard – o local onde um dia havia o Music Bank, onde certo dia, no final de 1987, os quatro membros fundadores se encontraram e tocaram juntos pela primeira vez. Eu quis voltar ainda mais no tempo, para descobrir como e por que os quatro chegaram àquele lugar, naquele momento, e o que eles fizeram individualmente e em grupo nos anos seguintes.

Devo deixar claro o que este livro é e o que ele não é.

Este livro foi feito sem a cooperação da banda, de seus empresários ou de sua gravadora. Foi desafiador, mas não impossível, contornar sua política de nada declarar. Não gosto dos termos biografia *autorizada* e *não autorizada*, por motivos diferentes. Para mim, biografias autorizadas carregam uma conotação de uma jogada de relações públicas oficiais, além da bênção e da cooperação dos protagonistas. Isso é o que este livro não é. Por outro lado, biografias não autorizadas soam como se seu conteúdo fosse lixo sujo e fofoqueiro de tabloide. Isso também é o que este livro não é. Embora as drogas façam parte da história, eu não queria que este livro fosse como o *Réquiem Para um Sonho* ambientado em Seattle. Tampouco queria que fosse uma biografia típica de uma banda de rock. A abordagem e a escrita foram mais influenciadas pelos trabalhos de Walter Isaacson e Bob Woodward do que Stephen Davis ou Mick Wall – sem desrespeito ao Sr. Davis ou ao Sr. Wall.

Este livro é a história improvável, divertida, trágica e, por fim, triunfante de como o Alice in Chains surgiu e emergiu como uma das bandas mais influentes da cena grunge de Seattle. É, também, a culminação de mais de uma década de experiência jornalística e acadêmica, e tentei me ater aos padrões mais altos que encontrei em ambas estas vivências.

PARTE I
1967-1984

✖

Nunca tracei um plano para a minha vida. As merdas simplesmente acontecem.
— Layne Staley

© Getty Images Brazil / Los Angeles Times - RM Editorial Images

BIBLIOGRAFIA

Livros

ANDERSON, Kyle. *Accidental Revolution: The Story of Grunge*. Nova York: St. Martin's Press, 2007.
BRANDON, John. *Unchained: The Story of Mike Starr and His Rise and Fall in Alice in Chains*. Evansdale, Iowa: Xanadu Enterprises, 2001.
BROWN, Jake. *Alice in Chains: In the Studio*. Nashville: Rock n' Roll Books, 2010.
CROSS, Charles R. *Heavier Than Heaven: A Biography of Kurt Cobain*. Nova York: Hyperion Books, 2001.
_____. *Here We Are Now: The Lasting Impact of Kurt Cobain*. Nova York: It Books, 2014.
FERNANDEZ, Humberto; LIBBY, Therissa A. *Heroin: Its History, Pharmacology, and Treatment*. Center City, Minnesota: Hazelden, 2011.
FORREST, Bob, com Michael Albo. *Running with Monsters: A Memoir*. Nova York: Crown Archetype, 2013.
HANSEN, Tom. *American Junkie*. Nova York: Emergency Press, 2010.
JOURGENSEN, Al; WIEDERHORN, Jon. *Ministry: The Lost Gospels According to Al Jourgensen*. Nova York: Da Capo Press, 2013.
McKAGAN, Duff. *It's So Easy and Other Lies*. Nova York: Simon and Schuster, 2011.
McMURRAY, Jacob. *Taking Punk to the Masses: From Nowhere to Nevermind*. Seattle: Fantagraphics Books, 2011.
HENDERSON, Justin. *Grunge Seattle*. Berkeley: Roaring Forties Press, 2010.
PEARL JAM. *Pearl Jam Twenty*. Nova York: Simon & Schuster, 2011.
PRATO, Greg. *Grunge Is Dead: The Oral History of Seattle Rock Music*. Toronto: ECW Press, 2009.
RUBIO, Adriana. *Layne Staley: Angry Chair—A Look Inside the Heart and Soul of An Incredible Musician*. Evansdale, Iowa: Xanadu Enterprises, 2003.
_____. *Layne Staley: Get Born Again*. Evansdale, Iowa: ARTS Publications, 2006.
TRUE, Everett. *Nirvana*. Cambridge, Massachusetts: Da Capo Press, 2007.
WIEDERHORN, Jon, TURMAN, Katherine. *Louder Than Hell: The Definitive Oral History of Metal*. Nova York: HarperCollins, 2013.
WILSON, Ann; WILSON, Nancy, com Charles R. Cross. *Kicking and Dreaming: A Story of Heart, Soul, and Rock and Roll*. Nova York: It Books, 2012.
YARM, Mark. *Everybody Loves Our Town: An Oral History of Grunge*. Nova York: Crown Archetype, 2011.

Artigos

ADAIR, Don. "Dark Dirges Mark Alice's Local Return", *The Spokesman-Review*, 17 de setembro de 1993.
ALEDORT, Andy; GILBERT, Jeff. "Jerry Cantrell of Alice in Chains Discusses Songwriting and Band's New Self-Titled Album", *Guitar World*, janeiro de 1996; http://www.guitarworld.com/1996-guitar-world-interview-jerry-cantrell-alice-chains-discusses-songwriting-and-bands-new-self-titled-album?page=0,0.
ANDERSON, Rick. "Smack Is Back", *Seattle Weekly*, 9 de outubro de 2006; http://www.seattleweekly.com/2003-01-08/news/smack-is-back/.
BENDEL, Jenny. "A Chat with Diamond Lie", *City Heat*, circa janeiro/fevereiro de 1988.
BRAND, Russell. "My Life without Drugs", *The Guardian*, 8 de março de 2013; http://www.theguardian.com/culture/2013/mar/09/russell-brand-life-without-drugs.

_____. "Philip Seymour Hoffman Is Another Victim of Extremely Stupid Drug Laws", *The Guardian*, 6 de fevereiro de 2014; http://www.theguardian.com/commentisfree/2014/feb/06/russell-brand-philip-seymour-hoffman-drug-laws.

BURROWS, Marc. "No Barricades: William DuVall on Hardcore, Grunge and Alice in Chains", *Drowned in Sound*, 8 de novembro de 2013; http://drownedinsound.com/in_depth/4147119-no-barricades--william-duvall-on-hardcore-grunge-and-alice-in-chains.

CORNELL, Chris. "Essence of Dreams", 14 de outubro de 2008; http://www.myspace.com/chriscornell/blog/440829728.

CROSS, Charles R. "The Last Days of Layne Staley", *Rolling Stone*, 1º de junho de 2002.

DARZIN, Daina. "The Real Dirt", *Rolling Stone*, 24 de fevereiro de 1994.

_____. "Alice in Chains' Staley Remembered by Mad Season Mate & Rage's Morello", *Yahoo! Music*, 23 de abril de 2002; http://music.yahoo.com/alice-in-chains/news/alice-in-chains-staley-remembered--by-mad-season-mate-rages-morello--12063858.

DE SOLA, David. "How Alice in Chains Found the Most Memorable Voice in Grunge", *The Atlantic*, 5 de abril de 2012; http://www.theatlantic.com/entertainment/archive/2012/04/how-alice-in-chains-found-the-most-memorable-voice-in-grunge/255469/.

_____. "Setting the Alice in Chains Record Straight", *Icepicks and Nukes*, 16 de dezembro de 2011; http://icepicksandnukes.com/2011/12/16/setting-the-alice-in-chains-record-straight/.

_____. "Statement from Liz Coats", *Icepicks and Nukes*, 2 de janeiro de 2012; http://icepicksandnukes.com/2012/01/02/statement-from-liz-coats/.

DUTEAU, Randy. "A Crackberry Interview with My Former Bandmate William 'Kip' DuVall, Now Lead Singer for Alice in Chains", *Metro Spirit*, 18 de setembro de 2007. http://introvertedloudmouth.blogspot.com/2008/02/kip-duvall.html.

FISCHER, Blair "Malice in Chains?" *Rolling Stone*, 4 de setembro de 1998, http://www.rollingstone.com/music/news/malice-in-chains-19980904.

FRIDELL, Brad. "Pot Case Goes to Feds; No Arrest Made Yet", *Ballard Tribune*, 24 de agosto de 1988.

GAAR, Gillian G. "Alice in Chains Homecoming", *Seattle Weekly*, 2 de fevereiro de 2010; http://www.seattleweekly.com/2010-02-03/music/alice-in-chains-homecoming/.

GILBERT, Jeff. "Alive: Pearl Jam's Mike McCready Says Goodbye to Drugs and Alcohol and Is a Better Man for It", *Guitar World*, abril de 1995.

_____. "Rain Man: Alice in Chains' Jerry Cantrell Cleans Up His Act and Hits Pay Dirt", *Guitar World*, janeiro de 1992.

GILL, Chris. "Dirt", *Guitar Legends*, edição nº 117.

HAY, Travis. "Alice in Chains Owns Stage in Tsunami-Relief Show Full of Surprises", *Seattle Post-Intelligencer*, 20 de fevereiro de 2005; http://www.seattlepi.com/ae/music/article/Alice-in-Chains-owns-stage-in-tsunami-relief-show-1166879.php.

HECKMAN, Candice. "In Seattle Gloom, Fans Honor Staley", *Seattle Post-Intelligencer*, 26 de abril de 2002; http://www.seattlepi.com/default/article/In-Seattle-gloom-fans-honor-Staley-1086186.php.

HO, Vanessa et al. "'Seattle Scene' and Heroin Use: How Bad Is It?", *The Seattle Times*, 20 de abril de 1994.

JACOBSON, Mark. "The Return of Superfly", *New York Magazine*, 14 de agosto de 2000; http://nymag.com/nymag/features/3649/.

KAUFMAN, Gil. "Mike Starr Mourned by Former Alice in Chains Bandmates", MTV News, 9 de março de 2011; http://www.mtv.com/news/articles/1659488/mike-starr-alice-in-chains-death.jhtml.

MacDONALD, Patrick. "'Dry' Club Hopes That Music, Films Will Keep Place Afloat", *The Seattle Times*, 29 de julho de 1983.

_____. "Established Acts Take Big Awards", *The Seattle Times*, 4 de março de 1991.

_____. "Internet Dominates Talk at Music Conference", *The Seattle Times*, 20 de outubro de 1997.

_____. "It's a Concert for Peace at the Paramount", *The Seattle Times*, 22 de fevereiro de 1991.

_____. "Screaming Trees: A Band with Bark Has a New EP", *The Seattle Times*, 12 de outubro de 1990.

_____. "Seafair Will Be Making a Scene with Joey Arias", *The Seattle Times*, 14 de agosto de 1989.

_____. "Soundgarden's History: One of Seattle's First and Loudest Grunge Bands Calls It Quits After 12 Years of Setting the Pace for Alternative Rock", *The Seattle Times*, 10 de abril de 1997.

_____. "Word", *The Seattle Times*, 7 de dezembro de 1990.

McCREADY, Mike. "Mike McCready Remembers Seattle Bassist John Baker Saunders, 1954–1999", *The Rocket*, 27 de janeiro de 1999.

McMURRAY, Jacob. "The Metropolis: Birthplace of Grunge?", *Seattle Post-Intelligencer*, 19 de novembro de 2009; http://blog.seattlepi.com/emp/2009/11/19/the-metropolis-birthplace-of-grunge/.

POPE, Leone. "Andrew Wood's Poetry Revealed a Young Man 'Angry Too Long.'" *The Seattle Times*, 29 de março de 1990.

RALSTON, Mark. "SATO: An Exciting Talent", *The Profile*, 3 de maio de 1983.

RESSNER, Jeffrey. "Alice in Chains: Through the Looking Glass", *Rolling Stone*, 26 de novembro de 1992; http://www.rollingstone.com/music/news/alice-in-chains-through-the-looking-glass-rolling-stones-1992-feature-20110309.

SCANLON, Tom. "Alice in Chains Singer's Legacy Lives on Through Music", *The Seattle Times*, 24 de agosto de 2007; http://seattletimes.com/html/musicnightlife/2003850521_staley24.html.

SHERMAN, Bruce. "'$30 Million-a-Year' Pot Farm Found in Ballard", *Seattle Post-Intelligencer*, 22 de julho de 1988.

SILVER, Susan. "Silver's Golden Touch", *Rip*, janeiro de 1996; http://web.stargate.net/soundgarden/articles/rip_1-96.shtml.

SNIERSON, Dan. "Alice in Chains' Jerry Cantrell and Elton John on Their 'Black Gives Way to Blue' Collaboration", *Entertainment Weekly*, 1 de outubro de 2009.

STEWART, Jocelyn Y. "Addiction Specialist Worked with Celebrities", *Los Angeles Times*, 8 de março de 2008; http://articles.latimes.com/2008/mar/08/local/me-timmins8.

STOUT, Gene. "Cancellations Raise Questions about Future of Alice in Chains", *Seattle Post-Intelligencer*, 22 de julho de 1994.

_____. "Fans Mourn Death of Alice in Chains Singer", *Seattle Post-Intelligencer*, 19 de abril de 2002; http://www.seattlepi.com/news/article/Fans-mourn-death-of-Alice-in-Chains-singer-1085691.php.

_____. "Van Halen Frontman Fires Band's Heavy-Metal Decibels to the Top", *Seattle Post-Intelligencer*, 8 de novembro de 1991.

TURMAN, Katherine. "Alice Digs in, Releases Album 'Dirt.'" *Daily Variety*, 5 de outubro de 1992.

VINEYARD, Jennifer. "Layne Staley Memorialized at Second Candlelight Vigil", *MTV News*, 29 de abril de 2002; http://www.mtv.com/news/articles/1453662/staley-memorialized-at-seattle-vigil.jhtml.

WIEDERHORN, Jon. "Alice in Chains: To Hell and Back", *Rolling Stone*, 8 de fevereiro de 1996; http://www.rollingstone.com/music/news/alice-in-chains-to-hell-and-back-rolling-stones-1996-feature-20110405.

_____. "Famous Last Words", *Revolver*; http://www.adbdesign.com/aic/articles/art114.html.

TV e rádio

Fuse TV. Entrevista, junho de 1991. http://www.youtube.com/watch?v=HDetqbTmbqM (acessado em 9 de julho de 2011).

Fuse TV. Entrevista, data desconhecida. http://www.youtube.com/watch?v=XGXesGWVCMg (acessado em 10 de julho de 2011).

KROQ. *Loveline*. 17 de fevereiro de 2010. http://www.youtube.com/watch?v=qywta9j6GXE (acessado em 2 de julho de 2011).

MTV. *Headbangers Ball*. 1991. http://www.youtube.com/watch?v=f9w9aQhtbyc (acessado em 9 de julho de 2011).

MTV. *Headbangers Ball*. 1992. http://www.youtube.com/watch?v=K3hIU9PAXyk&NR (acessado em 10 de julho de 2011).

Musique Plus. Entrevista, novembro de 1992. http://www.youtube.com/watch?v=YhQ2aB2TVr0 (acessado em 9 de julho de 2011).

Rockline. Entrevista, 19 de julho de 1999. http://www.youtube.com/watch?v=VwgIGhwlDeo&feature=related (acessado em 10 de julho de 2011).

YouTube. Entrevista, fonte e data desconhecidas. http://www.youtube.com/watch?v=ebYt8mGFz8U (acessado em 9 de julho de 2011).

OUTRAS FONTES

DISCOGRAFIA

ALICE IN CHAINS
Facelift (1990)
Sap (1992)
Dirt (1992)
Jar of Flies (1994)
Alice in Chains (1995)
Unplugged (1996)
Music Bank (1999)
Live (2000)
Black Gives Way to Blue (2009)
The Devil Put Dinosaurs Here (2013)

JERRY CANTRELL
Boggy Depot (1998)
Degradation Trip (2002)

MAD SEASON
Above (1995)

DOCUMENTÁRIOS E FILMES
Hype! (1996)
Malfunkshun: The Andrew Wood Story (2005)
Pearl Jam Twenty (2011)
Singles (1992)

OUTRAS FONTES BIBLIOGRÁFICAS
Chris Cornell, Jeff Ament e Stone Gossard. Entrevista à KISW 99.9 FM, 14 de abril de 1991. http://www.fivehorizons.com/archive/articles/radio041491.shtml.
Metallica. Cover de "Man in the Box" ao vivo no verão de 1994. http://www.youtube.com/watch?v=u-WYnSEZKcVw, http://www.youtube.com/watch?v=jSq626zbMyk.
National Institute on Drug Abuse. "NIDA InfoFacts: Heroin", http://www.nida.nih.gov/infofacts/heroin.html.
University of Maryland Center for Substance Abuse Research. "Heroin", http://www.cesar.umd.edu/cesar/drugs/heroin.asp.
WOOD, Kevin. Entrevista. Fullinbloommusic.com, data desconhecida. http://www.fullinbloommusic.com/kevinwood.html.

✖

EDIÇÕES
ideal

Este livro foi composto em Caecilia LT Std, com textos auxiliares em Drone Ranger.